Avanzando:
lengua y cultura

An intermediate course for heritage learners of Spanish

Revised Second Edition

Delia Méndez Montesinos

Cover image © Shutterstock, Inc. Used under license.

www.kendallhunt.com
Send all inquiries to:
4050 Westmark Drive
Dubuque, IA 52004-1840

Copyright © 2015, 2019 by Delia Méndez Montesinos

Text with KHQ ISBN--978-1-7924-0984-4

Text alone ISBN--978-1-7924-0985-1

Kendall Hunt Publishing Company has the exclusive rights to reproduce this work, to prepare derivative works from this work, to publicly distribute this work, to publicly perform this work and to publicly display this work.

All rights reserved. No part of this publication may be reproduced, stored in a retrieval system, or transmitted, in any form or by any means, electronic, mechanical, photocopying, recording, or otherwise, without the prior written permission of the copyright owner.

Published in the United States of America

Table of contents at a glance

REPASO PRELIMINAR: ASEGURANDO LAS BASES — P. 1

UNIDAD 1: PERCEPCIONES — P. 33
- LA PLURICULTURALIDAD — P. 38
- IMÁGENES ALTERNATIVAS — P. 73
- PERSPECTIVAS OPUESTAS — P. 95
- ATANDO CABOS — P. 121
- ENTRE DOS LENGUAS — P. 128
- LA LENGUA Y LA LITERATURA — P. 130
- ESCRITURA EXPOSITIVA: LA NOTICIA PERIODÍSTICA — P. 134

UNIDAD 2: DESAFÍOS — P. 141
- LOS DESAFÍOS GLOBALES — P. 144
- LOS DESAFÍOS SOCIALES — P. 163
- LOS DESAFÍOS PERSONALES — P. 194
- ATANDO CABOS — P. 221
- ENTRE DOS LENGUAS — P. 229
- LA LENGUA Y LA LITERATURA — P. 231
- ESCRITURA NARRATIVA: UNA LEYENDA — P. 234

UNIDAD 3: RESPONSABILIDADES — P. 239
- LA RESPONSABILIDAD PLANETARIA — P. 241
- LA RESPONSABILIDAD SOCIAL — P. 270
- LA RESPONSABILIDAD INDIVIDUAL — P. 295
- ATANDO CABOS — P. 311
- ENTRE DOS LENGUAS — P. 319
- LA LENGUA Y LA LITERATURA — P. 320
- ESCRITURA: EL ENSAYO DE OPINIÓN — P. 324

INDEX — P. 340

Preface

Avanzando: Lengua y cultura is the intermediate-level continuation of *Conectando con mi herencia: Lengua y cultura,* an introductory book for heritage learners of Spanish. Like its predecessor, *Avanzando* takes into account that these learners live in an environment in which another language is dominant and that they have been exposed to varying degrees of Spanish. While it is hoped that learners using *Avanzando* will be at an intermediate level of their study of Spanish, it may be that their familiarity with and use of Spanish will vary from full oral fluency and literacy to a limited inferential and interactional proficiency owing to different factors. Taking this into account as well as the fact that some concepts require re-acquaintance to ensure mastery, the first unit in *Avanzando* is a brief review of major concepts studied in *Conectando con mi herencia*; however, even these and others are reprocessed and advanced to a higher level throughout *Avanzando.* It should be noted that *Avanzando* may be the text for an exit course for some learners, but in essence it looks beyond this level and seeks to prepare heritage learners to be successful as they undertake advanced Spanish courses.

In the same vein as the introductory textbook, activities in *Avanzando* have been carefully designed to engage heritage learners of Spanish with a methodology more attuned to language arts in order to progressively develop their literacy as well as their aural and oral skills, and to develop and enhance their critical thinking skills. In this way learners will develop an understanding of and appreciation for their inherited language, build their confidence in using it, and enhance their critical thinking by applying a guided inductive approach.

A guided inductive and critical-thinking approach. The methodology that is continued in *Avanzando* uses engaging activities to first tap into the learners' implicit knowledge and then progressively guide them to create hypotheses about oral and written language structures and cultural meanings prior to analyzing Spanish using a critical-thinking approach. Subsequently, learners apply and explicitly practice their knowledge in different contexts to develop inferential, interactional, and presentational skills, and at the same time access their enhanced understanding and analysis of Spanish to prevent making random assumptions. And, as in *Conectando,* comparisons are made with English structures and vocabulary to integrate or contrast structures and enrich the learners' skills in the two languages of their environment. Emphasis continues to be placed on acquiring and retaining metalinguistic knowledge so these learners can actively interact with both the language and their peers, and be prepared for advanced courses. Even though all four language skills are integrated in the units, emphasis continues to be placed in those areas that remain problematic for heritage learners, as well as those in which learners' Spanish can be affected by English interference. Noteworthy is the section, "Atando cabos," that has been added to address some topics that may concern heritage speakers, such as whether to use "Las discrepancias no son el problema" or "Las discrepancias no es el problema."

A systematized reprocessing. An integral component of the content of *Avanzando* is a systematized reprocessing of materials. Essential structures or concepts are consistently and frequently recycled throughout the book because, although some learners mastered structures and concepts in *Conectando*, others may still be insecure using them, particularly if they deviate from everyday speech. This reprocessing is done in connection with other materials to enrich the learners' ability to apply and reinforce their knowledge. Similarly, some learners possibly may not have used a language arts approach in previous Spanish courses or used *Conectando*, so undoubtedly they will benefit from the consistent reintroduction and reinforcement of the material in this book. Different learning styles continue to be been taken into account throughout the activities to allow learners to recall and internalize knowledge by using their own particular methods of learning.

A cultural integration. In *Conectando*, thoughtful care was taken to offer heritage learners of Spanish insight to both their rich cultural heritage as well as the unique cultures of heritage Spanish speakers in countries where English, or another language, is dominant. In *Avanzando*, culture continues to be an important component but it focuses more on the contemporary world and everyday experiences. Also, taking into account that these learners are at an intermediate level, the reading selections are more extensive and have a more advanced vocabulary than in the introductory text. Two of the literary works are from the first half of the twentieth century to allow learners to understand how certain topics are age-defying and universal. Since learners at this level have a better grasp on their heritage language, they are prompted to produce more informal and formal writing on cultural topics than was required in the previous texts.

The National Standards. If there is a population that embraces the essence of language and communication in the human experience, it is heritage learners. For that reason, including the five goal areas (Communication, Cultures, Connections, Comparisons, and Communities) was a natural consequence of designing content with these learners in mind. Communication is emphasized through functional language; cultures appear not only in the readings but throughout the activities in each unit; connections are present as learners appreciate other disciplines such as history, literature, and geography, to name a few; and comparisons are made not only between English and Spanish but also within cultural and generational perspectives; communities are formed as learners' link their own experiences to those of others within and outside the Spanish-speaking communities.

Acknowledgments

I wish to thank Dr. María Luisa Echavarría and Dr. Jocelly Meiners for their feedback and editing assistance, and Beth Trowbridge, Senior Production Editor, and Bev Kraus, Project Coordinator, at Kendall-Hunt for their invaluable assistance in the production of this book. I also want to thank the heritage learners of Spanish with whom I have had the pleasure to work, both at the secondary and university levels, and my colleagues who encouraged me to undertake this task.

CONTENIDO	Temas		Lecturas	
Repaso preliminar **Asegurando las bases** pp. 1 – 34	¡Bienvenidos… y a empezar!	2	¿Qué hablamos: español o castellano?	3
			Una carta a una lectora	6
			¿De dónde viene la gramática que estudiamos hoy en día?	13
			El foro de la lengua— donde conversamos de nuestro idioma	28
			¿Hay relación entre la lengua y la identidad social?	30
Unidad Uno **Percepciones** pp. 35 – 140	La pluriculturalidad	38	¿Multiculturalidad, interculturalidad, pluriculturalidad? ¿Cuál de las tres?	38
	Imágenes alternativas	73	Algunos datos sobre los números	43
	Perspectivas opuestas	95	Reflexiones sobre las artes culturales	45
			Los calendarios y la noción del tiempo	67
			Designaciones raciales en la América colonial	71
			El caso del niño guaraní	95
			Lo pachuco	102
			A favor o en contra de la acción afirmativa	108
			Selección de "El tipo del indio americano—la vergüenza del mestizo"	130

Nociones de lengua y gramática		Escritura	
Las clases de palabras 6	Los verbos personales, no personales e impersonales 20	El acento prosódico y las tildes 23	
La estructura de la oración 10	El tiempo y modo verbales 21	La puntuación 28	
La función de las palabras y la estructura de la oración 19			
Distintas formas de comunicarse 41	Tiempo y modo indicativo 51	La transcripción fonética: *s / c / z* 79	
Los números 43	Usos del presente 67	La transcripción fonética: *g / j / h* 100	
Frases y cláusulas 45	El pretérito 81	Observaciones ortográficas con *nos* 123	
Expresiones de tiempo 76	El imperfecto 86	Entre dos lenguas 128	
Verbos: acción y narración 121	El aspecto verbal 87	Escritura expositiva: La noticia periodística 134	
	Las conjunciones coordinantes y subordinantes 102	En la comunidad: Una noticia de un hecho histórico hispano 136	
	El modo subjuntivo y las conjunciones subordinantes 105		
	El subjuntivo y el pronombre relativo *que* 107		
	El imperfecto del subjuntivo 113		
	El subjuntivo con las conjunciones de tiempo 118		

CONTENIDO	Temas		Lecturas	
Unidad Dos **Desafíos** pp. 141 – 238	Los desafíos globales	144	Unas observaciones geopolíticas	144
	Los desafíos sociales	163	Los dialectos del español	147
	Los desafíos personales	194	¿Presentan un desafío los cambios demográficos?	151
			El desafío de los roles sociales	164
			Frida Kahlo	168
			Ernesto "Che" Guevara	175
			Don Pedrito Jaramillo	179
			El Día de Muertos: Un sincretismo cultural	194
			Recordando a los antepasados	202
			La asimilación de los hispanos	207
			Diseñadores hispanos	211
			Jóvenes emprendedoras con una gran conciencia	215
			"Las medias rojas"	231
Unidad Tres **Responsabilidades** pp. 239 – 339	La responsabilidad planetaria	241	¿De verdad soy responsable?	241
	La responsabilidad social	163	Algunos blogs de los roles sociales	237
	La responsabilidad individual	194	Sacrificar los valores por consumir	252
			Genocidio ambiental	259
			También los niños arriesgan la vida por el sueño americano	270
			Un dilema entre la ley y la humanidad: Los Grupos Beta	273
			Una encuesta	276
			Situaciones difíciles	280
			Algunas situaciones	296
			Hacer de voluntario	298
			"Mi caballo mago"	320
			La legalidad de la eutanasia	324

Nociones de lengua y gramática			Escritura	
Los dialectos del español	147	*Ser, estar* y los atributos	151	La ortografía: *b/v* y *ll/y*	149
		Los pronombres relativos y las cláusulas relativas	175	La ortografía: *ch/ph/th* → *c, qu/f/t*	168
Repaso de *por* y *para*	151				
El estilo directo e indirecto	198	La colocación de los adjetivos	179	Más acerca de las tildes	202
				Entre dos lenguas	229
Los verbos de cambio	171	Las cláusulas relativas y los adjetivos calificativos	185	Escritura narrativa: La leyenda	234
		Los pronombres posesivos	189	En la comunidad: Una leyenda asociada con el mundo hispano	236
		Uso u omisión de la *a* personal	207		
		Los participios con *ser*: Voz activa vs. voz pasiva	211		
		Las alternancias con *ser* y *estar*	221		
		Los adjetivos de color	222		
Las palabras compuestas	244	Los usos de *se* pronominal	255	Entre dos lenguas	319
El que, lo que, lo cual, donde, cuyo	252	Oraciones con *se* pasivo y *se* impersonal	259	Escritura: El ensayo de opinión	324
Pero, sino, sino que y otros usos de "but"	288	Cláusulas con *si*	276	En la comunidad: Un tema conflictivo pertinente a la comunidad hispana	329
		Gerund vs. infinitivo; *Present participle* y gerundio	280		
		Repaso de los usos del subjuntivo	300		
		La correspondencia temporal del subjuntivo	301		
		Ojalá, quizás, como si	310		
		Alternancias modales	311		

A quick glance at the content

UNIT OPENING PAGES

The unit opening pages have been designed to visually engage learners and introduce them to the contents. The overarching unit theme appears in the heading, and the bottom section offers a brief table of contents divided into the objectives: appreciation, application and contextualization of the learners' heritage language and culture. The following page further explores the unit theme and has the learners discuss and reflect on it.

SECTION OPENING PAGES

Each unit consists of three sections that are introduced with readings, surveys or graphs related to the topic of the section. Because careful reading increases learners' vocabulary in meaningful ways, the section opening pages are followed first by reading comprehension and then grammar application questions, as well as other activities to prepare learners for the thematic focus of the section.

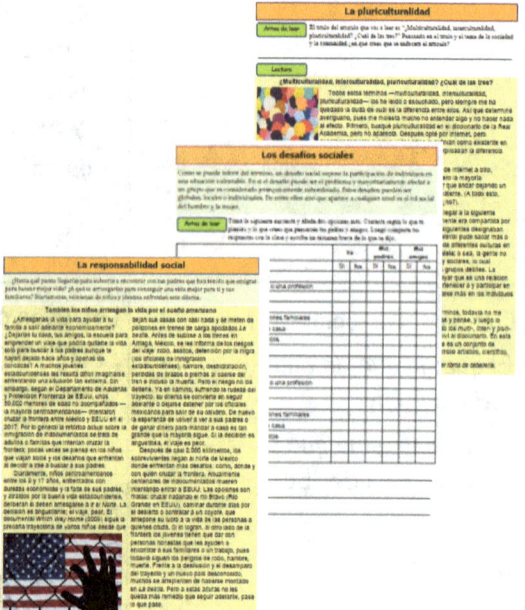

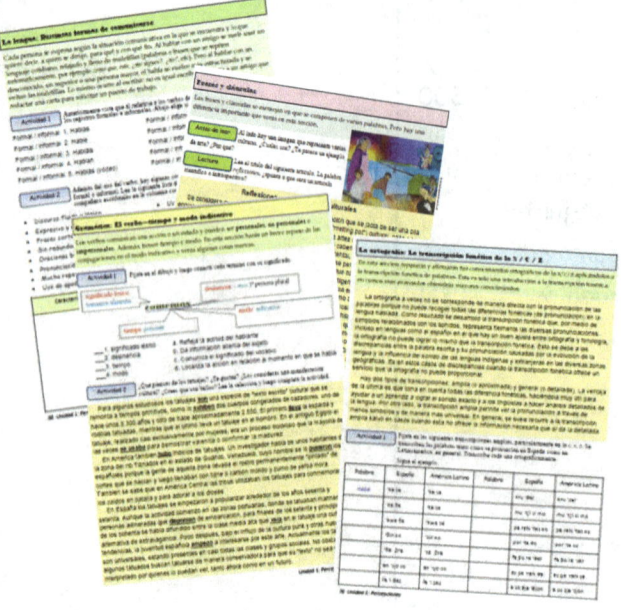

SECTION CONTENT

Each section focuses on language varieties and usage, orthography, and grammar, into which cultural or practical readings are integrated. Through a variety of carefully crafted progressive activities that take into account different learning styles, learners make explicit their implicit knowledge and increasingly take responsibility for their learning.

x

ASSESSING UNDERSTANDING

The units and sections provide opportunities to practice and reprocess content. However, realizing it is essential for both learners and instructors to assess understanding, "Sintetizar" boxes follow key concepts while they are fresh to allow learners to briefly check their understanding of the concept before continuing to other topics. At the end of each unit section, the activity "Recapitular, analizar y editar" once again reprocesses the main concepts of the unit to assess learners' understanding and mastery. In addition, in this section learners analyze key concepts and edit sentences and paragraphs that focus on common mistakes in order to discourage random guessing.

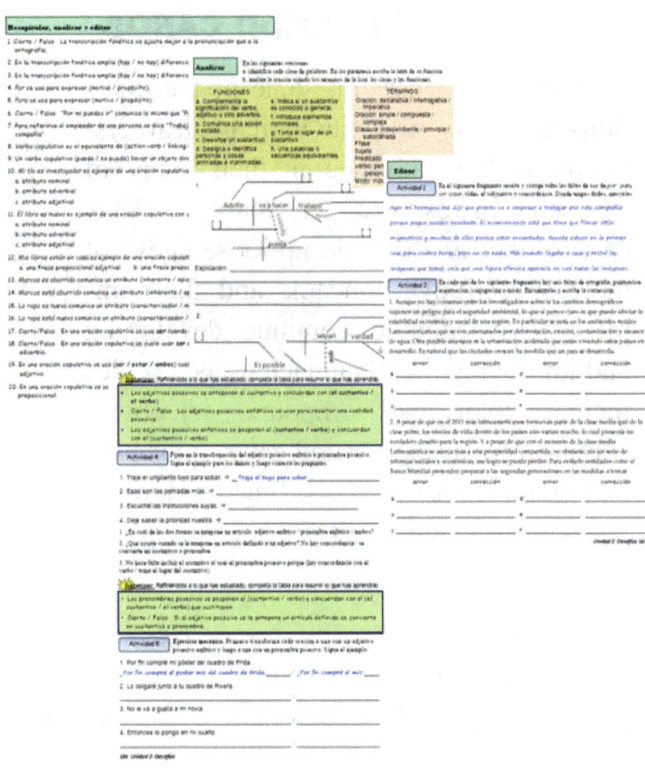

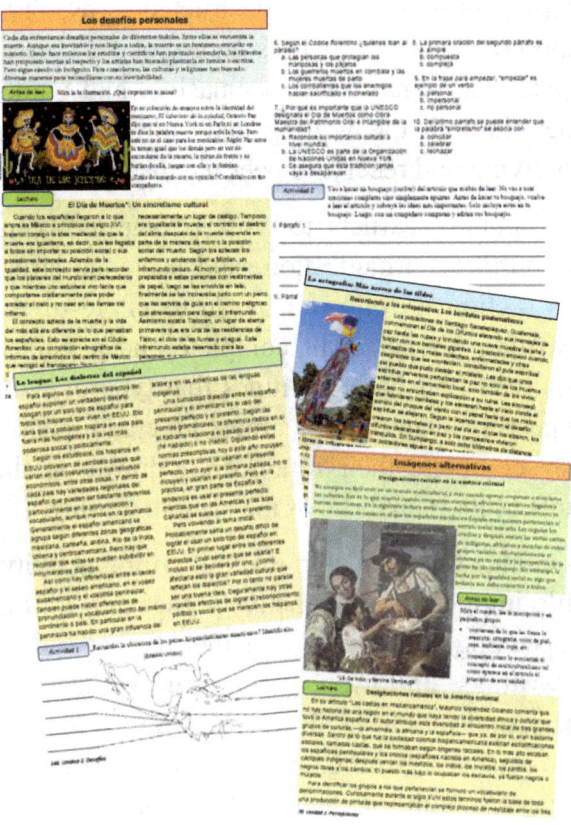

READINGS

Undoubtedly for heritage learners, challenging but accessible reading is an effective strategy to increase vocabulary and writing skills, and oral reading improves fluency and pronunciation while building sentence structure. In *Avanzando,* readings include blogs, informative readings, informal personal reflections, and journalistic and literary selections, all centered on the thematic focus of the unit and followed by a variety of activities in which learners produce summaries, email responses, outlines, and thesis statements, among others. By interspersing the readings throughout the sections and units, learners are consistently exposed to written language in a variety of formats. Those readings may include less familiar words in order to increase learners' vocabulary.

ATANDO CABOS

This section focuses on some of the questions that may arise in heritage learners' minds as they advance in their study of Spanish. In essence the learners "atan cabos," that is, they "tie up loose ends" of more prescriptive concepts and their implicit knowledge to continue developing and improving their language usage. Topics include color and compound adjectives, verbal alternances (*ser* and *estar*; indicative and subjunctive), and spelling changes in *nos* when it functions as an enclictic.

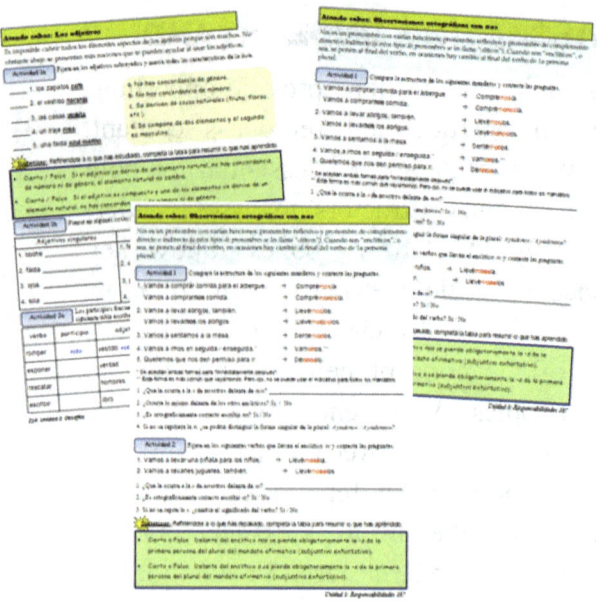

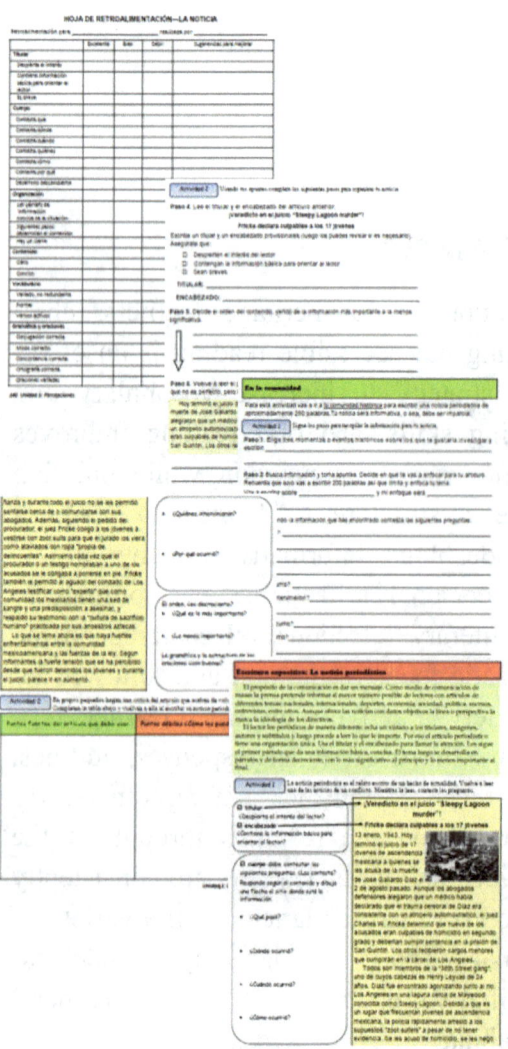

WRITING

A variety of writing activities throughout the text progressively guide learners from informal blogs, opinions, and emails to more structured writing in summaries, letters, outlines, and reconstructed essays. The final section of each unit focuses on a specific type of writing (expository, narrative, persuasive) and guides the learner through the writing and editing process, including giving and receiving peer feedback.

"Escritura" guides learners to write paragraphs, centering on purpose, organization, and sentence structure. This section is followed by an example of the type of writing learners will complete and a guided learner analysis of what constitutes that type of writing. The peer evaluation the learners give and receive when they complete their rough draft draws on the main points of their analysis of the sample writing.

"En la comunidad" is the culminating writing activity. As the title implies, learners actively engage with the Spanish-speaking community to gather data and ideas for their writings. Following various *pasos*, they take that information, apply skills to write about it, peer review classmates' writing, and then edit their own writing before submitting their final version.

What's new in the Second Edition?

Input from instructors and learners has been essential for the additions and revisions we have made to this Second Edition. Some of the materials from the First Edition have been reworked, others have been moved, and still others have been replaced. All have been done with the sole intention of helping the learners take possession of their language and strengthen their esteem of being Hispanic. Below are a few of the new and revised materials.

NEW AND ENHANCED ACTIVITIES

Several of the activities in the First Edition have been revised or expanded to further reinforce the learners' knowledge and confidence in their heritage language. In "Recapitular, analizar, editar," the review section at the end of each sub-unit, brief, focused activities have been inserted for learners to self-assess their understanding of the material they have just studied. Also, the section "Recordar y repasar" has been added at the end of the last unit to provide learners a place where they can jot down concepts about which they are unsure. As they progress through the units, learners are encouraged to return to their notes to check for understanding as they prepare for quizzes and exams.

Several other short sections have been introduced throughout each unit. "¿Cuál de las dos…?" offers brief semantic clarifications to challenging word choices that learners may encounter in their writing. "Sabías que…", a cultural section introduced in *Conectando con mi herencia,* continues to provide learners with informational snippets related to the unit topic to pique learner interest

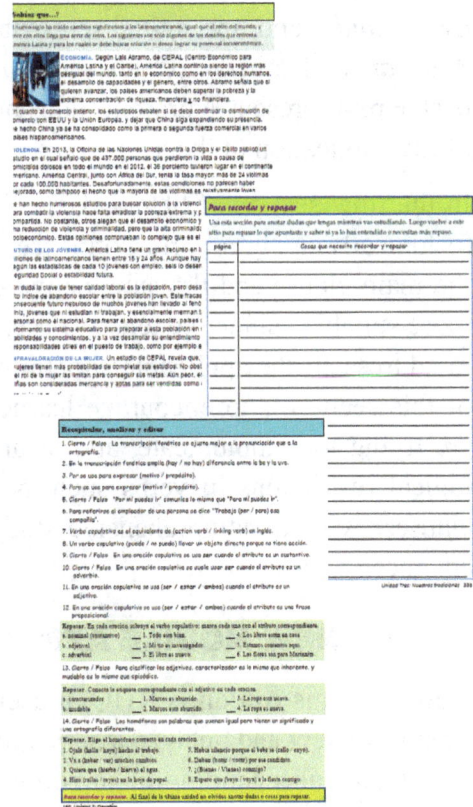

in the Hispanic world. As in *Conectando,* short directed conversations guide learners to speak on a topic, helping them build their confidence to speak with and respond to others in Spanish, as well as to express opinions and be respectful of others that may not agree with them.

Likewise, just as in *Conectando* and the previous edition of *Avanzando,* thematically varied readings seek to expand learners comprehension and analytical skills, as well as augment their vocabulary.

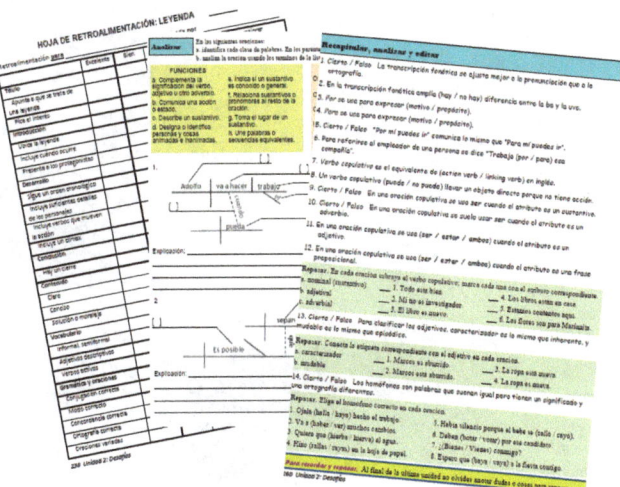

In our constant search to provide our learners materials that both challenge and reassert their implicit knowledge, a significant revision in this edition is the approach to what is traditionally known as sequence of tenses in the subjunctive mood. Because use of the subjunctive defies formulaic restrictions, our heritage learners are often confused when they read or hear the subjunctive used non-restrictively by scholars and professionals, among others. Consequently, although the subjunctive is introduced formulaically in both *Conectando* and the initial presentation of the mood in *Avanzando*, learners are advised that a strict adherence to past + past, present + present does not serve the wide scope of the application of the subjunctive.

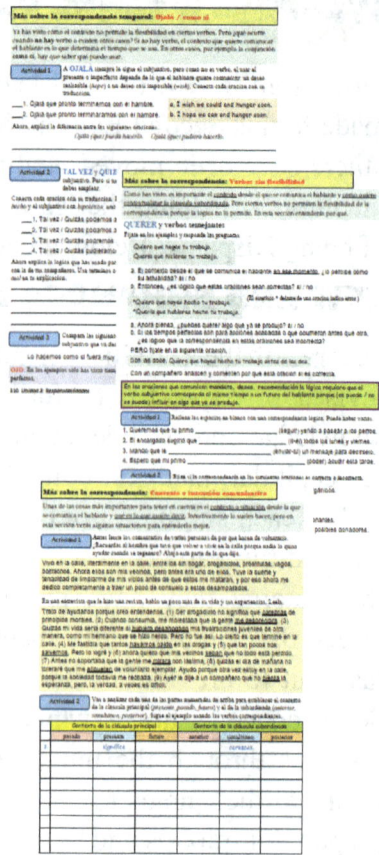

In the final section of "Unidad Tres," learners are prompted to logically apply a correspondence between the context of the main clause and the subjunctive clause to determine the more suitable sujunctive tense to use. The topic is too broad to address all the applicable situations, and as such, the goal of this section is to encourage learners to reason what they are trying to communicate, and to understand that there are logical restrictions in verbs such as *querer* and in purpose clauses. A more comprehensive study must be reserved for advanced courses.

KHQ: A NEW MOBILE APP

New with this edition is KHQ, a user-friendly, mobile application that learners can use at any time to review and analyze a series of grammar points. Besides helping learners gauge and ensure their understanding of important concepts, KHQ is also an excellent tool to prepare for quizzes and exams.

Repaso preliminar
Asegurando las bases

Apreciar	Repasar y afirmar	
¿Qué hablamos: español o castellano?	Las clases de palabras	El acento prosódico y las tildes
Una carta a una lectora	La estructura de la oración	La puntuación
¿De dónde viene la gramática que estudiamos hoy en día?	La función de las palabras y la estructura de la oración	
El foro de la lengua— donde conversamos de nuestro idioma	Los verbos personales, no personales e impersonales	
¿Hay relación entre la lengua y la identidad social?	El tiempo y modos verbales	

¡Bienvenidos! Y...a repasar

Estás a punto de empezar un nuevo curso. ¿Cómo te sientes: ansioso, entusiasmado, ...? Abajo escribe cinco palabras que expresen cómo te sientes y luego pídeles a dos compañeros que te escriban o digan sus cinco palabras.

Yo me siento...	_____ se siente...	_____ se siente...

Ahora, a empezar. Primero pon una ✓ (marca de verificación) junto a cada término que recuerdas o reconoces. No te preocupes si no tienes muchos...pronto los recordarás o aprenderás. Por eso estás en esta clase.

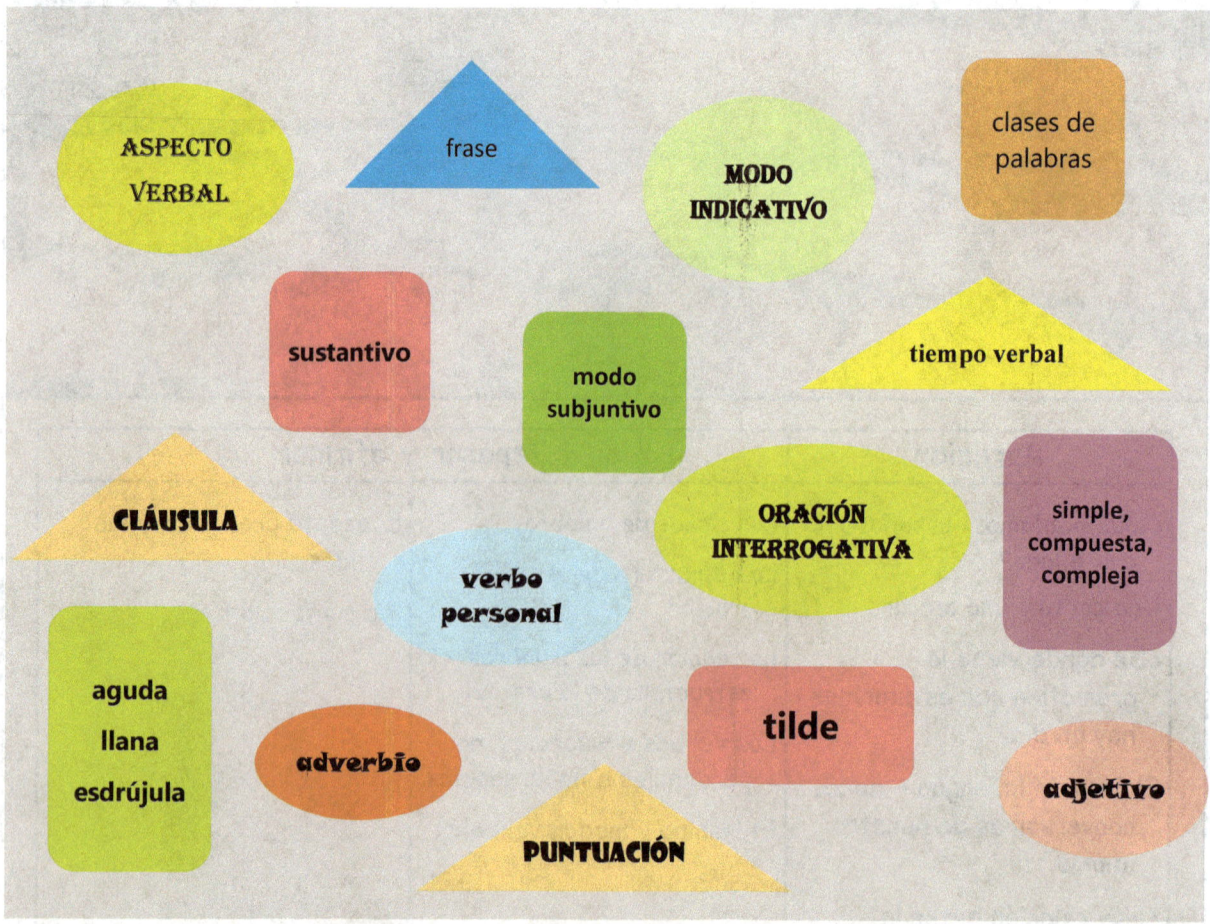

Durante el curso, vuelve a esta página con frecuencia para fijarte en lo que has marcado. Seguidamente, tacha lo que vas aprendiendo.

Pero por ahora, ¡a empezar!

En esta unidad preliminar vas a repasar y afirmar algunos conceptos.

2 *Repaso preliminar: Asegurando las bases*

Antes de leer — Sin duda, o tú o alguien te habrá preguntado si se debe decir: "Estudio español o estudio castellano?" ¿Cómo responderías a esta pregunta? Abajo escribe lo que entiendes por estas denominaciones. Luego coméntalo con tus compañeros.

Por lengua española entiendo: _____

_____

Por lengua castellana entiendo: _____

_____

Lectura — Lee los párrafos de un artículo sobre estos términos. Luego vuelve a tus definiciones de lengua española o castellana y decide si debes modificarlas.

¿Qué hablamos: español o castellano?

Hay, y seguirá habiendo, una polémica en torno a la denominación de lo que hablamos: ¿Es *español* o *castellano*? Aunque ambas formas aparentemente sean sinónimas, es un tema de discusión entre quienes consideran que el uso de una u otra identifica la lengua con un territorio determinado, España o Castilla. Para aquellos que opinan desde una perspectiva estrictamente lingüística, o sea analizando los complejos sistemas que componen la lengua y sus <u>usos denominativos</u>, no parece haber preferencia. Ni tampoco parece haberla para la Real Academia Española de la Lengua (RAE) o la Asociación de Academias de la Lengua Española (ASALE).

Pero aunque estas entidades acepten ambas denominaciones, muestran cierta preferencia por *español*. El *Diccionario panhispánico de dudas* va un paso más allá y sugiere que la polémica ya está superada. Sin embargo, recomienda *español* por referirse de manera unívoca a la lengua que hoy hablan más de cuatrocientos millones de personas y por semejarse más a las formas más usadas mundialmente como *Spanish, espagnol, Spanisch*. Asimismo recomienda usar <u>*castellano* para referirse al dialecto románico medieval del Reino de Castilla y para aludir a</u> la lengua común de España en relación con las lenguas de los territorios autónomos, como catalán, gallego y valenciano, entre otros.

Después de leer

Actividad 1 — Según el contenido de este artículo, elige la mejor opción.

1. ¿A qué se refiere la lectura al decir que los términos *español* y *castellano* son sinónimos?
   a. Ambos se refieren a España.
   b. Los dos parecen referirse a lo mismo.
   c. Se puede discutir acerca de ellos.

2. ¿Cuál es el significado de la frase *usos denominativos* en el primer párrafo?
   a. La manera de llamarle a algo
   b. Las preferencias de algunas personas
   c. Una perspectiva peculiar de la lengua

3. ¿Cuál de los siguientes sugiere que ya no existe polémica entre *español* o *castellano*?
   a. La Real Academia Española de la Lengua
   b. La Asociación de Academias de la Lengua Española
   c. El *Diccionario panhispánico de dudas*

4. ¿En qué circunstancia se recomienda el uso del término *castellano*?
   a. Al comparar el español con otras lenguas
   b. Al hablar de las lenguas de los territorios autónomos en España
   c. Al considerar el español como una lengua anticuada

Actividad 2 **Resumir.** Con un compañero vuelvan a la lectura y subrayen la información que consideran importante para resumir el contenido de los párrafos. Luego escribe dos o tres oraciones que sinteticen esa información.

_____

_____

_____

_____

Actividad 3 Sigue leyendo el artículo. Luego contesta las preguntas según el contenido del artículo. Finalmente, como en la actividad anterior, subraya la información importante y después escribe unas oraciones que resuman lo que subrayaste.

De hecho la polémica no es nueva. Ya en 1737 el valenciano Gregorio Mayáns y Síscar usó *español* para indicar la lengua que usaban todos los peninsulares para hacerse entender fuera cual fuera la lengua de su región peninsular o americana. Más tarde el humanista venezolano Andrés Bello empleó el término *castellana* en el título de su importante libro *Gramática de la lengua castellana destinada al uso de los americanos* (1847) aunque algunos piensan que quizás su intención fue diferenciar la lengua peninsular de la americana. El lexicógrafo Manuel Seco, autor de varios diccionarios, sigue las mismas líneas de diferenciación dentro de la Península, mas indica que el uso de *castellano* no debe guardar connotaciones políticas. De manera semejante la Constitución Española de 1978 dice que el castellano es la lengua española oficial pero que hay que reconocer las otras lenguas de las comunidades autónomas peninsulares, como el gallego y las otras lenguas antes mencionadas.

Lo que se recoge de esta supuesta polémica es que, como apunta el *Diccionario de dudas*, realmente no debe existir tal desacuerdo. Tanto *castellano* como *español* son términos válidos. El uso de uno u otro dependerá de si se habla de esta lengua dentro de un contexto único (*español*) o si aparece en conjunto con otras lenguas autónomas peninsulares (*castellano*). Como en las Américas las lenguas autóctonas son de origen indígena, al hablar de las variantes americanas de nuestra lengua en común, tal vez lo mejor sea usar *español*.

5. Según algunos estudiosos ¿por qué usaría Bello *castellano* como parte del título de su libro?
   a. Para diferenciar el español peninsular del americano
   b. Para reforzar lo que propuso Mayáns y Síscar
   c. Para limitar el uso de su libro a los americanos

6. La palabra *lexicógrafo* parece referirse a una persona que
   a. escribe libros
   b. estudia las palabras
   c. vive en la Península

7. ¿Qué establece la Constitución Española?
   a. Todas las lenguas peninsulares son oficiales.
   b. El castellano debe ser la lengua de preferencia entre los americanos.
   c. El castellano es la lengua oficial del país.

8. ¿Con cuál de las siguientes afirmaciones estaría de acuerdo el autor del artículo?
   a. Es preferible usar *español* al referirse al español que se habla en América.
   b. En América no hay variedad de lenguas como ocurre en España.
   c. Es importante que haya una lengua en común para todos los americanos.

Ahora escribe unas oraciones que resuman lo que consideras importante de esta parte del artículo. Luego comparte y edíta tu trabajo con un compañero.

_____
_____
_____
_____
_____

Reflexionar — Vuelve a leer tus resúmenes fijándote en cualquier error que hayas cometido. Completa la siguiente reflexión.

1. Después de repasar mi primer resumen, mi error gramatical más sobresaliente es _____
_____. He cometido el error por

☐ descuido   ☐ no entender el uso   ☐ no haber estudiado el concepto anteriormente

2. Después de repasar mi segundo resumen, mi error ortográfico más sobresaliente es _____
_____. He cometido el error por

☐ descuido   ☐ no entender el uso   ☐ no haber estudiado el concepto anteriormente

Actividad 4 — Volvamos a la pregunta: ¿Hablas español o castellano? Contesta y da dos razones que expliquen tu postura. Luego escribe un breve resumen de lo que piensas.

En mi opinión, hablo _____ porque 1) _____
_____ y 2) _____.

_____
_____
_____
_____
_____
_____
_____
_____
_____
_____

Repaso preliminar: Asegurando las bases

La lengua: Las clases de palabras

Para apreciar tu lengua y hablar de y analizar la gramática, hay que entender su base: la palabra. En la siguiente sección repasarás las *clases de palabras* para saber a lo que se refieren los términos. Luego, usando diagramas analizarás sus funciones y su relación en la oración.

Actividad 1 — **UNA CARTA A UNA LECTORA.** Lee la siguiente carta que apareció en un periódico local. Luego, sigue las instrucciones para completar la tabla.

Estimada lectora. Como contestación a su **carta** donde **escribe** de **su** consternación por no saber si **habla** español **o** castellano —y cuyo amigo dice que *castellano* es la forma culta— **le** doy **la** siguiente **respuesta**.

No es raro que **entre** amigos a veces salga a relucir si el término *español* **es** correcto **para** referirse al idioma que se habla en España, la mayoría de los países americanos **y** algún país africano. Habrá **quien** diga que *español* es **solamente** para la lengua de España y *castellano* es solo para la lengua **de** Castilla. ¡**Qué** fallo! Si fuera así ¿qué hablaríamos millones de americanos que no vivimos **ni** en España ni en Castilla? Aunque se hable del español **americano**, mexicano, caribeño y otras variaciones, el hecho es que tenemos **una** lengua en **común** con la cual nos comunicamos millones de personas. Yo prefiero pensar que hablamos español y estoy **completamente** en desacuerdo con su amigo que dice que el castellano es la **forma** culta del español. ¡**Ay**, **qué** ignorante es el pobre!

Primero fíjate en la clase de palabras y su ejemplo. Luego del banco de definiciones abajo, escribe la que corresponde a la clase de palabras. Finalmente vuelve a la lectura y busca más ejemplos

Clase de palabras	Ejemplo	Definición	Más ejemplos
verbo	escribe	Comunica una acción o un estado.	habla, es
sustantivo	carta	Designa o identifica personas, criaturas...	árbol, ave
pronombre	le	Toma el lugar de un sustantivo.	lo
artículo	la	Indica si el sustantivo es conocido...	el
adjetivo	estimada	Describe un sustantivo o pronombre	bella
adverbio	no	Complementa la significación del...	mucho
preposición	entre	Relaciona un sustantivo o un pronombre...	encima
conjunción	o	Une palabras o secuencias equivalentes	y
interjección	ay	Expresa una impresión súbita...	Eh, hola

- Complementa la significación del verbo, adjetivo u otro adverbio.
- Comunica una acción o un estado.
- Describe un sustantivo o un pronombre.
- Designa o identifica personas, criaturas vivas, cosas, ideas, cualidades.
- Expresa una impresión súbita o un sentimiento profundo.
- Indica si el sustantivo es conocido o si es general.
- Relaciona un sustantivo o un pronombre con otra parte de la oración.
- Toma el lugar de un sustantivo.
- Une palabras o secuencias equivalentes.

Actividad 2 Lee la continuación de la carta anterior. Luego, busca dos ejemplos para cada clase de palabras usando las definiciones de la lista.

Pero dejemos a un lado ese debate y pasemos a algo más interesante: ¿De dónde provienen tanto el español como el castellano? ¿Alguno de ustedes lo sabe? Pues bien, hacia el siglo II a. e. c. (antes de la era común) la Península pasó a formar parte del Imperio romano y el latín, la lengua de los romanos, se mezcló con las lenguas que ya se hablaban en Hispania (como le llamaron los romanos) y de allí se desarrollaron diferentes dialectos. En el Reino de Castilla (los romanos ya se habían ido) se hablaba castellano y cuando Castilla se impuso como sede de la nueva nación, el castellano se asentó como la lengua de España. Por lo tanto, si el país era España, lo lógico era que la lengua se llamara español y así evitar ofender a los otros reinos que también formaron la nueva nación. Espero que esto le ayude.

no representa la realidad

Clase de palabras	Ejemplos	Definición
verbo	dejemos, pasemos	Comunica una acción o un estado.
sustantivo	La península, el latín	Designa o identifica personas, criaturas vivas, cosas, ideas, cualidades.
pronombre	le, ustedes	Toma el lugar de un sustantivo.
artículo	la, el, un	Indica si el sustantivo es conocido o si es general.
adjetivo	interesante, nueva	Describe un sustantivo o un pronombre.
adverbio	así, pues	Complementa la significación del verbo, adjetivo u otro adverbio.
preposición	de, en	Relaciona un sustantivo o un pronombre con otra parte de la oración.
conjunción	a, y	Une palabras o secuencias equivalentes.

Actividad 3 Lee las siguientes oraciones; luego en la raya escribe la clase de cada palabra. Sigue el ejemplo. Si necesitas, ve al diccionario en *www.rae.es* para aclarar tus dudas.

1. La verdad, prefiero "español" pero a mis amigos les gusta "castellano".

    articulo/sustantivo/verbo/sustantivo/conjunción/preposición/adjetivo/sustantivo/pronombre/verbo/sustantivo

2. Los lingüistas generalmente aceptan ambas denominaciones; y la RAE, también.

    _____

    _____

3. Para la mayoría de las personas ambos términos son válidos.

    _____

    _____

Repaso preliminar: Asegurando las bases

Las oraciones según la actitud del hablante

Enseguida vas a entender mejor las clases de palabras al ver cómo funcionan dentro de la oración. Pero antes de ir a ello, primero sería bueno repasar las oraciones.

Ya has repasado que una oración se compone de una o varias palabras que comunican un sentido gramatical completo. Aunque existen varios tipos de oraciones, en esta sección vas a repasar las oraciones según la actitud que el hablante quiere comunicar, para que luego puedas hablar de ellas cuando sea necesario. Recordarás que es muy parecido al inglés.

Actividad 1 — Usando tus conocimientos previos, conecta cada tipo de oraciones básicas con su significado.

_____ 1. Declarativas (enunciativas)

_____ 2. Interrogativas

_____ 3. Exclamativas

_____ 4. Imperativas (exhortativas)

a. Comunican una idea, juicio, opinión.
b. Expresan una petición, súplica, orden
c. Expresan una emoción.
d. Hacen una pregunta.

Actividad 2 — Lee la siguiente selección y busca un ejemplo de cada tipo de oración. Luego escríbelas abajo cuidando tu ortografía.

¿Sabías que hay personas que no quieren usar el término *español* porque todavía sienten rencor hacia los conquistadores españoles? Aunque reconozco que hubo muchas atrocidades, pienso que después de quinientos años es hora de olvidar ese pasado triste. Enfoquémonos en que somos una mezcla riquísima de razas y culturas, y apreciemos y disfrutemos este rico legado. ¡Es mucho mejor ver el lado positivo de las cosas!

1. Declarativa. _____

_____

2. Interrogativa. _____

_____

3. Exclamativa. _____

_____

4. Imperativa. _____

_____

Actividad 3 — Contesta las preguntas. Debajo de cada una escribe dos ejemplos tuyos para cada tipo de oración. Luego comparte tus oraciones con un compañero o la clase.

1. ¿Qué tipo de oración comunica una idea, un juicio o una opinión? _____

   a. Ejemplo: _____

   _____

   b. Ejemplo: _____

   _____

2. ¿Qué tipo de oración expresa una petición, súplica u orden? _____

   a. Ejemplo: _____

   _____

   b. Ejemplo: _____

   _____

3. ¿Qué tipo de oración comunica una emoción? _____

   a. Ejemplo: _____

   _____

   b. Ejemplo: _____

   _____

4 ¿Qué tipo de oración expresa una pregunta? _____

   a. Ejemplo: _____

   _____

   b. Ejemplo: _____

   _____

Actividad 4 — Abajo escribe una de tus oraciones e identifica las clases de palabras que contiene.

_____

_____

_____

_____

Repaso preliminar: Asegurando las bases

La estructura de la oración

Como recordarás las oraciones se dividen en simple, compuesta o compleja, según su estructura. Abajo hay oraciones declarativas de diversas estructuras. Además de recordar la estructura, fíjate en lo que es **sujeto** y **predicado**. ¿Lo recuerdas de tus clases de inglés? Luego los verás en diagramas, así que entender la estructura te será muy útil.

Observa los siguientes ejemplos de oraciones en las que se han indicado el sujeto y el predicado. Luego en diagramas los verás más detalladamente. Ahora solo es un repaso breve.

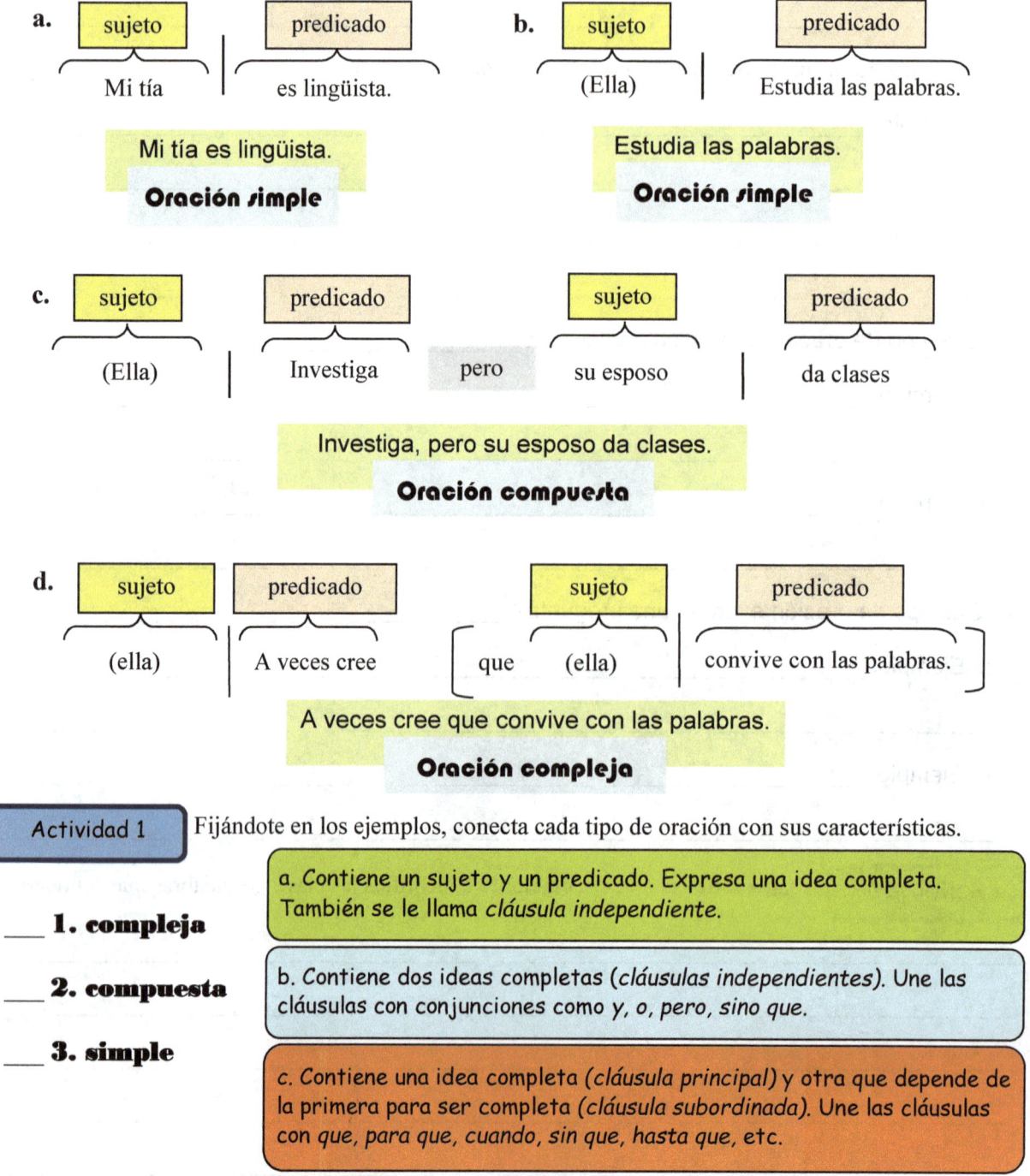

Actividad 1   Fijándote en los ejemplos, conecta cada tipo de oración con sus características.

___ 1. compleja

___ 2. compuesta

___ 3. simple

a. Contiene un sujeto y un predicado. Expresa una idea completa. También se le llama *cláusula independiente*.

b. Contiene dos ideas completas (*cláusulas independientes*). Une las cláusulas con conjunciones como *y, o, pero, sino que*.

c. Contiene una idea completa (*cláusula principal*) y otra que depende de la primera para ser completa (*cláusula subordinada*). Une las cláusulas con *que, para que, cuando, sin que, hasta que,* etc.

Actividad 2 Antes de continuar analiza las siguientes oraciones para tener clara la diferencia entre sujeto compuesto, predicado compuesto y oración compuesta.

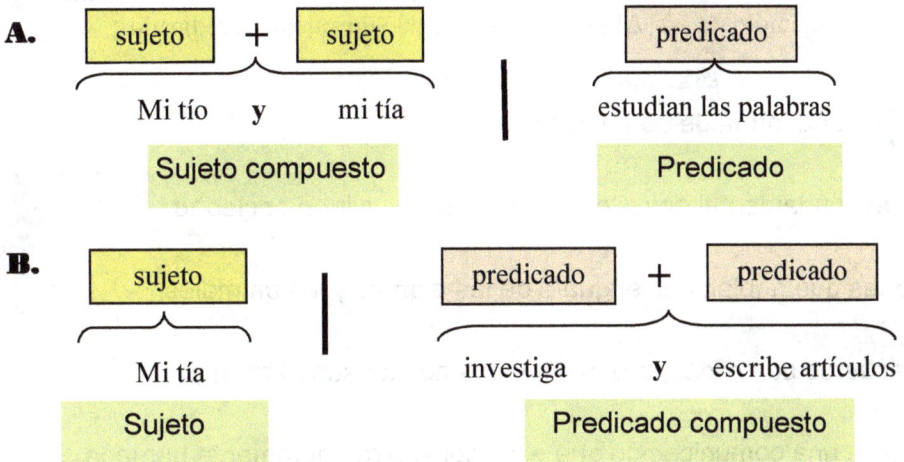

A. Hay dos sujetos y son parte de una misma acción o evento. ¿Cuántas ideas completas hay? 1 / 2
B. Hay un sujeto que hace dos acciones simultáneas o que son parte de un mismo evento. ¿Hay una o dos ideas completas? 1 / 2
Entonces, si solo hay una idea completa, es ejemplo de oración (simple / compuesta).

Ahora compara las siguientes oraciones.

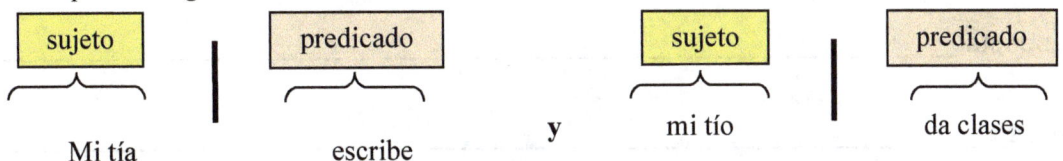

Piensa: ¿Hay dos sujetos y dos ideas completas separadas? Entonces es una oración _____.

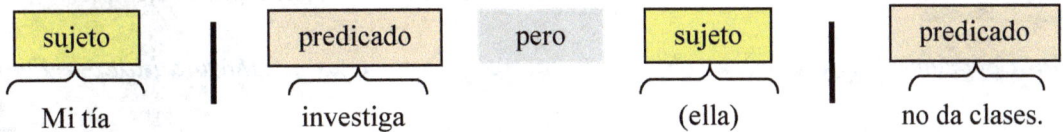

A. Hay un sujeto que hace dos acciones. ¿Son simultáneas o parte de un mismo evento, o cada acción es separada? misma / separada
B. Si sustituyo la conjunción (*y, pero, así que,* etc.) con punto y coma (;), ¿cada parte es a) una idea completa no simultánea o b) parte de un mismo evento?
Entonces, si cada idea es completa y separada de la otra, es ejemplo de oración (simple / compuesta).

Ahora lee las siguientes oraciones. En cada oración subraya el sujeto una vez y el predicado dos veces, y luego determina si las acciones son una misma acción o si son separadas. Sigue el ejemplo.

misma	separadas	1. <u>Algunas personas</u> <u><u>hablan castellano</u></u>, pero <u>otras</u> <u><u>hablan catalán</u></u>.
misma	separadas	2. Juanjo y Ricardo hablan castellano y gallego.
misma	separadas	3. Ruth prefiere decir *castellano* y Luisa prefiere el término *español*.
misma	separadas	4. Esta clase me gusta; es muy interesante e informativa.
misma	separadas	5. Fran compró un libro en catalán y lo leyó enseguida.
misma	separadas	6. Este verano voy a estudiar y aprender quechua y guaraní.

Repaso preliminar: Asegurando las bases 11

Actividad 3 Con una raya vertical, separa el sujeto del predicado en las siguientes oraciones. Mientras lo haces, vuelve a los dibujos de la página anterior. Luego escribe tres oraciones y separa e identifica el sujeto y el predicado en cada una. Sigue el ejemplo. **OJO:** Algunas tienen más de un sujeto y predicado.

sujeto   *predicado*

1. La lengua | es una forma de comunicación.

2. La lengua es fundamental entre los hombres para vivir en sociedad.

3. Hay personas que hablan del lenguaje de las plantas y los animales.

4. Estoy de acuerdo con ellos, pero mis amigos no piensan lo mismo.

5. El lenguaje es una comunicación que ellos consideran netamente humana.

6. Pienso que posiblemente tengan razón, pero Luis y Carla no están de acuerdo.

7. Simple: _____

8. Compuesta: _____

9. Compleja: _____

Actividad 4 Explica el tipo de cada oración de la actividad anterior. Sigue el ejemplo.

1. *Es una oración simple porque solo hay 1 sujeto y 1 predicado (cláusula independiente).*

2. _____

3. _____

4. _____

5. _____

6. _____

7. _____

8. _____

9. _____

Actividad 5 — Lee la siguiente selección que habla de la gramática. Luego, vuelve a la lectura y haz un resumen usando las técnicas que empleaste al escribir tus resúmenes.

¿De dónde viene la gramática que estudiamos hoy en día?

La palabra *gramática* deriva del latín *grammatica* o *grammaticae,* y esta del griego γραμματική. Para los antiguos griegos el arte de las letras se refería a ortografía, sintaxis, interpretación de textos e incluso crítica literaria. En el siglo I a. e. c. Dionisio de Tracia estableció una terminología que luego, a partir de la gramática latina, heredarían las gramáticas occidentales posteriores. El *Ars Grammatica* de Elio Donato (s. IV) dominó los estudios gramaticales de la Edad Media.

El año 1492 fue señalado para lo que pronto sería la nueva nación española. Además del viaje de Cristóbal Colón que abrió el encuentro entre las culturas europeas y americanas, Antonio de Nebrija publicó su célebre *Gramática castellana*, la primera gramática de una lengua vulgar que se escribió en Europa. Nebrija dedicó este libro famoso a la reina Isabel I de Castilla (la Católica). Para Nebrija la gramática era la base de toda ciencia y se dividía en ortografía, prosodia, etimología y sintaxis. Otra contribución de Nebrija que también todavía perdura es que hay ocho clases de palabras aunque él menciona diez.

Resumen. Subraya la información que consideras necesaria en lo que acabas de leer. Escribe un resumen del contenido, y luego intercambia tu trabajo con un compañero para editar sus escritos.

_____
_____
_____
_____
_____
_____
_____
_____
_____

Reflexionar — Con un compañero revisen sus resúmenes. Luego fijándote en los errores que hayas cometido, completa la siguiente reflexión.

Después de repasar mis resúmenes, mi error gramatical más sobresaliente es _____ _____. He cometido el error por

☐ descuido ☐ no entender el uso ☐ no haber estudiado el concepto anteriormente

Repaso preliminar: Asegurando las bases

La función de las palabras en la oración

Como recordarás cada clase de palabra tiene su función en la oración. El hablante comunica lo que quiere decir haciendo *funcionar* las palabras, o sea, usando sustantivos o pronombres como sujetos, verbos para indicar acción o estado, etc. Aunque hay varios tipos de diagramas lingüísticos, los de tipo Kellogg-Reed son muy útiles para entender visualmente la función de las palabras. Fíjate en las siguientes actividades preparativas antes de hacer tus propios diagramas.

Actividad 1 — Observa las oraciones y los diagramas fijándote en la clase de palabras que corresponde a cada elemento del diagrama.

1. La polémica no es nueva.

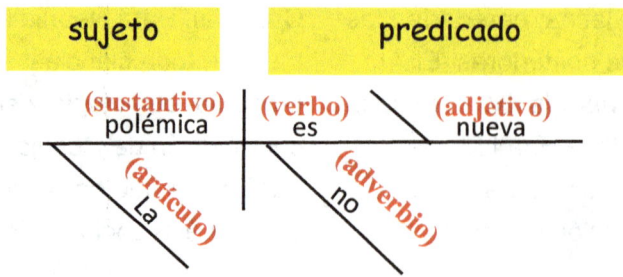

2. Los libros escolares generalmente prefieren español.

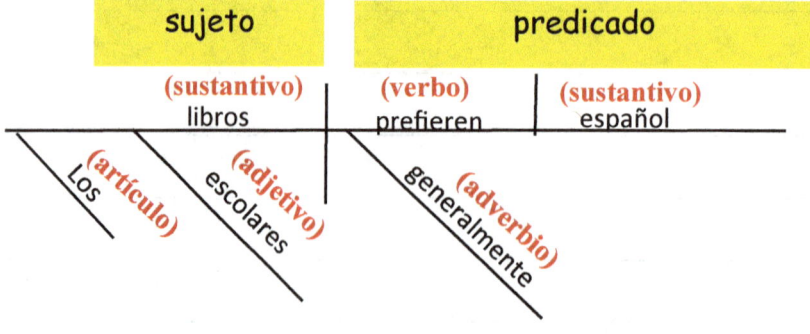

3. En mi familia usamos los dos términos.

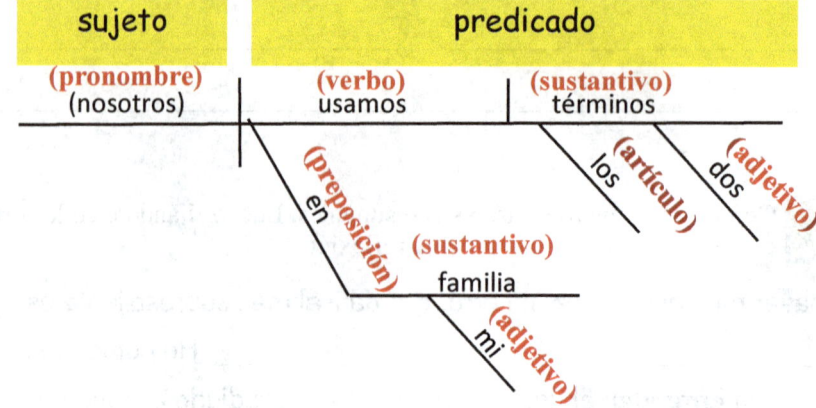

14 *Repaso preliminar: Asegurando las bases*

| Actividad 2 | Lee las siguientes oraciones y mira cada diagrama. Luego identifica **la clase** de cada palabra. Si te es útil, usa la tabla de la clase de palabras que completaste antes. |

1. La polémica de usar español o castellano como el nombre de la lengua no es nada nueva.

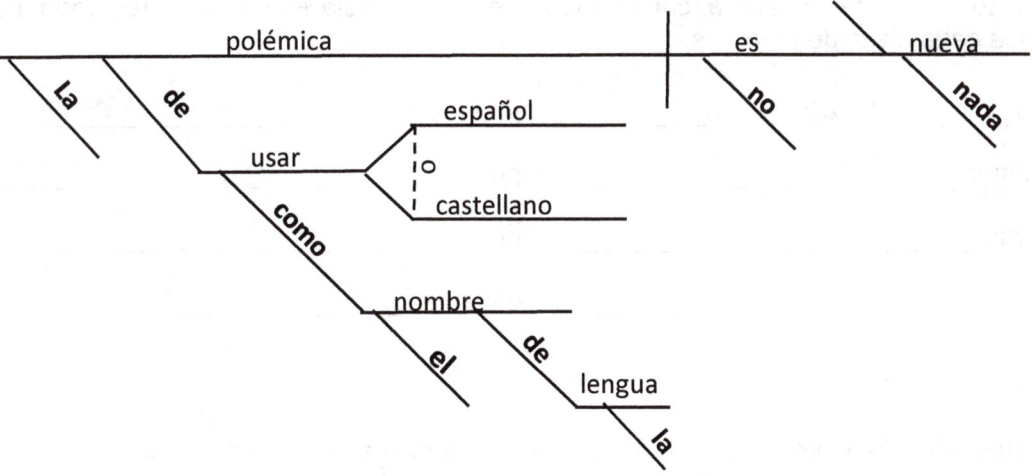

2. ¡Uf! Eso de usar español o castellano como el nombre de la lengua no es asunto fácil de resolver.

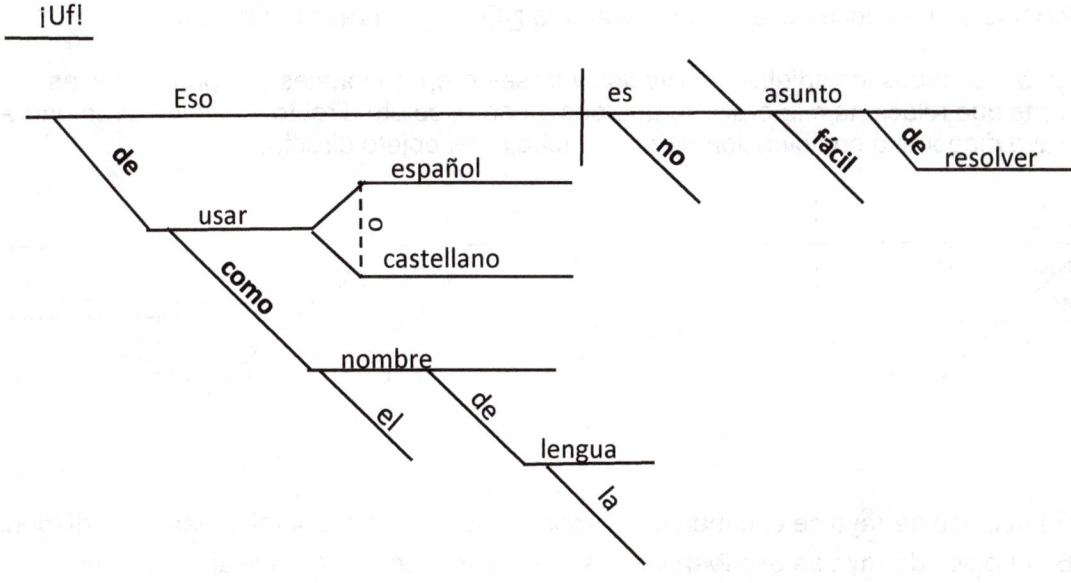

Ahora pasarás a hacer un diagrama sencillo.

Repaso preliminar: Asegurando las bases 15

Actividad 3 — Sigue los pasos para hacer tu primer diagrama y así visualizar las funciones de las palabras. Usa la oración abajo para los pasos de la actividad.

Ambas academias muestran una cierta preferencia por el *español*.

Paso Uno: En la oración arriba, con una raya vertical divídela en sujeto y predicado. Luego, identifica cada clase de palabras.

ambas _____*adjetivo*_____   preferencia _____

academias _____   por _____

muestran _____   el _____

una _____   español _____

cierta _____

Paso Dos: Resalta el verbo del predicado y subraya el sustantivo del sujeto.

Paso Tres: Escribe el sujeto y el verbo del predicado en la raya horizontal del diagrama abajo. Recuerda que todo lo que pertenece al sujeto va a la izquierda de la raya vertical y todo lo que pertenece al predicado va a la derecha.

Paso Cuatro: Busca el adjetivo que describe el sujeto y escríbelo en la raya diagonal debajo del sujeto.

Paso Cinco: Busca el objeto directo del verbo (contesta la pregunta ¿qué? ¿Qué muestran?) y escríbelo a la derecha de la raya vertical que NO cruza la raya horizontal.

Luego busca todos los adjetivos, artículos y frases preposicionales (preposición y las palabras que relaciona a la oración) que describen el objeto directo y escribe cada uno en una raya diagonal o combinación de rayas debajo del objeto directo.

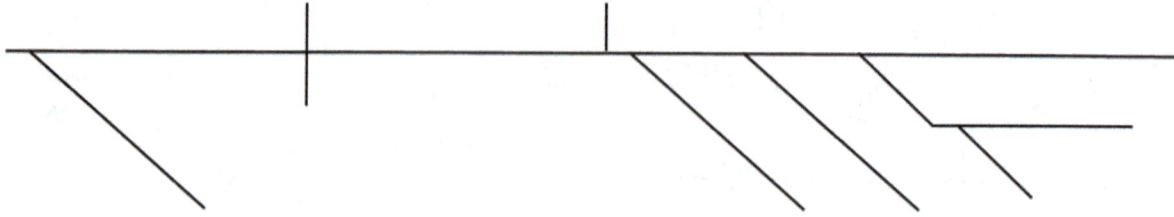

1. ¿En qué tipo de raya se escriben los verbos personales: horizontal / vertical / diagonal?
2. ¿En qué tipo de raya se escriben los sustantivos: horizontal / vertical / diagonal?
3. ¿En qué tipo de raya se escriben casi todos los adjetivos: horizontal / vertical / diagonal?
4. ¿En qué tipo de raya se escriben los artículos: horizontal / vertical / diagonal?
5. ¿En qué tipo de raya se escriben las preposiciones: horizontal / vertical / diagonal?
6. ¿En qué tipo de raya piensas que se escribirán los adverbios: horizontal / diagonal?
7. ¿En qué tipo de raya piensas que se escribirán los pronombres: horizontal / diagonal?

Actividad 4   Fíjate en las siguientes oraciones, identifica las palabras y contesta las preguntas.

A. *Los estudiantes hablan bien el español.*

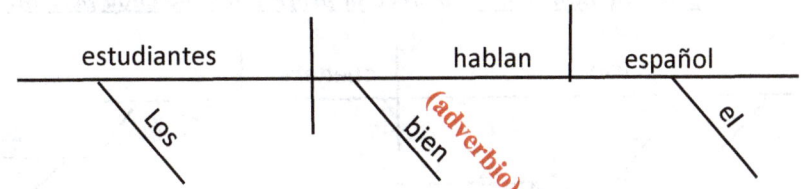

1. Según el diagrama, ¿cuál es la función de un artículo: identificar / describir / unir?
2. Los artículos ¿tienen género (*masculino / femenino*) y número (*singular / plural*)? Sí / No
3. ¿Qué determina si el artículo es singular o plural, femenino o masculino? _____
4. ¿Cuál es la función del adverbio: identificar / describir / unir?
5. Si *hablan* es plural pero *bien* es singular ¿tienen los adverbios número? Sí / No

B. *Los profesores y estudiantes hablan español.*

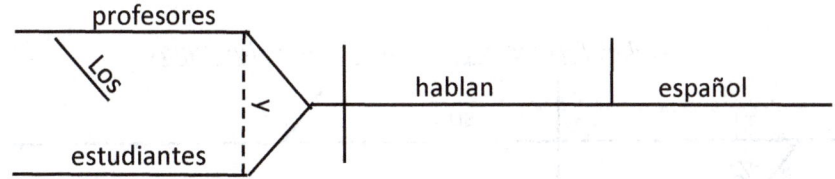

1. ¿Qué clase de palabra es *y*: conjunción / preposición / interjección?
2. Según el diagrama, ¿cuál es la función de una conjunción: identificar / describir / unir?
3. Las conjunciones ¿tienen género y número? Sí / No
4. ¿Qué determina si el verbo es singular o plural? El sujeto / Los artículos
5. ¿Qué pregunta contesta el sustantivo *español* en esta oración: qué / quién?
6. Si un objeto directo contesta *qué*, ¿es *español* un objeto directo en esta oración? Sí / No

C. *Los estudiantes les hablan mucho en español (a ellos).*

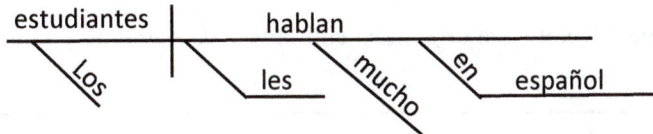

1. ¿Qué clase de palabra es *les*: sustantivo / pronombre / artículo?
2. ¿Qué palabra determina que *les* sea plural: estudiantes / ellos?
3. ¿Qué pregunta contesta *les*: qué / a quién?
4. Si un objeto indirecto contesta *a* o *para quién*, ¿cual es la funcion de *les*?: _____

| **Actividad 5** | Completa los diagramas con las palabras subrayadas. Luego, identifica la clase de palabras y contesta las preguntas.

1. *El uso de una u otra obedece la preferencia de cada persona.*

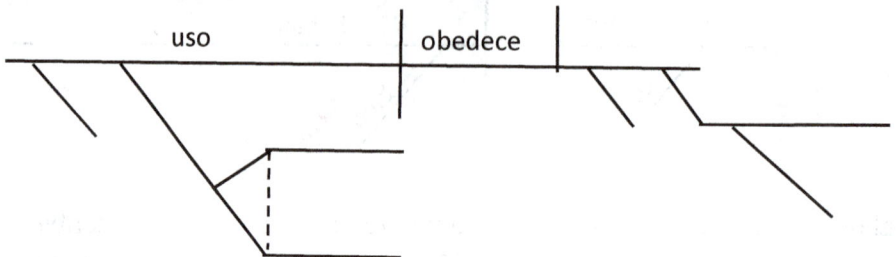

1. ¿Cuál es el sujeto de la oración? _____ ¿el verbo del predicado? _____
2. En esta oración, ¿qué clase de palabras es *otra*: adjetivo / sustantivo / pronombre?
3. ¿Qué pregunta contesta *preferencia*: qué o a quién? Entonces es un objeto _____.
4. *Uso* puede ser una forma en el presente del verbo *usar*, pero en esta oración ¿qué clase de palabra es? _____

2. *Ambas formas aparentemente son sinónimas.*

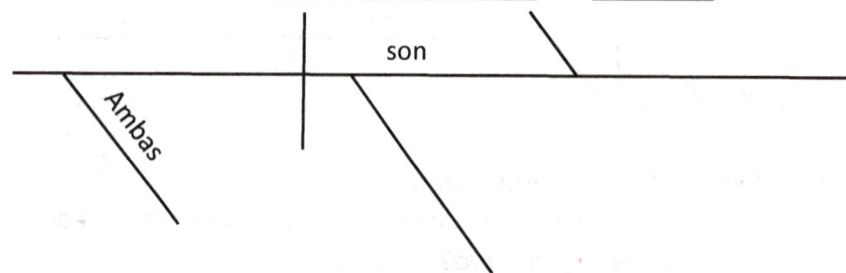

1. Compara la oración anterior con esta. ¿Qué tipo de verbo es *obedece*: personal / no personal? ¿Qué tipo de verbo es *son*: personal / no personal?
2. El verbo *obedece*, ¿comunica acción o estado?
3. El verbo *son*, ¿comunica acción o estado?
4. Si *son* no comunica acción, ¿puede tener un objeto directo? Sí / No
5. Fíjate en la raya delante de *sinónimos*. ¿Es horizontal o diagonal?

| **Actividad 6** | Brevemente explica la diferencia entre *clase de palabras* y *función*?

_____

_____

A través de los capítulos irás viendo más ejemplos de diagramas que te servirán para visualizar las funciones de las palabras y las relaciones entre ellas. Por ahora lo importante es que te familiarices y te sientas cómodo con el concepto de los diagramas.

La función de las palabras y la estructura de la oración

Ahora con los diagramas vas a entender tanto la estructura de las oraciones como la función de las palabras en ellas.

Actividad 1 — Con una raya vertical separa las siguientes oraciones en sujeto y predicado. Luego completa los diagramas e identifica cada clase de palabras.

1. La palabra "gramática" deriva de otra lengua.

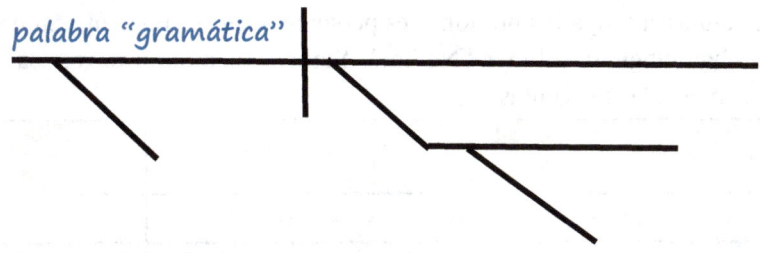

a. ¿Cuántas cláusulas hay en esta oración? _____

Si solo hay una cláusula, ¿qué tipo de oración será: simple / compleja / compuesta?

2. Nebrija escribió una gramática que fue dedicada a la Reina.

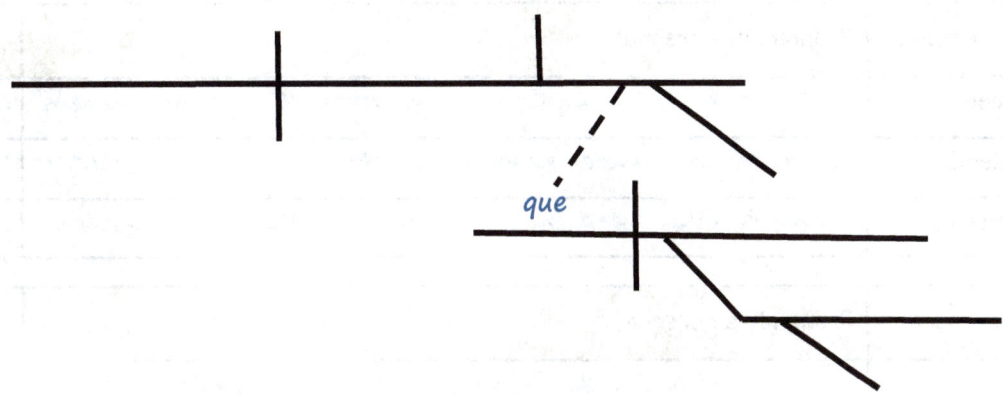

b. En esta oración hay dos cláusulas, Son: independientes / principales / subordinadas.

Según las cláusulas, ¿qué tipo de oración será: compleja / compuesta?

3. Algunos dicen "español", pero otros prefieren "castellano".

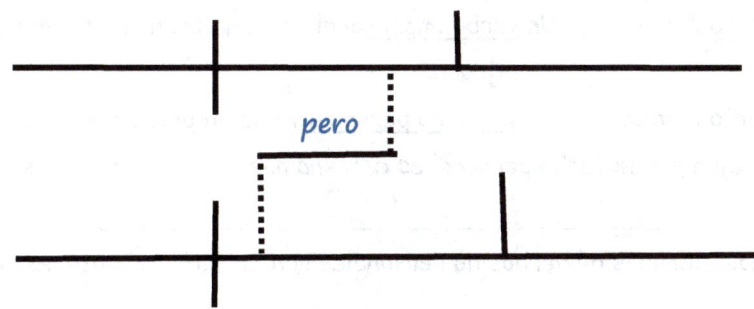

c. En esta oración hay dos cláusulas, Son: independientes / principales / subordinadas.

Según las cláusulas, ¿qué tipo de oración será: compleja / compuesta?

Repaso preliminar: Asegurando las bases 19

Gramática: Los verbos personales, no personales e impersonales

Como habrás notado al ver la estructura de la oración, el verbo es quizás la clase de palabras más significativa porque toda oración requiere un verbo. Estos pueden ser **personales** (también conocidos como *conjugados*), **no personales** o **impersonales**, dependiendo de si se les puede atribuir un pronombre personal (*yo, tú, ustedes*, etc.). Antes de seguir adelante, merece la pena repasar estas formas.

Actividad — En las siguientes tablas subraya los pronombres personales que se pueden usar con cada verbo. Si no hay ninguno, subraya "No hay". Sigue el ejemplo. Luego, usando la información, contesta las preguntas.

Personal	Pronombre personal	
comenzamos	yo, tú, él, ella, usted, <u>nosotros</u>, vosotros, ellos, ellas, ustedes	No hay.
fueron	yo, tú, él, ella, usted, nosotros, vosotros, ellos, ellas, ustedes	No hay.
concibes	yo, tú, él, ella, usted, nosotros, vosotros, ellos, ellas, ustedes	No hay.

No personal	Pronombre personal	
proceder	yo, tú, él, ella, usted, nosotros, vosotros, ellos, ellas, ustedes	No hay.
sintiendo	yo, tú, él, ella, usted, nosotros, vosotros, ellos, ellas, ustedes	No hay.
alcanzado	yo, tú, él, ella, usted, nosotros, vosotros, ellos, ellas, ustedes	No hay.

Impersonal	Pronombre personal	
hay	yo, tú, él, ella, usted, nosotros, vosotros, ellos, ellas, ustedes	No hay.
hace calor	yo, tú, él, ella, usted, nosotros, vosotros, ellos, ellas, ustedes	No hay.
es importante	yo, tú, él, ella, usted, nosotros, vosotros, ellos, ellas, ustedes	No hay.

1. Cierto / Falso   Un <u>verbo personal</u> es lo mismo que un verbo conjugado.
2. Cierto / Falso   Un <u>verbo impersonal</u> no tiene pronombre pero se parece a los conjugados.
3. Cierto / Falso   Un <u>verbo no personal</u> tiene un pronombre correspondiente.
4. Un ejemplo de verbo personal es *estrenamos*. Dos ejemplos más son: _____ y _____.
5. Unos ejemplos de verbos no personales son *considerar, roto, estudiando*. Otros son: _____, _____ y _____.
6. Un ejemplo de verbo impersonal es *nieva*. Otro ejemplo es: _____.

Repaso preliminar: Asegurando las bases

El tiempo y el modo verbales

Recuerda que cuando hablamos o escribimos ponemos nuestras ideas en un contexto. Es decir, hablamos de algo que pasa en este momento o que ya ocurrió o puede ocurrir. También la manera en la que hablamos comunica si damos información sobre algo real o si es algo hipotético, o incluso si queremos que alguien haga algo. El "tiempo" es cuando colocamos lo que decimos en el presente, pasado o futuro, y la manera cómo decimos algo es el "modo". Usamos los verbos para expresar tiempo y modo.

El tiempo verbal   Fíjate en el dibujo y luego contesta las preguntas.

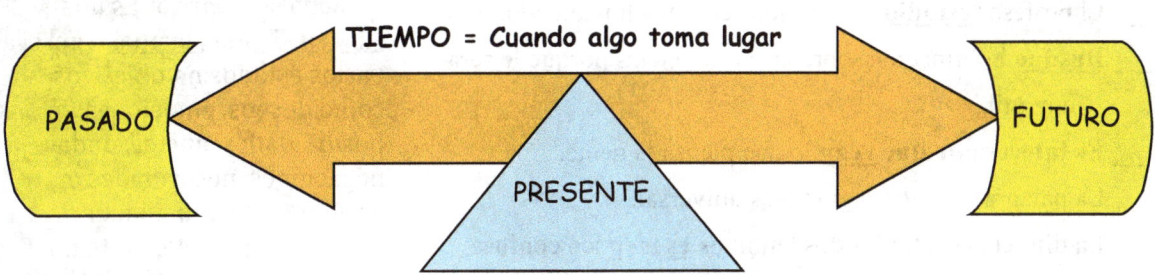

Piensa en ti al leer las siguientes oraciones. ¿Cuál describe tu presente, tu pasado, tu futuro? Elige la mejor opción.

1. *Antes nunca **pensaba** en las diferencias* se refiere a mi: presente / pasado / futuro.
2. *Ahora **pienso** en muchas cosas* se refiere a mi: presente / pasado / futuro.
3. ***Voy a seguir pensando** en esto* se refiere a mi: presente / pasado / futuro.

El colocar lo que comunicamos en el presente, pasado o futuro es el "tiempo verbal".

Actividad   Escribe dos oraciones en presente, dos en pasado y dos en futuro. Mientras escribes cuida tu ortografía. Luego comparte tus oraciones con un compañero y juntos editen su trabajo.

Presente: _____

_____

_____

Pasado: _____

_____

_____

Futuro: _____

_____

_____

El modo

Como has visto el modo comunica la actitud del hablante al decir o escribir algo. El modo indicativo comunica información; el modo imperativo manda o exige; el modo subjuntivo expresa algo hipotético o no objetivo. Esta actividad te ayudará para refrescar lo que sabes.

Actividad 1 — Lee las siguientes oraciones y según lo que comunican conecta el verbo subrayado al modo correspondiente de los recuadros.

1. ___ **Ayudo** con el aprendizaje de las etiquetas de las palabras.
2. ___ **Dudamos** que **haya** confusión entre los términos.
3. ___ El profesor **estudió** los términos con mucho cuidado.
4. ___ **Busque** información sobre las preferencias porque le será muy útil.
5. ___ **Es interesante que vean** lo que piensa la gente.
6. ___ La palabra *castellano* **es** menos universal.
7. ___ La diferencia entre los dos términos **es** un poco confusa.
8. ___ Las academias **están** de acuerdo con el uso de *español*.
9. ___ **Estarán de acuerdo cuando** los lingüistas **acepten** los dos términos.
10. ___ **No insistas** más sobre el tema.
11. ___ **No creo que jamás se llegue** a un acuerdo que les satisfaga.
12. ___ **Escriba** su opinión cuanto antes.

a. Modo indicativo: Indica o hace declaraciones objetivas basadas en hechos y en cosas concretas, o sea, comunica o afirma la realidad **según el hablante**.

b. Modo subjuntivo: Es una especie de idea virtual. Expresa varios estados no objetivos como deseos, emociones, posibilidades, juicios, dudas, negaciones, necesidades o acciones que aún no han ocurrido y posiblemente no ocurran. Es decir, **el hablante** comunica situaciones hipotéticas o distingue lo que comunica de lo que transmite el indicativo como auténtico. *El verbo subjuntivo suele estar en la cláusula subordinada.*

c. Modo imperativo: El hablante pide, exige o prohíbe algo de manera directa.

Actividad 2 — En la primera raya escribe una oración para el modo indicado; en la segunda, la razón que justifica su uso. Luego comparte tus oraciones con un compañero.

1. Modo subjuntivo: *No creo que mis amigos sepan lo que es "modo".*
Razón: *El hablante duda (no creo), por lo que el verbo en la cláusula subordinada está en el modo subjuntivo.*

2. Modo indicativo: _____

Razón: _____

3. Modo subjuntivo: _____

Razón: _____

4. Modo imperativo: _____

Razón: _____

La ortografía: El acento prosódico y las tildes (acento gráfico)

¿Recuerdas lo que es el acento prosódico? No es una *tilde* (acento gráfico) sino que se refiere a la sílaba tónica (donde se da el golpe de voz) al pronunciar una palabra.

Actividad 1 — **EL ACENTO PROSÓDICO** Lee las siguientes palabras en voz alta y subraya la sílaba tónica (la que recibe el golpe de voz). Al lado, y siguiendo el ejemplo, dibuja la pronunciación. Luego subraya la última letra. Finalmente en el hueco coloca la letra correspondiente de las razones de la pronunciación según el acento prosódico que sigue las normas de pronunciación.

_b_ 1. ha bla mos
___ 2. u na
___ 3. cas te lla no
___ 4. aun que
___ 5. con si de ran
___ 6. ha ber
___ 7. es pa ñol
___ 8. pe nin su lar

NORMAS DE PRONUNCIACIÓN

A. Si la última letra de una palabra es una **consonante no _n_ ni _s_**, la sílaba **tónica** es la **última**.

B. Si la última letra de una palabra es **una vocal (a, e, i, o, u) o _n_ o _s_**, la sílaba tónica es la **penúltima**.

Actividad 2 — **CLASIFICACIÓN DE LAS PALABRAS.** Las palabras se clasifican como aguda, llana o esdrújula. Repasa el siguiente diagrama y contesta las preguntas.

cúpula — cú / pu / la — **Esdrújula**

en**tor**no — en / tor / no — **Llana (Grave)**

do**mar** — do / mar — **Aguda**

Contesta las preguntas; luego, busca dos ejemplos para cada tipo de palabra en las lecturas anteriores o escribe dos ejemplos si no encuentras ninguno. No importa si llevan tilde (acento gráfico).

1. ¿En qué sílaba cae el **acento prosódico** en una palabra **aguda**: antepenúltima / penúltima / última?

   Ejemplo: _____   Ejemplo: _____

2. ¿En qué sílaba cae el **acento prosódico** en una palabra **llana**: antepenúltima / penúltima / última?

   Ejemplo: _____   Ejemplo: _____

3. ¿En qué sílaba cae el **acento prosódico** en una palabra **esdrújula**: antepenúltima / penúltima / última?

   Ejemplo: _____   Ejemplo: _____

Actividad 3 — En la siguiente lista las palabras han sido clasificadas como aguda, llana o esdrújula. Según la clasificación, subraya la sílaba tónica y dibuja la pronunciación.

Palabra	Clasificación		Palabra	Clasificación	
pri me ra	llana	⌒	Pe rú	aguda	
cues tión	aguda		A sia	llana	
ha bi li dad	aguda		in tér pre te	esdrújula	
a xio ma	llana		fé nix	llana	
Á fri ca	esdrújula		es pe cial	aguda	
de más	aguda		Ar gen ti na	llana	
sa lien te	llana		Pa ra guay	aguda	
pú bli ca	esdrújula		i de a	llana	

Actividad 4 — En la siguiente lista la sílaba tónica de cada palabra ha sido subrayada. Según la sílaba tónica, clasifica la palabra como aguda, llana o esdrújula. Luego léela en voz alta.

RECUERDA: Las vocales fuertes son *a e o* y nunca hay dos en una sílaba; las débiles son *i u* y sí pueden ir juntas o con una vocal fuerte en una sílaba.

Palabra	Clasificación	Palabra	Clasificación
no **ven** ta		a bo **rí** ge nes	
al can **zó**		ca li **dad**	
re cor **dar**		e la bo ra **ción**	
pen **sa** ran		in ver **sio** nes	
fran **cés**		**pú** bli cos	
per so **nal**		a lu **mi** nio	
se **gui** das		**Sán** chez	

Actividad 5 — Escribe dos ejemplos para cada tipo de palabra. No uses ninguna de las anteriores.

Aguda	Llana	Esdrújula
_____	_____	_____
_____	_____	_____

La tilde

La **tilde** es el acento gráfico (escrito), por ejemplo en la palabra *último*. Hay tres tipos de tildes que ahora repasarás.

LA TILDE CUANDO LA PALABRA NO SIGUE LAS NORMAS DE PRONUNCIACIÓN

Actividad 1 — Lee el siguiente fragmento. Pronuncia en voz alta las palabras en letra negrilla y subraya la sílaba tónica (la que recibe el golpe de voz). Luego, colócalas en la columna correspondiente de la tabla. Sigue el ejemplo.

En **realidad** esta **polémica** del término apropiado no debe **existir** porque **castellano** es una **denominación válida** y **español** también. Todo **dependerá** de si las personas **hablan** de **estas** lenguas dentro de un contexto **único** o si la palabra aparece en conjunto con **otras** lenguas **autónomas** peninsulares, tal como lo hizo **Mayáns** y **Síscar** en 1737 (*mil setecientos treinta y siete*). Aunque para algunas personas sea **difícil** aceptar una u otra, es igual que decidir si es preferible usar un **lápiz** o un **bolígrafo** o si una palabra es **tabú**.

Esdrújula	Llana sin tilde	Llana con tilde	Aguda sin tilde	Aguda con tilde
			realidad	

Actividad 2 — Según la tabla de arriba, completa o contesta las siguientes preguntas.

A. Las palabras esdrújulas.

1. ¿Hay alguna **palabra esdrújula** que no lleve tilde? **Sí / No**

B. Las palabras llanas.

2. Escribe la última letra de cada **palabra llana** que no lleva tilde. (No repitas ninguna de las letras.) ___ ___ ___ ___ ___ _i_ _u_

3. ¿Aparece alguna de estas siete letras como la última letra de las **palabras llanas** con tilde? **Sí / No**

C. Las palabras agudas.

4. En las **palabras agudas** que NO llevan tilde, ¿es la última letra una vocal (*a, e, i, o, u*) o una de las dos consonantes *n, s*? **Sí /No**

5. En las **palabras agudas** que SÍ llevan tilde, ¿es la última letra una vocal (*a, e, i, o, u*) o una de las dos consonantes *n, s*? **Sí /No**

D. La tilde (El acento gráfico).

6. ¿Se escriben las tildes solo en las vocales? **Sí / No**
7. ¿Puede llevar una palabra más de una tilde? **Sí / No**

TILDE POR HIATO

Hay dos tildes que cambian el sonido de las palabras: la que se coloca en las palabras que no siguen las normas de pronunciación y la tilde por hiato. Esta tilde rompe un diptongo (la combinación de una vocal débil —*i,u*— con una vocal fuerte: *a, e, o*) y les da fuerza de voz a las vocales débiles.

Actividad 1 Pronuncia los siguientes pares de palabras fijándote en la parte subrayada. Luego completa la tabla. Piensa, si la letra *h* es muda, ¿puede afectar la pronunciación?

		Palabra en la que las dos vocales suenan juntas	Palabra en la que la *i* o la *u* se oye por separado
1. tr**ai**ga	tr**aí**da	*traiga*	*traída*
2. d**ia**rio	p**oní**a		
3. b**aú**l	**jau**la		
4. g**ua**gua	act**úa**		
5. v**ei**nte	sonr**eí**r		
6. esp**íe**	p**ie**nso		
7. trans**eú**nte	**eu**ro		
8. sit**úe**	p**ue**den		
9. armar**io**	r**ío**		
10. **oí**ste	**oi**gan		
11. b**ou**	n**oú**meno		
12. b**úho**	ingen**uo**		

Actividad 2 Con un compañero lean en voz alta las siguientes palabras con hiato.

distraído	ataúd	reúne	zoología	tío	sitúa
traía	baúl	biografía	confío	oído	evalúes
maíz	laúd	estantería	mío	desafíe	continúe
país	creído	estudiaría	resfrío	confíes	acentúo
raíz	leí	psiquiatría	caserío	fían	efectúo

Repaso preliminar: Asegurando las bases

Tilde diacrítica

La tilde diacrítica no cambia el sonido de las palabras; su función es distinguir entre palabras que se escriben igual pero tienen significados diferentes.

Tilde diacrítica			
Sí lleva tilde		No lleva tilde	
Palabra	Clase de palabras	Palabra	Clase de palabras
1. él	*pronombre*	el	*artículo*
2. mí		mi	
3. más		mas	
4. por qué		porque	
5. sé		se	
6. sí		si	
7. té		te	
8. tú		tu	

Además, **todas las palabra interrogativas y de admiración llevan tilde**: *qué, quién, cuál, cómo, cuándo, dónde, adónde, cuánto,* etc.

Actividad Lee las siguientes palabras en voz alta. Todas llevan tilde: por hiato, diacrítica o porque no siguen las normas para palabras agudas y llanas. Después, colócalas en el recuadro correspondiente.

césped   alcancía   recibió   sé   puntúa   asociación   móvil   piénselo   acentúan   gritándonos   ecuánime   aquí   vestíbulo   terminó   flúor   rígida   aconteció   coágulo   patín   qué   vahído   árbol   calló   pongámoslo   reducción   mí   están   tú   comíamos   él   guías   fría   climático   ángel

Tilde porque no sigue las normas de pronunciación	Tilde por hiato	Tilde diacrítica

Repaso preliminar: Asegurando las bases

La puntuación

Recuerda que al hablar se puede cambiar la entonación para expresar lo que se quiere decir, pero al escribir, la puntuación es lo que comunica esa "entonación". Por eso es muy importante usar bien los puntos, comas, etc.

Actividad 1 Conecta cada signo con su función.

___ 1. El punto

___ 2. La coma

___ 3. El punto y coma

___ 4. Los dos puntos

___ 5. Las comillas

___ 6. Los paréntesis

___ 7. Signos de interrogación

___ 8. Signos de exclamación

___ 9. Puntos suspensivos

a. Sirve para separar dos elementos; puede ir sola o en parejas.
b. Indica una pausa mayor que la coma pero más pequeña que el punto.
c. Se usan delante de una enumeración o aclaración.
d. Sirven para separar o intercalar un texto dentro de otro.
e. Indica el final de una oración con sentido completo.
f. Se usan para expresar sorpresa o admiración.
g. Se usan para citar o resaltar.
h. Se usan para expresar una pregunta.
i. Se usan para mostrar algo inacabado u omitido.

Actividad 2 Lee las entradas del siguiente foro. Luego, resalta por lo menos un ejemplo para cada signo de puntuación.

El foro de la lengua—donde conversamos de nuestro idioma

dani1998
¿Alguien me puede decir por qué a veces se usa castellano en vez de español al referirse al idioma?
8 de enero

sabiondo
Para responder bien habría que estudiar el desarrollo de la lengua en España; así que recomiendo que lo hagas. Pero brevemente, el castellano fue la lengua primaria de la Península cuando los Reyes Católicos retomaron de los moros lo que ahora es España. No obstante, eso no supuso que desaparecieran las otras lenguas que se usaban, como el gallego, el catalán y el vasco. Hoy en día es común en España usar *castellano* para referirse al español y diferenciarlo de las otras lenguas que se usan.

Cari
Me parece que español es más correcto porque viene de Hispania que era el nombre de España en la época del Imperio romano. Yo uso castellano para referirme a la manera de hablar de los españoles (a diferencia de cómo hablamos los latinoamericanos).

Lalo
Es igual que British English o American English: castellano sería el español europeo.

Tano
Mi diccionario dice que castellano es "hombre de la región española de Castilla".

Karen
La primera vez que oí la palabra castellano fue en un mercado en Uruguay cuando el vendedor me preguntó si hablaba castellano (me vio cara de extranjera). Vivo en California pero estudié en Texas y siempre se hablaba "español".

Susilinda
A mi entender castellano se refiere a la manera en la que se habla en España, o por lo menos en Madrid. ¡Esa ciudad es casi tan linda como yo!

Pocholo
He estudiado que originalmente castellano fue el nombre de la lengua que ahora hablamos millones de personas. Hoy en día se reserva para diferenciar el español del resto de las lenguas autónomas que se hablan en los diferentes reinos o provincias de España.

Tomi
No sabía que se hablaban otras lenguas en España. ¿Pasa lo mismo en América Latina?

Pocholo
Acá en el Cono Sur usamos castellano para nuestro idioma porque lo que hablamos viene de Castilla. Lo preferimos a español porque no pronunciamos la ce y la zeta de la misma manera que los españoles. Si en la escuela la asignatura era castellano, no español, por algo sería ¿no?

Julio César
Oye, Tomi, si no sabes que se hablan otras lenguas en Latinoamérica andas muy mal culturalmente. ¡Qué mal anda la educación! Mira. . . mejor calla en vez de hacer preguntas ignorantes.

Actividad 3 Con un compañero escriban dos entradas para el foro e incluyan por lo menos un ejemplo de cada signo de puntuación en ellas. Resalten los signos y luego compartan sus entradas con el resto de la clase.

Actividad 4 — Lee la siguiente selección y luego haz la actividad.

¿Hay relación entre la lengua y la identidad social?

Antes de contestar la pregunta primero haría falta establecer qué es la identidad social. Generalmente se considera que es esa parte del concepto que tiene el individuo sobre sí mismo basada en sus conocimientos del grupo social al que pertenece. Además, también deriva de aspectos compartidos como creencias, rasgos físicos o sicológicos, símbolos, la herencia, el lenguaje—o sea todo aquello que a la vez identifica al individuo con un grupo y lo distingue de los demás.

En cuanto a la identidad étnica, la lengua de herencia también es un elemento notable porque tanto ella como la etnia son inalterables y forman parte de la herencia natal. Frecuentemente la etnia es parte de la identidad social debido a que los valores del grupo se inculcan desde la infancia. No obstante, con el acercamiento que brinda la globalización a las personas, parece que las líneas divisorias entre grupos étnicos van desapareciendo y la identidad social cobra nuevos rasgos. Por ejemplo, un peruano nacido en EEUU quizás se sienta peruano en casa, hispano al hablar español con otros hispanohablantes, negro al señalar la raza o *American* en la escuela. Curiosamente dependiendo de la lengua que use se identifica con un grupo u otro. E igual de interesante es el hecho de que con frecuencia se "elige" la lengua según la representación social que esta evoca. Desafortunadamente la sociedad es quien determina si una lengua es "buena" o "mala". Y aún más triste es el hecho que en ocasiones, obviando el valor de ser bilingüe, una persona puede dejar a un lado su lengua de herencia y dar preeminencia a la lengua de otro grupo que considera socialmente superior o más provechoso.

Imagina que recibes el siguiente mensaje electrónico del director del Centro de Investigación Bicultural. Abajo escribe tu respuesta, asegurándote de responder todas sus preguntas y de usar un tono formal.

De	John Anthony Martínez
Asunto	Encuesta hablantes bilingües

Estimado compañero bilingüe:

Nos ha dado su nombre y correo electrónico uno de sus compañeros de estudio. En este momento realizamos una encuesta entre hablantes bilingües para recopilar datos de su actitud acerca de su lengua materna y su identidad social. Nos gustaría que respondiera a las siguientes preguntas:

Primero, ¿considera que su lengua de herencia es tan importante como el inglés? ¿Por qué?

Segundo, ¿piensa que el ser bilingüe forma parte de su identidad social? ¿En qué sentido?
Esperando su respuesta le saluda atentamente,
John Anthony Martínez
Director

De	
Asunto	

Recapitular, analizar y editar

1. Cierto / Falso Los sustantivos y pronombres comunican una acción o un estado.

2. Cierto / Falso Un adjetivo es ejemplo de una palabra invariable (sin género o número).

3. Cierto / Falso Los verbos son invariables por no tener género pero sí tener número.

4. Cierto / Falso Los adverbios son las palabras que más funciones tienen porque pueden complementar la significación (describir) un verbo, un adjetivo u otro adverbio.

5. Los (artículos / adverbios) indican si un sustantivo es conocido o general.

6. Las (conjunciones / preposiciones) unen dos palabras, frases o cláusulas equivalentes; las (conjunciones / preposiciones) relacionan un sustantivo o pronombre al resto de la oración.

7. Cierto / Falso Un verbo es ejemplo de una palabra invariable (sin género o número).

8. Cierto / Falso Los adverbios son invariables por no tener género pero sí tener número.

9. Lee esta oración: *Para mí, español es la mejor denominación de esta lengua universal.* Ahora en el diagrama escribe la clase correspondiente encima de cada palabra.

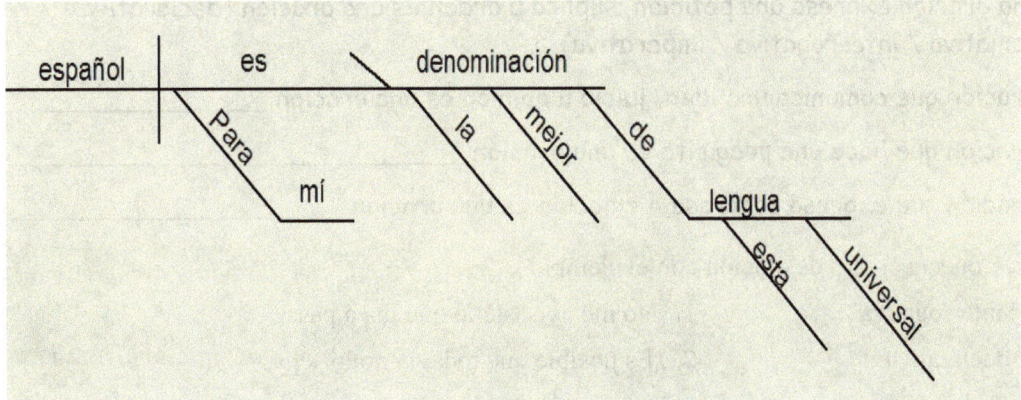

10. Cierto / Falso Según se aprecia en el diagrama, los sustantivos y verbos van en una línea horizontal.

11. Cierto / Falso Los artículos, adjetivos, adverbios y preposiciones van en línea diagonal o vertical, pero los adjetivos que siguen un verbo copulativo (*ser / estar*) van en la misma línea horizontal que el verbo y el sujeto.

12. Cierto / Falso Según se aprecia en los diagramas, los adjetivos son palabras variables (tienen género y número) según lo que describen, pero los adverbios son invariables.

13. Los sustantivos, pronombres y adjetivos tienen (género y número / solo número); los verbos tienen (género y número / solo número).

14. Cierto / Falso La clase de una palabra puede variar según su función en una oración.

Repasar. A través de estas secciones de "Repasar" vas a encontrar actividades breves que te servirán para darte cuenta si hay algo que todavía no entiendes muy bien.

En esta primera actividad, vas a completar el siguiente diagrama. En la raya escribe la clase de la palabra, y entre paréntesis escribe la letra de su función en la oración.

Buscaba una novela que fuera muy histórica.

```
            ( )
    buscaba | novela
            |   \una
( )         |    \         ( )
    que----fuera\ histórica
( )              \          ( )
                  muy
                            ( )
```

a. Complementa la significación del verbo, adjetivo u otro adverbio.
b. Comunica una acción o estado.
c. Describe un sustantivo.
d. Designa o identifica personas y cosas animadas e inanimadas.
e. Indica si un sustantivo es conocido o general.
f. Relaciona un sustantivo o un pronombre con otra parte de la oración.
g. Toma el lugar de un sustantivo.
h. Une palabras o secuencias equivalentes.

15. Si una oración expresa una petición, súplica u orden es una oración (declarativa / exclamativa / interrogativa / imperativa).

16. La oración que comunica una idea, juicio u opinión es una oración _____.

17. La oración que hace una pregunta es una oración _____.

18. La oración que expresa sorpresa o emoción es una oración _____.

Repasar. Conecta el tipo de oración con el ejemplo.

    a. interrogativa   ___ 1. ¡No me avisaste lo que iba a pasar!

    b. declarativa   ___ 2. ¿Es posible que todavía no lo sepas?

    c. exclamativa   ___ 3. De todas las opciones creo que esta es la mejor.

19. Si una acción ya ha tomado lugar se usa el tiempo (pasado / presente / futuro).

20. Se usa el futuro para una acción (que ya ha tomado lugar / que toma lugar / que va a tomar lugar).

21. Cierto / Falso Se usa el presente para comunicar una acción que toma lugar.

22. *"Todos los días comemos en ese restaurante"* es ejemplo de una acción en el
    a. pasado   b. presente   c. futuro

23. *"Anoche fuimos al cine"* es ejemplo de una acción en el
    a. pasado   b. presente   c. futuro

24. *"Dentro de cinco meses estaremos de vacaciones"* es ejemplo de una acción en el
    a. pasado   b. presente   c. futuro

25. Si el hablante pide, exige o prohíbe algo de manera directa, se comunica en modo (indicativo / subjuntivo / imperativo).

26. Cuando el hablante usa el modo indicativo (indica o hace declaraciones objetivas / pide, exige o prohíbe algo de manera directa / expresa algo no objetivo o necesidades o acciones que no han ocurrido).

27. Si el hablante expresa algo no objetivo o necesidades o acciones que no han ocurrido y posiblemente no ocurran, se comunica en modo (indicativo / subjuntivo / imperativo).

> **Repasar.** Conecta cada oración con el modo que usa para comunicar lo que dice.
> a. indicativo
> b. imperativo
> c. subjuntivo
>
> ___ 1. <u>Siéntate</u> ahora mismo, por favor.
> ___ 2. No estoy seguro de que Luisa <u>sepa</u> la respuesta.
> ___ 3. <u>No hay</u> nadie en casa de mis primos.

28. Cierto / Falso   El acento prosódico es lo mismo que la tilde (el acento gráfico).

29. Cierto / Falso   Clasificar una palabra como *llana* es igual que clasificarla como *grave*.

30. El acento prosódico de la palabra aguda cae en la _____ sílaba.
    a. última   b. penúltima   c. antepenúltima

31. Si el acento prosódico cae en la penúltima sílaba, es una palabra (llana / esdrújula).

32. La palabra esdrújula siempre lleva una tilde en la _____ sílaba.
    a. última   b. penúltima   c. antepenúltima

33. Cierto / Falso   Según las normas de pronunciación, la última letra de una palabra llana debe ser una *vocal*, *n* o *s*; si no, necesita una tilde en la sílaba tónica.

34. Cierto / Falso   Según las normas de pronunciación, la última letra de una palabra llana debe ser una **consonante NO** *n* o *s*; si no, necesita una tilde en la sílaba tónica.

35. De las siguientes filas de palabras elige la que tiene todas las palabras bien escritas.
    a. amanecer, opción, casualidad, única
    b. amanecer, opción, casualidád, única
    c. amanecer, opcion, casualidad, única
    d. amanecér, opcion, casualidad, única

36. De las siguientes filas de palabras elige la que tiene todas las palabras bien escritas.
    a. pantalónes, lenguas, frecuencia, lápiz
    b. pantalones, lenguas, frecuencia, lápiz
    c. pantalones, lenguas, frecuéncia, lápiz
    d. pantalónes, lenguas, frecuencia, lapiz

> **Repasar.** Indica si la palabra es aguda / llana / esdrújula y por qué lleva o no lleva tilde.
>
> a. aguda
> b. llana
> c. esdrújula
>
> d. termina en vocal, *n* o *s*
> e. termina en consonante **no** *n* o *s*
> f. la sílaba tónica es la antepenúltima
>
> ___ ___ 1. último
> ___ ___ 2. fácil
> ___ ___ 3. excepcional
> ___ ___ 4. cincuenta
> ___ ___ 5. tráelo
>
> ___ ___ 6. posición
> ___ ___ 7. sacudir
> ___ ___ 8. destruyó
> ___ ___ 9. siempre
> ___ ___ 10. azul

37. Cierto / Falso El signo que indica una pausa mayor que la coma pero más pequeña que el punto es el punto y coma.

38. Cierto / Falso El signo que separa dos elementos y puede ir solo es las comillas.

39. Cierto / Falso El signo que expresa sorpresa es el signo exclamativo o de admiración.

Analizar

A. Compara los siguientes pares de oraciones. Una contiene dos faltas de tilde o puntuación. Subraya las faltas. Luego, identifica la correcta y, usando las faltas que subrayaste, explica por qué es correcta. Sigue el ejemplo

1. a. Miguel, Carme<u>n,</u> y Luis fueron a casa de <u>Hector</u> para estudiar.
   b. Miguel, Carmen y Luis fueron a casa de Héctor para estudiar.

   __b__ es la correcta porque

   (1) ___no se pone una coma delante de la conjunción en una serie___

   (2) ___la palabra llana terminada en consonante no n/s lleva tilde___

2. a. Cuándo vas a traer lo que te pedi: hoy o mañana?
   b. ¿Cuándo vas a traer lo que te pedí: hoy o mañana?

   ____ es la correcta porque

   (1) _____

   (2) _____

3. a. No estoy segura de por qué lo hizo, pero lo averiguaré.
   b. No estoy segura de porque lo hizo, pero lo averiguare.

   ____ es la correcta porque

   (1) _____

   (2) _____

Editar

En el siguiente fragmento hay seis faltas de acentuación y concordancia (género y número). Encuéntralas y luego corrígelas en las rayas.

El año 1492 fue señalado para lo que pronto sería la nueva nación español. Ademas de la viaje de Cristobal Colón, Antonio de Nebrija publicó su celebre *Gramática castellana*. Nebrija nos legó que hay ocho clases de palabras aunque el menciona diez.

	error	corrección		error	corrección
a.	_____	_____	d.	_____	_____
b.	_____	_____	e.	_____	_____
c.	_____	_____	f.	_____	_____

Para recordar y repasar. Al final de la última unidad tienes varias páginas para ir anotando términos, conceptos, etc., que piensas que debes repasar o aclarar para un buen entendimiento de tu lengua de herencia. Apunta los que quieres recordar y vuelve a esas páginas con frecuencia.

Unidad 1: Percepciones

Apreciar	Aplicar	Contextualizar
¿Multiculturalidad, interculturalidad, pluriculturalidad? ¿Cuál de las tres?	Frases y cláusulas	Recapitular, analizar y editar
Algunos datos sobre los números	Expresiones de tiempo	La transcripción fonética: *c, s, z*
Reflexiones sobre las artes culturales	Usos del presente	*g, j, h*
Los calendarios y la noción del tiempo	El pretérito	Atando cabos: Los verbos, la acción y la narración
Designaciones raciales en la América colonial	El imperfecto	Observaciones ortográficas con *nos*
El caso del niño guaraní	El aspecto verbal	Entre dos lenguas
Lo pachuco	Las conjunciones coordinantes y subordinantes	Lectura: Selección de "El tipo del indio americano" de Gabriela Mistral
A favor o en contra de la acción afirmativa	El modo subjuntivo y las conjunciones subordinantes	La noticia periodística
	El subjuntivo y el pronombre relativo *que*	En la comunidad: Una noticia de un hecho histórico hispano
	El imperfecto del subjuntivo	
	El subjuntivo con las conjunciones de tiempo	

¿Qué es una percepción?

Según una teoría, una percepción es un proceso dinámico entre una descripción mental, los sentidos y el ambiente. Estos procesos perceptivos alteran lo que nosotros "vemos". Por eso cuando uno ve algo con un concepto preconcebido, tiende a ver lo que espera ver aunque no exista. Fíjate en la foto. Si fueras un depredador, ¿qué verías: una mariposa o los ojos de otro animal? ¿Son nuestros conocimientos previos los responsables de que veamos un par de ojos?

AMARILLO AZUL
CAFÉ
NEGRO ROJO
VERDE
NEGRO AMARILLO

Ahora fíjate en la tabla a la izquierda. En voz alta di el color que se usó para escribir las letras de cada palabra; NO leas el color que dice la palabra. Probablemente tropezarás al leer la palabra en voz alta debido a que la parte de tu cerebro que controla la lengua se encuentra en conflicto porque tratas de verbalizar el color de la palabra escrita a la vez que ignoras el significado de la palabra. Quieres "ver" lo que tu mente te dice, y no lo que realmente ves.

Incluso cuando vemos lo mismo, con frecuencia lo que vemos varía de persona a persona.
- Mira el dibujo del cubo. ¿Cuántas formas ves, una o dos? Hay dos. ¿Las ves? Búscalas.
- Ahora fíjate en el dibujo de la derecha. ¿Qué ves? Pregúntales a tus compañeros lo que ellos ven. ¿Coinciden en lo que ven en el dibujo?

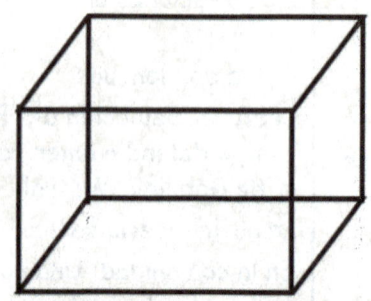 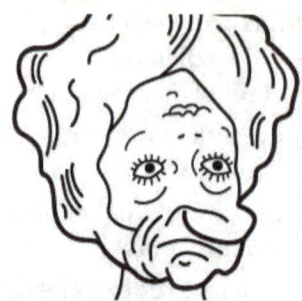 

En parejas o grupos, comenten lo que la foto, las palabras y los dibujos dicen de las percepciones. ¿Piensas que nuestras ideas preconcebidas pueden perjudicar lo que percibimos? Explica.

_____
_____

Tu lado creativo

En esta unidad verás que uno puede percibir las cosas de muchas maneras, o sea, que puedes tener muchas perspectivas, incluyendo culturales, sociales e históricas. Con un grupo de tus compañeros o la clase entera, elijan un tema y luego cada uno decida la perspectiva —cultural, social, histórica— con la que quiere ver el tema. Apunta tus ideas abajo.

TEMA: _____

IDEAS: _____

_____

_____

Ahora, expresa esas ideas de manera creativa (un poema, una narración breve, un dibujo, un *collage*, etc. Finalmente, comparte tu expresión del tema con el grupo o la clase.

Unidad 1: Percepciones 37

La pluriculturalidad

Antes de leer — El título del artículo que vas a leer es "¿Multiculturalidad, interculturalidad, pluriculturalidad? ¿Cuál de las tres?" Pensando en el título y el tema de la sociedad y la comunidad ¿en qué crees que se enfocará el artículo?

Lectura

¿Multiculturalidad, interculturalidad, pluriculturalidad? ¿Cuál de las tres?

Todos estos términos —multiculturalidad, interculturalidad, pluriculturalidad— los he leído o escuchado, pero siempre me ha quedado la duda de cuál es la diferencia entre ellos. Así que determiné averiguarlo, pues me molesta mucho no entender algo y no hacer nada al efecto. Primero, busqué pluriculturalidad en el diccionario de la Real Academia, pero no aparecía. Después opté por internet, pero desgraciadamente aunque varios sitios la definían como existente en cuanto a la relación con y reconocimiento de otras culturas, no me explicaban la diferencia entre este término y los otros dos.

Así que continué con mi búsqueda, ávidamente yendo de un sitio de internet a otro, leyendo artículos y revisando innumerables blogs, algunos buenos pero la mayoría seguramente de personas ociosas que no tienen otra cosa que hacer que andar dejando un comentarito aquí, otro allá para que su seudointelectualismo quede patente. (A todo esto, ¿existe la palabra *seudointelectualismo*? Lo dudo, pero suena bien, ¿no?).

Al final de tanto leer por fortuna no se me secó la sesera* y pude llegar a la siguiente determinación: No estaba sola ya que mi propia confusión aparentemente era compartida por muchos. Lo que a veces algunos usaban como *interculturalidad*, los siguientes designaban *multiculturalidad* o *pluriculturalidad*. Sin embargo, de entre todo el material pude sacar más o menos en claro lo siguiente. *Multiculturalidad* implica la coexistencia de diferentes culturas en un mismo espacio geográfico y social, pero esa cohabitación es **paralela**; o sea, la gente no convive porque es una sociedad hegemónica con jerarquías legales y sociales, lo cual fomenta inferioridad, menosprecio, estereotipos y prejuicios hacia los grupos débiles. La *interculturalidad*, en cambio, se basa en su prefijo —*inter*— para subrayar que es una relación activa entre culturas. A su vez la *pluriculturalidad* también supone pertenecer a y participar en diversas culturas, pero a diferencia de interculturalidad parece enfocarse más en los individuos que en las sociedades.

Sin embargo, pronto después de llegar a esa diferenciación de términos, todavía no me sentía del todo satisfecha; parecía que "algo" faltaba. Así que lo pensé y pensé, y luego lo volví a pensar…de pronto me di cuenta de que aunque había buscado los *multi-*, *inter-* y *pluri-* me faltaba lo esencial: el significado de la palabra *cultura*. Así que volví al diccionario. En esta ocasión mi diccionario sí me pudo ayudar. Según su definición *cultura* es un conjunto de maneras de vivir, de costumbres y conocimientos, y de nivel de desarrollo artístico, científico,

* Referencia a Don Quijote el cual supuestamente se trastornó de tanto leer libros de caballería.

industrial, en una época o grupo social. Me pareció buena la definición y casi me había dado por satisfecha cuando de pronto tropecé con un artículo de la conocida escritora uruguaya Cristina Peri Rossi en el que alude a la dificultad de definir el concepto de cultura y también señala que *costumbre* y *cultura* no son lo mismo. ¡Madre mía! ¡Vaya lío! No me quedó más remedio que volver a internet y seguir leyendo. Y en eso estoy ahora…y seguramente allí estaré mañana, y pasado mañana y al otro…

Después de leer

Actividad 1
Basándote en el contenido de la lectura, contesta las preguntas.

1. ¿Cuál es el propósito del artículo?
   a. Presentar un punto de vista
   b. Diferenciar unos términos
   c. Resumir las diferencias sociales
   d. Criticar las definiciones académicas

2. Al inicio de la selección, lo que quería saber la autora es
   a. si las tres palabras significan lo mismo
   b. la diferencia entre las clases de palabras
   c. si uno de los términos es más aceptado universalmente
   d. la definición de los términos en internet

3. ¿Qué piensa la autora de las personas que escriben blogs?
   a. No merecen mucho respeto.
   b. No les sobra mucho tiempo.
   c. Son escritores inteligentes.
   d. Escriben cosas interesantes.

4. Según se usa en el artículo, la noción de *paralelo* se asocia con
   a. integración
   b. intercambio
   c. división
   d. adversidad

5. Según el artículo, ¿cuáles de los siguientes conceptos tienen más características en común?
   a. Multiculturalidad e interculturalidad
   b. Interculturalidad y pluriculturalidad
   c. Pluriculturalidad y multiculturalidad
   d. Ninguno tiene nada en común.

6. ¿Por qué llega a sentirse confusa la autora al tropezar con el concepto de *cultura*?
   a. No se ha llegado a un acuerdo para una definición universal en los diccionarios.
   b. Encuentra que hay diferentes opiniones según los blogs que lee en internet.
   c. Lee un ensayo que la hace cuestionar la definición que había encontrado.
   d. No tiene el mismo significado para los hombres que para las mujeres.

7. ¿Cuál de las frases refleja mejor el estado de ánimo de la autora al final del artículo?
   a. Se me secó la sesera.
   b. No me quedó más remedio.
   c. Me di cuenta.
   d. Madre mía; vaya lío.

8. ¿Cuál de las siguientes afirmaciones resume mejor una idea del artículo?
   a. No todos los sinónimos tienen el mismo significado.
   b. Existen variantes socioculturales en cualquier país.
   c. No siempre están de acuerdo los autores.
   d. Hay que fijarse bien en el autor al considerar el significado de toda palabra.

9. ¿Cuál es el tono del artículo?
   a. Contradictorio
   b. Arrogante
   c. Informal
   d. Confidencial

Actividad 2 Vuelve a la lectura, resalta las **cinco ideas** que consideras más importantes y en tus propias palabras, escríbelas abajo. Cuida tu ortografía y concordancia al escribir.

1. _____
2. _____
3. _____
4. _____
5. _____

Actividad 3 Imagina que se te ha pedido que identifiques y compares la sociedad del país de origen de tu familia con la sociedad estadounidense. Primero elige el tipo de sociedad que crees que existe en cada país y luego escribe un párrafo en el que hablas de las **semejanzas y diferencias entre las dos sociedades**.

La sociedad estadounidense es (pluricultural / intercultural / multicultural). Razones:	La sociedad _____ es (pluricultural / intercultural / multicultural). Razones:

_____
_____
_____
_____
_____
_____
_____
_____

¿Cuál de las dos...*debe de* o *debe*? En estas secciones de las unidades encontrarás aclaraciones sobre algunas dudas. Esta es sobre *debe de* y *debe*. Fíjate en estas oraciones. "Debes de llegar a la una" comunica una suposición: *You're supposed to arrive at one*, mientras que la oración "Debes llegar a la una" comunica una obligación: *You must/have to arrive at one*. O sea, *debe de* supone; *debe* obliga.

La lengua: Distintas formas de comunicarse

Cada persona se expresa según la situación comunicativa en la que se encuentra y lo que quiere decir, a quién se dirige, para qué y con qué fin. Al hablar con un amigo se suele usar un lenguaje cotidiano, relajado y lleno de muletillas (palabras o frases que se repiten automáticamente, por ejemplo *como que, este, ¿me sigues?, ¿no?,* etc). Pero al hablar con un desconocido, un superior o una persona mayor, el habla se vuelve más estructurada y se evitan las muletillas. Lo mismo ocurre al escribir: no es igual escribir una carta a un amigo que redactar una carta para solicitar un puesto de trabajo.

Actividad 1 Ya has aprendido que al referirse a los verbos de la 2a y 3a persona se habla de los registros formales e informales. Abajo elige si el el verbo es formal o informal.

formal / informal 1. Hablas
formal / informal 2. Hable
formal / informal 3. Habláis
formal / informal 4. Hablan
formal / informal 5. Hablás (*voseo*)

formal / informal 6. Comieron
formal / informal 7. Estabas
formal / informal 8. Tenía
formal / informal 9. Podrán
formal / informal 10. Irá

Actividad 2 Además del uso del verbo, hay algunas cosas que caracterizan la comunicación formal o informal. Lee la siguiente lista de características y luego con un compañero escríbanlas en la columna correspondiente.

- Discurso fluido y lógico
- Expresivo y emotivo
- Frases cortas e inconclusas
- Ausencia de redundancia
- Oraciones bien construidas
- Pronunciación cuidada
- Mucha repetición de una misma idea
- Apodos y diminutivos

- Muletillas
- Frases o palabras cuyo significado se entiende en un lugar o zona determinados
- Modismos infrecuentes
- Vocabulario apropiado y variado
- Vocabulario poco variado; repetición de las mismas palabras

El lenguaje formal debe ser o tener...	El lenguaje informal debe ser o tener...
Discurso fluido y lógico	*Expresivo y emotivo*

Unidad 1: Percepciones 41

Actividad 3 — En las siguientes listas de frases u oraciones hay expresiones en lenguaje formal e informal. Con unos compañeros completen cada recuadro con el mayor número de expresiones que puedan.

Expresiones formales	Expresiones informales
Es rico. Es adinerado. Es pudiente. Es acaudalado.	Tiene billete. Tiene lana. Tiene feria.
¿Cómo está?	¿Qué onda?
Es una persona elegante.	¡Que guapa!
En respuesta a su carta...	Te tengo que contar...
Un cordial saludo... Atentamente...	¡Escríbeme pronto! Besos y abrazos...
¿Hablemos en una lengua más clara?	Al pan, pan, y al vino, vino.
Estoy muy nervioso	Está hecho un flan.
No me importa cualquier opinión	Ni me va ni me viene.
Está delicioso.	Que rico
Estoy escuchando / Estoy a sus ordenes	Soy todo oídos.

Actividad 4 — Imagina que has tenido que faltar a clase y necesitas saber cuál es la tarea. Abajo primero escribe un correo electrónico pidiéndole a un compañero que te lo diga. Luego escribe un correo a tu profesor pidiendo lo mismo. Cuida el registro.

De	
Asunto	

De	
Asunto	

Para recordar y repasar. Recuerda que al final de la última unidad tienes varias páginas para anotar lo que crees que deberías repasar.

La ortografía: Los números

Lectura — Algunos datos sobre los números

Los números, esas cifras que usamos continuamente cada día, son un excelente ejemplo de pluriculturalidad porque su historia se compone de muchas gentes de diversos continentes y culturas. Antes de tener números los antiguos tenían que usar los dedos, piedras o rayas talladas en tablas de barro para contar. Con el tiempo las rayas evolucionaron a ser números (más o menos en la época en la que empezó la escritura). Y como desde un principio se usaban los dedos para contar, no sorpende que los sistemas numéricos se basaran en diez, como ocurrió con los de los egipcios, griegos y romanos. No obstante, otros sistemas se basaron en cinco, doce o veinte. El de los mayas se basa en veinte: diez dedos de las manos y diez de los pies.

El sistema numérico que usamos hoy se basa en diez y originalmente vino de la India. Luego los árabes lo introdujeron a Europa alrededor del siglo X. Esta última cifra, X, es parte de las cifras escritas usadas por el Imperio romano a través de Europa y por eso les llamamos números romanos. Aunque hoy en día usemos estas cifras, su uso es más limitado.

Actividad 1

Basándote en el contenido de la lectura, contesta las preguntas.

1. ¿Por qué sirven los números como ejemplos de pluriculturalidad?
   a. Son numerosos e infinitos.
   b. Su formación es muy diversa.
   c. Se basan en la anatomía humana.

2. Más o menos ¿cuándo se empezaron a usar las rayas para designar números?
   a. Cuando se empezó a escribir
   b. Al dejar de usar las tablas de barro
   c. A la misma vez que los números

3. ¿De dónde proviene el sistema numérico que usamos hoy en día?
   a. América
   b. Asia
   c. Europa

4. ¿Qué civilización basó su sistema numérico en veinte?
   a. La griega
   b. La maya
   c. La egipcia

5. En la lectura, ¿cuál es el significado de la frase "los antiguos"?
   a. Los ancianos de una comunidad
   b. Las personas con ideas anticuadas
   c. La gente de civilizaciones remotas

6. ¿Cuál es un sinónimo de la palabra *tallada* en la lectura?
   a. Frotada
   b. Medida
   c. Grabada

7. ¿Cuál es el propósito de mencionar el Imperio romano en la lectura?
   a. Para señalar la fuente de un sistema numérico que usamos
   b. Para resaltar la importancia europea en nuestra cultura
   c. Para mostrar la diversidad de datos que existen acerca de los números

Actividad 2 — Los números ordinales expresan orden en una serie. Cuando se escriben en cifra se les pone una *a* u *o* superíndice. Transcribe los siguientes números. Da tanto la forma femenina como masculina, ya que con frecuencia funcionan como adjetivo.

1º, 1ª	_____	_____
2º, 2ª	_____	_____
3º, 3ª	_____	_____
4º, 4ª	_____	_____
5º, 5ª	_____	_____
6º, 6ª	_____	_____
7º, 7ª	_____	_____
8º, 8ª	_____	_____
9º, 9ª	_____	_____
10º, 10ª	_____	_____
11º, 11ª	*decimoprimero*	_____
12º, 12ª	_____	_____
13º, 13ª	_____	_____
20º, 20ª	_____	_____
30º, 30ª	_____	_____
100º, 100ª	_____	*centésima*

OJO: Igual que *uno* se convierte en *un* delante de un **sustantivo masculino,** 1º y 3º se apocopan: 1er y 3er: *primer/tercer libro.* **Pero** la forma femenina no se apocopa: *primera/tercera casa.*

Actividad 3 — En las siguientes oraciones, convierte la cifra en cardinal u ordinal.

1. He leído _____ (21) artículos, pero esta es la _____ (1ª) vez que leo uno que me gusta.

2. De las _____ (50) cifras en el calendario, esta es el _____ (3er) número.

3. Dijo que había _____ (31) preguntas para la lectura, pero solo hay _____ (29).

4. ¿Sabes la respuesta de la _____ (5ª) o la _____ (9ª)?

¿Cuál de las dos...*veintiuna mil personas o veintiún mil personas*? De hecho, ambas formas son correctas aunque la concordancia femenina se está imponiendo. Otra cosa que debes recordar con los números es que en español se usa punto donde en inglés se usa coma: 21.205 vs. 21,205; 10,5 por ciento vs. 10.5 *percent*. Una cosa más. Cuando seas rico y famoso y vayas a escribir tu testamento, no olvides dejarle a tu instructor o instructora de español "un billón de dólares", pero asegúrate de escribirlo en español porque billón en español equivale a *trillion* en inglés. *Billion* es mil millones en español.

Frases y cláusulas

Las frases y cláusulas se asemejan en que se componen de varias palabras. Pero hay una diferencia importante que verás en esta sección.

Antes de leer — Al lado hay una imagen que representa varias culturas. ¿Cuáles son? ¿Te parece un ejemplo de arte? ¿Por qué?

Lectura — Lee el título del siguiente artículo. La palabra *reflexiones*, ¿apunta a que será un artículo científico o introspectivo?

Reflexiones sobre las artes culturales

Se considera que la palabra *cultura* engloba creencias, actividades y normas sociales comunes de un grupo, pero también comprende las expresiones de creatividad del mismo. Aunque hay muchos valores que definen una sociedad, entre ellos se suele llamar *artes culturales* a la música, el arte, el teatro y la danza porque desarrollan el cuerpo y la mente, refinan los pensamientos y gustos y reflejan las costumbres y valores de una sociedad. En el mundo contemporáneo con su multitud de valores religiosos y étnicos compartidos, cada día es más difícil que un país se defina según una cultura artística única porque probablemente se ha visto influida por otras expresiones artísticas. En vista de esta amalgama, la pregunta es si resulta favorable esta fusión, o si puede acarrear consecuencias creativas perjudiciales. Muchos apoyarían el lado favorable, usando como argumento que si se integran más los habitantes de nuestro mundo, habrá mejor comunicación entre ellos y, consecuentemente, mejor expresión artística y entendimiento. Pero hay que preguntarse cómo se van a determinar los componentes artísticos "sancionados" de esa pluriculturalidad artística.

Si se toman como ejemplo los Estados Unidos, nación que se jacta de ser una olla fundidora ("melting pot") cultural, salta a la vista que las artes que predominan son aquellas que caben dentro de un criterio estético occidental, y las "otras", o sea las no occidentales, se perciben como pintorescas o extrañas. Aunque hay artistas que han logrado incorporar lo indígena, africano o hispano a una visión estética estadounidense o europea, todavía falta mucho antes de que realmente se logre una simbiosis artística cultural. Por ejemplo, entre los hispanos en EEUU se han producido películas que tratan su vida y sus costumbres igual como también lo hace la música *tejana*. Incluso algunos artistas como Sofía Vergara, Andy García, América Ferrara, Rubén Blades y Ricky Martin han llegado a dar un toque hispano a la cultura estadounidense en sus actuaciones, mientras que otros como Carlos Morton, Luis Valdez y el Teatro Campesino han puesto en escena los problemas sociales que enfrentan los hispanos entrándose a una cultura diferente a la de su herencia. En la pintura, la obra de Yolanda López ha sido muy polémica por sus diferentes rendiciones de una Virgen de Guadalupe feminista que puedes ver escribiendo "yolanda lopez virgen de guadalupe" en tu buscador.

Después de leer

Actividad 1 Basándote en el contenido de la lectura, contesta las preguntas.

1. Según el artículo, un ejemplo de artes culturales sería
   a. un partido de fútbol
   b. un debate ambiental
   c. las telenovelas
   d. los viajes

2. La dificultad de definir un país según una cultura única se debe
   a. al influjo de otras expresiones artísticas
   b. a la falta de entendimiento entre los artistas
   c. a que se considera extraño lo que no es occidental
   d. a los argumentos en contra de una cultura única

3. ¿Cuál de las siguientes sería una opinión del autor de esta selección?
   a. La incorporación artística ha causado que haya necesidades económicas.
   b. La única manera de influir en la cultura es limitando el turismo.
   c. La integración cultural puede traer buenas consecuencias artísticas.
   d. La inclusión artística está mal vista en los países en desarrollo.

4. En la frase "como factor social identificador", un ejemplo de preposición es
   a. como
   b. factor
   c. social
   d. identificador

5. ¿Cuál de las siguientes palabras podría estar directamente sobre la línea base de un diagrama?
   a. Mucho
   b. Porque
   c. Multitud
   d. O

6. La palabra *pluriculturalidad* no lleva tilde (acento gráfico) porque
   a. es aguda y termina en consonante no *n* o *s*
   b. es llana pero no termina en vocal
   c. es esdrújula; por eso nunca lleva tilde
   d. es llana y sigue las normas de pronunciación

Actividad 2 Resume cada párrafo de la lectura en dos oraciones. Después revisa las oraciones de un compañero para confirmar que la gramática, la ortografía y la puntuación estén bien.

1. _____

2. _____

Diferenciar frases* y cláusulas

Actividad 1 — Para repasar las tres formas de los verbos, en las siguientes tablas escribe el pronombre personal (*yo, tú, él, ella, usted, nosotros, ellos, ellas, ustedes*) que le corresponde a cada verbo. Si no hay, escribe "No hay". Siguiendo los ejemplos completa las casillas con ejemplos correspondientes de la lectura o tuyos.

Verbo no personal	Persona (yo, tú, él, etc.)	Verbo personal	Persona (yo, tú, él, etc.)	Verbo impersonal**	Persona (yo, tú, él, etc.)
tener	No hay.	tenemos	nosotros	hay	No hay.
aludiendo		aludieron		hace calor	
considerado		considera		nieva	
ser		seas		es imposible	

**Esta forma no tiene un pronombre correspondiente, pero forma una cláusula como el verbo personal.

1. Cierto / Falso — Un <u>verbo personal</u> o <u>impersonal</u> tiene la forma de un verbo conjugado.
2. Cierto / Falso — Un <u>verbo impersonal</u> se conjuga solo en la 3a persona singular.
3. Cierto / Falso — Un <u>verbo no personal</u> es el verbo del predicado en una oración.
4. Cierto / Falso — Para funcionar como predicado, el verbo tiene que ser <u>personal</u> o <u>impersonal</u>

Actividad 2 — Fíjate en los siguientes diagramas. **RECUERDA**: En un diagrama la colocación de los gerundios, participios e infinitivos es diferente para distinguirlos de los verbos personales e impersonales. ¿Alguno de los verbos está en la línea base?

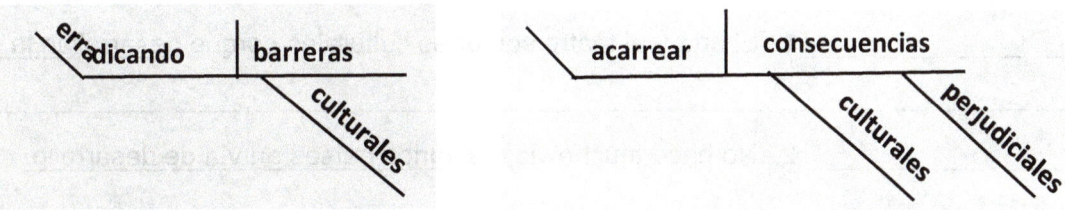

Ahora compara los verbos personales e impersonales de las cláusulas. ¿Están en la línea base?

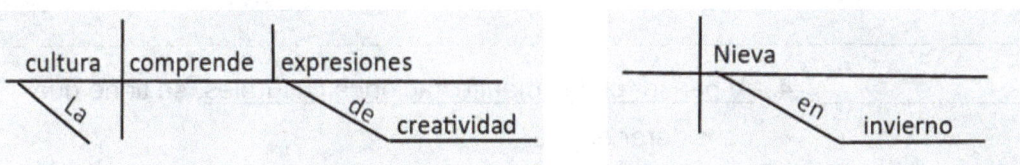

---

*OJO: Aunque en muchos países se usa la palabra *frase* como sinónimo de *oración*, en estas unidades se usará *frase* como equivalente a "phrase" en inglés.

Unidad 1: Percepciones 47

Actividad 3 — Fíjate en los verbos subrayados de las siguientes cláusulas y frases, si los hay, y decide si son *no personales*, *personales* o *impersonales*. **RECUERDA**: Las frases no necesitan contener un verbo no personal; pueden ser solo una preposición y un sustantivo o pronombre, etc. Sigue el ejemplo.

	Verbo no personal / Verbo personal / Verbo impersonal	Sin verbo	Ejemplo de cláusula	Ejemplo de frase
habrá mejor comunicación	impersonal		√	
erradicando barreras culturales				√
acarrear consecuencias creativas perjudiciales				√
La cultura **comprende** expresiones de creatividad.			√	
por el lado favorable				√

Actividad 4 — Vuelve a las actividades que acabas de hacer. Usando la información, marca las definiciones abajo que se refieren a *frase* y las que se refieren a *cláusula*. Puedes marcar más de un óvalo para una de las definiciones.

Frase Cláusula
○   ○   1. un grupo de palabras que **no** contiene un verbo personal o impersonal
○   ○   2. un grupo de palabras que contiene un verbo
○   ○   3. un grupo de palabras que contiene un verbo no personal
○   ○   4. un grupo de palabras que contiene un verbo personal o impersonal

Actividad 5 — En el espacio escribe si la parte subrayada de las oraciones es frase o cláusula. En la raya, escribe la razón por qué. Usa las definiciones de la actividad anterior.

_____ 1. El arte y el teatro son artes culturales porque <u>desarrollan la mente</u>.
_____

_____ 2. No hace mucho viajé a <u>varios países en vía de desarrollo</u>.
_____

_____ 3. <u>Cada día es más difícil</u> que un país se defina según una cultura.
_____

_____ 4. <u>Al pensar en las manifestaciones culturales</u>, se tiene que considerar el arte.
_____

_____ / _____ 5. <u>La pregunta es / si la fusión artística es favorable</u>.
_____

48 Unidad 1: Percepciones

Actividad 6 Vuelve a la lectura y busca un ejemplo de frase y otro de cláusula. Escríbelos abajo y luego haz un diagrama de cada uno. Compártelos con la clase.

Frase _____   Cláusula _____

Diagrama   Diagrama

Sintetizar: Refiriéndote a lo que has estudiado, completa la tabla para resumir lo que has aprendido.

- Una (cláusula / frase) contiene un verbo personal o impersonal. (Elige uno.)
- Una (cláusula / frase) puede contener un verbo no personal, pero **no** un verbo personal.
- Una (cláusula / frase) puede ser un grupo de palabras sin verbo.

Actividad 7 Fíjate en los diagramas e identifica cuál representa una frase y cuál, una cláusula. Luego completa la oración de la relación de los verbos con las frases y cláusulas.

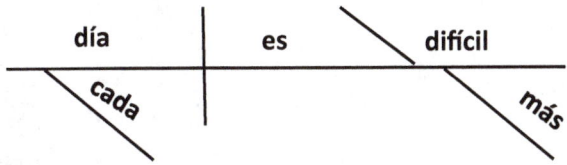

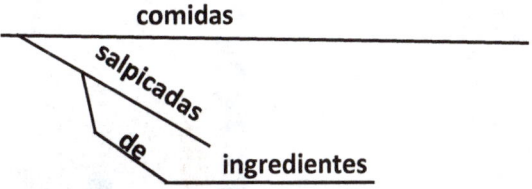

a. verbo personal / no personal   frase / cláusula

b. verbo personal / no personal   frase / cláusula

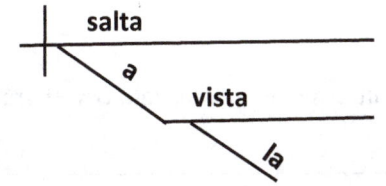

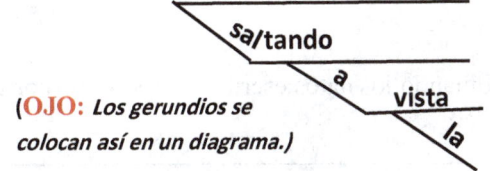

(**OJO:** *Los gerundios se colocan así en un diagrama.*)

c. verbo personal / no personal   frase / cláusula

d. verbo personal / no personal   frase / cláusula

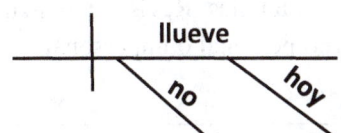

e. verbo impersonal / sin verbo   frase / cláusula

f. verbo impersonal / sin verbo   frase / cláusula

Relación de los verbos con las frases y cláusulas: ___*Una cláusula necesita* _____

_____

Actividad 8 — Indica si las palabras subrayadas son frase o cláusula.

Cláusula / Frase 1. Pensándolo bien, es mejor que te vayas.

Cláusula / Frase 2. Quizás sea el hombre que llegó anoche.

Cláusula / Frase 3. Cuando nos avisaron, ya había ocurrido.

Cláusula / Frase 4. Debo ir contigo.

Cláusula / Frase 5. No voy a ir contigo por más que insistas.

Actividad 9 — El siguiente perfil estadístico se basa en información que ha recopilado el Pew Research Center en su encuesta de 2015. Estudia los datos. Para más datos ve a https://www.pewhispanic.org/search/?query=us%20hispanics%20by%20origin

	Nacidos EEUU	Nacidos fuera		Nacidos EEUU	Nacidos fuera
mexicano	24.250.184	11.507.709	cubano	927.628	1.188.251
puertorriqueño	5.274.698	96.415	dominicano	855.532	1.010.455
salvadoreño	895.041	1.278.864	guatemalteco	535.427	848.976

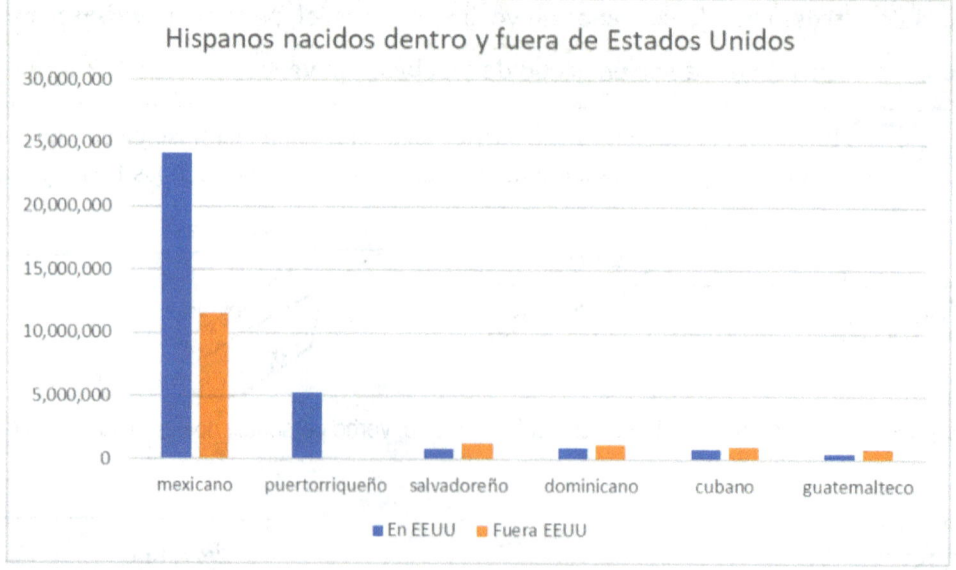

Ahora tomando los datos escribe **2 frases** que correspondan a la información de las tablas y el gráfico.

1. _____

2. _____

Comenta tus frases con un compañero y luego desarróllenlas en buenas oraciones. Revisen y editen sus oraciones asegurándose de que cada una contenga por lo menos un verbo personal o impersonal.

1. _____

_____

2. _____

_____

Gramática: El verbo—tiempo y modo indicativo

Los verbos comunican una acción o un estado y pueden ser **personales**, **no personales** o **impersonales**. Además, tienen tiempo y modo. En esta sección harás un breve repaso de las conjugaciones en el modo indicativo y verás algunas cosas nuevas.

Actividad 1 Fíjate en el dibujo y luego conecta cada término con su significado.

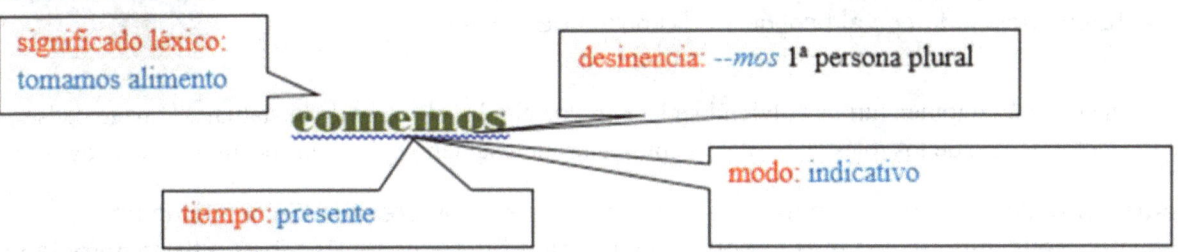

___ 1. significado léxico   a. Refleja la actitud del hablante.
___ 2. desinencia   b. Da información acerca del sujeto.
___ 3. tiempo   c. Comunica el significado de la palabra.
___ 4. modo   d. Localiza la acción en relación con el momento en que se habla.

Actividad 2 ¿Qué piensas de los tatuajes? ¿Te gustan? ¿Los consideras una manifestación cultural? ¿Crees que son bellos? Lee la selección y luego completa la actividad.

Para algunos estudiosos los tatuajes **son** una especie de "texto escrito" cultural que se remonta a tiempos primitivos, como lo **exhiben** dos cuerpos congelados de cazadores, uno de hace unos 5.300 años y otro de hace aproximadamente 2.550. El primero **lleva** la espalda y rodillas tatuadas; el otro lleva un tatuaje en el hombro. En el antiguo Egipto el tatuaje, realizado casi exclusivamente por mujeres, era un proceso doloroso que casi siempre **se usaba** para demostrar valentía o confirmar la madurez.

En América también **hubo** indicios de tatuajes. Un investigador habla de unos habitantes de la zona del río Tiznados en el estado de Guárico, Venezuela, cuyo nombre se lo **pusieron** los españoles porque la gente de aquella zona llevaba el rostro permanentemente "pintado" de cortes que se hacían y luego llenaban con tizne o carbón molido y zumo de yerba mora. También se sabe que en América Central las tribus utilizaban los tatuajes para conmemorar a los caídos en batalla y para adorar a los dioses.

En España los tatuajes se empezaron a popularizar alrededor de los años sesenta y setenta. Aunque la actividad comenzó en las zonas portuarias, donde se tatuaban marineros y personas adineradas que **disponían** de embarcación, para finales de los setenta y principios de los ochenta la práctica se había difundido entre la clase media alta que **veía** en el tatuaje una cultura alternativa de extravagancia. Poco después, bajo el influjo de la cultura punk y otras nuevas tendencias, la juventud española **empezó** a interesarse por este arte. Actualmente los tatuajes son universales, estando presentes en casi todas las clases y grupos sociales. No obstante, algunos tatuados buscan tatuarse de manera conservadora para que su "texto" no sea mal interpretado por quienes lo puedan ver, tanto ahora como en un futuro.

Unidad 1: Percepciones 51

Actividad 3 Hasta ahora has escrito resúmenes buscando las ideas pricipales. En esta actividad vas a hacer un resumen por condensación de ideas. Lee los componentes de este tipo de resumen y luego completa la actividad con un compañero.

El resumen por condensación de ideas
a. busca información o ideas importantes
b. no se interesa por repeticiones o palabras innecesarias
c. está condicionado por el propósito del autor del resumen

Con un compañero tomen turnos volviendo a leer en voz alta la selección de los tatuajes. Luego cada uno va a tomar uno de los roles abajo y va a completar un resumen según el propósito que se le da.

Estudiante A: Imagina que eres un estudiante a quien le interesa la historia. Haz un resumen de la información más importante y útil para tu propósito. Escribe un título apropiado para tu resumen.

Estudiante B: Imagina que eres un estudiante a quien le interesan los motivos culturales en la expresión artística. Haz un resumen de la información más importante y útil para tu propósito. Escribe un título apropiado para tu resumen.

_____

_____
_____
_____
_____
_____
_____
_____

Actividad 4 Intercambia tu resumen con tu compañero y fíjense en los siguientes elementos en sus resúmenes. Comenten e indiquen lo bien que hicieron cada elemento.

	Débil	Regular	Bien		Débil	Regular	Bien
Ortografía				Verbos			
Puntuación				Oraciones			

Para recordar y repasar. Recuerda: Al final del libro, después de la última unidad, tienes una sección donde puedes anotar dudas o cosas para repasar antes de tomar tus pruebas o exámenes.

Actividad 5 Fíjate en algunos de los verbos que aparecieron en la lectura anterior y su infinitivo (*forma no personal*). Luego según la terminación del infinitivo (*las últimas dos letras*) escribe y clasifícalos en la tabla. Sigue el ejemplo para el resto de los verbos subrayados.

Verbo personal (conjugado)	Verbo no personal (forma en infinitivo)	Infinitivo terminado en –ar Verbo de la 1ª conjugación	Infinitivo terminado en –er Verbo de la 2ª conjugación	Infinitivo terminado en –ir Verbo de la 3ª conjugación	Tiempo: presente pasado futuro
son	ser		sí		presente
exhiben	exhibir			sí	
llevan	llevar	sí			
se usaba	usarse				
hubo					pasado
pusieron					
disponían					
veían					
empezó					

Sintetizar: Refiriéndote a lo que has estudiado, completa la tabla para resumir lo que has aprendido.

- Si un infinitivo termina en –ar el verbo pertenece a la (1a / 2a / 3a) conjugación.
- Si un infinitivo termina en –er el verbo pertenece a la (1a / 2a / 3a) conjugación.
- Si un infinitivo termina en –ir el verbo pertenece a la (1a / 2a / 3a) conjugación.
- Cierto / Falso La clasificación de un verbo depende de la terminación y el tiempo verbal.

Actividad 6 Con un compañero completen la siguiente tabla con verbos de las tres conjugaciones. No se preocupen por el tiempo verbal; lo importante es que entiendan la clasificación de los verbos. Sigan el ejemplo.

1ª conjugación		2ª conjugación		3ª conjugación	
Infinitivo	Verbo personal	Infinitivo	Verbo personal	Infinitivo	Verbo personal
				oír	oyes

El presente de indicativo: Verbos regulares

Los verbos pueden ser regulares, irregulares, de cambio ortográfico o reflexivos. De momento solo vas a trabajar con los *verbos regulares*.

Actividad 1 Lee las selecciones del recuadro y observa los verbos subrayados. Luego fíjate en los ejemplos de las tablas y, basándote en tus observaciones, complétalas.

Primera conjugación: —AR

Yo **considero** que los tatuajes **causan** una mala impresión. Mis amigos y yo **alegamos** que no son atractivos especialmente si quien los hace **dibuja** algo violento. ¿**Opinas** como nosotros?

	considerar	alegar	dibujar	opinar	causar
yo	considero				
tú				opinas	
él, ella, usted			dibuja		
nosotros		alegamos			
ellos, ellas, Uds.					causan

Segunda conjugación: —ER

Aprendo mucho de mis padres porque **leen** vorazmente. Nuestra familia **cree** que todos **debemos** dedicar más tiempo a la lectura. ¿**Comprendes** nuestra manera de ser?

	aprender	leer	creer	deber	comprender
yo	aprendo				
tú					comprendes
él, ella, usted			cree		
nosotros				debemos	
ellos, ellas, Uds.		leen			

Tercera conjugación: —IR

Comparto un apartamento con dos personas que **viven** allí desde hace tiempo. Mi padre **asume** el alquiler, pero juntos **decidimos** el lugar. ¿**Recibes** ayuda de tu familia?

	compartir	vivir	asumir	decidir	recibir
yo	comparto				
tú					recibes
él, ella, usted			asume		
nosotros				decidimos	
ellos, ellas, Uds.		viven			

Sintetizar: Refiriéndote a lo que has estudiado, completa la tabla para resumir lo que has aprendido.

El presente indicativo de los verbos regulares

	Los verbos de la **1a conjugación** usan las terminaciones	Los verbos de la **2a conjugación** usan las terminaciones	Los verbos de la **3a conjugación** usan las terminaciones
yo	--o		
tú			--es
él, ella, usted			
nosotros		--emos	
ellos, ellas, ustedes			

Actividad 2 — **Ejercicio mecánico.** Completa la siguiente tabla de verbos para asegurar tu conjugación de los **verbos regulares** en el **presente**.

	yo	tú	él, ella, usted	nosotros	ellos, ellas, Uds.
bailar	Bailo	Bailas	Baila	Bailamos	Bailan
dejar	Dejo	Dejas	Deja	Dejamos	Dejan
correr	Corro	Corres	Corre	Corremos	Corren
romper	Rompo	Rompes	Rompe	Rompemos	Rompen
escribir	Escribo	Escribes	Escribe	Escribimos	Escriben

El presente de indicativo: Verbos de cambio radical

Actividad 1 Fíjate en cada verbo subrayado con su infinitivo y contesta las preguntas.

mer<u>e</u>ndar / mer<u>ie</u>ndan   rev<u>o</u>lver / rev<u>ue</u>lvo   cont<u>e</u>ner / cont<u>ie</u>ne   rep<u>e</u>tir / rep<u>i</u>to

a. Cierto / Falso El cambio radical ocurre en la vocal más cerca de la terminación del infinitivo.

b. Si la raíz del verbo es la parte antes de –ar, -er, -ir, "verbo de cambio radical" significa que el verbo cambia una (consonante / vocal) en la (raíz / terminación) del verbo.

Actividad 2 Basándote en lo que acabas de observar y usando los verbos de la tabla como modelo, completa las conjugaciones de los verbos de cambio radical que faltan.

—ar: p<u>e</u>nsar y alm<u>o</u>rzar		—er: p<u>e</u>rder y at<u>e</u>nder		—ir: p<u>e</u>dir y m<u>o</u>rir	
(yo) p<u>ie</u>nso _____	(nosotros) pensamos _____	(yo) p<u>ie</u>rdo at<u>ie</u>ndo	(nosotros) perdemos _____	(yo) p<u>i</u>do _____	(nosotros) pedimos _____
(tú) p<u>ie</u>nsas alm<u>ue</u>rzas	(vosotros) pensáis _____	(tú) p<u>ie</u>rdes _____	(vosotros) perdéis _____	(tú) p<u>i</u>des _____	(vosotros) pedís _____
(él, ella, Ud.) p<u>ie</u>nsa _____	(ellos, ellas, Uds.) p<u>ie</u>nsan _____	(él, ella, Ud.) p<u>ie</u>rde _____	(ellos, ellas, Uds.) p<u>ie</u>rden _____	(él, ella, Ud.) p<u>i</u>de m<u>ue</u>re	(ellos, ellas, Uds.) p<u>i</u>den _____

Los cambios radicales en el presente **son** <u>e →ie, i</u>   <u>o →ue</u>   <u>u →ue</u> *(jugar)*. ¿Cambian la *a* o la *i*?

Actividad 3 Observa las conjugaciones de los verbos regulares y de cambio radical en la tabla. ¿Cambian las terminaciones (la parte subrayada)? Sí / No

-ar: regular / cambio radical		-er: regular / cambio radical		-ir: regular / cambio radical	
mand<u>o</u>	fuerz<u>o</u>	tos<u>o</u>	entiend<u>o</u>	recib<u>o</u>	compit<u>o</u>
mand<u>as</u>	fuerz<u>as</u>	tos<u>es</u>	entiend<u>es</u>	recib<u>es</u>	compit<u>es</u>
mand<u>a</u>	fuerz<u>a</u>	tos<u>e</u>	entiend<u>e</u>	recib<u>e</u>	compit<u>e</u>
mand<u>amos</u>	forz<u>amos</u>	tos<u>emos</u>	entend<u>emos</u>	recib<u>imos</u>	compet<u>imos</u>
mand<u>an</u>	fuerz<u>an</u>	tos<u>en</u>	entiend<u>en</u>	recib<u>en</u>	compit<u>en</u>

TOMA NOTA. Vuelve y subraya la sílaba tónica en **fuerzo, fuerzas, forzamos, entiende, entendemos, compito, compiten, competimos.** La sílaba tónica en la forma de *yo, tú, él, ella, usted, ellos, ellas, ustedes* ¿coincide con la sílaba donde está la vocal que cambia? Y en la forma de *nosotros* ¿coincidiría o está en otra sílaba? ¿Qué te dice esto de dónde hay cambio radical en el presente?

Actividad 4 — Ejercicio mecánico. Completa la siguiente tabla de verbos para asegurar tu conjugación de los **verbos de cambio radical** en el **presente**.

	yo	tú	él, ella, usted	nosotros	ellos, ellas, Uds.
encontrar (ue)	Encuentro	Encuentras	Encuentra	Encontramos	Encuentran
forzar (ue)	Fuerzo	Fuerzas	Fuerza	Forzamos	fuerzan
calentar (ie)	Caliento	Calientas	Calienta	Calentamos	Calientan
defender (ie)	Defiendo	Defiendes	Defiende	Defendemos	Defienden
cocer (ue)	Cuezco	Cueces	Cuece	Cocemos	Cuecen
devolver (ue)	Devuelvo	Devuelves	Devuelve	Devolvemos	Devuelven
sugerir (ie)	Sugiero	Sugieres	Sugiere	Sugerimos	Sugieren
repetir (i)	Repito	Repites	Repite	Repetimos	Repiten
herir (ie)	Hiero	Hieres	Hiere	Herimos	Hieren

(Heat, give back, hurt — notas al margen)

El presente de indicativo: Verbos irregulares

Actividad 1 — Algunos verbos son irregulares, o sea, no siguen las formas que has repasado hasta ahora. Pero otros solo son irregulares en la primera persona singular (*yo*) y regulares en lo demás. Usando tu intuición completa las siguientes tablas.

	ir	hacer	saber	poner	salir
yo	Voy	hago	Se	Pongo	Salgo
tú	Vas	haces	Sabes	Pones	Sales
él, ella,	va	hace	Sabe	Pone	Sale
nosotros	Vamos	hacemos	Sabemos	Ponemos	Salemos
ellos, ellas, Uds.	Van	hacen	Saben	Ponen	Salen

	dar	caber	traer	ver	valer
yo	Doy	Quepo?!	Traigo	Veo	Valgo
tú	Das	Cabes	Traes	Ves	Vales
él, ella, Ud.	Da	Cabe	Trae	Ve	Vale
nosotros	Damos	Cabemos	Traemos	Vemos	Valemos
ellos, ellas, Uds.	Dan	Caben	Traen	Ven	Valen

to fit (caber)   *to be worthy / "vale la pena"* (valer)

	decir	tener	venir	nacer	crecer
yo	Digo	tengo	Vengo	nazco	Crezco
tú	Dices	tienes	vienes	Naces	Creces
él, ella, Ud.	dice	tiene	viene	nace	crece
nosotros	Decimos	tenemos	venimos	Nacemos	Crecemos
ellos, ellas, Uds.	Dicen	tienen	vienen	Nacen	Crecen

OJO: Recuerda que la *c* solo se intercambia con *z*, nunca con *s*. Por eso es *nazco*.

Actividad 2 — **Ejercicio mecánico.** Usa lo que has repasado y afirmado para completar el siguiente ejercicio mecánico. Los verbos irregulares van mezclados.

	yo	tú	él, ella, usted	nosotros	ellos, ellas, Uds.
recaer	Recaigo	Recaes	Recae	Recaemos	Recaen
satisfacer	Satisfago	Satisfaces	Satisface	Satisfacemos	Satisfacen
distraer	Distraigo	Distraes	Distrae	Distraemos	Distraen
predecir	Predigo	Predices	Predice	Predecimos	Predicen
intervenir	Intervengo	Intervienes	Interviene	Intervenimos	Intervienen

Repaso

El presente de indicativo: Verbos reflexivos

Actividad 1 — Fíjate en la diferencia entre los siguientes pares de infinitivos y traduce las oraciones. En particular fíjate en la terminación subrayada del infinitivo y el uso de un pronombre en la forma personal del verbo. Luego contesta las preguntas.

1. levantar**se** — Se levanta temprano para analizar los datos de su investigación.
   _____

   levantar — También levanta a su hermano para que le ayude.
   _____

2. salir**se** — Nosotros nos salimos del edificio con los investigadores.
   _____

   poner — Nosotros salimos fuera del edificio para ver los resultados.
   _____

1. Sí / No   El infinitivo reflexivo lleva –se al final.
2. Sí / No   La conjugación del verbo no cambia entre la forma reflexiva y no reflexiva.
3. Sí / No   La acción del verbo reflexivo regresa al sujeto.
4. Sí / No   Hay un pronombre inmediatamente delante del verbo personal reflexivo.
5. Sí / No   El pronombre reflexivo es igual que el pronombre personal.
6. Sí / No   No se puede usar un pronombre personal con un verbo reflexivo

Actividad 2 — Usa tu intuición para completar la siguiente tabla.

	irse	hacerse	apresurarse	reponerse	salirse
yo		me hago			
tú			te apresuras		
él, ella, Ud.				se repone	
nosotros	nos vamos				
ellos, ellas, Uds.					se salen

¿Cuál de las dos…*fuera* o *afuera*? Tanto *fuera* como *afuera* son adverbios (*fuera* puede ser sustantivo, también) que se usan de manera igual: "No hay nadie fuera" o "No hay nadie afuera". Aunque en el uso diario se oye *afuera* seguido de una preposición, se recomienda que se use *fuera*. Por ejemplo, es preferible "No hay nadie fuera de casa" en vez de "No hay nadie afuera de casa".

El presente de indicativo: Verbos con cambio ortográfico

VERBOS CON CAMBIO EN LA "G"

Actividad 1 — Lee los verbos abajo en voz alta fijándote en la sílaba subrayada. Luego colócalos en la columna de la palabra que tiene el mismo sonido de la *g* o la *j*.

sigue   elijo   corriges   proteja   dejamos   emerjo   pagamos   persigo   distingo
extinguimos   prosigamos   protegemos   eliges   recojo   gime   infringes   distinguí

gato / gota	guerra / guiño	gente / gitano / jinete / jabón / joven
	sigue	

Actividad 2 — Aplica lo que acabas de analizar para leer la siguiente lista de verbos exactamente como están escritos. Luego identifica la forma verbal ortográficamente correcta. PERO **OJO:** Solo puedes cambiar "g" a "j" cuando es obligado.

1. recoger	recogo	recojo	4. urgir	urgí	urguí
2. pagar	pagé	pagué	5. alargar	alarge	alargue
3. fingir	finja	finga	6. escoger	escogió	escojió

VERBOS CON TILDE POR HIATO

Actividad 3 — 1. Lee las palabras dando golpe de voz en la vocal con tilde: actúa   prohíbo

2. Ahora pronuncia estas palabras: oigo   actuar   actuamos   prohibir   prohibimos

3. Subraya las combinaciones en las que se oye más fuerte la "i" o la "u":

oi   oí   ohi   ohí   ua   úa   uo   úo   io   ío   ia   ía

Completa la siguiente tabla colocando una tilde por hiato SOLO donde haga falta.

	yo	tú	él, ella, Ud.	nosotros	ellos, ellas, Uds.
desviar	desvío				
cohibir					
continuar				continuamos	
graduarse					

VERBOS CON CAMBIO DE "I" A "Y"

Actividad 4 — En las partes subrayadas de los verbos personales, escribe "c" encima de la letra si es una consonante, "i" si es la letra "i", "y" si la letra es "y", "v" si es una vocal. Sigue los ejemplos. Luego contesta las preguntas.

oír	huir	contribuir	sustituir	destruir
v i c o**ig**o	h**uy**o	contrib**uy**o	sustit**uy**o	
	v y v h**uye**s	contrib**uye**s	sustit**uye**s	
v y v o**ye**	h**uye**	contrib**uye**	sustit**uye**	
o**í**mos	h**ui**mos	*v I c* contrib**ui**mos	sustit**ui**mos	
o**ye**n	h**uye**n	contrib**uye**n	sustit**uye**n	

- Marca los patrones que notaste en las conjugaciones: V I V   /   V Y V   /   V I C
- Usando esos patrones, conjuga el verbo de la última columna.

OJO: En los verbos con *gu+i+vocal* o *qu+i+*vocal, la *u* solo sirve para la pronunciación; por lo tanto esta norma no aplica. Ej: *siguiendo, guiamos, quieren.*

Sintetizar: Refiriéndote a lo que has estudiado, completa la tabla para resumir lo que has aprendido.

- En la forma irregular del presente de los infinitivos terminados en *-cer* o *-cir*, para mantener el sonido de la "c", la 1ª persona singular [yo] usa la terminación **(sco / zco)** porque la <u>c</u> solo se intercambia con <u>z</u>. (OJO: No aplica a *cocer* → *cuezo*.)

- Para mantener el sonido /x/ ("j") de los infinitivos terminados en *-ger* o *-gir* en la conjugación del presente, la 1ª persona singular [yo] cambia la *g* a *j* delante de **(a / e / i / o / u)**. [Tacha las que no corresponden.]

- Si al conjugar un verbo aparece la "i" entre dos vocales, **(no hace falta hacer nada / se cambia la "i" a y)** excepto: *gu+i+vocal* como en *guion* o *qu+i+vocal* como en *quiere*.

- Si quiero escuchar una "i" o "u" por separado cuando está junto a "a", "e", "o", pongo una tilde en la **(a / e / i / o / u)**. [Tacha las que no corresponden.]

- Si la sílaba que se pronuncia más fuerte es la última **pero** la palabra termina en a, e, i, o, u, n, s coloco una tilde en la **(vocal fuerte / vocal débil)** de la sílaba tónica para evitar un posible hiato si hay un diptongo. Ejemplo: *decisión*

Actividad 5 — **Ejercicio mecánico.** Usa tu intuición y lo que has aprendido para completar el siguiente ejercicio mecánico. Hay mezcla de verbos regulares, irregulares, de cambio radical, reflexivos y de cambio ortográfico. Debes identificar la clase de verbo que es antes de conjugarlo. Sigue el ejemplo.

	cambiarse	caer	padecer	reducirse	distraerse
tipo de verbo	regular / reflexivo		irregular en la 1a persona singular		irregular en la 1a persona singular/ reflexivo
yo					
tú					
él, ella, usted					
nosotros					
ellos, ellas, ustedes					
	recoger	almorzar	jugar	proteger	dormirse
tipo de verbo					cambio radical/ reflexivo
yo					me duermo
tú					
él, ella, usted					
nosotros					
ellos, ellas, ustedes					

Para recordar y repasar. No olvides la sección para anotar dudas y cosas para repasar al final de libro.

	causar	puntuar	descubrir	disminuirse	realizar
tipo de verbo					
yo					
tú					
él, ella, usted					
nosotros					
ellos, ellas, ustedes					

	atribuirse	reforzar	efectuar	instruir	conocerse
tipo de verbo					*irregular en la 1ª persona singular/ reflexivo*
yo					
tú					
él, ella, usted					
nosotros					
ellos, ellas, ustedes					

Tomando en cuenta los verbos que has repasado, clasifícalos del 1 al 5 según lo difícil que te sean de conjugar, siendo 1 el que más difícil te resulta.

___ regular   ___ irregular   ___ cambio radical   ___ cambio ortográfico   ___ reflexivo

| Actividad 6 | Para afirmar lo que has estudiado, contesta las preguntas o haz lo que se te pide. Si tienes dudas, vuelve a las páginas indicadas. Luego estudia y entiende la tabla. |

A. **me duermo**

_____ 1. Conjugación: Piensa en el infinitivo del verbo para determinarla. (p. 53)

_____ 2. Clase de verbo: Piensa en el infinitivo. ¿Hay alguna irregularidad? ¿Hay una tilde u otro cambio ortográfico en el ejemplo que varíe del infinitivo? ¿Cambia alguna vocal de la raíz del infinitivo a otra/s vocal/es? ¿Hay algún pronombre reflexivo (*me, te,* etc.) delante o al final del verbo conjugado? ¿Cambia mucho de la forma infinitiva? (pp. 54-63)

_____ 3. Tipo de verbo: Piensa en el ejemplo. ¿Le puedes adjudicar un pronombre personal (*yo, tú, él,* etc.)? Si no se lo puedes adjudicar, ¿se parece a lo que sería la forma de la 3ª personal singular (*él*)? (pp. 20, 47, 56-57)

B. **pongo**

_____ 1. Conjugación: Piensa en el infinitivo del verbo para determinarla. (p. 53)

_____ 2. Clase de verbo: Piensa en el infinitivo. ¿Hay alguna irregularidad? ¿Hay una tilde u otro cambio ortográfico en el ejemplo que varíe del infinitivo? ¿Cambia alguna vocal de la raíz del infinitivo a otra/s vocal/es? ¿Hay algún pronombre reflexivo (*me, te,* etc.) delante o al final del verbo conjugado? ¿Cambia mucho de la forma infinitiva? (pp. 54-63)

_____ 3. Tipo de verbo: Piensa en el ejemplo. ¿Le puedes adjudicar un pronombre personal (*yo, tú, él,* etc.)? Si no se lo puedes adjudicar, ¿se parece a lo que sería la forma de la 3ª personal singular (*él*)? (pp. 20, 47, 57-58)

C. **relampaguea** (en referencia al tiempo/clima)

_____ 1. Conjugación: Piensa en el infinitivo del verbo para determinarla. (p. 53)

_____ 2. Clase de verbo: Piensa en el infinitivo. ¿Hay alguna irregularidad? ¿Hay una tilde u otro cambio ortográfico en el ejemplo que varíe del infinitivo? ¿Cambia alguna vocal de la raíz del infinitivo a otra/s vocal/es? ¿Hay algún pronombre reflexivo (*me, te,* etc.) delante o al final del verbo conjugado? ¿Cambia mucho de la forma infinitiva? (pp. 54-63)

_____ 3. Tipo de verbo: Piensa en el ejemplo. ¿Le puedes adjudicar un pronombre personal (*yo, tú, él,* etc.)? Si no se lo puedes adjudicar, ¿se parece a lo que sería la forma de la 3ª personal singular (*él*)? (pp. 20, 47, 54-55)

	me duermo	pongo	relampaguea	se destruye	pareciendo
1ª conjugación			✓		
2ª conjugación		✓			✓
3ª conjugación	✓			✓	
reflexivo	✓			✓	
regular			✓		✓
irregular		✓			
cambio radical	✓				
cambio ortográfico				✓	
personal	✓	✓		✓	
impersonal			✓		
no personal					✓

Unidad 1: Percepciones

Actividad 7 — Pon una ✓ en las casillas de todas las características que le corresponden a la forma del verbo que se te da. <u>Solo marca 16 casillas</u> en cada tabla. Sigue el ejemplo.

	te resientes	influyendo	somos	nieva	bailas
1ª conjugación					
2ª conjugación					
3ª conjugación	✓				
reflexivo	✓				
regular					
irregular					
cambio radical	✓				
cambio ortográfico					
personal	✓				
impersonal					
no personal					

	sostienen	finjo	hay	comiéndose	produzcan
1ª conjugación					
2ª conjugación					
3ª conjugación					
reflexivo					
regular					
irregular					
cambio radical					
cambio ortográfico					
personal					
impersonal					
no personal					

Actividad 8 ¿Qué le debo aconsejar? Paco tiene un primo que se quiere hacer un tatuaje. Te manda el siguiente texto para contártelo, pero desafortunadamente lo que te escribe llega todo desordenado.

Con un compañero, ordenen los hechos cronológicamente para reconstruir el texto. La primera y última oraciones se han indicado. Sigan el ejemplo.

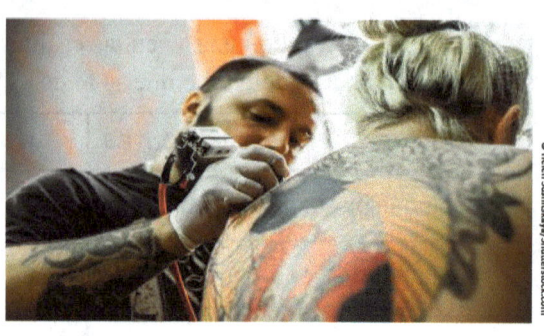

1. Al llegar a casa veo que tengo un mensaje de texto en el teléfono.

___. Después de pensarlo le digo que si quiere un tatuaje se lo haga en un sitio que no se vea.

___. Le escribo a Alberto que le llamo en unos minutos, y lo hago.

___. No obstante, quiere mi opinión.

_4_ Contesta mi llamada y me dice que quiere hacerse un tatuaje, pero sus padres se oponen.

___. Me escribe mi primo Alberto porque quiere consultar algo conmigo.

___. Pero a pesar de lo que le han dicho sus papás, me comunica que ya está en un local de tatuajes y está viendo cómo los hacen.

___. Primero su madre le explica que no contribuyen nada positivo al aspecto de una persona.

___. Luego su padre le dice que en su compañía no aceptan que los abogados lleven tatuajes.

10. Al rato Alberto me escribe que ya no se va a hacer nada porque parece ser un proceso muy doloroso.

Actividad 9 Con un compañero representen la siguiente conversación Recuerda que no deben leer sino interpretar lo que se indica. Después repítela con otro compañero pero cambia de rol: si antes fuiste Alberto, ahora serás su madre.

Imagina que eres Alberto y le llamas a tu mamá por teléfono para que te deje hacerte un tatuaje. Ella no está de acuerdo y te da sus razones. El estudiante A hace el papel de Alberto; el B hace el de la madre.

Alberto. • *Saluda a su mamá y le dice algo para ponerla de buen humor.*

Madre. • *Responde al saludo y le pregunta por qué le llama.*

Alberto. • *Explica lo del tatuaje y por qué quiere hacerse uno.*

Madre. • *Le responde con una razón por qué no debe hacerlo.*

Alberto. • *Da una razón para refutar lo que le dice su mamá.*

Madre. • *Da otra razón por qué no debe hacerlo, y le hace una pregunta.*

Alberto. • *Responde la pregunta y de nuevo intenta convencerla con una pregunta.*

Madre. • *Le contesta y se despide.*

Alberto. • *Se despide.*

Usos del presente

Meses del calendario maya

Los calendarios y la noción del tiempo

Considera el año 2012. Normalmente se usa ese número para designar 2012 d. C. (después de Cristo) o e.c.(era común). Pero, ¿piensas que un número corresponde a la misma época en el calendario maya, hebreo o musulmán? ¿Sabías que en Francia se usó un calendario diferente al del resto de Europa por varios años después de la Revolución francesa? ¿Será que en realidad nuestro "2012 e. c." corresponde a otro año? De hecho, el año 2012 fue un año muy importante en el calendario maya, llamado *tzolkin* o *El telar de los mayas,* porque en ese año se entró en un nuevo ciclo de armonía y paz. En el calendario hebreo, el equivalente a nuestro 2012 es aproximadamente 5772; en el musulmán es aproximadamente 1433. Se dice *aproximadamente* tanto porque el día y mes en que empiezan esos calendarios es diferente al occidental, y porque entre los musulmanes hay diferentes calendarios. O sea, que como muestra la variedad de calendarios, la noción de *tiempo* no es un concepto fijo sino variable.

Actividad 1 Usa el **presente de indicativo** para completar cada una de las siguientes oraciones. Luego conecta cada oración con el uso correspondiente del recuadro.

___1. ¿Sabes de dónde _____ (provenir) el calendario que usamos hoy en día?

___2. No lo sé, pero si quieres lo _____ (buscar) esta tarde en la biblioteca.

___3. Sí, por favor. Y si no te molesta, me lo _____ (enviar) en un texto.

___4. Claro. Siempre _____ (mandar) textos porque me resulta más cómodo.

___5. Entonces, _____ (irse) porque tengo clase en unos minutos.

a. Comunicar información general

b. Dar instrucciones

c. Hablar de condiciones o situaciones que existen en el momento actual

d. Hablar de cosas habituales

e. Hablar del futuro cercano

Actividad 2 Abajo traduce las oraciones de la Actividad 1 e indica si se puede usar el presente indicativo en inglés igual que en español. Compara tus respuestas.

¿Igual?

Sí / No 1. _____

Sí / No 2. _____

Sí / No 3. _____

Unidad 1: Percepciones 67

Sí / No 4. _____

Sí / No 5. _____

Sintetizar: Refiriéndote a lo que has estudiado, completa la tabla para resumir lo que has aprendido.

- Cierto / Falso   La noción de tiempo es variable.
- Cierto / Falso   El presente tiene más usos en español que solo para referirse a lo que ocurre en el momento.
- El presente se puede usar para _____, _____, _____, _____, _____.
- Cierto / Falso   El presente indicativo tiene las mismas funciones en español que en inglés.

Actividad 3 Escribe una oración para cada uso **con el presente** del verbo que se te indica. Puedes usar cualquier persona (1a, 2a, etc.). Luego comparte tus oraciones con un compañero y editen lo que han escrito.

llegar
Afirmar el presente. _____
Comunicar el futuro. _____
Informar en general. _____
Mandar o dar instrucciones. _____
Comunicar lo habitual. _____

almorzar
Afirmar el presente. _____
Comunicar el futuro. _____
Informar en general. _____
Mandar o dar instrucciones. _____
Comunicar lo habitual. _____

destruir
Afirmar el presente. _____
Comunicar el futuro. _____
Informar en general. _____
Mandar o dar instrucciones. _____
Comunicar lo habitual. _____

Recapitular, analizar y editar

1. Cierto / Falso   Las personas se comunican según la situación comunicativa en la que se encuentran.

2. Cierto / Falso   Si una persona usa *usted* o *ustedes*, usa un registro formal.

3. Una característica del registro informal es
    a. emplear un vocabulario apropiado y variado
    b. no ser redundante
    c. usar apodos o diminutivos

4. Una característica del registro formal es
    a. emplear oraciones bien construidas
    b. usar muletillas
    c. repetir palabras

Repasar. Conecta cada oración con el registro.
a. formal
b. informal
___ 1. Hola. ¿Cómo te va?
___ 2. Estimada Sra. Macías: Le escribo la presente para...
___ 3. Hasta pronto
___ 4. Le saluda atentamente
___ 5. Besos y abrazos

5. Cierto / Falso   Los números cardinales expresan orden en una serie.

6. Cierto / Falso   Cuando funcionan como adjetivo, tanto los números cardinales como los ordinales concuerdan con el sustantivo que describen.

Repasar. Pon una ✓ delante de cada frase que usa los números correctamente.
___ 1. primer casa
___ 2. tercer hombre
___ 3. primer televisores
___ 4. veintiuna lecciones
___ 5. veintiún lecciones
___ 6. veintiuno libros
___ 7. cien un dólares
___ 8. cien y un dólares
___ 9. ciento un dólares

7. Cierto / Falso   *Comiendo* es ejemplo de un verbo no personal.

8. Cierto / Falso   *Como* es ejemplo de un verbo impersonal.

9. Un ejemplo de verbo impersonal es (nevar / nieva / nevado).

10. Cierto / Falso   La diferencia entre una frase y una cláusula es que la cláusula contiene un verbo personal o impersonal.

11. *Que digan la verdad* es ejemplo de (frase / cláusula).

12. Si el infinitivo termina en —*ar* es un verbo de la (primera / segunda / tercera) conjugación.

13. Si el infinitivo termina en —*er* es un verbo de la (primera / segunda / tercera) conjugación.

14. Si el infinitivo termina en —*ir* es un verbo de la (primera / segunda / tercera) conjugación.

15. Los verbos que no tienen cambio alguno son verbos (regulares / de cambio radical irregulares). Ejemplo: _____

Unidad 1: Percepciones 69

16. Los verbos que cambian una vocal en su raíz son verbos (regulares / de cambio radical / irregulares). Ejemplo: _____

17. Los verbos que cambian una persona o toda su conjugación son verbos (regulares / de cambio radical / irregulares). Ejemplo: _____

18. Cierto / Falso El infinitivo reflexivo tiene —se al final.

19. Cierto / Falso Los verbos reflexivos tienen la misma conjugación verbal que los no reflexivos; la única diferencia es el uso del pronombre reflexivo.

20. Los pronombres reflexivos son _____, _____, _____, _____, _____, _____.

21. Cierto / Falso Los pronombres reflexivos son parte del verbo; no funcionan solos como sujeto.

22. Cierto / Falso "Pronombre reflexivo" es lo mismo que "pronombre personal".

23. Los pronombres personales son _____.

24. Para mantener el sonido de la "c" de los infinitivos terminados en -cer o -cir en la conjugación del presente, la 1ª persona singular [yo] usa la terminación (sco / zco).

25. Para los infinitivos terminados en -ger o -gir en el presente, la 1ª persona singular cambia la "g" a "j" delante de (a / e / i / o / u). [Tacha las que no corresponden.]

26. Si al conjugar un verbo aparece la "i" entre dos vocales, (no se hace nada / se cambia la "i" a "y") excepto con gu+i+vocal como en _guion_ o qu+i+vocal como en _quiere_.

27. Para escuchar una "i" o "u" por separado cuando está junto a "a", "e", "o", pongo una tilde en la _____ o _____.

Repasar. Pon una ✓ delante de cada verbo que está conjugado correctamente. Si la conjugación es incorrecta, escribe la forma correcta en el espacio en blanco.

___ 1. dirigo _____
___ 2. construyen _____
___ 3. te levantas _____
___ 4. forzan _____
___ 5. siges _____
___ 6. crezcemos _____
___ 7. nazco _____
___ 8. cosen _____
___ 9. recoje _____
___ 10. siento _____
___ 11. paresen _____
___ 12. oígo _____
___ 13. actúo _____
___ 14. se romper _____
___ 15. sustituio _____
___ 16. conosco _____
___ 17. me duermo _____
___ 18. eliges _____
___ 19. reduzcen _____
___ 20. tengo _____
___ 21. abrazen _____
___ 22. prefiero _____

28. Cierto / Falso El presente indicativo tiene las mismas funciones en español que en inglés.

Analizar

Actividad 1 Una de la oraciones contiene dos faltas. Subraya las faltas, explica por qué son errores e identifica la oración correcta.

1. a. Esto me forza a ser la primer estudiante en licenciarme.
   b. Esto me fuerza a ser la primera estudiante en licenciarme.
   ____ es la correcta porque
   (1) _____
   (2) _____

2. a. Si destruien lo que hemos hecho, ¿que vamos a hacer?
   b. Si destruyen lo que hemos hecho, ¿qué vamos a hacer?
   ____ es la correcta porque
   (1) _____
   (2) _____

3. a. Somos por lo menos ciento un alumnos en esa clase.
   b. Semos por lo menos cien y un alumnos en esa clase.
   ____ es la correcta porque
   (1) _____
   (2) _____

4. a. Sr. Martínez, me puedes vender el primer ejemplar?
   b. Sr. Martínez, ¿me puede vender el primer ejemplar?
   ____ es la correcta porque
   (1) _____
   (2) _____

Actividad 2 Analiza los siguientes diagramas y resalta los errores. Luego dibújalos corregidos.

algunos | escuchan \ bien
estudiantes / no

llegaron | temprano
a mi
casa

Unidad 1: Percepciones 71

Editar

Actividad 1 — En el siguiente fragmento resalta y corrige todas las faltas de registro.

Estimado Sr. Rubio: He visto su anuncio en el periódico y te escribo para pedirte una cita. Considero que soy un candidato excelente que le puede ofrecer todo lo que necesita. Soy inteligente, trabajador, puntual y estoy por terminar mis estudios. ¿Le parece bien si voy a tu oficina el martes a las cuatro? Gracias, jefazo.

Besos,

Actividad 2 — En cada uno de los siguientes fragmentos hay seis faltas de ortografía, acentuación, concordancia o conjugación. Encuéntralas y luego corrígelas en las rayas.

1. Todos estos términos —multiculturalidad, interculturalidad, pluriculturalidad— los he leido o escuchado, pero siempre me a quedado la duda de cuál es la diferencia. Así que determine averiguarlo, pues me molesta mucho no entender algo y no hago nada al efecto. Primero busqué pluriculturalidad en el *diccionario de la Real Academia*, pero no aparecían.

	error	corrección		error	corrección
a.	_____	_____	d.	_____	_____
b.	_____	_____	e.	_____	_____
c.	_____	_____	f.	_____	_____

2. Para algunos estudiosos los tatuajes son una especie de "texto escrito" cultural que se remonta a tiempos primitivos, como lo exhiben dos cuerpos congelados de casadores, uno de hace unos 5.300 años y otro de ase aproximadamente 2.550. El primer lleva la espalda y rodillas tatuadas, mientras que el otro yeva un tatuaje en el hombro. En el antiguo Egipto el tatuaje, realizado casi exclusivamente por mujeres, era un proceso doloroso que la mayoria de las vezes se usaba para demostrar valentía o confirmar la madurez.

	error	corrección		error	corrección
a.	_____	_____	d.	_____	_____
b.	_____	_____	e.	_____	_____
c.	_____	_____	f.	_____	_____

Imágenes alternativas

Designaciones raciales en la América colonial

No siempre es fácil vivir en un mundo multicultural, y más cuando apenas empiezan a mezclarse las culturas. Eso es lo que ocurrió cuando emigrantes europeos, africanos y asiáticos llegaron a tierras americanas. En la siguiente lectura verás como durante el período colonial americano se creó un sistema de castas en el que los españoles nacidos en España eran quienes pertenecían al estrato social más alto. Les seguían los criollos y después venían las varias castas de indígenas, africanos y mezclas de estos grupos raciales. Afortunadamente el sistema ya no existe y la perspectiva de la gente ha ido cambiando. Sin embargo, la lucha por la igualdad social es algo que todavía nos debe concernir a todos.

"13. De Indio, y Barcina; Zambayga" © Album/Art Resource, NY

Antes de leer

Mira el cuadro, lee la inscripción y en pequeños grupos

- conversen sobre lo que les llama la atención: color de piel, raza, ambiente, ropa, etc.
- comenten cómo lo asociarían al concepto de multiculturalismo tal como se define en el artículo al principio de esta unidad.

Lectura

Designaciones raciales en la América colonial

En su artículo "Las castas en Hispanoamérica", Mauricio Meléndez Obando comenta que no hay historia de una región en el mundo que haya tenido la diversidad étnica y cultural que tuvo la América española. El autor atribuye esta diversidad al encuentro inicial de tres grandes grupos de culturas —la amerindia, la africana y la española— que ya, de por sí, eran bastante diversas. Dentro de lo que fue la sociedad colonial hispanoamericana existían estratificaciones sociales, llamadas castas, que se formaban según orígenes raciales. En lo más alto estaban los españoles peninsulares y los criollos (españoles nacidos en América), seguidos de caciques indígenas; después venían los mestizos, los indios, los mulatos, los pardos, los negros libres y los zambos. El puesto más bajo lo ocupaban los esclavos, ya fueran negros o mulatos.

Para identificar los grupos a los que pertenecían se formuló un vocabulario de denominaciones. Curiosamente durante el siglo XVIII estos términos fueron la base de toda una producción de pinturas que representaban el complejo proceso de mestizaje entre los tres grupos principales de la colonia. Los cuadros formaban series, usualmente de dieciséis escenas que, si se siguen de primera a última, **muestran un claro deslustre**. Las primeras escenas representan a personas de raza europea: estas visten ropa lujosa y realizan ocupaciones dignas de la clase privilegiada. Luego, tal como se va representando a personas con mayor grado de sangre indígena, empeoran el ropaje y las labores. Por si la representación visual no fuera suficiente para identificar a los personajes de los cuadros, las pinturas incluyen inscripciones que aluden a la mezcla racial representada.

Entre los cuadros de castas coloniales aparecen las siguientes designaciones:

La unión de...	con...	produce
español	india	mestizo
mestizo	española	castizo
castizo	española	(otra vez) español
español	negra	mulato
indio	negra	lobo
lobo	negra	chino
chino	india	cambujo
cambujo	india	tente en el aire
tente en el aire	mulata	albarazado
albarazado	india	barcino
indio	barcina	sambaiga

Junto a estas designaciones habría que incluir **cholo**, mezcla de indio con mestiza, que aún se usa entre los "homies" de Los Ángeles y en América Latina, aunque en esta última tiene otro significado. Y también cabe pensar que el término **chino,** que es el resultado del mestizaje asiático y mulato, puede ser la fuente de llamarle "chino" al pelo rizado en México. (*Para más información de las castas y los cuadros pon "castas coloniales cuadros" en tu buscador.*)

Después de leer

Actividad 1 Basándote en el contenido de la lectura, elige la mejor respuesta.

1. Según la lectura, ¿qué determinaba la casta a la que pertenecía cada clase?
   a. Su situación económica
   b. Sus orígenes raciales
   c. La región americana donde había nacido

2. ¿Para qué se formuló un vocabulario de denominaciones?
   a. Para ponerlo en los cuadros
   b. Para señalar los diferentes grupos
   c. Para lograr un mejor mestizaje

3. Además de las inscripciones, ¿qué más identificaba a las clases en los cuadros?
   a. La ropa
   b. Los mosaicos
   c. Lo intelectual

4. ¿Qué mezcla racial formaba al grupo conocido como *castizo*?
   a. Español con india
   b. Mestizo con española
   c. Español con negra

5. Según la selección, ¿cuál de las designaciones aún perdura?
   a. Tente en el aire
   b. Lobo
   c. Cholo

6. Usando la frase "*la diversidad étnica*", ¿qué se puede intuir de las palabras acabadas en --*dad*? Elige la **mejor** respuesta.
   a. Tienen género femenino.
   b. Se pueden clasificar como sustantivo.
   c. Son sustantivos con género y número.

7. En la cláusula "muestran un claro deslustre", si *lustre* significa "brillo, esplendor", ¿que indica el prefijo *des*--?
   a. Negación o inversión del significado
   b. Anterioridad en el tiempo o el espacio
   c. Unión entre dos ideas contradictorias

8. ¿Cuál de los siguientes verbos de la lectura se puede clasificar como perteneciente a la 3ª conjugación / cambio ortográfico?
   a. Eran
   b. Visten
   c. Incluyen

9. ¿Cuál de las siguientes frases de la lectura contiene un adverbio?
   a. Bastante diversas
   b. Clases sociales
   c. De pinturas

10. ¿A qué clase de palabras pertenece *dieciséis* en la siguiente frase: "*de dieciséis escenas*"?
    a. Adjetivo
    b. Sustantivo
    c. Adverbio

Actividad 2 — Piensa en las siguientes designaciones y la mezcla de sangre del individuo. ¿Qué crees que implican en cuanto a lo que se consideraba superioridad europea?

1. [Unión] del castizo con española, otra vez español _____

2. [Unión] del morisco con española, el salta atrás _____

Actividad 3 — Vuelve a la lectura inicial de la unidad: "¿Multiculturalidad…de las tres?" En unas cincuenta palabras explica cuál de los siguientes términos se podría aplicar a la sociedad de la América colonial: multiculturalidad, interculturalidad o pluriculturalidad.

Unidad 1: Percepciones

La lengua: Expresiones de tiempo

¿Qué clase de palabras crees que responde a las preguntas: cuándo, cómo, con qué frecuencia, dónde? Si has respondido adverbio, acertaste. En esta sección trabajarás con las expresiones de tiempo, o sea, los adverbios y frases adverbiales que contestan *cuándo*. Más adelante, con el subjuntivo, repasarás las conjunciones que introducen cláusulas adverbiales.

Actividad 1 — En la siguiente selección, subraya todas las expresiones de tiempo que encuentres. Sigue el ejemplo.

<u>Ayer</u> en clase discutimos el encuentro entre las culturas europeas y amerindias. <u>Primeramente</u> el profesor dijo que ese "descubrimiento" no solo lo experimentaron los europeos, sino también los indígenas e incluso los africanos. Hace ya más de cinco siglos de ese primer encuentro, pero todavía quedan muchas preguntas que, a medida que van avanzando los siglos y debido al distanciamiento temporal, se vuelven más difíciles de responder. Sin embargo, y a pesar de ser una mancha social, los sistemas de denominación han permitido hacerse una idea de las circunstancias sociales de la América colonial de aquel entonces. Los europeos, viviendo en un momento en el que se pretendía encasillar y ordenar múltiples nociones, frecuentemente intentaron aplicar criterios en base a la genética para definir y clasificar a los habitantes de tierras americanas. No obstante, los "clasificados" reaccionaron frente a las etiquetas que se les impusieron y buscaron de alguna manera redefinir su identidad.

Desafortunadamente para cuando sonó el timbre al final de la clase, apenas habíamos tocado el tema. Pero el profesor ha dicho que todos los viernes discutiremos más las clasificaciones.

Actividad 2 — En la tabla, escribe el equivalente en español del adverbio o la frase adverbial en inglés. Para algunos puede haber más de una palabra.

now	Ahora	finally	Finalmente	first(ly)	Primero
last night	Anoche	frequently	frequentemente	soon	Pronto
before	Antes	today	Hoy	recently	Hace poco
still	todavía	immediately	Inmediatamente	suddenly	de repente
yesterday	Ayer	never	Nunca	always	Siempre
constantly	Constantemente	tomorrow	mañana	late	tarde
after	Despues	while	el rato	early	temprano
meanwhile	mientras	occasionally	a menudo/a veces	already	ya
Around that time			alrededor de / a eso de		
A year ago			Hace un año		
Every week			Cada semana		
Every so often			Cada tanto / a veces / cada rato		

Actividad 3 Con un compañero escriban **tres** oraciones acerca de las designaciones raciales. Incluyan por lo menos una expresión de tiempo en cada una. Al terminar intercámbienlas con otros compañeros y edíten sus oraciones.

1. _____

_____

2. _____

_____

3. _____

_____

Actividad 4 **Una entrevista.** Imagina que eres un periodista que entrevista a unos historiadores coloniales famosos que visitan tu ciudad. Usando diferentes expresiones de tiempo, escribe cuatro preguntas que les harías de las castas. Luego hazles las preguntas a tres compañeros y escribe sus respuestas.

Pregunta	Respuestas compañero 1
1.	
2.	
3.	
4.	

Respuestas compañero 2	Respuestas compañero 3
1.	
2.	
3.	
4.	

Actividad 5 Un periodista le pregunta a uno de los historiadores sobre cuándo investigaban acerca de las castas. Toma su respuesta abajo y coloca las palabras en su sitio en el diagrama. Fíjate en la colocación de los adverbios y contesta las preguntas.

Siempre nos íbamos en coche a los archivos por la mañana.

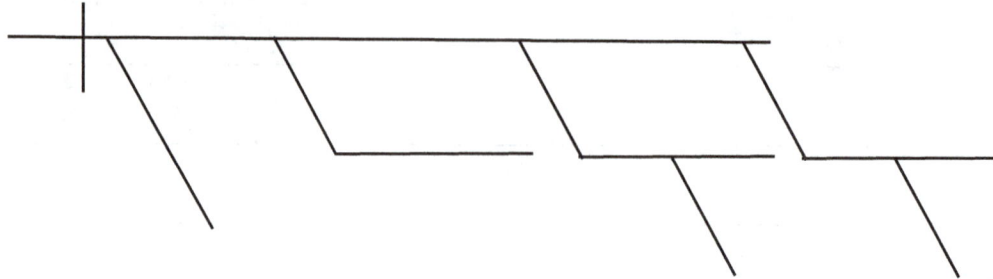

1. ¿Qué pregunta contesta *en coche:* cómo / dónde / cuándo / con qué frecuencia?
2. ¿Qué pregunta contesta *a los archivos:* cómo / dónde / cuándo / con qué frecuencia?
3. ¿Qué pregunta contesta *por la mañana:* cómo / dónde / cuándo / con qué frecuencia?
4. ¿Qué pregunta contesta *siempre:* cómo / dónde / cuándo / con qué frecuencia?
5. ¿Cuál es una frase adverbial de tiempo: *en coche / a los archivos / por la mañana*?

Sintetizar: Refiriéndote a lo que has estudiado, completa la tabla para resumir lo que has aprendido.

- Cierto / Falso   El adverbio complementa el significado de un verbo, un adjetivo u otro adverbio.
- Los adverbios de tiempo contestan las preguntas_____ y _____.

Actividad 6 Con un compañero escriban dos oraciones cortas que contengan un adverbio o una frase adverbial. Revisen su otrografía. Después, elijan una y hagan el diagrama.

1. _____

2. _____

Diagrama:

78 Unidad 1: Percepciones

La ortografía: La transcripción fonética de la S / C / Z

En esta sección repasarás y afirmarás tus conocimientos ortográficos de la s/c/z aplicándolos a la transcripción fonética de palabras. Esta es solo una introducción a la transcripción fonética; en cursos más avanzados obtendrás mayores conocimientos.

La ortografía a veces no corresponde de manera directa con la pronunciación de las palabras porque no puede recoger todas las diferencias fonéticas (de pronunciación) en la lengua hablada. Como resultado se desarrolló la transcripción fonética que, por medio de símbolos relacionados con los sonidos, representa fielmente las diversas pronunciaciones. Incluso en lenguas como el español en el que hay un buen ajuste entre ortografía y fonología, la ortografía no puede lograr lo mismo que la transcripción fonética. Esto se debe a las discrepancias entre la palabra escrita y su pronunciación causadas por la evolución de la lengua y la influencia del sonido de las lenguas indígenas y extranjeras en las diversas zonas geográficas. Es en estos casos de discrepancias cuando la transcripción fonética ofrece un servicio que la ortografía no puede proporcionar.

Hay dos tipos de transcripciones: amplia (o aproximada) y general (o detallada). La ventaja de la última es que toma en cuenta todas las diferencia fonéticas, haciéndola muy útil para ayudar a un aprendiz a lograr el sonido exacto y a los lingüistas a hacer análisis detallados de la lengua. Por otro lado, la transcripción amplia permite ver la pronunciación a través de menos símbolos y de manera más universal. Usualmente se suele recurrir a la transcripción amplia salvo en casos cuando esta no ofrece la información necesaria que sí da la general.

Actividad 1 Fíjate en las siguientes transcripciones amplias, particularmente en la *c, s, z*. Se transcriben las palabras tanto como se pronuncian generalmente en España como en Latinoamérica. Transcribe cada una ortográficamente. Sigue el ejemplo.

Palabra	España	América Latina	Palabra	España	América Latina
casa	'ka sa	'ka sa	cruzar	kru 'θar	kru 'sar
caza	'ka θa	'ka sa	muchísimo	mu 'tʃi si mo	mu 'tʃi si mo
cuece	'kwe θe	'kwe se	parentesco	pa reN 'tes ko	pa reN 'tes ko
cinco	'θin ko	'sin ko	portazo	por 'ta θo	por 'ta so
cebra	'θe βra	'se βra	favorecer	fa βo re 'θer	fa βo re 'ser
ansioso	an 'sjo so	an 'sjo so	esperanza	es pe 'raN θa	es pe 'raN sa
raíces	řa 'i θes	řa 'i ses	asociación	a so θja 'θjon	a so sja 'sjon

Actividad 2 — Escribe la palabra que aparece transcrita fonéticamente como se pronuncia en España. Luego escribe la transcripción fonética de la pronunciación americana.

Palabra	España	América Latina	Palabra	España	América Latina
	de θi 'sjon			kre 'θje ron	
	'daN θa			a ðe 'si βo	
	a pa re 'θer		hallazgo	a 'λaθ go	
	pro ðuk 'θjon			se 'kweN θja	
predice	pre 'ði θe			ře a 'li θan	
	iN tro 'ðu θes			si 'leN θjo	
	as θeN 'der			ře 'θjen	

Actividad 3 — Escribe el plural de la palabra escrita ortográficamente. Comprueba tu respuesta con la transcripción fonética.

vez		'be θes	feliz		fe 'li θes
lápiz		'la pi θes	revés		ře 'βe ses
crisis		'kri sis	codorniz		ko ðor 'ni θes

Sintetizar: Refiriéndote a lo que has estudiado, completa la tabla para resumir lo que has aprendido.

- Cuando escribo una palabra que tiene <u>z + e</u>, tengo que escribir (ce / se).
- Cuando escribo una palabra que tiene <u>z + i</u>, tengo que escribir (ci / si).
- La z solo se puede intercambiar con (c / s).
- La ese (sí / no) se puede intercambiar con una "c" o una "z".

Actividad 4 — Corrige todas las faltas de c / s / z y tildes en la siguiente selección.

A veces la decisión de como pronunsiar una palabra no es fácil para un aprendíz de la lengua. Se debé a qué en ocasiones la ortografía no corresponde de manera directa con la pronunciación de las palabras. No es posible recoger todas las diferensias fonéticas en la lengua hablada cuándo se escribe. Por eso la transcripsión por medio de símbolos relaciónados con los sonidos puede ser muy util.

80 Unidad 1: Percepciones

El pretérito y el imperfecto: El aspecto verbal

El **aspecto verbal** se **desarrolla** dentro de **un mismo tiempo verbal** y se suele asociar con el pasado: pretérito e imperfecto. Antes de pasar al aspecto verbal, merece la pena repasar las conjugaciones en ambos tiempos.

El pretérito

Actividad 1 — Completa las siguientes tablas de verbos **regulares en el pretérito** de indicativo.

Primera conjugación: —AR

	cambiar	regalar	anunciar	esperar	apreciar
yo	cambié	regalé	anuncié	esperé	aprecié
tú	cambiaste	regalaste	anunciaste	esperaste	apreciaste
él, ella, usted	cambió	regaló	anunció	esperió ?	apreció
nosotros	cambiamos	regalamos	anunciamos	esperamos	apreciamos
ellos, ellas, Uds.	cambiaron	regalaron	anunciaron	esperaron	apreciaron

Segunda conjugación: —ER

	prender	coser	aparecer	ofrecer	recorrer
yo		cosí			
tú					recorriste
él, ella, usted			apareció		
nosotros	prendimos				
ellos, ellas, Uds.				ofrecieron	

Tercera conjugación: —IR

	revivir	dirigir	partir	escribir	abrir
yo	reviví				
tú	reviviste				abriste
él, ella, usted	revivió	dirigió			
nosotros	revivimos		partimos		
ellos, ellas, Uds.	revivieron			escribieron	

Sintetizar: Refiriéndote a lo que has estudiado, completa la tabla para resumir lo que has aprendido.

El pretérito indicativo de los verbos regulares

	Infinitivos con -ar usan las terminaciones	Infinitivos con -er usan las terminaciones	Infinitivos con -ir usan las terminaciones
yo	--é		
tú			--iste
él, ella, usted			
nosotros		--imos	
ellos, ellas, ustedes			

Actividad 2 — **Ejercicio mecánico.** Completa la siguiente tabla de verbos para asegurar tu conjugación de los verbos regulares en el pretérito. **OJO:** Algunos son reflexivos.

	yo	tú	él, ella, usted	nosotros	ellos, ellas, Uds.
amar					
adivinar					
pasarse					
beber					
romperse					
deber					
cubrir					
percibir					
discutir					

Actividad 3 — Completa la tabla con los verbos de cambio radical en el **pretérito**.

—ar: p<u>e</u>nsar y alm<u>o</u>rzar		—er: p<u>e</u>rder y at<u>e</u>nder		—ir: p<u>e</u>dir y m<u>o</u>rir	
(yo) pensé, almorcé	(nosotros) pensamos, almorzamos	(yo) perdí, ___	(nosotros) perdimos, atendimos	(yo) pedí, morí	(nosotros) pedimos, morimos
(tú) pensaste, ___	(vosotros) pensasteis, ___	(tú) perdiste, ___	(vosotros) perdisteis, ___	(tú) pediste, moriste	(vosotros) pedisteis, moristeis
(él, ella, Ud.) pensó, ___	(ellos, ellas, Uds.) pensaron, ___	(él, ella, Ud.) perdió, ___	(ellos, ellas, Uds) perdieron, ___	(él, ella, Ud.) pidió, murió	(ellos, ellas, Uds.) pidieron, murieron

Actividad 4 — Usa tu intuición y lo que has repasado para completar el siguiente ejercicio mecánico de varios verbos. Cambia la vocal subrayada cuando sea necesario en los verbos de cambio radical, pero recuerda que, con algunas excepciones, **solo los verbos –ir tienen cambio radical en el pretérito**. También debes estar pendiente de los siguientes cambios ortográficos:

- La **z + e** se tiene que cambiar a (**ce** / se); la **z + i** se tiene que cambiar a (**ci** / si).
- El sonido /G/ con una vocal se escribe GA / JA / GE / GUE / JE / GI / GUI / JI / GO / JO / GU / JU. [Tacha las que no corresponden.]
- El sonido /X/ con una vocal se escribe GA / JA / GE / GUE / JE / GI / GUI / JI / GO / JO / GU / JU. [Tacha las que no corresponden.]
- Para que se oiga el sonido de la "u", cuando está entre la "g" y la "i" o "e", la "u" debe llevar (una tilde / **una diéresis**).
- La letra i entre dos vocales se convierte en _____.

	yo	tú	él, ella, usted	nosotros	ellos, ellas, Uds.
forzar	forcé	forzaste	forzó	forzamos	forzaron
averiguar	averigüé	averiguaste	averiguó	averiguamos	averiguaron
jugar	jugué	jugaste	jugó	jugamos	jugaron
buscar	busqué	buscaste	buscó	buscamos	buscaron
caerse	me caí		se cayó		se cayeron
p<u>e</u>dir (i)	pedí		pedió		pidieron
s<u>e</u>guir (i)	seguí		siguió		siguieron
d<u>o</u>rmirse (u)	me dormí		se durmió		se durmieron

Actividad 5 — Algunos verbos son irregulares en el pretérito. Abajo hay unos. Completa las tablas para repasar su conjugación.

Fíjate como la 1ª persona singular establece el patrón para el resto de la conjugación.

no acentó?

	irse	ser	estar	andar	tener
yo	me fui	fui	estuve		tuve
tú	te fuiste	fuiste	estuviste		tuviste
él, ella, Ud.	se fue	fue	estuvo	anduvo	tuvo
nosotros	nos fuimos	fuimos	estuvimos		tuvimos
ellos, ellas, Uds.	se fueron	fueron	estuvieron		tuvieron

	ponerse	caber	saber	poder	querer
yo	me puse	cupe	supe	pude	quise
tú	te pusiste		supiste	pudiste	
él, ella, Ud.	se puso		supo	pudo	
nosotros	nos pusimos		supimos	pudimos	
ellos, ellas, Uds.	se pusieron		supieron	pudieron	

	venir	hacer	ver	dar	satisfacer
yo	vine	hice	vi	di	satisfice
tú	viniste	hiciste	viste	diste	satisficiste
él, ella, Ud.	vino	hizo	vio	dio	satisfizo
nosotros	vinimos	hicimos	vimos	dimos	satisficimos
ellos, ellas, Uds.	vinieron	hicieron	vieron	dieron	satisficieron

84 *Unidad 1: Percepciones*

Actividad 6 — Hay otro grupo de verbos irregulares en los que debes poner mucha atención, particularmente en la 3ª persona plural.

	decir	traer	producir	conducir	traducir
yo	dije	traje	produje	conduje	traduje
tú	dijiste	trajiste	produjiste	condujiste	tradujiste
él, ella, Ud.	dijo	trajo	produjo	condujo	tradujo
nosotros	dijimos	trajimos	produjimos	condujimos	tradujimos
ellos, ellas, Uds.	dijeron	trajeron	produjeron	condujeron	tradujeron

	reducir	introducir	predecir	atraer	distraer
yo					
tú					
él, ella, Ud.					
nosotros					
ellos, ellas, Uds.					

Sintetizar: Refiriéndote a lo que has estudiado, completa la tabla para resumir lo que has aprendido.

- Un verbo en el **pretérito** comunica una acción que _____.
- Los verbos de cambio radical en el pretérito son los de la (1a / 2a / 3a) conjugación y la vocal cambia a (una sola vocal / un diptongo). Ejemplo: _____.
- Si el verbo conjugado es agudo pero termina en vocal, "n", "s" (**no** / **sí**) lleva tilde.
  Ejemplo: _____.
- Si el verbo conjugado es llano y termina en vocal, "n", "s" (**no** / **sí**) lleva tilde.
  Ejemplo: _____
- Cierto / Falso En general, la 1ª persona singular establece un patrón para seguir en los verbos irregulares.
- Cierto / Falso Si un verbo irregular contiene una jota en la conjugación, la 3a persona plural (ellos, ellas, ustedes) termina en —eron, no —ieron.
  Ejemplo: _____.

El imperfecto de indicativo

Actividad 1 Una gran ventaja del imperfecto de indicativo es que hay pocos verbos irregulares, y ninguno de cambio radical o cambio ortográfico. Completa la siguiente tabla para repasar las conjugaciones del imperfecto, y luego completa las terminaciones.

	yo	tú	él, ella, usted	nosotros	ellos, ellas, Uds.
hablar					hablaban
comerse			se comía		
vivir					

Sintetizar: Refiriéndote a lo que has estudiado, completa la tabla para resumir lo que has aprendido.

El imperfecto indicativo de los verbos regulares

	Infinitivos con -ar usan las terminaciones	Infinitivos con -er usan las terminaciones	Infinitivos con -ir usan las terminaciones
yo	--aba		
tú			--ías
él, ella, usted			
nosotros		--íamos	
ellos, ellas, ustedes			

Actividad 2 Completa la tabla de los verbos irregulares en el imperfecto de indicativo.

	yo	tú	él, ella, usted	nosotros	ellos, ellas, Uds.
ser					
ir	iba				
ver					

Sintetizar: Refiriéndote a lo que has estudiado, completa la tabla para resumir lo que has aprendido.

- Cierto / Falso   No hay verbos de cambio radical o cambio ortográfico en el imperfecto.
- Los tres verbos irregulares son _____, _____ y _____.
- Cierto / Falso   Los verbos reflexivos mantienen los pronombres reflexivos en el imperfecto.
- Los verbos de la 1ª (primera) conjugación usan (**b / v**) en su terminación.

El aspecto verbal

El **tiempo verbal** se refiere a **cuándo** ocurre una acción o estado: presente, pasado, futuro. El **aspecto verbal**, en cambio, es **cómo** un estado o una acción se **desarrolla** dentro de **un mismo tiempo**. Los términos *perfectividad* o *imperfectividad / progresividad* se usan a veces para referirse al aspecto verbal.

Actividad 1 Conecta las oraciones con sus traducciones. Luego contesta las preguntas.

___ 1. El profesor explicó el contenido cultural de las pinturas de castas.

a. The professor **explained** the cultural content of the caste paintings.

___ 2. El profesor explicaba el contenido cultural de las pinturas de castas.

b. The professor **used to explain/was explaining** the cultural content of the caste paintings.

1. ¿Cuál de las dos oraciones comunica algo **estático**, como en una **foto**? 1 / 2

2. ¿Cuál de las dos oraciones comunica algo **en desarrollo**, como en un **video**? 1 / 2

3. ¿Qué conjugación se usa para comunicar algo estático: imperfecto / pretérito?

4. ¿Qué conjugación se usa para comunicar algo en desarrollo: imperfecto / pretérito?

Actividad 2 Decide si las siguientes oraciones comunican una acción *estática* o *en desarrollo*. Debajo de cada una escribe su traducción. Asegúrate de que la traducción refleje *perfectividad* (estático) o *imperfectividad* (en desarrollo).

_____ 1. De joven el artista se ganó la vida haciendo cuadros de castas.

__As a young man, the artista earned a living painting caste pictures._____

_____ 2. De joven el artista se ganaba la vida haciendo cuadros de castas.

_____

_____ 3. Poco a poco se hizo famoso.

_____

_____ 4. Poco a poco se hacía famoso.

_____

_____ 5. Las personas que pintó eran típicas.

_____

_____ 6. Las personas que pintaba eran típicas.

_____

_____ 7. Para entender las clases sociales se mudó a diferentes ciudades.

_____

_____ 8. Para entender las clases sociales se mudaba a diferentes ciudades.

_____

Actividad 3 Lee el siguiente intercambio entre Luis y Sylvia. Luego decide si las afirmaciones son ciertas o falsas.

Luis: Hola, Sylvia. Hace rato te vi delante del museo.
Sylvia: Sí, esperaba a Carmen para ver una exhibición de pinturas del siglo XVIII.
Luis: ¿Pudieron verlas?
Sylvia: Sí, pero solo vimos unas pocas porque cerraron a las seis.
Luis: ¡Qué lástima! Fui ayer y me encantó. Ojalá puedan volver.

1. **cierto / falso** Cuando Luis vio a Sylvia la primera vez, estaba delante del museo.

2. **cierto / falso** A juzgar por el pretérito que usa Luis, Sylvia ya no está delante del museo.

3. **cierto / falso** Lo que dice Luis comunica que la situación delante del museo ya ha terminado.

4. **cierto / falso** Sylvia comunica que cuando la vio Luis la situación se desarrollaba.

5. **cierto / falso** Sylvia sigue viendo las pinturas en el momento de la conversación.

6. **cierto / falso** La elección del pretérito o del imperfecto afecta lo que el hablante comunica y lo que el oyente percibe.

Sintetizar: Refiriéndote a lo que has estudiado, completa la tabla para resumir lo que has aprendido.

- El **(pretérito / imperfecto)** comunica perfectividad porque es una situación **(estática / en desarrollo)** en el pasado.
- Oración de ejemplo: _____

- El **(pretérito / imperfecto)** comunica imperfectividad porque es una situación **(estática / en desarrollo)** en el pasado.
- Oración de ejemplo: _____

- Los muchachos trabajaron mucho es ejemplo de pretérito porque comunica algo **(en proceso / terminado)**. Los muchachos trabajaban mucho es ejemplo de imperfecto porque comunica algo **(en proceso / terminado)**.

¿Cuál de las dos...*mudarse o moverse*? Aunque ya no solo en Estados Unidos se escucha "Me moví a otra casa" por ser *moverse* un calco de *to move*, generalmente *moverse* comunica un cambio de posición. En cambio *mudarse* comunica irse de un lugar. Por eso, por ahora en vez de "Me moví a otra casa", se recomienda "Me mudé a otra casa" o "Me cambié a otra casa".

88 Unidad 1: Percepciones

Actividad 3 Con un compañero cambien la siguiente narración de presente a pasado. Al lado de cada verbo hay dos espacios. Escriban el verbo correspondiente en pretérito o imperfecto. Si creen que ambos son apropiados, escriban los dos. Sigan el ejemplo.

Mestizo **es** _____*fue*_____ / _____*era*_____ el nombre que se le **da** _____ / _____ en la América colonial al hijo de un español y una india, y en términos amplios, a quien **desciende** _____ / _____ de ancestros españoles e indígenas en algún grado. Aunque mestizaje usualmente se **refiere** _____ / _____ al intercambio entre españoles e indios, desde antes del encuentro entre europeos y amerindios, el término **es** _____ / _____ igualmente válido para cualquier otro tipo de cruzamiento biológico interétnico. En clase el profesor de antropología nos **explica** _____ / _____ que aunque a pesar de que se **piensa** _____ / _____ que el término «raza» **es** _____ / _____ apropiado, pronto se **comprueba** _____ / _____ que no **es** _____ / _____ válido porque el mestizaje **empieza** _____ / _____ desde épocas lejanas.

Actividad 4 Abajo escribe dos de las oraciones (no uses el ejemplo) en las que has elegido ambos pretérito e imperfecto. Luego explica la diferencia entre lo que comunican.

1. a. _____
   _____
   b. _____
   _____
   Diferencia: _____

2. a. _____
   _____
   b. _____
   _____
   Diferencia: _____

Para recordar y repasar. No olvides que al final de la última unidad tienes unas páginas para anotar dudas o cosas para repasar antes de pruebas o exámenes.

Diferencia de significado en el pretérito e imperfecto

Ciertos verbos cuyo significado cambia son buenos ejemplos para entender el aspecto verbal.

Actividad 1 — Lee cada oración y en el espacio escribe si el verbo comunica "en desarrollo" o "estático". Luego elige la traducción correcta.

estático	1. a. Conocí al muchacho.	I (knew / **met**) the boy.
desarrollo	b. Conocía al muchacho.	I (**knew** / met) the boy.
estático	2. a. Pude hacerlo.	I (**did** / was capable of doing) it.
desarrollo	b. Podía hacerlo.	I (did / **was capable of doing**) it.
estático	3. a. Supe la verdad.	I (knew / **found out**) the truth.
desarrollo	b. Sabía la verdad.	I (**knew** / found out) the truth.
estático	4. a. Quise ir.	I (**tried unsuccessfully** / wanted) to go.
desarrollo	b. Quería ir.	I (tried unsuccessfully / **wanted**) to go.
estático	5. a. No quise estudiar.	I (**refused** / didn't want) to study.
desarrollo	b. No quería estudiar.	I (refused / **didn't want**) to study.
estático	6 a. Tuve que comprarlo.	I (**had to** / needed to) buy it.
desarrollo	b. Tenía que comprarlo.	I (had to / **needed to**) buy it.

Sintetizar: Refiriéndote a lo que has estudiado, completa la tabla para resumir lo que has aprendido.

- Para expresar *met, succeeded, found out, tried unsuccessfully, refused, had to* uso (**pretérito** / imperfecto).
- Para expresar *knew, was capable, could, wanted, did not want, needed to* uso (pretérito / **imperfecto**).
- *To know, to want, to need* en el pasado son más parecidos al (pretérito / **imperfecto**) de los verbos correspondientes en español.

Actividad 2 — Después de ojear el párrafo, con un compañero elijan la mejor opción según el contexto. Estén preparados para defender su preferencia.

Cuando (**conocí** / **conocía**) al coleccionista de pinturas de designaciones raciales, (**quise** / **quería**) pedirle su opinión acerca del tema, pero por mi hermana (**supe** / **sabía**) que no le gusta hablar del tema en público. (**No quise** / **No quería**) ser impertinente; por lo tanto (**tuve que** / **tenía que**) dejar pasar la ocasión. Pero a los dos días lo encontré en la biblioteca y por fin (**pude** / **podía**) hacerle la pregunta.

Recapitular, analizar y editar

1. Cierto / Falso Las expresiones de tiempo son adverbios o frases adverbiales que contestan la pregunta *dónde*.

2. Cierto / Falso Unos ejemplos de expresiones de tiempo adverbiales son *ayer, frecuentemente, primeramente, siempre, ya*.

3. El adverbio se coloca en una línea (horizontal / vertical / diagonal) en un diagrama Kellogg-Reed.

4. Cierto / Falso La ortografía a veces no corresponde directamente con la pronunciación.

5. Hay dos tipos de transcripciones fonéticas: _____ y _____.

6. Cierto / Falso 'ka sa es la transcripción fonética de la pronunciación peninsular de *caza*.

7. Cuando escribo una palabra que tiene z + e, tengo que escribir (ce / se).

8. Cuando escribo una palabra que tiene z + i, tengo que escribir (ci / si).

Repasar. Pon una ✓ delante de cada palabra deletreada correctamente.

___ 1. crezimos   ___ 4. cruzamos   ___ 7. hiso   ___ 10. nazieron   ___ 13. alcancé
___ 2. cresimos   ___ 5. crucamos   ___ 8. hico   ___ 11. nacieron   ___ 14. alcanzé
___ 3. crecimos   ___ 6. crusamos   ___ 9. hizo   ___ 12. nasieron   ___ 15. alcansé

9. Cierto / Falso Para formar una oración hace falta que haya una cláusula.

10. Una oración simple necesita tener una (cláusula / frase).

11. Un ejemplo de cláusula es (*en el cuarto de atrás* / *habló conmigo*).

12. Si una oración contiene <u>por lo menos</u> dos cláusulas y ambas son independientes, es una oración (simple / compleja / compuesta), pero si tiene una cláusula subordinada y una principal es una oración (simple / compleja).

Repasar. Subraya las cláusulas en cada oración y luego conéctala con el tipo de oración que es.

a. simple   ___ 1. Luis y Miguel comen y bailan mucho cada viernes.
b. compuesta   ___ 2. Ese es el muchacho que llegó anoche.
c. compleja   ___ 3. Marta estaba de acuerdo, pero luego cambió de opinión.

13. Cierto / Falso *Tiempo verbal* y *aspecto verbal* son la misma cosa.

14. Los verbos de cambio radical en el pretérito son los de la (1a / 2a / 3a) conjugación y la vocal cambia a (una sola vocal / un diptongo).

15. Cierto / Falso Si un verbo irregular en el pretérito contiene una jota en la conjugación, la 3a persona plural termina en —*eron*, no —*ieron*.

16. Los verbos de la 1a conjugación en el imperfecto usan (b / v) en su terminación.

Analizar

Actividad 1 — Una de la oraciones contiene dos faltas. Subraya las faltas, explica por qué son errores e identifica la oración correcta.

1. a. Como todos me dijieron que era lo mejor que podria hacer, lo hice.
   b. Como todos me dijeron que era lo mejor que podría hacer, lo hice.
   ____ es la correcta porque
   (1) _____
   (2) _____

2. a. Cuando puedo, cuezo las verduras sin usar nada de aceite.
   b. Cuando puedo, cozo las verduras sin usar nada de aseite.
   ____ es la correcta porque
   (1) _____
   (2) _____

3. a. Sin duda había más de ciento cinco alumnos en ese salón de clase.
   b. Sin duda avía más de cien cinco alumnos en ese salón de clase.
   ____ es la correcta porque
   (1) _____
   (2) _____

4. a. Pero, ¿para cuándo debemos entregar los arcabuces antiguos?
   b. Pero, para cuándo debemos entregar los arcabuzes antiguos?
   ____ es la correcta porque
   (1) _____
   (2) _____

Actividad 2 — En el siguiente diágrama de *Ese es el libro que te compré ayer por la tarde* escribe la letra de la función junto a cada palabra. Luego, contesta las preguntas.

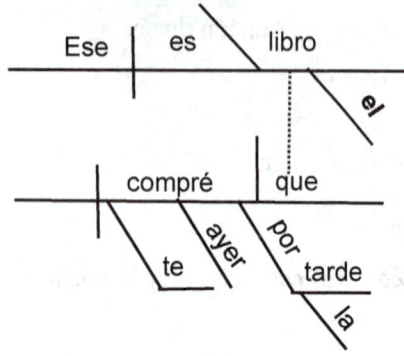

a. Complementa la significación del verbo, adjetivo u otro adverbio.
b. Comunica una acción o estado.
c. Describe un sustantivo.
d. Designa o identifica personas y cosas animadas e inanimadas.
e. Indica si un sustantivo es conocido o general.
f. Relaciona un sustantivo o pronombre al resto de la oración.
g. Toma el lugar de un sustantivo.
h. Une palabras o secuencias equivalentes.

1. ¿Qué tipo de oración es: simple, compuesta, compleja?
2. Escribe una cláusula de la oración: _____
3. Escribe una frase de la oración: _____

Actividad 3 — En los siguientes diagramas, identifica las clases de palabras. Luego **explica** el tipo de oración que es. En tu explicación habla de sujeto, predicado y cláusulas.

1.

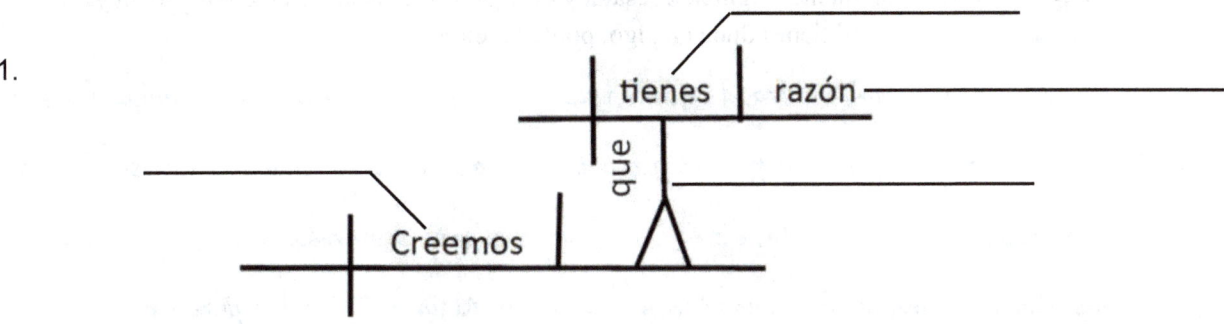

Explicación: _____

_____

2.

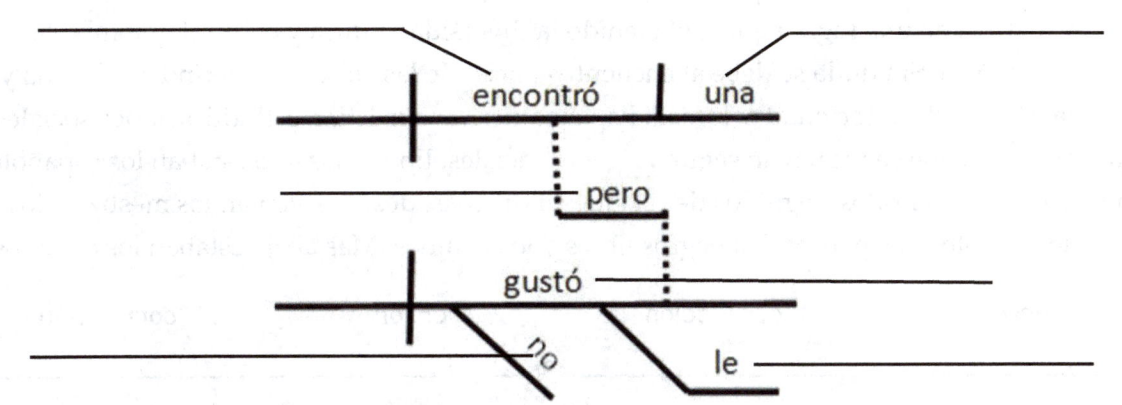

Explicación: _____

_____

Actividad 4 — Explica claramente la diferencia entre los siguientes pares de oraciones. En tu explicación usa los términos *estática* o *en desarrollo* Y *perfectividad* o *imperfectividad* en relación con cada oración (a, b).

1. a. Hizo todo lo posible para que saliera bien.
   b. Hacía todo lo posible para que saliera bien.

Explicación: _____

_____

2. a. Quisimos hacerlo antes de salir.
   b. Queríamos hacerlo antes de salir.

Explicación: _____

_____

Editar

Actividad 1 En el siguiente fragmento resalta y corrige todas las faltas de conjugación y aspecto. Si tienes duda en algo, ponle un círculo.

En esa novela el protagonista era el hijo de trabajadores migrantes. Pasabas gran parte de su juventud mudándose con sus padres a través del país buscando trabajo. A pesar de no asistir a la escuela regularmente, estudiaron por su cuenta e ingresó a la universidad. Sacaba su título en inglés por Texas State University. Algunos críticos dijieron que la novela fue autobiográfica.

Actividad 2 En cada uno de los siguientes fragmentos hay seis faltas de ortografía, puntuación, acentuación o conjugación. Encuéntralas y escribe la corrección.

1. No ay historia de una región que halla tenido la diversidad étnica y cultural que tubo la América española. Sin duda se debe al encuentro inicial de las culturas amerindia, africana y española. Dentro de la sociedad colonial Hispanoamericana existían estratificaciones sociales, llamadas castas, que se formavan según orígenes raciales. En lo más alto estaban los españoles peninsulares y los criollos, seguidos de caciques indígenas; despues venían los mestizos, los indios, los mulatos, los pardos, los negros libres y los zambos. Más abajo estaban los esclavos.

	error	corrección		error	corrección
a.	_____	_____	d.	_____	_____
b.	_____	_____	e.	_____	_____
c.	_____	_____	f.	_____	_____

2. Mas no todos tomarón esa postura: el padre Bartolomé de las Casas destaca entre quienes no veian al amerindio como inferior, como "otro". Al contrario para el Fraile los indígenas eran iguales a cualquier ser humano. Esto suponía que eran libres puesto que la libertad es un derecho fundamental e inalienable de todos los seres del universo. Vez tras ves Las Casas abogó en contra de la esclavitud de los indígenas que para él no solo era una atrosidad regional sino que también era un acto contra la sociedad humana.

	error	corrección		error	corrección
a.	_____	_____	d.	_____	_____
b.	_____	_____	e.	_____	_____
c.	_____	_____	f.	_____	_____

Perspectivas opuestas

A más de quinientos años desde el encuentro entre las culturas europea y amerindia, aún existen diferencias culturales, particularmente en los tratamientos médicos y la innovación tecnológica. Hace unos años acaparó la mira mundial una cuestión bioética que subrayó la brecha cultural entre el mundo occidentalizado y el de los mbyá, una comunidad aborigen que desde hace más de mil años habita en la zona argentina de Misiones. Las desavenencias culturales que emergieron en el caso de un niño mbyá pusieron en tela de juicio el derecho de sobreponer la medicina occidental a las creencias aborígenes. En las siguientes noticias periodísticas seguirás este choque cultural y dilema bioético.

Antes de leer Ve a internet y busca algunos datos interesantes de los mbyá. Apúntalos.

_____

_____

El caso del niño guaraní: Un dilema bioético

Dilema entre creencias aborígenes y occidentales

El pasado mes de agosto se presentó un caso paradigmático involucrando a médicos, juristas, antropólogos, religiosos y filósofos. Se trata de la disputa entre dos culturas que ha trascendido en la vida del niño mbyá guaraní (cuyo nombre nos han pedido que no revelemos) de una aldea de Misiones. En esta zona forestal argentina hay 75 comunidades aborígenes que reciben visitas de asistentes sociales que les proveen alimentos y les ofrecen servicios sanitarios. Cuando estos aborígenes ven que su medicina no es suficiente, acuden a los blancos.

Los padres del niño lo llevaron al hospital local, pero después de dos días regresaron a su paraje porque estaban convencidos de que la medicina de los blancos tampoco le servía al pequeño. El hospital dio parte a la Justicia, y tras la intervención de la jueza de Misiones, un patrullero fue a la aldea y llevó al niño a un hospital infantil en Buenos Aires donde le diagnosticaron un tumor cardíaco agravado por una inflamación. Para saber si el tumor es benigno o maligno, ahora hace falta una intervención de alto riesgo que implica parar el corazoncito del niño, entre otras maniobras. Tanto los padres del niño como toda la comunidad mbyá se han negado rotundamente a dicha operación porque el cacique ha dicho que Dios le mostró en sueños que el pequeño no sobrevivirá dicha operación.

En 2003 el gobernador de esta zona firmó un decreto en el que se reconoce el Consejo de Ancianos y Guías Espirituales de la Nación Mbyá Guaraní y se establece que los gobiernos deben consultar a los Pueblos Originarios sobre cualquier procedimiento que les pueda afectar. Manteniendo que el niño morirá si no pasa por el quirófano, el equipo médico ha recurrido al Comité de Bioética del hospital conformado por religiosos, antropólogos y científicos. Ahora la medicina y la justicia se enfrentan a un gran dilema: Por un lado se halla la vida de un niño y por otro el respeto hacia las costumbres de un pueblo nativo. Se espera que en los próximos días se llegue a una decisión.

Actividad 1   Contesta según el contenido del artículo que acabas de leer.

1. En la primera oración ¿a qué se refiere la palabra *juristas*?
   a. Personas involucradas con la ley
   b. Artistas dedicados a producir objetos turísticos
   c. Ingenieros que elaboran circuitos tecnológicos

2. ¿En dónde ha acontecido esta situación?
   a. La costa caribeña
   b. El oeste mexicano
   c. El Cono Sur

3. ¿Quiénes son los *blancos* en este artículo?
   a. Inmigrantes que se afincaron en esa zona
   b. Los proveedores de servicios sanitarios
   c. Aquellos que no son aborígenes

4. ¿Por qué llevaron los padres al niño al hospital?
   a. La medicina aborigen no fue eficaz.
   b. No querían usar los servicios médicos en su aldea.
   c. Preferían la medicina de los blancos.

5. ¿Quién es la mujer de Misiones?
   a. Una asistente social que llevó al pequeño al hospital
   b. La directora del hospital que avisó a la policía
   c. La magistrada que ordenó que llevaran al niño al hospital

6. ¿Qué acuerdo se quebrantó al llevar al pequeño al hospital infantil de Buenos Aires?
   a. Consultar a los aborígenes antes de cualquier procedimiento
   b. Avisar al gobernador de la necesidad de firmar una orden
   c. Mantener al enfermo hospitalizado hasta que se mejore

7. ¿Qué dilema enfrentó el equipo médico?
   a. Respetar las costumbres nativas o esperar unos días
   b. Usar sus conocimientos médicos o recurrir a la medicina aborigen
   c. Respetar las costumbres nativas o hacer una intervención quirúrgica

8. ¿Cuál de las siguientes frases sigue las normas de contracción?
   a. De la jueza
   b. Del hospital
   c. De los blancos

9. ¿Cuál de los siguientes verbos es un ejemplo del aspecto de *imperfectividad*?
   a. Llevaron
   b. Saber
   c. Servía

10. ¿Cuál de las siguientes oraciones es compleja?
    a. Recientemente se presentó un caso paradigmático involucrando a médicos y juristas.
    b. Se trata de la disputa entre dos culturas que ha trascendido en la vida del niño mbyá guaraní.
    c. Los padres del niño lo llevaron al hospital, pero después de dos días regresaron a su paraje.

11. ¿Cuál es el propósito del artículo?
    a. Presentar un dilema ético que ocurrió en un hospital argentino
    b. Criticar la intervención del gobierno en asuntos locales
    c. Analizar las creencias de los mbyá en la región de Misiones

12. ¿Crees que los padres tuvieron razón al llevarse a su hijo del hospital? Explica.
    _____

A los pocos días salió el siguiente artículo.

Exitosa la cirugía del pequeño mbyá de Misiones

Se recupera en el hospital local

Sigue en la mira argentina el caso del niño guaraní que ayer fue intervenido en Buenos Aires. Como nuestros lectores recordarán, en un principio los padres del niño, mbyá de Misiones, se negaron a la cirugía porque el anciano del pueblo se opuso a ello. Fue en ese momento que la jueza de Misiones envió a Buenos Aires a un abogado que maneja el idioma de los mbyá, y tras unas conversaciones los padres firmaron la autorización y el niño fue operado exitosamente en un hospital local.

El caso ha levantado cuestiones morales y éticas, particularmente para el equipo médico que comparte una ideología de respeto hacia la comunidad mbyá que es claramente eutanásica. Pero a la vez valoran los derechos del niño y el derecho a la vida. Por lo tanto tuvieron que buscar un punto de equilibrio justo, y este fue que el deber de los padres es proteger a sus hijos.

Uno de los obstáculos a los que se enfrentaron las médicas del hospital fue que todas eran mujeres y en la comunidad guaraní la palabra masculina es escuchada, pero no la femenina. Una cuestión importante que salió a la luz en las entrevistas con las doctoras es que los valores y creencias particulares de las comunidades merecen respeto, pero eso no puede usarse como razón para no proporcionarles las atenciones médicas correspondientes a los aborígenes. Según indicó una médica aunque cualquier persona diría que se debe respetar la identidad cultural de otra persona, una cosa es hablar teóricamente y otra es ponerla en práctica. Lo que no es teórico es que de no haber operado al pequeño, este hubiera vuelto a su comunidad a morir.

Y ¿cómo ve la situación la comunidad mbyá? Según el cacique, que cuenta 105 años, lo que ahora pretende es hablar con las autoridades y hacerles entender la importancia de respetar las costumbres mbyá. Aunque el anciano se ha quejado de que el pequeño fuera sacado a la fuerza, en este momento solo pide una cosa: que todos los pueblos originarios argentinos recen para que este niño salga bien y pronto regrese a la comunidad con sus padres y a sus tradiciones.

Actividad 2 Imagina que debes escribir una noticia acerca de este caso en la que presentas las dos perspectivas culturales. En la tabla escribe los dos puntos de vista. Luego compáralos con los de tus compañeros.

Perspectiva cultural guaraní	Perspectiva cultural argentina

NOTICIA DE ÚLTIMA HORA: Un triste desenlace

Fallecen los dos hermanitos guaraníes

En agosto del año pasado alcanzó trascendencia nacional el dilema en torno al niño de la comunidad mbyá al que se le detectó un tumor cardíaco. Tras una orden judicial, el pequeño fue operado. Según los médicos, la intervención fue exitosa; no obstante, avisaron que podrían aparecer complicaciones de tipo inmunológico.

Después del período postoperatorio de rigor los médicos le dieron de alta, pero el niño no pudo regresar de inmediato debido a una neumonía que agravó su estado de salud. Finalmente y tras experimentar una sensible mejoría, el pequeño, su madre y su hermanito nacido poco antes en el mismo hospital, regresaron a su aldea desde donde lamentablemente nos ha llegado la noticia que ambos el pequeño guaraní al que se le operó el tumor cardíaco y su hermanito de solo pocos meses han muerto: uno esta mañana y el otro esta tarde. La muerte de este último ha causado consternación, pues cuando salió de Buenos Aires la semana pasada gozaba de salud perfecta. Se ha recomendado una autopsia, pero como la comunidad mbyá es muy cerrada, difícilmente se practicará. Debido al hermetismo en la aldea por ahora se desconocen las causas de los decesos.

Actividad 3 Después de leer los artículos sientes la necesidad de escribir un blog al respecto. Abajo escribe un primer blog e invéntate varias entradas de otras personas.

Actividad 4 — Con un compañero representen la siguiente conversación. Recuerda que no deben leer sino interpretar lo que se indica. Después repítela con otro compañero pero cambia de rol: si antes fuiste la jueza, ahora haz de reportero.

Imagina que eres un reportero que busca más información acerca de la muerte de los hermanitos. Decides hablar con la jueza. El estudiante A hace el papel del reportero; el B hace el de la jueza.

Reportero.	•	Saluda a la jueza y se presenta (nombre completo, profesión).
Jueza.	•	Responde al saludo.
Reportero.	•	Explica por qué está allí y le hace una pregunta.
Jueza.	•	Contesta la pregunta.
Reportero.	•	Continúa con otra pregunta.
Jueza.	•	Contesta la pregunta y le hace una pregunta pertinente al reportero.
Reportero.	•	Contesta la pregunta y le agradece a la jueza que lo recibiera.
Jueza.	•	Se despide.
Reportero.	•	Se despide.

Actividad 5 — Después de hacer la conversación con dos compañeros, escribe lo que se comentó como si fueras un reportero que escribe un breve comentario para el periódico local. Incluye un título que oriente al lector acerca del contenido de tu comentario.

_____
_____
_____
_____
_____
_____
_____
_____
_____
_____
_____
_____
_____

La ortografía: La transcripción fonética de la G / J / H

Así como antes aplicaste la transcripción fonética a la s / c / z, ahora la aplicarás a la g / j / h. También repasarás algunos homófonos que pueden ser problemáticos ortográficamente.

Actividad 1 — Fíjate en las siguientes transcripciones amplias, particularmente en la *g, j, h*. Transcribe cada una ortográficamente haciendo todas las modificaciones necesarias; recuerda que la *h* es muda. Sigue los ejemplos.

Palabra	Transcripción	Palabra	Transcripción	Palabra	Transcripción
jirafa	xi 'ra fa	exijo	ek 'si xo		'u mo
gato	'ga to		al mo 'a ða		'bu o
hache	'a tʃe		'je lo		'pa ɣe
	xa 'mas		'gwaN te		'pa xe
	'o xas		is 'to rja		wa 'ra tʃe
	an (de *haber*)	agujero	a ɣu 'xe ro		řa 'xa ðo
	tra 'xe ron		xaθ 'min		a 'xe no
	si 'ɣjeN te		ře ko 'xje ron		di 'xe ron
	iN di xes 'tjon		go 'θa ron		ber 'ɣweN θa
	pro te 'xer		pa 'ra ɣwas		a 'la xa

Actividad 2 — En la siguiente tabla escribe la ge o la jota con la vocal que te da el sonido de /g/ o /x/. Algunas tendrán dos respuestas.

sonido	a	e	i	o	u
/g/		gue			
/x/		ge je			

Actividad 3 — En la siguiente lista de palabras, subraya las que están mal deletreadas. Cuidado con la hache y ge/je.

recohan	injerto	gentío	produjieron	hechamos	cuajado
generosidad	hamón	gemelos	ajedrez	recojedor	persiguen
afligido	mágico	a dicho	segimos	refrigerador	manegaron

Actividad 4 — Escribe los homófonos que aparecen fonéticamente transcritos.

Palabra	Homófono	Palabra	Homófono	Palabra	Homófono
hay	'a i (de haber)		a 'βer		¡a!
¡ay!	¡'a i!		a 'βer		a (de *haber*)
	a 'θer		¡'o la!		e (de *haber*)
	a 'ser		'o la		¡e!

Actividad 5 — Usando la intuición y lo que has aprendido anteriormente, elige el homófono correcto.

1. Nadie va a (hacer / ser) el trabajo que le pidieron.
2. Antes de preparar la masa la (ablando / hablando).
3. No te (artes / hartes) de pastel si luego quieres cenar.
4. (Echa / Hecha) las botellas al reciclaje.
5. Esa es la parte más (honda / onda) del terreno.
6. No debes (rehusar / reusar) la oferta.

Actividad 6 — Corrige todas las faltas de *g / j / h* y tildes en la siguiente selección.

Todo umano tiene derecho ha su opinión siempre y cuando respete las opiniónes de los demás. Durante siglos hemos visto que lo que a empezado cómo un simple desacuerdo puede llegar ah terminar en conflictos bélicos. Es verdad que a veces los políticos se encuentran en serios dilemas y aúnque en un principio reúsen el enfrentamiento, terminan sigiendo consegos equivocados y llevan a su país acia un conflicto que se debería a ver evitado.

Para recordar — Antes hiciste este mismo ejercicio. Repítelo corrigiendo todas las faltas de c / s / z y tildes. Luego compara esta actividad con la de la p. 80 para ver si has mejorado.

A veces la decisión de como pronunsiar una palabra no es fácil para un aprendíz de la lengua. Se debé a qué en ocasiones la ortografía no corresponde de manera directa con la pronunciación de las palabras. No es posible recoger todas las diferensias fonéticas en la lengua hablada cuándo se escribe. Por eso la transcripsión por medio de símbolos relaciónados con los sonidos puede ser muy util.

Unidad 1: Percepciones 101

Las conjunciones coordinantes y subordinantes

Lo pachuco

El significado de una palabra puede cambiar según dónde se use. Esto ocurre con la palabra *pachuco*. Cuando oyes esta palabra ¿qué imagen te viene a la mente? ¿Algo parecido a la imagen de al lado? Durante su estancia en EEUU el mexicano Octavio Paz, Nobel de literatura (1990), escribió un ensayo "El pachuco y otros extremos" en el que describe a los pachucos como un engendro del sentido de desplazo que vive el mexicano en tierras norteamericanas. Paz comenta que los pachucos generalmente son jóvenes de origen mexicano viviendo en las ciudades sureñas de EEUU; forman bandas y se singularizan por la manera de vestir, su lenguaje y su conducta. Los llama "rebeldes instintivos" y destaca que el racismo norteamericano se ha cebado con frecuencia contra ellos. No obstante, sigue diciendo, no reivindican ni su raza ni la nacionalidad de sus antepasados, o sea, no quieren volver a su origen mexicano. Pero parece que tampoco quieren asimilarse a la manera de vivir norteamericana. Como consecuencia de desprenderse de su cultura tradicional y de no querer asimilarse a la cultura norteamericana, viven en soledad.

No se conoce el origen de la palabra *pachuco*, pero una teoría la relaciona con El Paso, Texas, que algunos llamaban "Chuco Town". Otra dice que proviene de *pocho*, término peyorativo que se refiere a aquellos mexicanos nacidos en EEUU que niegan o han perdido su herencia mexicana. Lo que sí se sabe es que el vestuario estrafalario del pachuco de los años cincuenta (cuando ocurrieron sangrientos conflictos entre policías "blancos" y los pachucos) ha quedado para la posteridad en el actor mexicano "Tin-Tan" (Germán Valdés) que vestía "a lo pachuco". Ya para los años sesenta, la cultura que envolvía lo pachuco iba en declive; en los setenta la manera de vestir del pachuco y su jerga peculiar casi desaparecieron, pero no la asociación de la palabra con rebelde, malo. Es interesante que en los noventa resurgió el traje pachuco (*zoot suit*) e incluso en la película *The Mask* Jim Carey aparece luciendo uno.

Aunque en Costa Rica el término *pachuco* también es peyorativo, se asocia más con ser grosero, portarse de manera inapropiada y usar lenguaje vulgar. Pero curiosamente el pachuquismo ha llegado a asociarse a un habla coloquial que incluso algunos hoy consideran una segunda lengua costarricense. Si quieres ver un video de pachuquismos costarricenses, pon "Costa Rica pachuco jerga" en tu buscador.

Actividad 1 En la lectura arriba, tacha toda la información que no consideras importante. Luego escribe un resumen muy breve de lo que acabas de leer.

_____

_____

_____

_____

Como ya sabes, las conjunciones son una clase de palabras invariable que une (enlaza) dos elementos. Las conjunciones coordinantes unen dos elementos equivalentes (*pan **y** leche; Hacía buen tiempo, **pero** no quise ir al parque*). Las conjunciones subordinantes enlazan una cláusula subordinada a la principal (*Me alegra **que** te dediques a ello*).

Las conjunciones coordinantes se pueden clasificar como consecutivas, coordinadas, copulativas, adversativas, disyuntivas, explicativas y distributivas, pero solo te enfocarás en unos de los tipos. Luego repasarás las conjunciones subordinantes con los diferentes tipos de cláusulas.

Actividad 2 — Lee la definición y ejemplo de cada conjunción coordinante. En el espacio escribe la etiqueta correspondiente en inglés: *copulative, adversative, disjunctive, explicative*.

___Adversative___ Adversativa:
Contrapone dos elementos
*Ejemplo: Quieren una identidad, **pero** no la encuentran.*

___Disjunctive___ Disyuntiva:
Indica alternancia; solo se puede elegir un elemento.
*Ejemplo: Niegan **o** han perdido su herencia mexicana.*

___Copulative___ Copulativa:
Enlaza dos o más elementos
*Ejemplo: Esa tienda vende trajes **y** zapatos tipo pachuco.*

___Explicative___ Explicativa:
Aclara el primer elemento
*Ejemplo: Se veía mal, **o sea**, parecía enfermo.*

Actividad 3 — Coloca cada conjunción coordinante de la lista en la columna correspondiente.

(If you can switch out probably in same group)

e   es decir   eso es   ni   no obstante   o   por eso
pero   sin embargo   sino   sino que   u   y

adversativa	copulativa	disyuntiva	explicativa
Sin embargo	y, u, e, ni	o, u	es decir
Pero	Tanto...como	sino	por eso
Sino que		sino que	eso es
Sino			o sea
No obstante			

Actividad 4 — Elige una conjunción de la actividad anterior para combinar las oraciones. No repitas ninguna conjunción.

1. El joven iba a escribir un ensayo sobre los pachucos. No encontró suficiente información.
   pero
_____

2. Habló con su padre. Se enteró que su tío había sido pachuco.
   ~~no obstante por eso~~ y
_____

3. No conocía bien a su tío. No estaba seguro de si debería llamarle.
_____ por eso _____

4. Su padre le dijo que le llamara. Le dijo que fuera directamente a su casa.
_____ es decir / o _____

5. Visitó a su tío. Aprendió mucho sobre los enfrentamientos entre blancos y pachucos.
_____ y _____

6. Su tío le dijo que de joven no se sentía mexicano. Tampoco se sentía norteamericano.
_____ ni _____

7. Estaba muy solo. Se metió en una banda de pachucos.
_____ por eso _____

8. Empezó a ser muy rebelde. No le gustaba ser así.
_____ no obstante / pero _____

9. Sus padres no lo entendían. No lo dejaron de querer.
_____ sin embargo _____

10. Vio el daño que les causaba. Dejó la vida de pachuco.
_____ y / por eso _____

11. Volvió a estudiar. Ahora se dedica a trabajar con jóvenes delincuentes.
_____ y _____

Actividad 5 Forma una oración para cada uno de los cuatro tipos de conjunción coordinante. Debajo de cada una explica su función en esa oración. Usa las definiciones de la página anterior para ayudarte. Luego con un compañero editen su trabajo.

1. _____

Explicación: _____

2. _____

Explicación: _____

3. _____

Explicación: _____

4. _____

Explicación: _____

Gramática: El modo subjuntivo y las conjunciones subordinantes

Un modo en el que se usan mucho las cláusulas subordinadas es el subjuntivo. Para repasar la diferencia entre modo indicativo y modo subjuntivo completa las siguientes afirmaciones.

Si el hablante indica o hace declaraciones objetivas, se comunica en modo (indicativo / subjuntivo).

Si el hablante expresa algo no objetivo, niega, reacciona, comunica posibles necesidades o acciones que no han ocurrido y quizás no ocurran, o se refiere a algo desconocido o inexistente, se comunica en modo (indicativo / subjuntivo).

Actividad 1 Completa las tablas para repasar el presente de subjuntivo.

Es mejor que...	hablar	comer	vivir	sentarse	proponer
yo	hable				
tú		comas			
él, ella, usted			viva		
nosotros				nos sentemos	
ellos, ellas,					propongan
Es mejor que...	ser	estar	dar	saber	ir
yo					
tú					
él, ella, usted					
nosotros					
ellos, ellas,					

El presente de subjuntivo

	Los verbos de la *1a* conjugación usan las terminaciones	Los verbos de la *2a* conjugación usan las terminaciones	Los verbos de la *3a* conjugación usan las terminaciones
yo	--e		
tú			--as
él, ella, usted			
nosotros		--amos	
ellos, ellas, ustedes			

Unidad 1: Percepciones

Sintetizar: Refiriéndote a lo que has repasado, completa la tabla para resumir lo que has aprendido.

- El modo subjuntivo normalmente se usa en la cláusula (principal / subordinada).
- Cierto / Falso En el presente de subjuntivo las terminaciones de los verbos regulares, reflexivos y de cambio radical son diferentes.

Actividad 2 — **Ejercicio mecánico.** Completa la siguiente tabla de verbos para asegurar tus conocimientos de la conjugación de los verbos en el presente de subjuntivo.

Es mejor que...	causar	puntuar	descubrir	disminuirse	realizar
yo					
tú					
él, ella, usted					
nosotros					
ellos, ellas, ustedes					
Es mejor que...	atribuirse	reforzar	efectuar	instruir	sacudirse
yo					
tú					
él, ella, usted					
nosotros					
ellos, ellas, ustedes					

Actividad 3 ¿Recuerdas los usos del subjuntivo? Como repaso, lee con cuidado los recuadros. Luego fíjate en los diagramas y conecta cada uno con el recuadro correspondiente.

a. El verbo de la cláusula principal comunica deseos, emociones, posibilidades, juicios, dudas o negaciones.

b. La conjunción de la cláusula subordinada indica que depende de una <u>posible</u> acción o una condición en el futuro (contingencia).

c. La conjunción de la cláusula subordinada indica que lo que se hace es para que <u>posiblemente</u> ocurra una futura acción (propósito).

___ 1. Lo hace para que aprecies tu cultura.

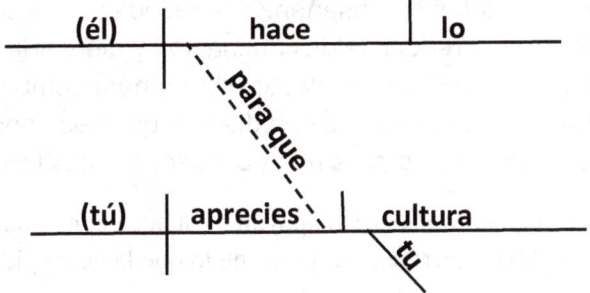

___ 2. Dudamos que se vistan de pachuco.

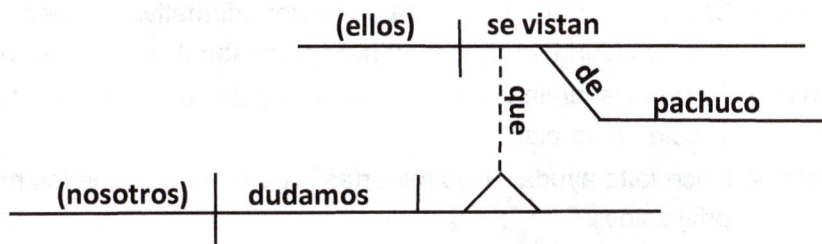

___ 3. No iremos sin que vengan con nosotros.

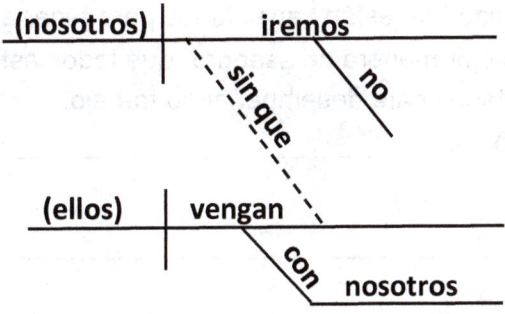

¿Cuál de las dos...*mientras* o *mientras que*? *Mientras* puede funcionar como adverbio de tiempo: *Mientras (in the meantime), lo pensaré.* Tanto *mientras* como *mientras que* pueden funcionar como conjunción, pero cuando <u>unen</u> dos acciones simultáneas es preferible *mientras*: "Usaba zoot suits mientras *(while)* estaba en la universidad"; cuando se <u>contraponen</u> dos acciones simultáneas es preferible *mientras que*: "Algunos lo admiraban, mientras que *(whereas)* otros se burlaban de él".

Actividad 4 Vuelve a mirar los diagramas. Luego contesta las preguntas.

1. ¿Por qué son *para que, que, sin que* conjunciones subordinantes y no coordinantes?

2. ¿Dónde está el verbo de modo subjuntivo: en la cláusula principal / en la cláusula subordinada?

Actividad 5 Lee esta selección y elige las opciones. Luego escribe un resumen de lo que la gente piensa de la acción afirmativa. Usa conectores para que tu escritura fluya.

A favor o en contra de la acción afirmativa

¡Sí se puede!

La acción afirmativa es un tema contencioso. En esencia es una serie de normas voluntarias o impuestas —para negocios, departamentos gubernamentales e institutos de enseñanza— basadas en el color de la piel y los orígenes étnicos para reducir la discriminación y alentar la diversidad. Inicialmente estas políticas sociales se desarrollaron para combatir décadas de discriminación social. Aunque han sido eficaces, hoy en día hay quienes consideran que la sociedad moderna es lo suficientemente diversa para no necesitar de estas leyes.

Lee los siguientes comentarios e indica si quienes los hacen apoyan o están en contra de continuar la implementación de la acción afirmativa. Abajo escribe el resumen de lo que la gente piensa.

A favor / En contra 1. La diversidad tanto en la escuela como en el trabajo es algo que posiblemente no ocurra si se deja al azar.

A favor / En contra 2. Es difícil retirar una política de acción afirmativa, incluso cuando ya no sea necesaria, porque la gente se acostumbra a que le regalen todo.

A favor / En contra 3. Es una discriminación encubierta que da ventaja no merecida en base al color de la piel.

A favor / En contra 4. Hace falta ayudar a las minorías para que gocen de los mismos privilegios.

A favor / En contra 5. Es una justa compensación por siglos de opresión racial.

A favor / En contra 6. Al no entrar por sus propios méritos, los jóvenes que ingresan a la universidad no están capacitados para tener éxito.

A favor / En contra 7. Es la mejor manera de asegurar que todos estén igualmente capacitados para desempeñar su trabajo.

A favor / En contra 8. Tu opinión: _____

Resumen:

_____

_____

_____

_____

_____

Actividad 6 Escribe oraciones complejas <u>relacionadas con la acción afirmativa</u> usando las conjunciones subordinantes que se te dan. Subraya la cláusula principal una vez y la subordinada dos veces. Después, comparte tus oraciones con un compañero y editen lo que escribieron. Sigan el ejemplo.

1. con tal de que ___*Con tal de que haya más oportunidades para todos los estudiantes, debemos continuar apoyando la acción afirmativa.*___

2. sin que _____

3. a menos que _____

4. siempre y cuando _____

5. siempre que _____

6. a fin de que _____

7. para que _____

8. con el propósito de que _____

9. que _____

10. con tal de que _____

Unidad 1: Percepciones 109

Actividad 7  **Una entrevista.** Imagina que eres periodista de un diario local. Te ha interesado una demostración reciente en contra de la acción afirmativa y quieres incluir la noticia en tu periódico, pero primero debes hablar con las personas involucradas. Abajo escribe preguntas que te proveerán la información necesaria. Usa un registro formal.

Lo que pasó (escribe por lo menos cuatro preguntas):

_____

_____

_____

_____

El lugar donde ocurrió: _____

Mes en el que ocurrió: _____

Personas que intervinieron (escribe por lo menos dos preguntas):

_____

_____

Otras preguntas relevantes (escribe por lo menos tres):

_____

_____

_____

Actividad 8 Hazle las preguntas a un compañero y toma apuntes de lo que diga. Abajo escribe un resumen como si fuera para una noticia. Debes usar un tono formal.

_____

_____

_____

_____

_____

_____

_____

Para recordar y repasar. Al final de la última unidad no olvides anotar dudas o cosas para repasar.

El subjuntivo y el pronombre relativo *que*

Actividad 1 — Observa las dos oraciones. Si el subjuntivo se refiere a lo que no es concreto, ¿cuál de las dos oraciones se refiere a una ley que todavía no se sabe si existe: a / b?

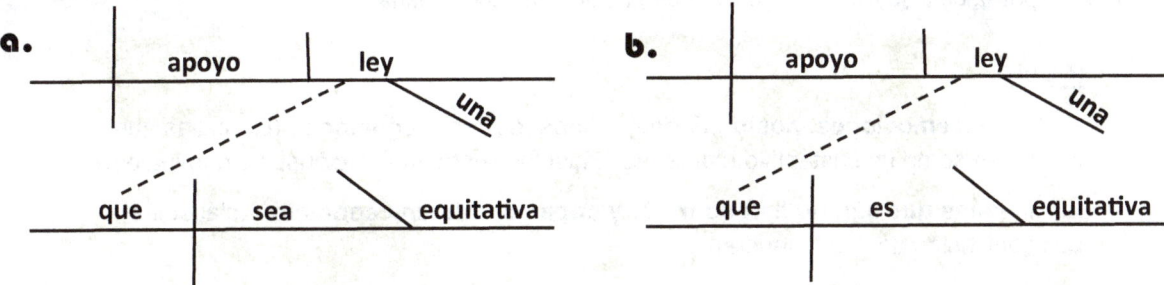

Fíjate en la función de *que* en estas oraciones. En las oraciones anteriores *que* tenía función de conjunción, pero en estas oraciones su función es de pronombre e introduce una <u>cláusula adjetival</u> (porque describe). Si un pronombre toma el lugar de un sustantivo, en las oraciones a y b, ¿cuál es el sustantivo al que sustituye *que* (se le llama el referente)? _____

¿Cómo ejemplifican esto los diagramas? _____

_____

Sintetizar: Refiriéndote a lo que has repasado, completa la tabla para resumir lo que has aprendido.

- Si la cláusula subordinada alude a un referente [cosa o persona] que sí existe o se conoce, se usa el modo (**indicativo / subjuntivo**). Si el referente es una persona, se le antepone la "a" personal.
- Si la cláusula subordinada alude a un referente [cosa o persona] que no existe o se desconoce, se usa el modo (**indicativo / subjuntivo**). Si el referente es una persona, <u>no</u> se antepone "a".

Actividad 2 — Con un compañero escriban oraciones con referentes conocidos y desconocidos. Al referirse a personas que existen o se conocen, recuerden que deben usar la "a" personal. Luego compartan las oraciones con el resto de la clase.

1. (persona conocida) _____

(persona no conocida) _____

2. (cosa existente) _____

(cosa no existente) _____

3. (persona conocida) _____

(persona no conocida) _____

4. (cosa existente) _____

(cosa no existente) _____

Unidad 1: Percepciones 111

Actividad de repaso — En estas actividades vas a repasar los usos del subjuntivo que has estudiado hasta ahora. Primero vuelve a las pp. 105 a 107.

A. Para asegurarte de que entiendes por qué se usa el subjuntivo en la cláusula subordinada, fíjate en las oraciones 1 a 4 y las razones que se dan. Luego con un compañero conecten el resto de las oraciones con la razón por la cual se usa el subjuntivo en la cláusula subordinada.

> **Razón**
>
> **a. Deseos, emociones, posibilidades, juicios, dudas, negaciones** (cláusulas que funcionan como un sustantivo (llamadas cláusulas sustantivas / cláusulas nominales).
>
> **b. Acciones que aún no han ocurrido y dependen de una condición** (cláusulas con conjunción de contingencia)
>
> **c. Acciones que aún no han ocurrido y presentan una meta o propósito** (cláusulas con conjunción de propósito)
>
> **d. Referirse a lo no conocido o no seguro** (cláusulas adjetivales)

__a__ 1. El profesor recomienda que **leamos** más sobre la acción afirmativa.

__c__ 2. En la biblioteca reservó unos textos para que los **usemos**.

__d__ 3. ¿Tienes algunos apuntes que me **puedan** ayudar?

__b__ 4. No voy a pasar el examen sin que me **expliques** lo de hoy.

En la biblioteca.

_____ 5. Busco un libro que **hable** de la acción afirmativa, pero no sé si lo tiene.

_____ 6. Es probable que **tengamos** alguno en la sección de política pública.

_____ 7. Aquí tengo unos títulos para que los **busque**, por favor.

_____ 8. Ahora le pido a alguien que **encuentre** lo que necesita.

_____ 9. ¿Conoce a algún profesor que **investigue** cómo se trata en las cortes?

_____ 10. Conozco a alguien pero dudo que **esté** en el país.

_____ 11. No importa. Con tal de que* **pueda** entrevistarlo por Skype, es suficiente.

_____ 12. Le voy a escribir el nombre para que **se comunique** con ella.

_____ 13. ¡Ah! Reconozco el nombre. Me preocupa que se **moleste** si llamo.

_____ 14. No, llámela. A menos que **esté** muy ocupada, seguro que le ayudará.

_____ 15. Muchas gracias. Es una suerte que **tengamos** una bibliotecaria como usted.

_____ 16. Siempre y cuando **podamos** ayudarle, lo haremos con gusto.

* <u>Con tal de que</u> puede indicar contingencia o propósito, según lo que se quiere comunicar.

El pasado (imperfecto) del subjuntivo

Actividad 1 Completa las tablas para repasar la formación del imperfecto de subjuntivo.

Verbo	Pretérito indicativo (ellos)	Imperfecto del subjuntivo
ser	fueron	(yo) fuera
cruzar		(tú)
venir		(él)
poder		(nosotros) pudiéramos
saber		(ellos)
andar		(yo)
dar		(tú) dieras
quererse		(ella)
pedir		(nosotros)
dormirse		(ellas) se durmieran
aprender		(yo)
leer		(tú)
estar		(usted)
ir		(nosotros)
traer		(tú)
decir		(usted)
construir		(nosotros)

El imperfecto de subjuntivo

	Infinitivos con -ar usan las terminaciones	Infinitivos con -er usan las terminaciones	Infinitivos con -ir usan las terminaciones
yo	--ara		
tú			--ieras
él, ella, usted			
nosotros		--iéramos	
ellos, ellas, ustedes			

Unidad 1: Percepciones 113

Actividad 2 — Antes de continuar, para repasar y reconocer los tiempos y modos, haz esta actividad.

A. **conseguimos**

_____ 1. Conjugación: Piensa en el infinitivo del verbo para determinarla (p. 53)

_____Sí / No_____ 2. Como es un verbo de la 3a conjugación, mentalmente piensa en *vivir* y conjuga *conseguir* en presente, pretérito e imperfecto del indicativo. ¿Coincide con una de estas conjugaciones? (pp. 54, 81, 86)

_____Sí / No_____ 3. ¿Puede ser la conjugación de más de un tiempo en el indicativo?

_____ 4. Modo. ¿Indica el verbo algo concreto? ¿Sugiere algo hipotético?

_____Sí / No_____ 5. ¿Usa la terminación correspondiente de un verbo en el indicativo (-ar→amos, amos, ábamos; -er→emos, imos, íamos; -ir→imos, imos, íamos) o de un verbo en el subjuntivo (-ar→emos, áramos; -er→amos, iéramos; -ir→amos, iéramos)?

_____Sí / No_____ 6. ¿Se le puede anteponer la muletilla "Es/Era mejor que…"? (pp. 105-113)

B. **pudieras**

_____ 1. Conjugación: Piensa en el infinitivo del verbo para determinarla (p. 53)

_____Sí / No_____ 2. Como es un verbo de la 2a conjugación, mentalmente piensa en *comer* y conjuga *poder* en presente, pretérito e imperfecto del indicativo. ¿Coincide con una de estas conjugaciones? (pp. 54, 81, 86)

_____Sí / No_____ 3. ¿Puede ser la conjugación de más de un tiempo en el indicativo?

_____ 4. Modo. ¿Indica el verbo algo concreto? ¿Sugiere algo hipotético?

_____Sí / No_____ 5. ¿Usa la terminación correspondiente de un verbo en el indicativo (-ar→as, aste, abas; -er→es, iste, ías; -ir→ es, iste, ías) o de un verbo en el subjuntivo (-ar→es, aras; -er→as, ieras; -ir→as, ieras)?

_____Sí / No_____ 6. ¿Se le puede anteponer la muletilla "Es/Era mejor que…"? (pp. 105-113)

Ahora haciéndote esas mismas preguntas para cada verbo, estudia y entiende esta tabla.

Verbo	Modo	Tiempo
conseguir: conseguimos	**indicativo** / subjuntivo	**presente** / **pretérito** / imperfecto
poder: pudieras	indicativo / **subjuntivo**	presente / pretérito / **imperfecto**
esperar: esperó	**indicativo** / subjuntivo	presente / **pretérito** / imperfecto
permanecer: permanezca	indicativo / **subjuntivo**	**presente** / pretérito / imperfecto
hablar: hablábamos	**indicativo** / subjuntivo	presente / pretérito / **imperfecto**

RECUERDA: Solo se conjuga el subjuntivo en el presente, imperfecto, presente perfecto y pluscuamperfecto; no hay pretérito del subjuntivo.

Actividad 3 — En los siguientes verbos ponles un círculo al tiempo y modo correspondientes. Se te da el infinitivo. Hazte preguntas como las de la Actividad 2 para ayudarte.

Verbo	Modo	Tiempo	
avergonzar: avergüence	~~indicativo~~ / (subjuntivo)	presente / pretérito / imperfecto	✓
indicar: indicaba	✓indicativo / subjuntivo	presente / pretérito / **imperfecto**	✓
funcionar: funcionó	✓indicativo / subjuntivo	presente / pretérito / imperfecto	✓
aborrecer: aborrezco	~~(indicativo)~~ / subjuntivo	presente / pretérito / imperfecto	✓
elegir: elijan	✓indicativo / subjuntivo	presente / pretérito / imperfecto	✓
decir: dijéramos	✓indicativo / subjuntivo	presente / pretérito / (imperfecto)	✗
existir: existamos	✓indicativo / subjuntivo	presente / pretérito / imperfecto	✓
cuidar: cuidemos	✓indicativo / subjuntivo	presente / pretérito / imperfecto	✓
sentir: sintamos	✓indicativo / subjuntivo	presente / pretérito / imperfecto	✓
conducir: conduzcan	✓indicativo / subjuntivo	presente / pretérito / imperfecto	✓
presionar: presiono	✓indicativo / subjuntivo	(presente) / pretérito / imperfecto	✗
extraer: extrajera	✓indicativo / subjuntivo	presente / pretérito / (imperfecto)	✗
envolver: envolvemos	✓indicativo / subjuntivo	presente / pretérito / imperfecto	✓
guerrillear: guerrillean	✓indicativo / subjuntivo	presente / pretérito / imperfecto	✓
hurgar: hurguemos	✓indicativo / subjuntivo	presente / pretérito / imperfecto	✓
infestar: infeste	✓indicativo / subjuntivo	presente / pretérito / imperfecto	✓
inducir: inducías	✓indicativo / subjuntivo	presente / pretérito / imperfecto	✓
interponer: interpuso	~~(indicativo)~~ / subjuntivo	presente / (pretérito) / imperfecto	✗
obedecer: obedecieras	✓indicativo / subjuntivo	presente / pretérito / (imperfecto)	✗
perdurar: perdure	~~indicativo~~ / (subjuntivo)	presente / pretérito / imperfecto	✓
proponer: propusieran	✓indicativo / subjuntivo	presente / pretérito / (imperfecto)	✗
redimir: redimimos	✓indicativo / subjuntivo	presente / pretérito / imperfecto	✓
rezar: rezaba	✓indicativo / subjuntivo	presente / pretérito / imperfecto	✓
sermonear: sermoneen	~~indicativo~~ / (subjuntivo)	(presente) / pretérito / imperfecto	✗
leer: leyó	✓indicativo / subjuntivo	presente / pretérito / imperfecto	✓

- Cierto / Falso La formación del imperfecto de subjuntivo se puede basar en la 3a persona plural del pretérito de indicativo (*ellos, ellas, ustedes*): comieron—comiera, comieras, etc.
- Cierto / Falso Solo los verbos de la 3a conjugación tienen cambio radical en el imperfecto de subjuntivo; es lo mismo que en el pretérito de indicativo.

Actividad 4 — Subraya los verbos en las siguientes oraciones y encima escribe el tiempo. Luego fijándote en la correspondencia entre el tiempo verbal del verbo indicativo y el subjuntivo, completa el recuadro para cada una.

Con cláusula sustantiva (juicio, emoción, duda, reacción, etc.)...

1. No creo que queden pachucos. → No creía que quedaran pachucos.

Si el verbo de la cláusula principal está en presente, el verbo de la cláusula subjuntiva subordinada <u>suele estar</u> en (**presente** / imperfecto) de subjuntivo; PERO si <u>está en</u> pasado, el verbo de la cláusula subjuntiva subordinada <u>suele estar</u> en (presente / **imperfecto**) de subjuntivo.

[nota manuscrita: estaba confundida sobre la pregunta aquí, entiendo ahora]

Si una acción se hace para lograr un posible resultado...

2. Se viste así para que todos lo miren. → Se vestía así para que todos lo miraran.

Si el verbo de la cláusula principal está en presente, el verbo de la cláusula subordinada está en (**presente** / imperfecto) de subjuntivo; PERO si está en pasado, el verbo de la cláusula subordinada está en (presente / **imperfecto**) de subjuntivo.

Si una acción depende de otra que es incierta...

3. No vamos sin que se cambien de ropa. → No íbamos sin que se cambiaran de ropa.

Si el verbo de la cláusula principal está en presente, el verbo de la cláusula subordinada está en (**presente** / imperfecto) de subjuntivo; PERO si está en pasado, el verbo de la cláusula subordinada está en (presente / **imperfecto**) de subjuntivo.

Si la cláusula subordinada se refiere a personas o cosas desconocidas...

4. No hay nadie que se vista así. → No había nadie que se vistiera así.

Si el verbo de la cláusula principal está en presente, el verbo de la cláusula subordinada está en (**presente** / imperfecto) de subjuntivo; PERO si está en pasado, el verbo de la cláusula subordinada está en (presente / **imperfecto**) de subjuntivo.

Sintetizar: Refiriéndote a lo que has repasado, completa la tabla para resumir lo que has aprendido.

Si la cláusula principal	y el verbo está en	el verbo de la cláusula subordinada está en
a. expresa juicio, emoción, duda, necesidad, reacción, etc. (*dudo, es mejor que...*)	presente	(presente / pasado) [elige uno]
	pasado	(presente / pasado) [elige uno]
b. tiene una acción que depende de otra acción que es incierta (*sin que, a menos que...*)	presente	(presente / pasado) [elige uno]
	pasado	(presente / pasado) [elige uno]
c. quiere lograr un resultado pero no es seguro que lo logre (*para que, a fin de que...*)	presente	(presente / pasado) [elige uno]
	pasado	(presente / pasado) [elige uno]
d. contiene una cosa o persona desconocidas o no existentes (*un libro que, una persona que...*)	presente	(presente / pasado) [elige uno]
	pasado	(presente / pasado [elige una].

Actividad 5 Más adelante al estudiar la estructura temporal en el subjuntivo, verás que no siempre aplica la noción de

presente → presente de subjuntivo // pasado → imperfecto de subjuntivo.

Por ahora usa esta fórmula mientras aprendes bien las conjugaciones. Usando este patrón, completa la oración con el verbo en el tiempo apropiado del subjuntivo.

1. Me pareció extraño que Jim Carey ✓ _usara_ (usar) un *zoot suit* en *The Mask*.

2. Dudo que muchos lo ✓ _asocien_ (asociar) con el traje estrafalario pachuco.

3. Nadie creía que en esos años ✓ _lograra_ (lograr) su propósito.

4. Con tal de que no ✓ _sea_ (ser) una crítica sutil, me parece bien.

5. Les recomendé a mis amigos que ✗ _alquiláramos_ [aquilaran] (alquilar) la película. *lo correcto es alquilaran porque "les" es la forma "ellos"*

6. Pero luego optaron por pedirle al profesor que la ✗ _pase_ [pasara] (pasar) en clase. *lo correcto es "pasara" porque "optaron" indica el pasado*

7. Mañana el profesor pasará las primeras escenas a fin de que todos _entiendan_ (entender) lo que es un *zoot suit*.

8. Piensa que con tal de que todos ✓ _tengan_ (tener) una misma imagen en mente, la discusión en clase será mejor.

9. Le recomendé que también ✗ _traen_ [trajera] (traer) la película *Zoot Suit*. *lo correcto es "trajera" porque "le" es la forma para "él/ella" y "traen" no es subjuntivo (me olvidé la película)*

10. Me encanta que todos ✓ _puedan_ (poder) verla; es excelente.

Actividad 6 Completa cada una de las siguientes oraciones en el presente. Luego cámbiala al pasado. Explica y edita tus oraciones con un compañero.

Cláusula sustantiva* presente: Dudo que los pachucos _____
* *La cláusula sustantiva o nominal funciona como un sustantivo; puede ser sujeto, objeto, etc.*

Pasado _____

Cláusula de contingencia presente: Te regalo un *zoot suit* con tal de que _____

Pasado _____

Cláusula de propósito presente: Se viste así para que su novia _____

Pasado _____

Cláusula adjetival presente: Necesito un amigo que _____

Pasado _____

Unidad 1: Percepciones 117

El subjuntivo o indicativo con las conjunciones de tiempo

Actividad 1 Compara los siguientes ejemplos de cláusulas adverbiales de tiempo y subraya los verbos personales en cada uno. Contesta las preguntas.

a. Voy a buscar información sobre la acción afirmativa cuando pueda.

b. Buscaba información sobre la acción afirmativa cuando podía.

1. En la oración a ¿en qué tiempo y modo está el verbo de la cláusula principal?

   Tiempo: _____ Modo: _____

¿En qué tiempo y modo está el verbo de la cláusula subordinada? ¿Está <u>pendiente</u> la acción?

   Tiempo: _____ Modo: _____

2. En la oración b ¿en qué tiempo y modo está el verbo de la cláusula principal?

   Tiempo: _____ Modo: _____

¿En qué tiempo y modo está el verbo de la cláusula subordinada? ¿Es <u>habitual</u> la acción?

   Tiempo: _____ Modo: _____

3. Si algo ocurrió en el <u>pasado</u>, ¿hay alguna duda o conjetura acerca de ello? Sí / No

Actividad 2 Ahora, compara los siguientes ejemplos de cláusulas adverbiales de tiempo y subraya los verbos personales en cada uno. Contesta las preguntas.

a. Lo voy a hacer antes de que llegues.

b. Lo hice antes de que llegaras.

1. En la oración a, ¿cuál de las dos acciones ocurre primero: *hacer* o *llegar*?

2. En la oración a, ¿en qué tiempo y modo está el verbo de la cláusula principal?

   Tiempo: _____ Modo: _____

   ¿de la cláusula subordinada?

   Tiempo: _____ Modo: _____

3. En la oración b, ¿cuál de las dos acciones ocurre primero: *hacer* o *llegar*?

4. En la oración b, ¿en qué tiempo y modo está el verbo de la cláusula principal?

   Tiempo: _____ Modo: _____

   ¿de la cláusula subordinada?

   Tiempo: _____ Modo: _____

5. Cuando ocurrió la primera acción (*hacer*) incluso en el pasado, ¿la segunda era una posibilidad o era algo seguro? _____ Si algo no es seguro, ¿qué modo se debe usar: indicativo o subjuntivo? _____.

Actividad 3 Observa la siguiente oración; luego contesta las preguntas.

Siempre busco información sobre la acción afirmativa cuando puedo.

1. ¿En qué tiempo y modo está el verbo de la cláusula principal? **OJO:** Recuerda que el presente se puede usar para comunicar acciones futuras.

   Tiempo: _____   Modo: _____

   ¿el verbo de la cláusula subordinada?

   Tiempo: _____   Modo: _____

2. Si una acción es habitual aunque sea futura, ¿se puede contar con que ocurrirá? Sí / No

3. Entonces, si la acción es habitual, aunque se refiera a una acción futura, ¿qué modo se debe usar? ¿Por qué?

   _____

   _____

Actividad 4 Escribe una misma oración para cada uso de las cláusulas adverbiales de tiempo. Ajusta los verbos de las cláusulas principales y subordinadas como haga falta.

1. Verbo principal en el presente (sin hipótesis). _____ *Ayudo cuando puedo.* _____

2. Verbo principal en el futuro. _____

3. Verbo principal en el pasado. _____

4. Una acción habitual: Verbo principal en un presente que comunica el futuro. *Normalmente* _____

5. Verbo principal en el futuro + *antes de que*. _____

   _____

6. Verbo principal en el pasado + *antes de que*. _____

   _____

Sintetizar: Refiriéndote a lo que has estudiado, completa la tabla para resumir lo que has aprendido.

- Si la conjunción adverbial de tiempo introduce una cláusula subordinada que ocurre en el futuro, se usa el modo (**indicativo / subjuntivo**), PERO si la acción es habitual, se usa el (**indicativo / subjuntivo**).

- Si la conjunción adverbial de tiempo introduce una cláusula subordinada que ya tomó lugar se usa el modo (**indicativo / subjuntivo**).

- Cierto / Falso *Antes de que* siempre introduce una cláusula en modo subjuntivo porque la acción de la cláusula subordinada ocurre después de la acción de la cláusula principal.

REPASO Para afirmar tus conocimientos, cambia las siguientes oraciones del presente al pasado. Sigue el ejemplo.

1. Quiero que busquemos información sobre el desarrollo de la acción afirmativa.
   Quería que buscáramos información sobre el desarrollo de la acción afirmativa.

2. Es increíble que todavía haya gente que se oponga a ella.
   _____

3. No creo que las necesidades de hoy sean iguales a las de los años cincuenta.
   _____

4. No obstante, es una lástima que se niegue que todavía exista desigualdad social.
   _____

5. Necesito encontrar una persona que me dé datos de los años sesenta.
   _____

6. Es importante que yo aprenda más de esa época para poder entender lo que pasó.
   _____

7. Dudo que nadie pueda negar que es importante socialmente apoyar a las minorías.
   _____

8. Ojalá pueda hablar con un activista de aquella época.
   _____

9. Es posible que el abuelo de mi prima Carmen sepa algo.
   _____

10. Con tal de que conozcamos un poco mejor la situación, voy a seguir indagando.
    _____

11. No voy a poder lograr mucho sin que alguien me conceda una entrevista.
    _____

12. Voy a buscar un libro que ofrezca una perspectiva sociocultural imparcial.
    _____

13. Cuando tenga alguna información concreta, te la comunico.
    _____

14. Jamás paro de buscar algo cuando tengo razón.
    _____

15. Antes de que volvamos a casa, estoy seguro de que voy a encontrar algo.
    _____

Atando cabos

En esta sección vas a "atar cabos" (*tie up loose ends*), o sea, vas a concretar y trabajar con algunos conceptos que te servirán al hablar y escribir.

VERBOS, ACCIÓN Y NARRACIÓN

Los verbos comunican acción (*sentir, hablo, escuchando*) o estado (*soy, estar*) y también sitúan lo que se comunica en un marco temporal (*Presento un tema; Fuimos al centro*).

Actividad 1 — Para confirmar tu entendimiento de los tiempos verbales, completa las siguientes tablas cronológicas usando el verbo *escuchar* en el modo indicado.

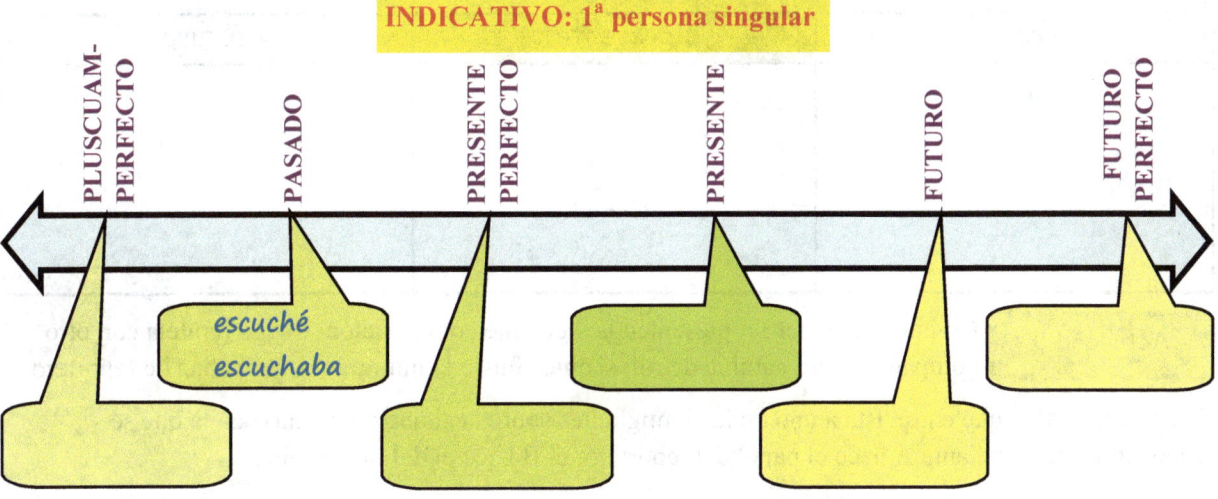

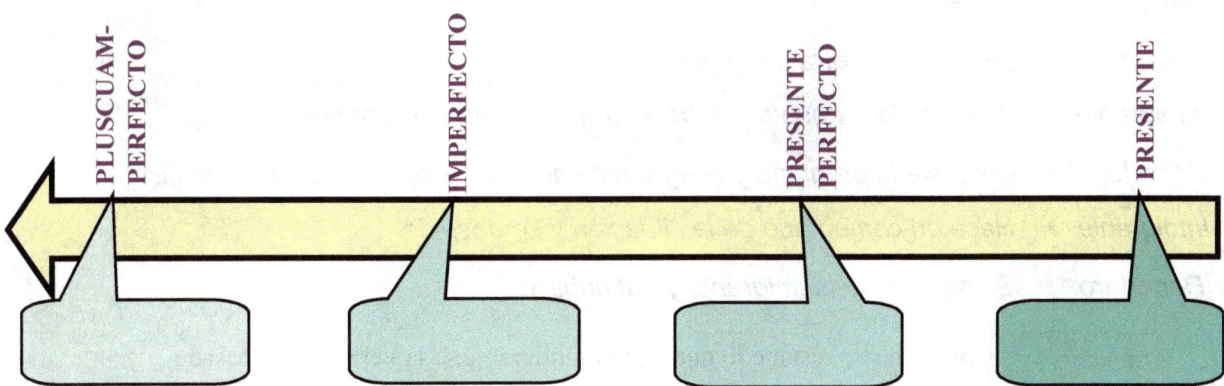

Actividad 2 — Al narrar, tanto en inglés como en español, los tiempos de los verbos ayudan al oyente o al lector a entender el contexto de lo que se comunica. No es lo mismo leer *No llegaron* que *No llegan*.

Lee la siguiente selección y luego clasifica y traduce los verbos según el tiempo.

Yesterday thousands of students **protested** in front of the Capitol asking Congress not to repeal the act that **grants** qualifying undocumented youths the path to citizenship. The group **included** both undocumented youths, from throughout the Americas as well as Europe, and U.S. citizens. One young man, born in the United States to undocumented immigrants, **told** us he **is attending** medical school but his older sister, who **had been brought** to the U.S. when she was one and **graduated** in the top 1% of her class, **is cleaning** houses because she does not **have** the necessary documentation to attend college. Her dream **is** to be a bilingual teacher and hopefully with the Dream Act she **will achieve** her goal. But for now it **has been put** on hold. Others in the group commented they hope their actions **will have made** a difference in the public's opinion.

pasado	presente	futuro
protested—protestaron		

Actividad 3 Con un compañero representen la siguiente conversación Luego repítela con otro compañero pero cambia de rol: si antes fuiste el inmigrante, ahora haz de reportero.

Eres un reportero que entrevista a uno de los inmigrantes sobre la situación precaria en la que se encuentran. El estudiante A hace el papel del reportero; el B hace el del inmigrante.

Reportero. • *Saluda al público televisivo, se presenta y explica dónde está y por qué.*

Inmigrante. • *Se presenta.*

Reportero. • *Le hace una pregunta para saber más de sus motivos.*

Inmigrante. • *Contesta la pregunta.*

Reportero. • *Continúa con otra pregunta.*

Inmigrante. • *Contesta la pregunta y le hace una pregunta al reportero.*

Reportero. • *Contesta la pregunta y le agradece al inmigrante que hablara con él.*

Inmigrante. • *Hace un comentario de la situación y se despide.*

Reportero. • *Se despide del inmigrante y del público.*

Actividad 4 Brevemente resume lo que dijo el inmigrante. Usa verbos en el pasado.

_____

_____

_____

_____

Atando cabos: Observaciones ortográficas con *nos*

Nos es un pronombre con varias funciones: pronombre reflexivo y pronombre de complemento directo e indirecto (*a estos tipos de pronombres se les llama "clíticos"*). Cuando son "enclíticos", o sea, se ponen al final del verbo, en ocasiones hay un cambio ortográfico al final del verbo de 1a persona plural (*nosotros*).

Actividad 1
Compara la estructura de los siguientes mandatos y contesta las preguntas.

1. Vamos a comprar comida para el albergue. → Comprémosla.
   Vamos a comprar**nos** comida. → Comprém**on**osla.

2. Vamos a llevar abrigos, también. → Llevémoslos.
   Vamos a llevar**nos** los abrigos. → Llevém**on**oslos.

3. Vamos a sentarnos a la mesa. → Sentém**on**os.

4. Vamos a irnos en seguida / enseguida.* → Vám**on**os.**

5. Queremos que nos den permiso para ir. → Dé**nnos**lo.

* Se aceptan ambas formas para "inmediatamente después".

** Esta forma es más común que *vayámonos*. Pero ojo, no se puede usar el indicativo para todos los mandatos.

1. ¿Qué le ocurre a la *s* de nosotros delante de *nos*? _____

2. ¿Ocurre lo mismo delante de los otros enclíticos? Sí / No

3. Fíjate en la número 5. ¿Es ortográficamente correcto escribir *nn*? Sí / No

Actividad 2
Fíjate en estos verbos que llevan el pronombre *se* y contesta las preguntas.

1. Vamos a llevar una piñata para los niños. → Llevém**ose**la.

2. Vamos a llevarles juguetes, también. → Llevém**ose**los

1. ¿Qué le ocurre a la *s* de nosotros delante de *se*? _____

2. ¿Es ortográficamente correcto escribir *ss*? Sí / No

3. Si no se repite la *s*, ¿cambia el significado del verbo? Sí / No

Sintetizar: Refiriéndote a lo que has estudiado, completa la tabla para resumir lo que has aprendido.

- Cierto o Falso Delante del enclítico *nos*, se pierde obligatoriamente la *-s* de la primera persona plural (*nosotros*) del mandato afirmativo (*subjuntivo exhortativo*).

- Cierto o Falso Delante del pronombre *se*, se pierde obligatoriamente la *-s* de la primera persona plural (*nosotros*) del mandato afirmativo (*subjuntivo exhortativo*).

Recapitular, analizar y editar

1. La forma verbal que viene después de una preposición es el _____.
2. Cierto / Falso El significado de un verbo puede cambiar si le sigue una preposición.
3. Cierto / Falso La "h" jamás se pronuncia en español.
4. Cierto / Falso Los homófonos son palabras que suenan igual pero no se escriben igual.
5. Cierto / Falso Hay conjunciones coordinantes y subordinantes.

> **Repasar.** Conecta cada conjunción con el tipo correspondiente.
> a. adversativa   c. disyuntiva   ___ 1. y, e, ni   ___ 3. es decir, o sea, mejor dicho
> b. copulativa   d. explicativa   ___ 2. o, u   ___ 4. pero, mas, sino, aunque

6. Si el hablante indica o hace declaraciones objetivas, se comunica en modo (indicativo / subjuntivo).
7. Si el hablante expresa algo no objetivo, comunica necesidades o acciones que no han ocurrido y no es seguro que ocurran o se refiere a algo desconocido o inexistente, se comunica en modo (indicativo / subjuntivo).
8. Cierto / Falso La formación del imperfecto de subjuntivo se puede basar en la 3a persona plural (*ellos, ellas, ustedes*) del pretérito de indicativo.
9. Cierto / Falso Con alguna excepción, solo los verbos de la 3a conjugación tienen cambio radical en el imperfecto de subjuntivo; es lo mismo que en el pretérito de indicativo.
10. Las conjunciones que unen cláusulas subordinadas a las cláusulas principales son (coordinantes / subordinantes).
11. Si el verbo de la cláusula principal está en presente, el verbo de la cláusula subordinada subjuntiva suele estar en _____ de _____; si la cláusula principal está en pasado, el verbo de la cláusula subordinada subjuntiva suele estar en _____ de _____.
12. Si la conjunción adverbial de tiempo introduce una cláusula subordinada que ocurre en el futuro, se usa el modo (**indicativo / subjuntivo**); pero si la acción de la cláusula subordinada ya tomó lugar o es habitual se usa el modo (**indicativo / subjuntivo**).
13. Cierto / Falso <u>Antes de que</u> siempre introduce una cláusula subordinada en modo subjuntivo.

> **Repasar.** Indica si el verbo de la cláusula subordinada está en modo indicativo o subjuntivo.
> a. indicativo   ___ 1. Es seguro que <u>vienen</u>.   ___ 6. No había nadie que lo <u>supiera</u>.
> b. subjuntivo   ___ 2. Lo hacen para que <u>mejore</u>.   ___ 7. No había duda que lo <u>harías</u>.
>   ___ 3. No había nadie cuando <u>salí</u>.   ___ 8. Normalmente está cuando <u>llegamos</u>.
>   ___ 4. Cruzaremos cuando <u>podamos</u>.   ___ 9. No iríamos sin que <u>vinieras</u>.
>   ___ 5. Ojalá <u>sepa</u> la respuesta.   ___ 10. Es posible que lo <u>pensemos</u>.

Analizar

Actividad 1 — Pon una ✓ en las características que le corresponden al verbo.

	dijeron	hiela	sentirse	creyendo
1ª conjugación				
2ª conjugación				
3ª conjugación				
reflexivo				
regular				
irregular				
cambio radical				
cambio ortográfico				
personal				
impersonal				
no personal				

Actividad 2 — Una de la oraciones contiene dos faltas. Subraya las faltas, explica por qué son errores e identifica la oración correcta.

1. a. Estamos seguros de que todos llegarán antes de que te hayas ido.
   b. Estamos seguros de que todos lleguen antes de que te haigas ido.
   ____ es la correcta porque

   (1) _____

   (2) _____

2. a. Por lo general hago el trabajo cuando termino de estudiar.
   b. Por lo general hago el trabajo cuándo termine de estudiar.
   ____ es la correcta porque

   Piensa: Si algo es habitual ¿es seguro que ocurrirá aunque esté pendiente?

   (1) _____

   (2) _____

3. a. Quiero que vuélvamos sin consequencias por lo que se dijo.
   b. Quiero que volvamos sin consecuencias por lo que se dijo.
   ____ es la correcta porque

   (1) _____

   (2) _____

4. a. No hay nadie que sepa lo que tendríamos que haber dicho.
   b. No hay nadie que sabe lo que tendríamos que a ver dicho.
   ____ es la correcta porque

   (1) _____

   (2) _____

Editar

Actividad 1 — En el siguiente fragmento resalta y corrige todas las faltas de uso de las conjunciones, modo y concordancia. Donde tengas duda, márcala.

Cuando estuviera delante de la cámaras, el reportero insistió en que no había nadie que pueda intervenir porque eran cuestiones delicadas. Sin embargo, dijo que podían elegir entre ir al juzgado u mandar un aviso a los jefe del pueblo para que venga a hablar. Lo que sí esté claro es que a menos que se les asegure a los jefes que se respetarán sus costumbre, no habrá acuerdo y la situación se puede volver peligroso.

Actividad 2 — En cada uno de los siguientes fragmentos hay seis faltas de ortografía, puntuación, acentuación, conjugación o modo. Encuéntralas y escribe la corrección.

1. En agosto del año pasado alcanzara trascendencia nacional el dilemma en torno al niño de la comunidad mbyá a el que se le detectó un tumor cardíaco. Tras una orden judicial, el niño fue operado. Según los médicos la intervención fue exitosa; no obstante, avisaron que podrían aparecer complicaciones de tipo inmunologico. Después del período postoperatorio de rigor los médicos dieran de alta al niño, pero este no pudo regresar de inmediato debido a una neumonía que agravó su estado de salud.

	error	corrección		error	corrección
a.	_____	_____	d.	_____	_____
b.	_____	_____	e.	_____	_____
c.	_____	_____	f.	_____	_____

2. En EEUU el término pachuco trae a colación imágenes de maleantes que aterrorisaron las comunidades hispanas en los cinquenta. Aunque en Costa Rica *pachuco* también es peyorativo, más bien se asocia con ser grosero, portarse de manera inapropiada y usar lenguage vulgar. Pero además, el pachuquismo ha llegado a asociarse a un habla coloquial que incluso algunos hoy consideran una segunda lengua Costarricense. Si quieres ver un video de pachuquismos costarricenses, pón "Costa Rica pachuco jerga" en tú buscador.

	error	corrección		error	corrección
a.	_____	_____	d.	_____	_____
b.	_____	_____	e.	_____	_____
c.	_____	_____	f.	_____	_____

¿Sabías que...?

En estas secciones vas a leer cosas de interés de nuestro mundo hispano. Esta vez vas a leer acerca del libro *1491: New Revelations of the Americas Before Columbus* del periodista científico Charles C. Mann (2005) que ofrece una nueva perspectiva sobre cómo era el continente americano antes de la llegada de Cristóbal Colón.

En lo que originalmente fue un artículo que luego desarrolló en libro, Mann aborda el tema de la América precolombina basándose en nuevas perspectivas de la historia que aportan la arqueología, la climatología, la demografía, la epidemiología, la biología, la botánica, la genética, la bioquímica y las ciencias de la tierra, entre otras. Según Mann, el concepto de un continente primitivo, escasamente poblado que se ha tenido y enseñado hasta ahora es erróneo pues en realidad la población era más numerosa, los habitantes llegaron antes de lo que se pensaba, tenían una cultura más sofisticada, y habían trabajado y controlado su entorno ambiental en mayor grado de lo que los estudiosos creían.

¿Qué postula Mann?

LA POBLACIÓN. Los primeros pobladores llegaron a través de varias oleadas que datan de hace unos 20.000 años y vinieron de diversas zonas, no solo por el Estrecho de Bering como antes se postulaba. Para 1492 la población del continente americano superaba la población de Europa: se estima que había unos 100 millones de habitantes, casi diez veces más de lo que se pensaba. Pero desafortunadamente las enfermedades que trajeron los europeos y para las cuales la población amerindia no tenía defensas naturales, redujeron la población en aproximadamente un 95 por ciento.

LAS CIUDADES. Las primeras ciudades del hemisferio occidental ya prosperaban antes de que se construyeran las pirámides de Egipto. Había ciudades como Tenochtilan, en el valle central de lo que ahora es México, que tenían poblaciones muy superiores a las ciudades europeas de la época. Además, Tenochtilan, a diferencia de cualquier ciudad europea, tenía agua corriente, jardines botánicos y calles muy limpias.

EL ENTORNO AMBIENTAL. A diferencia del estereotipo colonial del indio como indolente e inefectivo, los amerindios manejaban su entorno sagazmente. Usaban el corta y quema para mantener tierras de cultivo y fomentar la abundancia de animales de caza. En tierras mexicanas, los amerindios desarrollaron el maíz por medio de un proceso tan sofisticado que la revista *Science* lo considera el primer y quizás más importante logro de la ingeniería genética. En la Amazonía, los indígenas cultivaban la tierra de manera que no la destruían, un proceso que los científicos hoy en día estudian para recuperar esos conocimientos perdidos. En los Andes se crearon terrazas de piedra para cultivar la tierra en las laderas montañosas. Aunque el mal manejo ambiental pudo llevar a la desaparición de la civilización maya, fue después de 1492 cuando se produjo una catástrofe ambiental. Los colonizadores trajeron armas de pólvora y acero, introdujeron ganado voraz que consumieron las plantas nativas y, quizás más destructivo, diezmaron la población con sus enfermedades: con menos población, el manejo de la tierra se colapsó. Y a pesar de que al inicio algunas especies de plantas y animales se reestablecieron, con la llegada masiva de colonizadores, disminuyeron.

A pesar de las esperadas críticas que ha recibido Mann, sin duda esta nueva perspectiva nos hace volver a examinar cómo se enseñan nuestra historia y las consecuencias ambientales.

Unidad 1: Percepciones 127

Entre dos lenguas

Actividad 1 — Completa el crucigrama traduciendo las palabras de inglés a español. Cuida tu ortografía.

VERTICAL
2. to throw
3. garage
4. to have
5. wave
6. twenty-four
8. they built
10. fifteen
11. they brought
12. to grow
13. hello (informal)
15. they accomplish/realize
20. been (ser)
21. voices

HORIZONTAL
1. to see
4. made
7. to be born
9. you took
14. they said
16. she cooks
17. to hunt
18. Pay! (formal)
19. recently
22. I direct
23. to pick-up
24. fifty

Actividad 2 — Abajo traduce los siguientes fragmentos.

1. Las percepciones llegan por medio de los cinco sentidos: vista, oído, gusto, tacto y olfato. A través de las imágenes, impresiones o sensaciones que se perciben se le da una realidad física al entorno. Sin duda no todo ser percibe de igual manera sino que reacciona o percibe según procesa la información sensorial que le llega.

The prepositions come

---

128 Unidad 1: Percepciones

Ahora traduce lo que escribiste al español. Luego compara tu traducción con el original. No tienen que ser idénticos, pero sí compara con cuidado la ortografía, incluyendo tildes.

_____
_____
_____
_____
_____
_____
_____
_____

2. Una condición muy interesante es la de los sinestésicos. Estas personas pueden oír colores, ver sonidos y saborear algo al tocar un objeto con cierta textura. No es cuestión de asociar, como nos ocurre a muchos, sino que realmente sienten, ven o degustan algo. Por ejemplo, al ver el color amarillo no solo lo perciben como color sino que lo saborean o sienten su calor.

_____
_____
_____
_____
_____
_____
_____

Ahora traduce lo que escribiste al español. Luego compara tu traducción con el original. No tienen que ser idénticos, pero sí compara con cuidado la ortografía, incluyendo tildes.

_____
_____
_____
_____
_____
_____
_____
_____

La lengua y la literatura: Gabriela Mistral "El tipo del indio americano"

A INVESTIGAR... Ve a internet y busca información sobre los ganadores hispanos del Premio Nobel de Literatura. ¿Cuántos ha habido? ¿Quiénes son los más recientes? Incluye otros datos interesantes que encuentres.

_____
_____
_____
_____
_____

Antes de leer

La medida por la cual se otorga el Premio Nobel de Literatura ha variado según las épocas. Además de hacer el mayor bien para la humanidad, los premiados deberían abrir camino para innovaciones literarias. De Gabriela Mistral, que ganó el premio en 1945, se dijo que las poderosas emociones de su poesía habían introducido el simbolizar las aspiraciones estéticas del mundo latinoamericano dentro de la poesía y prosa.

A continuación leerás fragmentos de su ensayo: "El tipo del indio americano—La vergüenza del mestizo". Primero comenta con la clase de qué creen que se tratará.

Lectura

1. ¿Cuál es el tono de la introducción al ensayo: halagador, sarcástico, resignado?

2. ¿Por qué crees que Mistral elige un ejemplo científico para empezar su argumento?

3. ¿Cómo hila el ejemplo científico al tema de su ensayo y al tercer párrafo?

El tipo del indio americano—La vergüenza del mestizo

Una de las razones que dictan la repugnancia criolla a confesar el indio en nuestra sangre, uno de los orígenes de nuestro miedo de decirnos lealmente mestizos, es la llamada "fealdad del indio". Se la tiene como verdad sin vuelta, se la ha aceptado como tres y dos son cinco. Corre parejas con las otras frases en plomada. "El indio es perezoso" y "el indio es malo".

Cuando los profesores de ciencias naturales enseñan los órdenes o las familias, y cuando los de dibujo hacen copiar las bestiecitas a los niños, parten del concepto racional de la diferencia, que viene a ser el mismo aplicable a las razas humanas: el molusco no tiene la manera de belleza del pez; el pez luce una sacada de otros elementos que el reptil-y el reptil señorea una hermosura radicalmente opuesta a la del ave, etc., etc.

Debía haberse enseñado a los niños nuestros la belleza diferenciada y también la opuesta de las razas. El ojo largo y estrecho consigue ser bello en el mongol, en tanto que en el caucásico envilece un poco el rostro; el color amarillento, que va de la paja a la badana, acentúa la delicadeza de la cara china, mientras que en la europea dice no más que cierta miseria sanguínea; el cabello crespo que en el caucásico es una especie de corona gloriosa de la cabeza, en el mestizo se hace sospechoso de mulataje y le

From *Gabriela y México* by Pedro Pablo Zegers. Copyright © Pedro Pablo Zegers. Reprinted by permission.

preferimos la mecha aplastada del indio.

En vez de educarle de esta manera al niño nuestro el mirar y el interpretar, nuestros maestros renegados les han enseñado un tipo único de belleza, el caucásico, fuera del cual no hay apelación, una belleza fijada para los siglos por la raza griega a través de Fidias.

En cada atributo de la hermosura que los maestros nos enseñan, nos dan exactamente el repudio de un rasgo nuestro; en cada sumando de la gracia que nos hacen alabar nos sugieren la vergüenza de una condición de nuestros huesos o de nuestra piel. Así se forman hombres y mujeres con asco de su propia envoltura corporal; así se suministra la sensación de inferioridad de la cual se envenena invisiblemente nuestra raza, y así se vuelve viles a nuestras gentes sugiriéndoles que la huida hacia el otro tipo es la única salvación.

La belleza del indio

El indio es feo dentro de su tipo en la misma relación en que lo es el europeo común dentro del suyo.

Imaginemos una Venus maya, o mejor imaginemos el tipo de caballero Aguila del Museo de México como el de un Apolo tolteca, que eso es. Pongamos ahora mejilla contra mejilla con él a los hombres de la meseta de Anahuac. Cumplamos prueba idéntica con el Apolo del Belbedere del Louvre y alleguémosles a los franceses actuales que se creen sus herederos legítimos. Las cifras de los sub-Apolos y las de los sub-caballeros águilas serán iguales; tan poco frecuente en la belleza cabal en cualquier raza […] La ilusión de ventaja la pone solamente el color; oscurézcase un poco en la imaginación ese blanco sonrosado y entonces se verá la verdad de las dos cabezas, que aquí como en muchas cosas, la línea domina la coloración.

El falso tipo de Fidias

Se sabe cómo trabajaba Fidias: cogió unos cuantos rasgos, los mejores éxitos de la carne griega -aquí una frente ejemplar, allá un mentón sólido y fino, más allá un aire noble, atribuible al dios- unió estas líneas realistas con líneas enteramente intelectuales, y como lo inventado fue más que lo copiado de veras, el llamado tipo griego que aceptamos fue en su origen una especie de modelo del género humano, de súper-Adán posible dentro de la raza caucásica, pero en ningún caso realizado ni por griego ni por romano […].

Pienso en el resultado probable del método si aplicásemos la magna receta a nuestras razas aborígenes. El escultor de buena voluntad, reuniendo no más de cien ejemplares indios podría sacar las facciones y las cualidades que se van a enumerar "groso modo".

El indio piel roja nos prestaría su gran talla, su cuerpo magníficamente lanzado de rey cazador o de rey soldado sin ningún atolladero de grasa en

4. ¿Qué les reprocha Mistral a los maestros?

5. ¿Cómo afecta eso a los niños y luego a los adultos?

6. ¿Qué quiere decir Mistral con "El indio es feo…del suyo"?

7. ¿Qué quiere decir Mistral con "la línea domina la coloración"?

8. ¿Cuál sería la profesión de Fidias? ¿Cómo influyó en la percepción occidental?

9. Al ofrecer Mistral otro semblante del hombre usa el modelo de Fidias ¿Por qué crees que lo hace? ¿Crees que de escribir el ensayo hoy en día usaría otra palabra en vez de "hombre"?

> vientre ni espaldas, musculado dentro de una gran esbeltez del pie a la frente. Los mayas proporcionarían su cráneo extraño, no hallado en otra parte, que es ancho contenedor de una frente desatada en una banda pálida y casi blanca que va de la sien a la sien; entregarían unos maxilares fortísimos y sin brutalidad que lo mismo pudiesen ser los de Mussolini - "quijadas de mascador de hierro"-. El indio quechua ofrecería para templar la acometividad del cráneo sus ojos dulces por excelencia, salidos de una raza cuya historia de mil años da más regusto de leche que de sangre.
>
> He querido proporcionar a los maestros de nuestros niños estos detalles rápidos para que intenten y para que logren arrancarles a éstos la vergüenza de su tipo mestizo, que consciente o inconsciente le han dado. Pero este alegato por el cuerpo indio va a continuar otro día, porque es cosa larga de decir y asunto de más interés del que le damos.

Aplicación en la lectura Individualmente, o con un compañero, completa la actividad.

1. Identifica la clase de cada oración.

    _____ Debía haberse enseñado a los niños nuestros la belleza diferenciada y también la opuesta de las razas.

    _____ Así se vuelve viles a nuestras gentes sugiriéndoles que la huida hacia el otro tipo es la única salvación.

    _____ El ojo largo y estrecho consigue ser bello en el mongol, en tanto que en el caucásico envilece un poco el rostro.

2. En los dos primeros párrafos aparecen las palabras: razones, repugnancia, origenes, fealdad, ciencias, ordenes, familias, bestiecitas, racional, radicalmente. Colócales tilde a las que la necesiten y luego compruébalas con la lectura.

3. Ve al tercer párrafo y busca tres ejemplos de verbos personales y tres de no personales.

Personales _____ _____ _____

No personales _____ _____ _____

4. Encuentra un ejemplo de las siguientes clases de palabras en el último párrafo.

    verbo: _____ sustantivo: _____ adjetivo: _____

    preposición: _____ conjunción: _____ artículo: _____

    pronombre: _____

5. ¿Cuál es el tono de esta lectura: formal o informal? Explica tu respuesta. _____

_____

_____

Actividad 1 — Vuelve a la lectura y completa la siguiente tabla indicando en quiénes los rasgos se consideran bellos o no, según el ensayo. Luego, en la tercera columna indica tu opinión. Finalmente, comenta los rasgos con el resto de la clase.

Rasgo	Es bello en	No es bello en	Mi opinión
ojo largo y estrecho			
color amarillento			
cabello crespo			
gran talla			
musculado			
gran esbeltez			
cráneo extraño			
maxilares fortísimos			
ojos dulces			

Actividad 2 — Lee el siguiente comentario de Mistral. Después, con unos compañeros contesten las preguntas.

> Una de las razones que dictan la repugnancia criolla a confesar el indio en nuestra sangre, uno de los orígenes de nuestro miedo de decirnos lealmente mestizos, es la llamada "fealdad del indio". Se la tiene como verdad sin vuelta, se la ha aceptado como tres y dos son cinco.

¿Cómo cree Mistral que se establecen las percepciones de la belleza? ¿Por qué crees que se dirige a los maestros? ¿Crees que el concepto de la belleza puede contribuir a la marginación? Después de hablar con tus compañeros, escribe un párrafo en el que defiendes tu postura. Incluye por lo menos una referencia al ensayo de Mistral.

_____
_____
_____
_____
_____
_____
_____

Escritura expositiva: La noticia periodística

El propósito de la comunicación es dar un mensaje. Como medio de comunicación de masas la prensa pretende informar al mayor número posible de lectores con artículos de diferentes temas: nacionales, internacionales, deportes, economía, sociedad, política, sucesos, entrevistas, entre otros. Aunque ofrece las noticias con datos objetivos, la línea o perspectiva la marca la ideología de los directivos.

El lector lee periódicos de manera diferente: echa un vistazo a los titulares, imágenes, autores y subtítulos y luego procede a leer lo que le interesa. Por eso el artículo periodístico tiene una organización única. Usa el titular y el encabezado para llamar la atención. Les sigue el primer párrafo que da una información básica, concisa. El tema luego se desarrolla en párrafos y de forma decreciente, con lo más significativo al principio y lo menos importante al final.

Actividad 1 La noticia periodística es el relato escrito de un hecho de actualidad. Vuelve a leer una de las noticias de un conflicto. Mientras la lees, contesta las preguntas.

El titular
¿Despierta el interés del lector?

El encabezado
¿Contiene la información básica para orientar al lector?

El cuerpo debe ofrecer la siguiente información. ¿La ofrece?

Responde según el contenido y dibuja una flecha al sitio donde está la información.

- ¿Qué pasó?
- ¿Dónde ocurrió?
- ¿Cuándo ocurrió?
- ¿Cómo ocurrió?

¡Veredicto en el juicio "Sleepy Lagoon murder"!

Fricke declara culpables a los 17 jóvenes

13 enero, 1943. Hoy terminó el juicio de 17 jóvenes de ascendencia mexicana a quienes se les acusa de la muerte de José Gallardo Díaz el pasado 2 de agosto.  Aunque los abogados defensores alegaron que un médico había declarado que el trauma cerebral de Díaz era consistente con un atropello automovilístico, el juez Charles W. Fricke determinó que nueve de los acusados eran culpables de homicidio en segundo grado y deberían cumplir sentencia en la prisión de San Quintín. Los otros recibieron cargos menores que cumplirán en la cárcel de Los Ángeles.

Todos son miembros de la "38th Street gang", uno de cuyas cabecillas es Henry Leyvas de 24 años. Díaz fue encontrado agonizando junto al río Los Ángeles en una laguna cerca de Maywood conocida como Sleepy Lagoon. Debido a que es un lugar que frecuentan jóvenes de ascendencia mexicana, la policía rápidamente arrestó a los supuestos "zoot suiters" a pesar de no tener evidencia. Se les acusó de homicidio, se les negó fianza y durante todo el juicio no se les permitió sentarse cerca de o comunicarse con sus abogados. Además, siguiendo el pedido del procurador, el juez Fricke obligó a los jóvenes a vestirse con zoot suits para que el jurado los viera ataviados con ropa "propia de delincuentes". Asimismo cada vez que el procurador o un testigo nombraba a uno de los acusados se le obligaba a ponerse en pie. Fricke también le permitió al aguacil del condado de Los Ángeles testificar como "experto" que los mexicanos, como comunidad, tienen una sed de sangre y una predisposición a asesinar, y respaldó su testimonio con la "cultura de sacrificio humano" practicada por sus ancestros aztecas.

Lo que se teme ahora es que haya fuertes enfrentamientos entre la comunidad mexicoamericana y las fuerzas de la ley. Según informantes la fuerte tensión que se ha percibido desde que fueron detenidos los jóvenes y durante el juicio, parece ir en aumento.

- ¿Quiénes intervinieron?

- ¿Por qué ocurrió?

El orden, ¿es decreciente?
- ¿Qué es lo más importante?

- ¿Lo menos importante?

La gramática y la estructura de las oraciones, ¿son buenas?

Actividad 2 En grupos pequeños hagan una crítica del artículo que acaban de volver a leer. Completen la tabla abajo y vuelvan a ella al escribir su noticia periodística.

Puntos fuertes del artículo que debo usar	Puntos débiles ¿Cómo los puedo remediar?

En la comunidad

Para esta actividad vas a ir a tu comunidad histórica para escribir una noticia periodística de aproximadamente 350 a 400 palabras. Tu noticia será informativa e imparcial; no vas a defender un punto de vista.

Actividad 1 Sigue los pasos para recopilar la información para tu noticia.

Paso 1. Elige tres momentos o eventos históricos sobre los que te gustaría investigar y escribir.

_____
_____

Paso 2. Busca información y toma apuntes. Decide en qué te vas a enfocar para tu artículo. Recuerda que solo vas a escribir de 350 a 400 palabras; así que limita y enfoca tu tema.

Voy a escribir sobre _____ y mi enfoque será _____
_____

Paso 3. Usando la información que has encontrado contesta las siguientes preguntas:

• ¿Qué pasó? _____
_____
_____
_____

• ¿Dónde ocurrió? _____

• ¿Quiénes intervinieron? _____
_____

• ¿Cuándo ocurrió? _____

• ¿Cómo ocurrió? _____
_____
_____
_____
_____

• ¿Por qué ocurrió? _____
_____

• Aspectos positivos _____

• Aspectos negativos _____

Actividad 2   Usando tus apuntes completa los siguientes pasos para organizar tu noticia.

Paso 4. Lee el titular y el encabezado del artículo anterior.

¡Veredicto en el juicio "Sleepy Lagoon murder"!

Fricke declara culpables a los 17 jóvenes

Escribe un titular y un encabezado provisionales (luego los puedes revisar si es necesario). Asegúrate de que:

- ☐ Despierten el interés del lector
- ☐ Contengan la información básica para orientar al lector
- ☐ Sean breves

TITULAR: _____

ENCABEZADO: _____

Paso 5. Decide el orden del contenido, yendo de la información más importante a la menos significativa (desarrollo decreciente).

⬇ _____
    _____
    _____
    _____

Paso 6. Vuelve a leer el primer párrafo del artículo previo y luego escribe el tuyo. Recuerda que estos ejemplos no son perfectos, pero te pueden ayudar al escribir tus párrafos.

> Hoy terminó el juicio de 17 jóvenes de ascendencia mexicana a quienes se les acusa de la muerte de José Gallardo Díaz el pasado 2 de agosto. Aunque los abogados defensores alegaron que un médico había declarado que el trauma cerebral de Díaz era consistente con un atropello automovilístico, el juez Charles W. Fricke determinó que nueve de los acusados eran culpables de homicidio en segundo grado y deberían cumplir sentencia en la prisión de San Quintín. Los otros recibieron cargos menores que cumplirán en la cárcel de Los Ángeles.

_____
_____
_____
_____
_____
_____

Todos son miembros de la "38th Street gang", uno de cuyas cabecillas es Henry Leyvas de 24 años. Díaz fue encontrado agonizando junto al río Los Ángeles en una laguna cerca de Maywood conocida como Sleepy Lagoon. Debido a que es un lugar que frecuentan jóvenes de ascendencia mexicana, la policía rápidamente arrestó a los supuestos "zoot suiters" a pesar de no tener evidencia. Se les acusó de homicidio, se les negó fianza y durante todo el juicio no se les permitió sentarse cerca de o comunicarse con sus abogados. Además, siguiendo el pedido del procurador, el juez Fricke obligó a los jóvenes a vestirse con zoot suits para que el jurado los viera ataviados con ropa "propia de delincuentes". Asimismo cada vez que el procurador o un testigo nombraba a uno de los acusados se le obligaba a ponerse en pie. Fricke también le permitió al aguacil del condado de Los Ángeles testificar como "experto" que los mexicanos, como comunidad, tienen una sed de sangre y una predisposición a asesinar, y respaldó su testimonio con la "cultura de sacrificio humano" practicada por sus ancestros aztecas.

_____
_____
_____
_____
_____
_____
_____
_____
_____
_____
_____
_____
_____
_____

> Lo que se teme ahora es que haya fuertes enfrentamientos entre la comunidad mexicoamericana y las fuerzas de la ley. Según informantes la fuerte tensión que se ha percibido desde que fueron detenidos los jóvenes y durante el juicio, parece ir en aumento.

_____
_____
_____
_____
_____
_____
_____
_____
_____
_____

Paso 7. Escribe el titular y encabezado revisados para tu noticia.

TITULAR: _____

ENCABEZADO: _____

Paso 8. Intercambia tu borrador con un compañero. Usando la hoja de revisión en la siguiente página, le vas a dar retroalimentación. Mientras evalúas el trabajo de tu compañero fíjate en cosas que te pueden ayudar al escribir la versión final de tu noticia.

Paso 9. Usa los comentarios de tu compañero y tus observaciones para escribir tu trabajo final. Escríbelo usando el formato que recomiende tu instructor.

HOJA DE RETROALIMENTACIÓN—LA NOTICIA _____

Retroalimentación para _____ realizada por _____

	Excelente	Bien	Débil	Sugerencias para mejorar
Titular y encabezado				
Despiertan el interés				
Contienen información básica para orientar al lector				
Son breves pero precisos				
Cuerpo				
Contesta qué				
Contesta dónde				
Contesta cuándo				
Contesta quiénes				
Contesta cómo				
Contesta por qué				
Desarrollo descendiente				
Organización				
1er párrafo da información concisa de la situación				
Siguientes pasos desarrollan el contenido				
Hay un cierre				
Contenido				
Claro				
Conciso				
Vocabulario				
Variado, no redundante				
Formal				
Verbos activos				
Gramática y oraciones				
Conjugación correcta				
Modo correcto				
Concordancia correcta				
Ortografía correcta				
Oraciones variadas				
Formato				
Formato correcto				

Unidad 2: Desafíos

Apreciar	Aplicar	Contextualizar
Unas observaciones geopolíticas	Repaso de *por* y *para*	Analizar y editar
¿Presentan un desafío los cambios demográficos?	*Ser / Estar* y los atributos	Los dialectos del español
El desafío de los roles sociales	To become: Los verbos de cambio	La transcripción fonética: *b/v* y *ll/v*
Frida Kahlo	Los pronombres relativos y las cláusulas relativas	*ch/ph/th* y las consonantes dobles
Ernesto "Che" Guevara	La colocación de los adjetivos determinativos	El estilo directo e indirecto
Don Pedrito Jaramillo	Los adjetivos inherentes	Atando cabos:
El Día de Muertos: Un sincretismo cultural	Las cláusulas relativas y los adjetivos calificativos	Las alternancias con *ser* y *estar*
Recordando a los antepasados: Los barriletes guatemaltecos	Los adjetivos y los pronombres relativos	Los adjetivos de color
La asimilación de los hispanos	Más acerca de las tildes	Entre dos lenguas
Diseñadores hispanos	Uso u omisión de la *a* personal	Lectura: "Las medias rojas" de Emilia Pardo Bazán
Jóvenes emprendedoras con una gran conciencia	Los participios con *ser* y *estar*	Escritura: La leyenda
	Los tiempos perfectos	
	Voz activa vs. voz pasiva	

¿Qué es un desafío?

Un desafío puede ser una competición en la que la rivalidad entre personas u otros seres (naturales, tecnológicos, etc.) queda de manifiesto. La ventaja de los desafíos es que ponen a las personas a prueba y las obligan a enfrentar sus desafíos para crecer y progresar. Pero cuando los desafíos se limitan a provocar, pueden tomar un cariz negativo.

El mundo contemporáneo enfrenta muchos desafíos, entre ellos: crear las industrias y empleos del futuro, proteger el medio ambiente y expandir nuestros conocimientos del mundo circundante y de nosotros mismos. Otros retos del siglo veintiuno incluyen enfrentar y encontrar soluciones a problemas de fronteras geopolíticas, energía, salud, educación, seguridad y desarrollo. Y no se debe olvidar la población: mientras que algunos países tienen un crecimiento negativo, otros no saben cómo van a alimentar y educar a su pueblo.

Fíjate en las siguientes imágenes. Con uno o dos compañeros comenten cómo se relacionan al tema de desafíos. Luego, escribe tus ideas acerca de una de las imágenes.

_____

_____

_____

Tu lado creativo

La vida está llena de desafíos. ¿Cuáles son algunos desafíos que has enfrentado? ¿Cómo los superaste? Abajo tienes cuatro recuadros. Rellénalos con los 2 desafíos más significativos que tú o alguien más ha superado y cómo lo lograron. En los recuadros A ilustra los desafíos con dibujos o *collages*; en los recuadros B ilustra el mismo desafío con poemas, canciones o narraciones breves. Comparte tu trabajo.

A.

B.

A.

B.

Unidad 2: Desafíos **143**

Los desafíos globales

Las fronteras han sido y siguen siendo motivo de discordia entre los humanos. Ya sea a nivel personal, social o geopolítico, siempre buscamos delimitar *lo mío*, y con frecuencia ello conduce a disgustos sencillos, riñas más acaloradas o, desgraciadamente, la guerra. El desafío en estas circunstancias es buscar una solución que evite llegar a un enfrentamiento sin renunciar a lo propio. En esta unidad verás diferentes desafíos, algunos históricos y otros contemporáneos, pero todos todavía vigentes.

Antes de leer Con frecuencia los términos *país*, *estado* y *nación* se intercambian, pero de hecho país y Estado (con mayúscula) sí son sinónimos porque aluden a una entidad política autónoma. En cambio *nación* se refiere a un grupo—mayor que una tribu— de gente culturalmente homogénea que comparte una lengua, religión e historia. A menudo se refiere a ellos con el término *pueblo*, por ejemplo el *pueblo aymará* o el *pueblo maya*.

Unas observaciones geopolíticas

Una de las características de un país es poseer dos cosas: fronteras reconocidas internacionalmente y soberanía. O sea, ningún otro Estado debe tener poder sobre el territorio del país. Como se ha de suponer, las delimitaciones geopolíticas siempre han llevado—y desafortunadamente seguirán llevando—a disputas entre países, algunas pacíficas pero generalmente violentas.

Las relaciones inter-Estatales centro y sudamericanas reflejan la persistencia de disputas fronterizas. A pesar de que a partir de 1990 la resolución de conflictos fronterizos en el Cono Sur ha creado una zona de paz, los conflictos militarizados siguen persistiendo en América Central. Algunos estudiosos atribuyen estas disputas a las estrategias de los países, a la estructura del sistema internacional y a la forma e incidencia de mediaciones internacionales. A la vez señalan que ni la ausencia o presencia de la democracia, ni el poder y la intervención de los EEUU explican las diferencias entre la existencia de paz o conflicto.

Este último punto nos lleva a un tipo de conflicto fronterizo que ha persistido por más de dos siglos entre los Estados Unidos y los países al sur del río Bravo. Aunque lo bélico ha existido—solo hay que recordar El Álamo, la Guerra de Cuba y la incursión del general Pershing en México en 1914—el conflicto ha sido más bien de índole ideológica. Hasta cierto punto este mismo conflicto ha existido desde el encuentro entre los pueblos americanos y europeos: ¿Tenían estos últimos el derecho de imponer sus ideales europeos en menosprecio de lo autóctono?

Hacia finales del siglo XIX el patriota y escritor cubano José Martí redactó su ensayo filosófico político "Nuestra América" (1891). En esencia el ensayo es una observación crítica del contexto histórico del momento: el ocaso de la amenaza española pero el peligro creciente de las nuevas potencias europeas y en particular de la fuerza de los Estados Unidos. Enfrentado con el dilema de sucumbir al imperialismo norteamericano o instar a la gente a la guerra, Martí va más allá de la denuncia y ofrece una serie de propuestas de cambio social que fortalecerían los países americanos. Comenzando con el título del ensayo, "Nuestra América", Martí reapropia el nombre América de los anglosajones y de esta manera alienta la identidad de la cultura hispanoamericana como una forma de resistencia al expansionismo norteamericano al cual se refiere como un gigante de siete leguas. En particular pretende despertar al pueblo americano para que revalore lo suyo y defienda la cultura e historia hispanoamericana, pero no busca obviar todo lo extranjero. Al contrario, en unas líneas llenas de pasión insiste que se injerte el mundo en *el árbol* de las repúblicas americanas, pero que el tronco, la base cultural, siga siendo lo latinoamericano. Es irónico que lo cultural que Martí consideró que sería la fuerza frente al imperialismo es a la vez lo que los españoles usaron para conquistar: por eso su insistencia en imponer una misma lengua y una religión única.

¿Crees que la resistencia de algunos norteamericanos a aprender otras lenguas y de insistir en la asimilación de los inmigrantes quizás sea una reacción al temor de la creciente presencia hispana en este país?

Después de leer

Actividad 1 Basándote en el contenido de la lectura, contesta las preguntas.

1. ¿Por qué no es Puerto Rico un país?
   a. Es una entidad política autónoma.
   b. Hay un país que tiene poder sobre su territorio.
   c. Ha vivido disputas pacíficas pero nunca violentas.

2. ¿Dónde se ha creado una zona de paz?
   a. En Centroamérica
   b. En Sudamérica
   c. En las zonas militarizadas

3. Según algunos estudiosos, ¿cuál de las siguientes puede explicar las diferencias entre la existencia de paz o conflicto?
   a. La estructura del sistema internacional
   b. El rechazo de las mediaciones nacionales
   c. La intervención de los Estados Unidos

4. ¿Cómo se le llama al río Bravo en Estados Unidos?
   a. Amazon River
   b. Rio Grande
   c. Plate River

5. En la frase "en menosprecio de lo autóctono", ¿cuál es un sinónimo de *autóctono*?
   a. Nativo
   b. Superficial
   c. Ambicionado

6. Posiblemente ¿qué impulsaría a Martí a escribir "Nuestra América"?
   a. Su profesión de escritor
   b. El contexto histórico
   c. Sus raíces europeas

7. ¿Cuál es una idea fundamental del ensayo de Martí?
   a. La cultura es una herramienta para promover el expansionismo.
   b. Se puede usar lo extranjero pero sin olvidar lo autóctono.
   c. Hace falta asimilar a los inmigrantes para no perder el poder nacional.

8. ¿Qué tipo de oración es la última del segundo párrafo ("A la vez señalan…paz o conflicto")?
   a. Simple
   b. Compuesta
   c. Compleja

9. ¿Qué clase de palabras aparece en la frase *por ejemplo el pueblo aymará*?
   a. Adverbio
   b. Conjunción
   c. Preposición

10. ¿Cuál es el propósito de este artículo?
    a. Inquietar
    b. Defender
    c. Informar

¿Cuál de las dos…*aparecer* o *parecer*? Aunque *to appear* es el significado de ambas, *aparecer* comunica *show up, become visible* (*Apareció en el periódico; Aparecieron varios testigos*), mientras que *parecer* comunica *seem* o *look like* (*Parecía un hombre dedicado; El conflicto parece muy serio*).

Actividad 2 — Al terminar de leer el ensayo de Martí unos lectores escribieron los siguientes comentarios. Léelos y, después de cada uno, escribe tu opinión de lo que se dice.

> Martí dice que los buenos gobernantes tienen que entender las necesidades materiales y espirituales de sus habitantes, pero yo creo que hoy en día los gobernantes se preocupan más por ganar poder político que por el bienestar de sus constituyentes.

_____
_____
_____
_____

> Creo que Martí es muy iluso al aconsejar a los hispanoamericanos que dejen a un lado las diferencias y los celos, y, en cambio, que busquen la unión.

_____
_____
_____
_____

> Me pregunto si los países hispanoamericanos estarían mejor si los EEUU los hubiera anexado, como pasó con California y otros estados del Sudoeste.

_____
_____
_____
_____

Actividad 3 — Escribe una opinión acerca de las fronteras y pídele a un compañero que responda.

_____
_____
_____
_____
_____
_____

La lengua: Los dialectos del español

Para algunos, los diferentes dialectos del español suponen un verdadero desafío. Abogan por un solo tipo de español para todos los hispanos que viven en EEUU. Ello haría que la población hispana en este país fuera más homogénea y a la vez más poderosa social y políticamente.

Según los estudiosos, los hispanos en EEUU provienen de veintiséis países que varían en sus costumbres y sus recursos económicos, entre otras cosas. Y dentro de cada país hay variedades regionales del español que pueden ser bastante diferentes particularmente en la pronunciación y vocabulario, aunque menos en la gramática. Generalmente el español americano se agrupa según diferentes zonas geográficas: mexicana, caribeña, andina, Rio de la Plata, chilena y centroamericana. Pero hay que recordar que estas se pueden subdividir en innumerables dialectos.

Así como hay diferencias entre el ceceo español y el seseo americano, en el voseo sudamericano y el vosotros peninsular (de España), también puede haber diferencias de pronunciación y vocabulario dentro del mismo continente o país. En particular en la península ha habido una gran influencia del árabe y en las Américas, de las lenguas indígenas.

Una curiosidad dialectal entre el español peninsular y el americano es el uso del presente perfecto y el pretérito. Según las normas gramaticales, la diferencia radica en si el hablante relaciona el pasado al presente (*he hablado*) o no (*hablé*). Siguiendo estas normas prescriptivas *hoy* o *este año* incluyen el presente y como tal usarían el presente perfecto, pero *ayer* o *la semana pasada*, no lo incluyen y usarían el pretérito. Mas en la práctica, en gran parte de España la tendencia es usar el presente perfecto mientras que en las Américas y las islas Canarias se suele usar más el pretérito.

Pero volviendo al tema inicial, probablemente sería un desafío difícil de lograr el usar un solo tipo de español en EEUU. En primer lugar, entre los diferentes dialectos, ¿cuál sería el que se usaría? E incluso si se decidiera por uno, ¿cómo afectaría esto la gran variedad cultural que reflejan los dialectos? Por lo tanto no parece ser una buena idea. Seguramente hay otras maneras más efectivas de lograr el reconocimiento político y social que se merecen los hispanos en EEUU.

Actividad 1 ¿Recuerdas la ubicación de los países hispanohablantes americanos? Identifícalos.

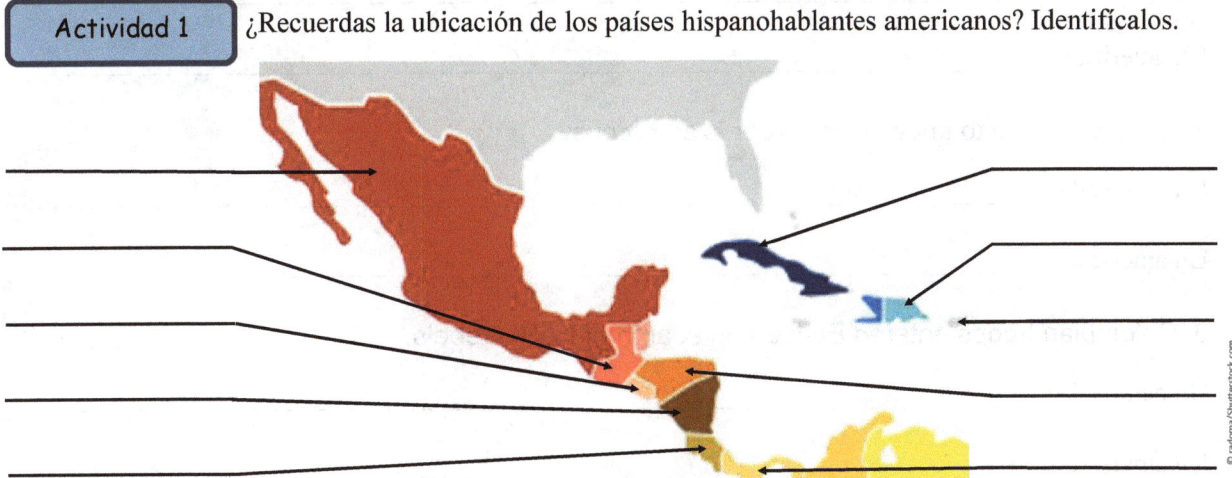

Unidad 2: Desafíos 147

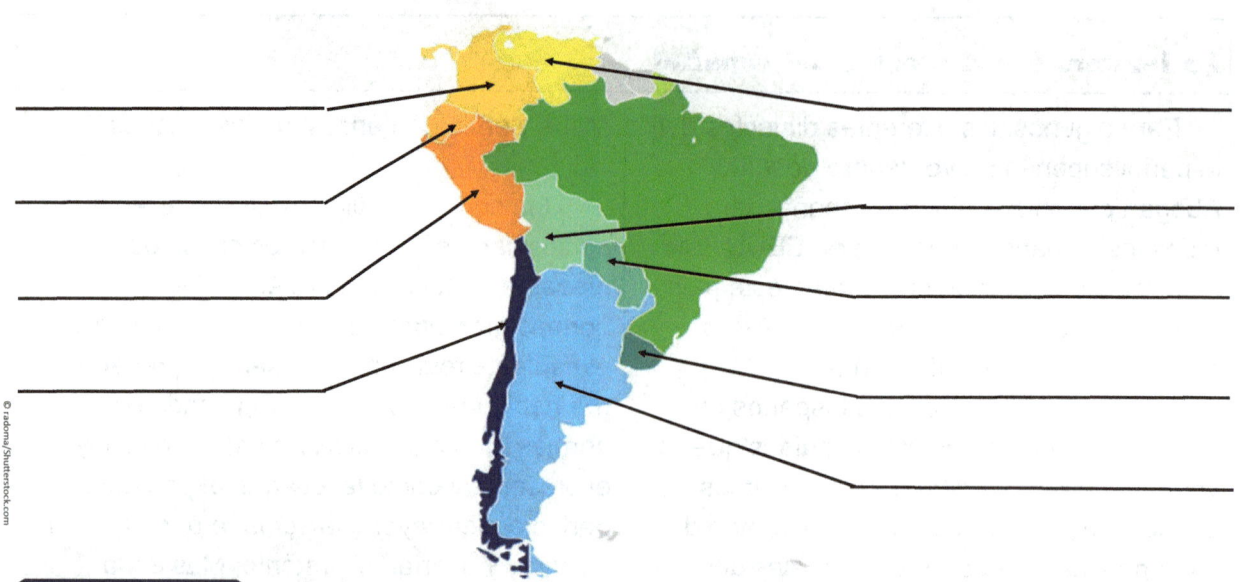

| Actividad 2 | Lee los siguientes intercambios y determina si el hablante es peninsular o americano según si usa el presente perfecto o el pretérito. |

americano / peninsular 1. He leído sobre cuestiones fronterizas en Sudamérica.

americano / peninsular 2. Hoy leí sobre el desafío del narcotráfico.

americano / peninsular 3. ¿Qué leíste?

americano / peninsular 4. ¿Qué has leído?

americano / peninsular 5. Brasil y Bolivia han firmado un pacto.

americano / peninsular 6. Brasil y Bolivia optaron por usar las fuerzas armadas.

americano / peninsular 7. Pensaron que esto reduciría el tráfico de drogas.

americano / peninsular 8. Han comprendido que así controlarán mejor su frontera.

| Actividad 3 | Traduce las siguientes oraciones según si lo dijera un peninsular o un americano. |

1. Today Ecuador sent troops to its border with Colombia.

Un peninsular: _____

Un americano: _____

2. It surprised me to know their border is so porous.

Un peninsular: _____

Un americano: _____

3. Colombian troops entered Ecuador in search of FARC rebels.

Un peninsular: _____

Un americano: _____

La ortografía: La transcripción fonética b / v y ll / y

Como has visto los homófonos pueden presentar dificultades al escribir porque suenan igual. Lo mejor es que te fijes en los que te pueden ser problemáticos y averiguar qué te puede ayudar para recordar su ortografía.

Actividad 1 — Completa la tabla con los homófonos de b / v que corresponden a la transcripción fonética.

'tu βo			bo 'tar		
'jer βa	hierba	hierva	a 'βer		
'ba ya	baya		'be ʎo		
ba 'ron			'bje nes		
ře βe 'lar			kom 'bi no		

Actividad 2 — Elige la palabra correcta según el sentido de la oración. Mientras trabajas, marca cada pareja donde tengas duda al elegir la respuesta.

1. Marta (tubo / tuvo) que ir a comprar un (tubo / tuvo).
2. Espero que la (hierba / hierva) verde no (hierba / hierva).
3. Ojalá que no (baya / vaya) a comer esa (baya / vaya); tiene un sabor horrible.
4. No fue el duque sino el (barón / varón) quien tuvo un hijo, o sea, un (barón / varón).
5. No debes (rebelar / revelar) que el pueblo se va a (rebelar / revelar) contra el dictador.
6. Debes (botar / votar) para que (boten / voten) a ese incompetente de su puesto.
7. (Haber / A ver) si por fin va (a haber / a ver) un cambio.
8. No es posible que pienses que tanto (bello / vello) sea algo (bello / vello).
9. ¿Cuándo (bienes / vienes) para contribuir todos tus (bienes / vienes)?
10. No me (combino / convino) lo que pintó; mejor yo mismo (combino / convino) los colores.

Actividad 3 — Elige tres de las dudas que tuviste y ordénalas del 1 al 3, siendo la 1 la más problemática. Luego, apunta ideas que te puedan ayudar a recordar la ortografía correcta de cada homófono.

1. _____

_____

2. _____

_____

3. _____

_____

Actividad 4 — Aunque en algunos países o zonas hay una distinción en la pronunciación de la "ll" y la "y", en general se pronuncia igual o casi igual. Fíjate en estos homófonos.

ka 'yo	calló	cayó	'řa ya		
'a ya	haya		a 'řo yo		
'ba ya			'ma ya		

Actividad 5 — Elige la palabra correcta según el sentido de la oración. Resalta cada pareja donde tengas duda al elegir la respuesta.

1. El público se (calló/ cayó) cuando el actor se (calló / cayó) del escenario.

2. Si Fini (halla / haya) el dinero, espero que por fin (halla / haya) tranquilidad.

3. Ojalá que no (valla / vaya) a pintar la (valla / vaya) de color naranja.

4. (Ralla / Raya) las zanahorias y ponlas en el plato de (rallas / rayas) verdes.

5. Sin querer por poco (arrollo / arroyo) un venado junto al (arrollo / arroyo).

6. En su cuarto tiene una (malla / maya) de pescar (malla / maya).

Actividad 6 — Corrige todas las faltas ortográficas *b / v* o *ll / y*.

Si hallas una reliquia malla no te lo cayes. Es importante rebelar todos los hayazgos para que nadie piense que vas a hacer algo indebido. Mi primo encontró una vasija muy bella entre la hierva del arroyo, pero no lo dijo. Luego tubo que pasar la vergüenza de ser votado del grupo de investigación. Por favor, no vayas a hacer lo mismo. A él se le calló la cara de vergüenza, y sé que a ti también te pasaría.

La lengua: Un repaso de *por* y *para*

La demografía es la ciencia que estudia las características generales de las poblaciones humanas: su dimensión, estructura y evolución. En particular estudia estadísticamente los procesos de fecundidad, mortalidad y migración (inmigración y emigración). Actualmente los países en desarrollo, especialmente los latinoamericanos, están viviendo cambios demográficos sustanciales, los cuales acarrean numerosos desafíos.

¿Presentan un desafío los cambios demográficos?

Aunque no hay consenso entre los investigadores sobre si los cambios demográficos suponen un peligro para la seguridad ambiental, lo que sí parece claro es que pueden afectar la estabilidad económica y social de una región. En particular se nota en los ambientes rurales latinoamericanos que se ven amenazados por deforestación, erosión, contaminación y escasez de agua. Otra posible amenaza es la urbanización acelerada que están viviendo estos países en desarrollo. Es natural que las ciudades crezcan a medida que un país se desarrolla. Pero esta migración puede generar tensiones e incluso violencia entre los recién llegados y la población establecida. Además, presenta otros desafíos como la cantidad y disponibilidad de viviendas para los recién llegados y la calidad de formación educativa que se les puede proveer a sus hijos.

Sin duda el incremento de hispanos ha tenido impacto en la demografía de los Estados Unidos. Según un estudio del Pew Research Center ("Facttank," 8 de julio, 2014) sobre la demografía de los alumnos del kínder, hay 17 estados donde los niños hispanos son por lo menos el veinte por ciento de esta población. En comparación, en la década anterior solo ocho estados tenían esa demografía. En estados como Nebraska, Idaho y Washington, históricamente con baja población hispana, ahora por lo menos uno de cada cinco párvulos (niños de kínder) es hispano. Y en Kansas y Oregón uno de cada cuatro párvulos es hispano, cifra que iguala la de Nueva York, que es el estado número cuatro en población hispana estadounidense. Estos números parecen validar la proyección de que para mediados del siglo veintiuno la población de minorías (negra, asiática, hispana) pasará de aproximadamente el treinta y siete por ciento de hoy en día a cincuenta y siete por ciento. De hecho se pronostica que la población hispana será el 31 por ciento de la población estadounidense.

Actividad 1 ¿Qué desafíos crees que supone el mudarse de una zona rural a una urbana? Abajo tú y un compañero escriban tres desafíos y una posible solución.

Mis ideas	1.El cambio puede ser difícil para la salud mental de una persona, osea es mucho con lo que lidiar
De mi compañero mis ideas	2.Problemas de racismo o un sentimiento que no perteneces en una zona urbana 3. Presión para asimilarse a la cultura "Principal"

El mayor desafío es presión o un sentimiento que necesitas asimilar para pertenecer. Una solución es ofrecer programas y grupos tanto para niños como adultos para ayudarlos a encontrar una comunidad y demostrar que pertenecen aquí.

Actividad 2 Entre las cosas que una persona comunica están los motivos o propósitos de sus acciones. ¿Qué diferencia piensas que hay entre motivo y propósito? ¿Consideras que uno es más estático que otro?

Para repasar tu uso de *por* o *para,* conecta las oraciones con el significado que supone su uso. Marca las oraciones donde tengas duda de cuál debes usar.

USOS

por se refiere a
a. causa o motivo
b. duración de tiempo
c. lugar donde ocurre algo
d. medio de hacer algo
e. sustitución o intercambio
f. agente (quién o qué hace algo)

para se refiere a
g. un objetivo
h. destinatario o destino
i. fecha para cumplir un plazo
j. agente empleador

___B___ 1. **Por** varios meses he estudiado la demografía hispana en Estados Unidos.
___I___ 2. Se cree que **para** mediados del siglo la demografía de EEUU cambiará radicalmente.
___a___ 3. Algunos creen que ello será **por** más inmigración. *(Causa o motivo)*
___G___ 4. Desde hace varios años mi tío ha recopilado datos **para** determinar si hay otros motivos.
___D___ 5. Viajó **por** coche a través del país administrando encuestas.
___C___ 6. Estuvo **por** todos lados, incluso Alaska. *(Lugar donde ocurre algo)*
___H___ 7. Luego se fue **para** Cuba y Puerto Rico.
___E___ 8. Cambió algunas de sus teorías **por** otras nuevas.
___A___ 9. Esas teorías fueron elaboradas **por** varios de los investigadores que viajaban con él. *(Agente que hace algo)*
___J___ 10. Varios de ellos trabajan **para** el gobierno federal.

Actividad 3 A veces la diferencia entre *por* y *para* es muy sutil y ambas se pueden usar. Primero traduce las oraciones; luego decide si el hablante enfatiza el <u>propósito/destino</u> o el <u>motivo/causa.</u>

Oración	Traducción	Propósito/Motivo
1. Mi tío lo hizo para aclarar unas dudas sobre los hispanos.	My uncle did it in order to shed light on some doubts about Hispanics.	propósito
2. Mi tío lo hizo por aclarar unas dudas sobre los hispanos.	My uncle did it ~~in order to clarify~~ because he ~~needed to~~ had to clear some doubts about Hispanics.	motivo
3. Sus compañeros trabajaban para el gobierno.	His friends work for the (good of?) government.	Propósito
4. Sus compañeros trabajaban por el gobierno.	His companions worked on behalf of the government.	motivo
5. Para ellos todos podían sacar provecho del estudio.		
6. Por ellos todos podían sacar provecho del estudio.	They could care less if everyone could benefit from the study.	

PIENSA: Compara las siguientes preguntas y respuestas. ¿Cuál es la diferencia?
¿Por qué lo haces? Lo hago porque quiero que lo sepas. ¿Para qué lo haces? Lo hago para que lo sepas.

Actividad 4   **OJO:** Ten cuidado de evitar la siguiente interferencia del inglés.

1. They looked for more data. → **Buscaron** más datos.   buscar ~~para~~
2. They searched for their friend. → **Buscaron a** su amigo.   buscar ~~por~~
3. He was waiting for the data. → **Esperaba** los datos.   esperar ~~para~~
4. He used to await his friends. → **Esperaba a** sus compañeros.   esperar ~~por~~
5. We asked for compensation. → **Pedimos** compensación.   pedir ~~por~~

PERO al hablar de tiempo sí se puede usar *esperar por*.
    ¿Dónde estabas? Te esperé por (durante) cuatro horas; luego me fui porque no llegaste.

Sintetizar: Refiriéndote a lo que has repasado, completa la tabla para resumir lo que has aprendido.

- Se usa (**por** / para) al comunicar causa, periodo de tiempo, lugar donde ocurre algo, medio de hacer algo, sustitución o intercambio, agente (quién o qué hace algo).
- Se usa (por / **para**) al comunicar un objetivo, destinatario o destino, fecha de plazo, agente empleador.
- (Se usa / **No se usa**) *por* o *para* con *to look for, to wait for, to ask for*.
- Para expresar el propósito o destino de algo se usa (**para** / por).
- Para expresar el motivo o causa de algo se usa (para / **por**).

Actividad 5   Elige *por* o *para* en las siguientes oraciones. Cuando tengas alguna duda, marca la oración y consulta con un compañero.

1. (Para / Por) cuando llegaron a Alaska, ya teníamos miles de datos.
2. Iban (para / por) coche, pero a veces tomaban el avión.
3. (Para / Por) más de doce meses estuvieron haciendo investigación de campo.
4. Los investigadores que iban con mi tío trabajaban (para / por) el gobierno estadounidense.
5. Al llegar a Puerto Rico algunos se fueron (para / por) otra ruta.
6. Salieron (para / por) la parte oeste y pasaron (para / por) diferentes pueblos.
7. De allí tomaron camino (para / por) San Juan.
8. Algunos lo hicieron (para / por) aventureros; otros (para / por) otras razones.
9. Pensaban que era la única manera (para / por) encontrar más información.
10. (Para / Por) ellos era la mejor opción para identificarse con los habitantes.
11. Buscaban (por / para / ∅) soluciones para los problemas demográficos caribeños.
12. Por eso estaban dispuestos a esperar (por / para / ∅) un año si fuera necesario.

Unidad 2: Desafíos 153

Actividad 6 — Con un compañero representen la siguiente conversación usando *por* y *para* cuando puedan. Recuerda que no debes leer sino interpretar lo que se indica.

Imagina que quieres unirte a un grupo que va a ir a recoger datos demográficos en Bolivia pero no tienes suficiente dinero. Decides llamar a tu abuela. El estudiante A hace el papel de la abuela; el B hace de *tú*.

Abuela.	(☎Suena el teléfono.) *Contesta el teléfono.*
Tú.	*Salúdala. Explícale por qué llamas (necesitas dinero).*
Abuela.	*Pregúntale para qué lo necesita y la cantidad.*
Tú.	*Dile que quieres ir a Bolivia. Explica por qué.*
Abuela.	*Expresa tu reacción.*
Tú.	*Continúa la conversación. Termina con una pregunta.*
Abuela.	*Contesta la pregunta y continúa la conversación. Termina con una pregunta.*
Tú.	*Contesta la pregunta y despídete.*
Abuela.	*Despídete.*

Actividad 7 — Usando la pista dada, escribe una oración que hable del desafío demográfico que supone. Intenta usar *por* o *para* en cada una. Luego, intercambia tus oraciones.

1. estabilidad económica ___ **El exceso de población puede ser una amenaza para la estabilidad económica de un país si no produce lo suficiente para que todos coman.** ___

2. la contaminación _____

3. la urbanización acelerada _____

4. la vivienda _____

5. las escuelas _____

6. la violencia _____

Gramática: *Ser* y *estar* y los atributos

Uno de los mayores retos o desafíos que se nos presenta globalmente es la disparidad económica, no solo en los países en desarrollo sino también en los países más afluentes. En esta sección tratarás el tema de la disparidad económica al repasar y analizar *ser* y *estar*.

Ser y *estar* son verbos copulativos, que quiere decir que solo pueden enlazar porque no comunican acción. Por lo tanto, como no son verbos transitivos (los verbos transitivos comunican acción), no pueden llevar un objeto directo (*complemento directo*). En vez su complemento se llama *atributo* y puede ser un sustantivo o un adjetivo que representa un estado o una cualidad del sujeto. Fíjate en estos ejemplos:

Leticia gana dinero.   Leticia | gana \ dinero   (Verbo de acción / objeto directo)

Leticia es empresaria.   Leticia | es \ empresaria   (atributo nominal)

Leticia es adinerada.   Leticia | es \ adinerada   (atributo adjetival)

Actividad 1 — Lee la siguiente selección e identifica todos los sustantivos, adjetivos y adverbios subrayados para repasar y reconocer estas clases de palabras. Luego identifica las frases preposicionales entre paréntesis como adjetivas o adverbiales.

              adverbial   *sustantivo*

A pesar de que **(en el 2011)** más <u>**latinoamericanos**</u> formaban parte **(de la clase media)** que de la clase pobre, los niveles de vida **(dentro de los países)** aún varían <u>**sustancialmente**</u>. Ello es un <u>**verdadero**</u> <u>**desafío**</u> para la región. Y a pesar de que con el aumento **(de la clase media)** Latinoamérica se acerca **más** a una prosperidad compartida, sin una serie de reformas sociales y <u>**económicas**</u> ese logro desaparecerá **(en poco tiempo)**.

Actividad 2 — Con un compañero conecten cada término con su ejemplo.

a. atributo nominal (sustantivo)

b. atributo adjetival

c. atributo preposicional

d. atributo adverbial

_____ 1. de una disparidad evidente

_____ 2. muy frecuentemente

_____ 3. la pobreza

_____ 4. latinoamericana

Unidad 2: Desafíos

Actividad 3 — Conecta cada ejemplo con el tipo de atributo correspondiente. Algunos son sustantivos (*nominales*), otros adjetivales o adverbiales, y otros son frases preposicionales adjetivales y adverbiales.

ATRIBUTO

1. **Atributo nominal** (Lo que le sigue al verbo *ser* es una frase o cláusula con un sustantivo.)

2. **Atributo adverbial** (Lo que le sigue al verbo *estar* es un adverbio o frase adverbial.)

3. **Atributo preposicional** (Lo que le sigue al verbo *ser* es una frase preposicional para un rasgo característico.)

4. **Atributo preposicional** (Lo que le sigue al verbo *estar* es una frase preposicional para un rasgo mudable o un lugar.)

5. **Atributo adjetival** (Lo que le sigue al verbo *ser* es un adjetivo, frase o cláusula adjetival para un rasgo característico.)

6. **Atributo adjetival** (Lo que le sigue a *estar* es un adjetivo, frase o cláusula adjetival para un rasgo mudable.)

____ a. Ahora el promedio de ingreso latinoamericano es **mayor** que en 2000.

____ b. Estamos **contentos** de que haya habido mejoría.

____ c. Los pobres son el **grupo** que se ha beneficiado más.

____ d. No obstante, la pobreza de unos 40 millones de habitantes es **extrema**.

____ e. Más de la mitad son **de México y Brasil**.

____ f. La variación en niveles de vida es **según el país** y el grado de educación.

____ g. Un 40% de los latinoamericanos están **en riesgo** de caer en la pobreza.

____ h. El peligro está **en el cambio climático** y los problemas económicos.

____ i. Es **desconcertante** que falte mucho tiempo para que Latinoamérica se iguale a los otros países.

____ j. No está **bien** que haya tanta disparidad económica en América Latina.

____ k. La solución está **en las segundas generaciones**.

____ l. La meta es **lograr** reformas de crecimiento.

Sintetizar: Refiriéndote a lo que has repasado, completa la tabla para resumir lo que has aprendido.

Además de responder, al lado de cada respuesta escribe un ejemplo breve que te ayude.

En una oración copulativa...

- se usa *ser* cuando el atributo es un sustantivo. (Cierto / Falso)
- se <u>suele</u> usar *estar* cuando el atributo es un adverbio. (Cierto / Falso)
- se usa *ser* o *estar* cuando el atributo es un adjetivo. (Cierto / Falso)
- se usa (ser / estar / ambos) cuando el atributo es una <u>frase preposicional.</u>
- se usa (ser / estar / ambos) cuando el atributo es <u>una frase preposicional adjetival.</u>
- se usa (ser / estar / ambos) cuando el atributo es una <u>frase preposicional adverbial.</u>

Actividad 4 — **SITUACIONES EN LAS QUE SOLO SE USA *SER***

¿Recuerdas cuando empezaste a hacer ecuaciones en la primaria? ¿Cómo habrías leído esto: 2 + 2 = 4? En español habría sido *Dos y dos son cuatro*. Como es una ecuación se puede decir que cada parte junto al signo (=) es igual a la otra, ¿verdad? Pensando en esta estructura, lee las siguientes oraciones y clasifica cada palabra subrayada. Sigue el ejemplo.

1. La <u>disparidad</u> económica es un <u>desafío</u>.   *sustantivo = sustantivo*

2. El <u>problema</u> es <u>ese</u>. _____

(*OJO: ¿Recuerdas la relación entre sustantivo y pronombre? ¿Se pueden considerar semejantes?*)

3. Su <u>intención</u> era <u>encontrar</u> una solución aceptable. _____

(*OJO: Recuerda que el infinitivo nominal funciona como un sustantivo.*)

Elige la opción correcta y explica por qué <u>es correcta</u>.

   a. *La propuesta era preparar a las segundas generaciones.*
   b. *La propuesta estaba preparar a las segundas generaciones.*

La opción _____ es correcta porque _____

_____

Actividad 5 — **CONTEXTOS EN LOS QUE SOLO SE USA *ESTAR***

Hay ciertos contextos en los que solo se usa *estar*. Primero conecta la razón con el ejemplo correspondiente. Luego, completa la actividad.

a. el resultado de una acción, transformación o cambio

b. hallarse en un determinado lugar, tiempo, situación o circunstancia

____ 1. Ya está contento y satisfecho con el resultado de sus investigaciones.

____ 2. Ahora los investigadores están en Bolivia.*

* Los eventos no siguen esta norma.

Elige la opción correcta y explica por qué <u>es correcta</u>.

   a. *Todos somos muy contentos con las reformas económicas.*
   b. *Todos estamos muy contentos con las reformas económicas.*

La opción _____ es correcta porque _____

_____

Elige la opción correcta y explica por qué <u>es correcta</u>.

   a. *Las soluciones están en las segundas generaciones.*
   b. *Las soluciones son en las segundas generaciones.*

La opción _____ es correcta porque _____

_____

Unidad 2: Desafíos

Actividad 6 — **¿CARACTERIZADOR O MUDABLE?** *SER* o *ESTAR* CON ADJETIVOS

Fíjate en las siguientes oraciones y decide si se le atribuye al sujeto algo inherente / caracterizador o episódico / mudable (se escuchan ambos términos para cada uno).

___ 1. La ciudad es bella.
___ 2. La ciudad está bella.
___ 3. Nena está nerviosa porque tiene un examen.
___ 4. Nena es una persona nerviosa.
___ 5. Lupita es feliz.
___ 6. Lupita está feliz.
___ 7. Los muchachos son jóvenes.
___ 8. Los muchachos están jóvenes en la foto.

a. El adjetivo comunica un rasgo caracterizador/inherente

b. El adjetivo comunica un rasgo mudable/episódico

Escribe dos pares de oraciones como las de arriba y explica la diferencia entre las dos. En tu explicación incluye si con el adjetivo se le atribuye al sujeto un rasgo caracterizador o mudable.

a. _____

b. _____

Explicación: _____
_____

a. _____

b. _____

Explicación: _____
_____

Ahora explica la diferencia entre estas dos oraciones. En tu explicación usa los términos *copulativo*, *atributo*, *caracterizador* y *mudable*.

a. Freditas es simpática.   b. Freditas está simpática.

Explicación: _____
_____

Sintetizar: Refiriéndote a lo que has estudiado, completa la tabla para resumir lo que has aprendido.

- *Ser* se usa para atribuirle al sujeto un rasgo (**caracterizador / mudable**). Aunque es posible que cambie, no es probable.

- *Estar* se usa para atribuirle al sujeto un rasgo (**caracterizador / mudable**). Aunque es posible que sea permanente, no es probable.

158 Unidad 2: Desafíos

Actividad 7 — Imagina que trabajas en una empresa multinacional y se te ha encargado redactar una oferta de trabajo para cubrir un puesto bilingüe inglés /español. Primero con un compañero rellenen la información. Luego escriban el anuncio de oferta de trabajo y denle un título. Usen y subrayen *ser* y *estar* por lo menos tres veces cada uno.

Se busca...

Tipo y ubicación de la empresa: _____

Características de la empresa: _____

_____

Tipo de puesto (administrativo, de contabilidad, gerencial, etc.) _____

Características del puesto _____

_____

Requisitos que debe cumplir el candidato (nivel educativo, nivel de bilingüismo, etc.) _____

_____

Salario, horas por semana, obligación de viajar si aplicable, vacaciones, etc. _____

_____

Dónde enviar la solicitud de empleo, si habrá una entrevista, otros datos _____

_____

Unidad 2: Desafíos

Recapitular, analizar y editar

1. Cierto / Falso   La transcripción fonética se ajusta mejor a la pronunciación que a la ortografía.

2. En la transcripción fonética amplia (hay / no hay) diferencia entre la be y la uve.

3. *Por* se usa para expresar (motivo / propósito).

4. *Para* se usa para expresar (motivo / propósito).

5. Cierto / Falso   "Por mí puedes ir" comunica lo mismo que "Para mí puedes ir".

6. Para referirse al empleador de una persona se dice "Trabaja (por / para) esa compañía".

7. *Verbo copulativo* es el equivalente de (action verb / linking verb) en inglés.

8. Un verbo copulativo (puede / no puede) llevar un objeto directo porque no tiene acción.

9. Cierto / Falso   En una oración copulativa se usa *ser* cuando el atributo es un sustantivo.

10. Cierto / Falso   En una oración copulativa se suele usar *ser* cuando el atributo es un adverbio.

11. En una oración copulativa se usa (**ser / estar / ambos**) cuando el atributo es un adjetivo.

12. En una oración copulativa se usa (**ser / estar / ambos**) cuando el atributo es una frase preposicional.

Repasar. En cada oración subraya el verbo copulativo; marca cada una con el atributo correspondiente.

a. nominal (sustantivo)   ___ 1. Todo está bien.   ___ 4. Los libros están en casa
b. adjetival   ___ 2. Mi tío es investigador.   ___ 5. Estamos contentos aquí.
c. adverbial   ___ 3. El libro es nuevo.   ___ 6. Las flores son de papel.

13. Cierto / Falso   Para clasificar los adjetivos, caracterizador es lo mismo que inherente, y mudable es lo mismo que episódico.

Repasar. Conecta la etiqueta correspondiente con el adjetivo en cada oración.

a. caracterizador   ___ 1. Marcos es aburrido.   ___ 3. La ropa está nueva.
b. mudable   ___ 2. Marcos está aburrido. ___ 4. La ropa es nueva.

14. Cierto / Falso   Los homófonos son palabras que suenan igual pero tienen un significado y una ortografía diferentes.

Repasar. Elige el homófono correcto en cada oración.

1. Ojalá (halla / haya) hecho el trabajo.   5. Había silencio porque el bebé se (calló / cayó).
2. Va a (haber / ver) muchos cambios.   6. Deben (botar / votar) por ese candidato.
3. Quiere que (hierba / hierva) el agua.   7. ¿(Bienes / Vienes) conmigo?
4. Hizo (rallas / rayas) en la hoja de papel.   8. Espero que (baya / vaya) a la fiesta contigo.

Para recordar y repasar. Al final de la última unidad no olvides anotar dudas o cosas para repasar.

Analizar

En las siguientes oraciones:
a. identifica cada clase de palabras. En los paréntesis escribe la letra de su función.
b. analiza la oración usando los términos de la lista, las clases y las funciones.

FUNCIONES

a. Complementa la significación del verbo, adjetivo u otro adverbio.
b. Comunica una acción o estado.
c. Describe un sustantivo.
d. Designa o identifica personas y cosas animadas e inanimadas.
e. Indica si un sustantivo es conocido o general.
f. Relaciona sustantivos o pronombres al resto de la oración.
g. Toma el lugar de un sustantivo.
h. Une palabras o secuencias equivalentes.

TÉRMINOS

Oración: declarativa / interrogativa / imperativa
Oración: simple / compuesta / compleja
Cláusula: independiente / principal / subordinada
Frase
Sujeto
Predicado
Verbo: personal, impersonal, no personal
Modo: indicativo / subjuntivo

1.

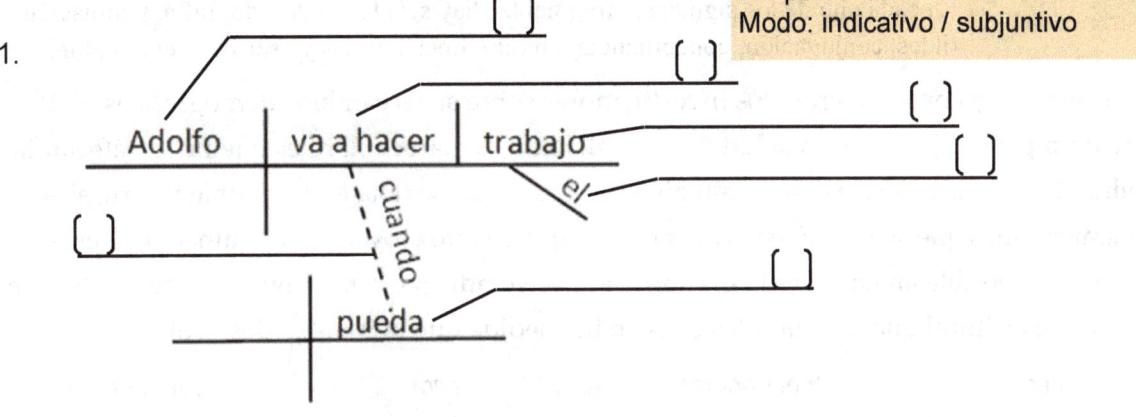

Explicación: _____
_____
_____

2.

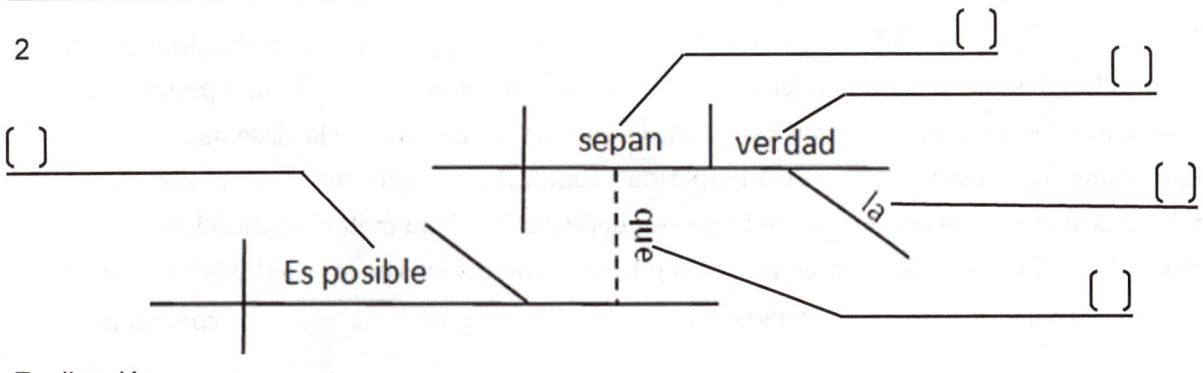

Explicación: _____
_____
_____

Editar

Actividad 1 — En el siguiente fragmento resalta y corrige todas las faltas de uso de *por / para*, *ser / estar*, tildes, aspecto verbal, el subjuntivo y concordancia. Marca las dudas.

Ayer mi hermano me dijó que pronto va a empezar a trabajar por esta compañía porque pague sueldos excelente. El inconveniente está que tiene que filmar sitios enigmaticos y muchos de ellos parece estar encantados. Anoche estuvo en la primer casa para cuatro horas, pero no vio nada. Más cuando llegaba a casa y revisó las imágenes que tomó, veía que una figura efímera aparecía en casi todas las imágenes.

Actividad 2 — En cada uno de los siguientes fragmentos hay seis faltas de ortografía, puntuación, tildes, conjugación, concordancia o modo. Encuéntralas y escribe la corrección.

1. Aunque no hay consenso entre los investigadores sobre si los cambios demográficos suponen un peligro para el seguridad ambiental, lo que si parece claro es que puede afectar la estabilidad económica y social de una región. En particular se nota en los ambientes rurales Latinoamericanos que se ven amenasados por deforestación, erosión, contaminación y escasez de agua. Otra posible amenaza es la urbanización acelerada que están viviendo estos países en desarrollo. Es natural que las ciudades crescan ha medida que un país se desarrolla.

	error	corrección		error	corrección
a.	_____	_____	d.	_____	_____
b.	_____	_____	e.	_____	_____
c.	_____	_____	f.	_____	_____

2. A pesar de que en el 2011 más latinoamericanos formavan parte de la clase media qué de la clase pobre, los niveles de vida dentro de los países aún varian mucho, lo cual presenta un verdadero desafío para la región. Y a pesar de que con el aumento de la clase media Latinoamérica se aserca más a una prosperidad compartida, no obstante, sin un serie de reformas sociales y económicas, ese logro se puede perder. Para evitarlo entidades como el Banco Mundial pretenden preparar a las segundas generaciónes en las medidas a tomar.

	error	corrección		error	corrección
a.	_____	_____	d.	_____	_____
b.	_____	_____	e.	_____	_____
c.	_____	_____	f.	_____	_____

Los desafíos sociales

Como se puede inferir del término, un desafío social supone la participación de individuos en una situación vulnerable. En sí, el desafío puede ser el problema y mayoritariamente afectar a un grupo que es considerado jerárquicamente subordinado. Estos desafíos pueden ser globales, locales o individuales. Entre ellos uno que aparece a cualquier nivel es el rol social del hombre y la mujer.

Antes de leer Toma la siguiente encuesta y añade dos opciones más. Contesta según lo que tú piensas y lo que crees que pensarían tus padres y abuelos. Luego comparte tus respuestas con la clase y escribe un resumen breve de lo que se dijo.

	Yo		Mis padres		Mis abuelos	
	Sí	No	Sí	No	Sí	No
El hombre debe						
1. tener una carrera universitaria o una profesión						
2. tener un empleo en o fuera de casa						
3. ser el proveedor principal de la familia						
4. tomar las decisiones en cuestiones familiares						
5. compartir los quehaceres de la casa						
6. ayudar con el cuidado de los hijos						
7. reprimir sus sentimientos						
8.						
La mujer debe						
1. tener una carrera universitaria o una profesión						
2. tener un empleo dentro o fuera de casa						
3. ser la proveedora principal de la familia						
4. tomar las decisiones en cuestiones familiares						
5. compartir los quehaceres de la casa						
6. ayudar con el cuidado de los hijos						
7. reprimir sus sentimientos						
8.						

Lo que se dijo _____

_____

_____

Lectura   Lee la siguiente selección sobre el rol social de las mujeres y los hombres.

El desafío de los roles sociales

Por lo general la sociedad usa la diferencia biológica entre hombre y mujer para justificar su encasillamiento en ciertos roles sociales que forjan y limitan su actitud y comportamiento. En una sociedad patriarcal el hombre debe ser masculino, dominante, y la mujer debe ser femenina, sumisa. Sin embargo, a través de la historia estas normas han sido cuestionadas debido a razones socioeconómicas. En EEUU las dos guerras mundiales impulsaron a la mujer a participar más en el mundo laboral, y a partir del movimiento feminista la mujer salió más de su rol sumiso. A la misma vez el hombre empezó a participar más en cuestiones hogareñas y hoy en día no es raro que sea quien asume el papel de "amo de casa".

No obstante, aún hoy en día muchos piensan que los roles de los hombres y las mujeres deben asemejarse a los que aparecían en los programas televisivos de los años cincuenta: un padre trajeado que sale para la oficina y la madre bien vestida que se queda en casa para limpiar y cocinar. Pero la realidad es que esos papeles tradicionales han ido cambiando. En particular, en el mundo hispano se ha visto un giro en cuanto a la anticuada perspectiva de considerar el machismo y la autoridad patriarcal como normas sociales para el hombre, y la sumisión y la modestia femenina como norma para la mujer. Pero el rechazo de esos estereotipos no es una novedad. Ya en el siglo XVII la monja novohispana Sor Juana Inés de la Cruz había escrito unos versos que censuraban la desigualdad de género.

> Hombres necios que acusáis
> a la mujer sin razón,
> sin ver que sois la ocasión
> de lo mismo que culpáis…*

Y en el siglo XX la escritora mexicana Rosario Castellanos publicó un ensayo incisivo cuyo título fue tomado del refrán "Mujer que sabe latín ni tiene marido ni tiene buen fin".

Entre las figuras hispanas que destacan en cuanto al controvertido rol social de la mujer se encuentra la argentina Eva Perón. Para sus admiradores "Evita" fue una mujer moderna cuyo feminismo se basaba en trabajar junto a los hombres en vez de competir con ellos. Actriz de profesión, se casó con el coronel Juan Perón y le ayudó a subir a la presidencia. A su vez, luchó por mejorar la situación de las mujeres animándolas a aprovechar su talento e identidad particular para desarrollarse al máximo dentro de su rol social. Pero es precisamente este punto el que usan muchos de los detractores de Evita. Estos alegan que lo que ella hizo fue reforzar la noción de la superioridad masculina y el rol tradicional secundario de la mujer. Sin embargo, reconocen que dio un paso en cuanto a la evolución del papel de la mujer al mostrar

*De *Obras Selectas de la Célebre Monja de Méjico, Sor Juana Ines de la Cruz*, 1873.

que tenía la capacidad de impactar la sociedad en la misma medida que el hombre.

Dentro de los EEUU el rol social de hombres y mujeres en la comunidad hispana suele reflejar la cultura de su país de origen. Pero igual como evoluciona la lengua por su contacto con otras culturas y con un mundo en desarrollo, se están forjando nuevas perspectivas en cuanto al papel de la mujer dentro del núcleo familiar y el mundo empresarial. A su vez, la situación del hombre ha evolucionado a ser más compañero y participante en la familia. Si antes predominaban los hombres con carrera universitaria, hoy en día suele haber más mujeres con licenciaturas, maestrías y doctorados (Esto es de particular interés para los hispanos cuyo porcentaje de ingresados a la universidad supera al de los anglosajones*). Y cada vez hay más mujeres en Estados Unidos en altos puestos corporativos aunque aún haya disparidad salarial.

A pesar de ello la sociedad o la familia a veces crea un dilema para los individuos que transgreden las normas establecidas. Si el marido se queda al frente de la casa mientras su esposa trabaja, puede ser tachado de mantenido o "poco hombre". Y si es el caso contrario y la esposa sigue una carrera en vez de tener hijos u opta por dejarlos en una guardería o a cargo de alguien más, se le puede acusar de no ser una buena madre o esposa. Asimismo, aunque muchos ya aceptan que hay quienes no se identifican con su género biológico de nacimiento, estas personas también enfrentan fuertes estigmas sociales o presiones familiares al no cumplir con lo que considera su rol biológico. Sin duda el estrés severo que sufren estos tres grupos por no encasillarse en un determinado rol social puede acarrear efectos nocivos sicológicos, como depresión o sentido de culpabilidad. Pero a la vez, el no sentirse realizado socialmente también les puede causar trastornos. Entonces, ¿qué se puede hacer? ¿Aceptar las normas o desafiarlas? ¿Qué piensas que harías tú si enfrentaras un dilema social?

* Pew Research Center 9 de mayo, 2013

Después de leer

Actividad 1 Basándote en el contenido de la lectura, contesta las preguntas.

1. ¿Cuál de los siguientes motivos ha efectuado cambios en las normas establecidas?
   a. Lo socioeconómico
   b. El movimiento machista
   c. Las diferencias biológicas

2. ¿Cuál de los siguientes cuartos se asociaba con la mujer en los años cincuenta?
   a. La sala de conferencias
   b. La cocina comedor
   c. El aula universitaria

3. ¿Dónde vivía Sor Juana Inés de la Cruz?
   a. En lo que ahora es Cuba
   b. En lo que ahora es México
   c. En lo que ahora es Colombia

4. ¿Qué insinúa el refrán "Mujer que sabe latín…"?
   a. Todas las mujeres deben aprender una lengua clásica.
   b. El estudiar solo le traerá malas consecuencias a la mujer.
   c. El rol de la mujer es casarse y vivir bien con su marido.

5. ¿Cuál de los siguientes argumentos usaría un detractor de Evita?

a. Si haces tu trabajo como piden los hombres, afirmarás tu identidad.
b. Al ajustarse a las normas sociales la mujer se sentirá más realizada.
c. No debes dejar que el género determine tu rol personal y profesional.

6. ¿Cuál de los siguientes argumentos es científicamente válido contra el rol de amo de casa?
    a. Las mujeres tienen un sentido innato de cómo llevar bien la casa.
    b. Al hacerse cargo de la casa el hombre pierde parte de su machismo.
    c. Ninguno es válido porque obvian el sentido afectivo del hombre.

7. ¿Cuál de las siguientes afirmaciones no se aplica al mundo del siglo XXI?
    a. Los hombres no lloran.
    b. Hay ciertos límites para todo.
    c. El estudiar amplía la capacidad mental.

8. La primera oración de la lectura es una oración
    a. simple
    b. compuesta
    c. compleja

9. ¿Cuál de las siguientes cláusulas contiene un verbo en pretérito?
    a. Debe ser masculino.
    b. Habían sido cuestionadas.
    c. Salió más de su rol sumiso.

10. ¿Cuál de las siguientes oraciones contiene una cláusula subordinada?
    a. Los años cincuenta fueron diferentes.
    b. No entendieron que hacían papeles tradicionales.
    c. Su mentalidad es bicultural e intrigante.

11. ¿Cuál de las siguientes oraciones contiene una cláusula independiente?
    a. El rechazo de esos estereotipos no es una novedad.
    b. Sor Juana escribió unos versos que censuran la desigualdad.
    c. Rosario Castellanos publicó un ensayo cuyo título proviene de un refrán.

Actividad 2 Vuelve a la lectura y completa la tabla con ideas de la selección e ideas tuyas. Luego comenta el tema con el resto de la clase. Escribe otras ideas que aporten.

El rol tradicional del hombre	
Razones a favor de mantenerlo	Razones en contra de mantenerlo

Actividad 3 Repasa las razones de la tabla y elige las que son más fuertes. Después usando las que ofrecen un mejor argumento, completa la tesis. Cuando la hayas escrito, subraya el tema una vez y la postura dos veces.

El rol social tradicional del hombre (se debe / no se debe) mantener porque _____

_____

Actividad 4 **Una carta de reclamación.** Imagina que eres un padre de familia que ha optado por quedarse en casa al cuidado de los hijos mientras tu esposa avanza profesionalmente. Quieres participar en un comité de la escuela de tus hijos pero no te lo permiten porque solo es para las madres. Decides escribir una carta a la asociación de padres y maestros expresando tu fuerte disconformidad con la decisión, pero a la vez no quieres ser ofensivo. Abajo escribe la carta usando un tono formal y el formato correcto. Sigue los consejos que se te dan.

Consejos para una carta de reclamación efectiva.

- Dirige tu carta a la persona que mejor puede solucionar el problema; usa un registro formal.
- Escribe de manera objetiva, no emocional, salvo si es para recalcar algún efecto personal.
- Explica el problema claramente; sé breve y explícito.
- Edita la carta antes de enviarla; no cometas ninguna falta gramatical u ortográfica.

_____

_____

_____

_____

_____

_____

_____

_____

_____

_____

_____

_____

La ortografía: *ch* / *ph* / *th* → c, qu / f / t

La mexicana Frida Kahlo fue una mujer que desafió las normas que regían el comportamiento personal y profesional de la mujer en su época. Quizás fue esa manera de ser lo que la convirtió en un enigma social que pervive.

Imagen de Frida en un billete de 500 pesos mexicanos

Frida Kahlo es una de las figuras más desafiantes del siglo veinte. Hermosa, talentosa, fuerte y trágica, transgredió barreras artísticas y sociales y plasmó su personalidad en pinturas que son tan fascinantes como su vida. Nacida en 1907, hija de padre judío alemán y madre mexicana, su vida estuvo cruzada primero por una enfermedad infantil y luego a los 18 años por un terrible accidente de tráfico que marcó su vida.

Mural de Diego Rivera

A través de los años Frida proyectó en sus lienzos su sufrimiento y desolación, sus dificultades para sobrevivir y su obsesión con Diego Rivera, el gran muralista mexicano con quien llevó una vida turbulenta. De hecho fue Rivera quien le sugirió a Frida que vistiera trajes tradicionales mexicanos, los cuales junto con sus cejas espesas y unidas se convirtieron en su imagen de marca. En 1939 terminó de pintar uno de sus autorretratos más enigmáticos, *Las dos Fridas*. En él aparece representada la doble personalidad de la artista: una Frida viste traje de tehuana, el favorito de Diego; la otra es la Frida de raíces europeas. Los corazones de las dos mujeres están unidos por una sola vena, pero la Frida europea con falda manchada y unas tijeras en la mano amenaza con perder toda la sangre. (Para ver el cuadro pon "las dos Fridas" en tu buscador.)

Es casi imposible separar la vida personal de la temática, la simbología e incluso la técnica de la obra de Frida. Aunque muchos quisieron clasificarla como surrealista, la misma pintora lo rechazó diciendo que lo que pintaba no eran sueños sino su propia vida. Claramente su trayectoria vital plagada de enfermedades y continuo dolor forjó la personalidad de la artista.

Actividad 1   Para cada párrafo, escribe **una** oración que resuma lo más importante. Edítalas.

Párrafo 1: _____

_____

Párrafo 2: _____

_____

Párrafo 3: _____

_____

ch / ph / th → c, qu / f / t

Actividad 2 En las siguientes oraciones elige la palabra bien deletreada. En el espacio en blanco escribe la palabra en inglés. Sigue el ejemplo.

1. Ayer fuimos a una galería de arte que supuestamente exhibía cuadros de Frida Kahlo pero fue un verdadero engaño. La galería era como la _franchise_ (franchicia / franquicia) de una tienda para _____ (alquimistas / alchimistas), _____ (machinistas / maquinistas) _____ (anacrónicos / anachrónicos) o _____ (archángeles / arcángeles) que padecían de _____ (bronchitis / bronquitis).

2. Aunque los cuadros eran muy _____ (cromáticos / chromáticos) como los de Frida, mostraban una _____ (téchnica / técnica) algo _____ (caótica / chaótica) aunque con unas _____ (características / characterísticas) muy personales, como se pueden apreciar en los cuadros de la artista mexicana.

3. Según nos informaron, eran de unos maestros _____ (chiméricos / quiméricos) de la pintura de la _____ (época / épocha) sicodélica, y por eso representan la disolución del _____ (chiasmo / quiasmo) entre la _____ (dicotomía / dichotomía) de lo real y lo imaginario.

4. La _____ (biographía / biografía) de uno de los artistas incluía una _____ (foto / photo) de cuando vivía en la _____ (periferia / peripheria) del mundo _____ (phísico / físico), o sea, cuando empezaba a perder la noción de la realidad.

5. A veces ese artista se representa como _____ (fantasma / phantasma); en otras ocasiones parece un _____ (faraón / pharaón) montado en un _____ (delfín / delphín) que cruza un mar sideral.

6. _____ (Enfatiza / Emphatiza) su _____ (philosofía / filosofía) personal con un brote de lirios que le sale del _____ (thórax / tórax).

Sistetizar: Refiriéndote a lo que has estudiado, completa la tabla para resumir lo que has aprendido.

- Cierto / Falso   El sonido /k/ solo se escribe con "c" o "qu" en español.
- Cierto / Falso   El sonido /f/ se puede escribir con "ph" en inglés y en español.
- Cierto / Falso   El sonido /θ/ se puede escribir "th" en inglés pero no en español.

Actividad 3 Con un compañero pronuncien las siguientes palabras y decidan si están bien deletreadas. Corrijan las equivocadas.

arcaísmo caracterización charismático cristianismo matriarca architectura
anarquismo chronológico químicos choros arácnida arquería archos
apóstrofo telephónica geografía prótesis termómetro theatro

Las dobles consonantes

Actividad 4 Lee en voz alta las palabras de la columna izquierda y escribe la traducción al lado. Luego subraya la diferencia ortográfica. Sigue el ejemplo.

proceso	pro<u>ce</u><u>ss</u>	cafeína		acción	
masaje		inteligente		diccionario	
clase		colágeno		sabático	
asistir		abreviatura		aceptar	
excesivo		rabino		accesorio	
estrés		abadía		acomodar	
asesorar		bobina		acuerdo	
profesar		amoniaco		acosar	
aparato		comunidad		inmigración	
apelar		simétrico		conmiserar	
aparente		comentar		inmovilizar	
aparecer		comercial		inmune	
apéndice		aliado		inocente	
efervescente		accidente		innovador	
afirmar		acento		connotación	

Sintetizar: Refiriéndote a lo que has estudiado, completa la tabla para resumir lo que has aprendido.

- Cierto / Falso   Además de "ll" y "rr", las otras consonantes que se pueden doblar son "cc" y "nn".
- Cierto / Falso   "nn" en inglés siempre es "nn" en español, y "cc" en inglés siempre es "cc" en español.

Actividad 5 Usando tus conocimientos, corrige las palabras mal deletreadas.

occasional applaudir collaborar opinar sabático dissecar impeccable

afirmativo effectivo accionar excesivo communitario acordar robbado

La lengua: Los verbos de cambio

A los verbos que expresan el concepto de *become* se les llama <u>verbos de cambio</u> o <u>devenir</u>. Varios verbos expresan *become* en español; la decisión de cuál usar depende de lo que se quiere comunicar. **OJO:** Estos verbos pueden tener otros significados además de *to become*. Aquí solo se usan en ese sentido.

A pesar de todos los avances de nuestra época, o quizás debido a ellos, todos sufrimos desafíos acarreados por nuestro estilo de vida. A veces estos nos llevan a <u>ponernos</u> taciturnos e incluso <u>volvernos</u> insensatos. Algunos alegan que es porque no hemos aprendido a relajarnos, que no sabemos cómo mantener un equilibrio emocional cuando estamos estresados y eventualmente <u>nos quedamos</u> solos, alienados. En cambio otros proponen que es porque individualmente no buscamos con anticipación soluciones a los problemas que enfrentaremos. Como consecuencia los desafíos <u>se convierten en</u> barreras insuperables.

Actividad 1 Mira la siguiente tabla de algunos desafíos sociales. Luego, con unos compañeros comenten y escriban unas soluciones para cada uno.

Desafío	Soluciones
Problemas físicos y mentales	Para no volverse loco, hay que tomar la vida con calma.
Violencia y crueldad	Para evitar que las personas agresivas se conviertan en abusadores, hay que
Corrupción y falta de ética moral	
Adicciones	
Explotación del individuo o de grupos sociales	
Materialismo y egoísmo	
Sobrepoblación	

¿Cuál de las dos...*qué* o *cuál*? Fíjate en lo siguiente. *¿Qué es una adicción? Es una dependencia. ¿Cuál es una adicción? El consumir cocaína.* La primera solicita una definición; la segunda, un ejemplo. Para elegir en un grupo, en España se usa más *qué* (*¿Qué país está sobrepoblado?*) mientras que en las Américas se usa más *cuál* (*¿Cuál país está sobrepoblado?*). Cuando están solos, *qué* elige algo en un grupo heterogéneo (*¿Qué es peor: la explotación o la sobrepoblación?*), mientras que *cuál* elige algo en un grupo homogéneo (*¿Cuál es peor: la explotación individual o de grupos sociales?*).

Unidad 2: Desafíos

Actividad 2 — En la selección de la página anterior había unos verbos de cambio subrayados: *volverse, ponerse, quedarse, convertirse en*. Abajo hay otros. Lee los ejemplos de cada verbo y luego del banco de datos elige y escribe la definición para cada uno. Finalmente, en la raya escribe un ejemplo para cada verbo.

- Es una <u>transformación **involuntaria**</u> de carácter, actitud o aspecto; le sigue un sustantivo o un adjetivo.
- Es un <u>cambio **deliberado**</u> de identidad, ideología, profesión, etc. y destaca más el resultado que el proceso; le sigue un sustantivo o adjetivo.
- Es la **<u>consecuencia</u>** de un suceso o actividad anterior; le sigue un adjetivo.
- Es un <u>cambio (de **corta duración**)</u> involuntario, físico o de ánimo; le sigue un adjetivo.
- Es una <u>transformación **caracterizadora, profunda**</u>; le sigue un sustantivo.
- Es un <u>cambio logrado con **esfuerzo**</u> y destaca el proceso no el resultado; le sigue un sustantivo o un adjetivo.

convertirse en (+ sustantivo o pronombre) _____
_____
_____

Se convirtió en un <u>monstruo</u> explotador.
Se convertirán en <u>lo que</u> desean.
_____

hacerse (+ sustantivo o adjetivo) _____
_____
_____

Se han hecho <u>ecologistas.</u>
Se hará <u>rico</u> antes de los cincuenta años.
_____

llegar a ser (+ sustantivo o adjetivo) _____
_____
_____

Llegó a ser <u>presidente</u> del país.
Han llegado a ser <u>tolerantes</u>.
_____

ponerse (+ adjetivo) _____
_____
_____

Se pone <u>violenta</u> al verse enfrentada.
Nos pusimos <u>rojos</u> de vergüenza.
_____

quedarse: (+ adjetivo) _____
_____
_____

Se quedó <u>boquiabierta</u> con tu reacción.
Nos quedamos <u>tristes</u> al ver la destrucción.
_____

volverse (+ sustantivo o adjetivo) _____
_____
_____

Se ha vuelto muy <u>arrogante</u>.
Se volvió <u>adicto</u> a la comida chatarra.
_____

172 Unidad 2: Desafíos

Sintetizar: Subraya los verbos de cambio en cada oración y completa el recuadro.

Ponerse
1. Se puso rojo de ira.

A *ponerse* le sigue un _____ e indica cambios (**caracterizadores / de poca duración / involuntarios / logrados con esfuerzo**). (Marca todas las que corresponden.)

Quedarse
1. Se quedaron asombrados del paisaje.

A *quedarse* le sigue un _____ e indica cambios (**caracterizadores / de poca duración / involuntarios / logrados con esfuerzo**) que son el resultado de algo anterior.

Volverse
1. Se volvió desconfiado por lo que le pasó.   2. Se volvió una mujer intolerante.

A *volverse* le sigue un _____ o un _____ e indica cambios (**caracterizadores / de poca duración / involuntarios / logrados con esfuerzo**) de estado, carácter o actitud.

Llegar a ser
1. Llegó a ser un hombre honesto.   2. Esa mujer llegó a ser muy rica.

A *llegar a ser* le sigue un _____ o un _____ y destaca el resultado de cambios (**caracterizadores / episódicos / involuntarios / logrados con esfuerzo**) que van precedidos por un proceso largo y duro.

Hacerse
1. Se hizo monje.   2. Se hizo altivo y antipático.

A *hacerse* le sigue un _____ o un _____ e indica cambios (**deliberados / episódicos / involuntarios / logrados con esfuerzo**) de ideología, profesión, identidad, etc., pero destaca más el resultado que el proceso.

Convertirse en
1. Se convirtió en un déspota narcisista.

A *convertirse en* le sigue un _____ e indica un cambio profundo.

Actividad 3 Completa las siguientes oraciones acerca de Frida Kahlo con la opción adecuada. Debajo explica tu elección. Puedes usar la información de arriba.

1. Se dice que Frida (se hacía / se volvía) loca por los dolores tan tremendos que sufría.

Unidad 2: Desafíos

Elegí _____ porque _____

2. Siempre luchó contra (hacerse / convertirse en) una reclusa.

Elegí _____ porque _____

3. Cuando empezó a pintar, dudo que pensara que (se quedaría / se haría) tan famosa.

Elegí _____ porque _____

4. Otra mujer se habría (quedado / convertido en) callada frente a los engaños de su esposo.

Elegí _____ porque _____

5. Aunque con su esfuerzo (llegó a ser / se volvió) famosa, nunca fue verdaderamente feliz.

Elegí _____ porque _____

Actividad 4 Completa la siguiente entrevista que le hace un reportero a Jorge López que acaba de recibir un premio por sus esfuerzos a favor de los derechos humanos.

PERIODISTA. ¿Trabajaron mucho para lograr su meta de conseguir justicia para los oprimidos?

SR. LÓPEZ. Pues, sí. Solo fue después de mucho esfuerzo que _____ unos defensores reconocidos de los derechos humanos.

PERIODISTA. Cuando recibieron el premio por su labor, ¿cómo reaccionó el público?

SR. LÓPEZ. La verdad, casi todos _____ sin habla porque había habido mucha adversidad contra nosotros.

PERIODISTA. ¿Siempre habían pensado ser abogados defensores?

SR. LÓPEZ. No. Íbamos a ser publicistas, pero decidimos _____ abogados.

PERIODISTA. ¿Qué fue lo que les hizo cambiar?

SR. LÓPEZ. Influyó mucho lo consternados que _____ cuando vimos las atrocidades que se cometían contra estas personas que solo luchaban por sus derechos.

Actividad 5 Ahora imagina que tú formas parte del equipo del Sr. López y un reportero te entrevista. Contesta sus preguntas usando un verbo de cambio.

REPORTERO. Le felicito por su premio. Pero cuéntenos, ¿por qué eligió la carrera de leyes?

Tú: _____

REPORTERO. ¿Cree que ahora es más o menos exigente profesionalmente?

Tú: _____

REPORTERO. ¿Piensa que en el futuro le gustaría ejercer otra profesión?

Tú: _____

REPORTERO. ¿Qué les diría a los jóvenes que quieren ser un buen abogado?

Tú: _____

Los pronombres relativos y las cláusulas relativas

Antes ya viste el uso de los pronombres relativos en las cláusulas adjetivales; ahora los estudiarás más a fondo. El término que identifica estas cláusulas es *cláusulas relativas*.

En 1928 nace en Rosario, Argentina, uno de los personajes más enigmáticos y controvertidos del siglo XX: Ernesto Guevara, mejor conocido como Che Guevara. Político, escritor, periodista y médico fue uno de los ideólogos y comandantes de la Revolución cubana (1953-1959). Su creencia que era necesario extender la lucha armada en todos los países en vías de desarrollo lo impulsó a instalar focos guerrilleros en varios países latinoamericanos.

La sola mención de Che Guevara despierta grandes pasiones en la opinión pública entre quienes casi lo idolatran y quienes lo desprecian. Para muchos es un símbolo de la lucha contra las injusticias sociales y la corrupción, mientras que otros ven en él no un espíritu desafiante sino un criminal responsable de asesinatos en masa. La fotografía que le hizo Alberto Korda en un entierro es una de las imágenes más reproducidas tanto en su forma original como en variantes artísticas y publicitarias del movimiento contracultura, en particular.

Muchos analistas han tratado de explicar el fenómeno de la extendida identificación con el Che a través del mundo, pero no lo han logrado. Algunas teorías postulan que es el resultado de una búsqueda de ejemplos éticos por parte de la juventud, o de su muerte violenta cuando aún era joven o incluso de que se le parecía a Jesucristo. Pero además de los numerosos dibujos, grabados y fotografías, el Che también ha sido el tema de varias canciones; la más conocida es *Hasta siempre comandante* que ha llegado a ser un clásico de la canción latinoamericana. Asimismo varias películas se han dedicado total o parcialmente a su figura, como *Evita* (1996), *Diarios de motocicleta* (2004) y *Che (2006)*.

Actividad 1 Fíjate en las siguientes oraciones y completa la actividad.

Su creencia <u>que era necesario extender la lucha armada</u> lo impulsó a la acción.

La teoría <u>que atribuye su popularidad a su muerte violenta</u> no es aceptada por algunos.

La fotografía <u>que le hizo Alberto Korda</u> es una de las más conocidas.

a. Dibuja una flecha de *que* a su <u>referente</u> (a lo que se refiere).
b. Si *que* se refiere a un sustantivo, se puede decir que toma su lugar. Entonces ¿qué clase de palabras es *que* en estas oraciones? _____
c. ¿Con qué clase de palabras se relacionan <u>las cláusulas subordinadas</u> de estas oraciones: verbo / adjetivo / conjunción?

Unidad 2: Desafíos **175**

Actividad 2 Compara las oraciones y contesta las preguntas.

1. a. La opinión que fue un militante del bien es compartida por muchos.
   b. La opinión, que fue un militante del bien, es compartida por muchos.
2. a. La película que salió al mercado en 2004 presenta al Che en sus inicios.
   b. La película, que salió al mercado en 2004, presenta al Che en sus inicios.

En las oraciones *a* no hay comas que separen la cláusula subordinada de su referente, pero en la forma *b*, sí las hay. Según la puntuación y recordando la gramática en inglés,

- ¿cuáles de las oraciones contienen información esencial para el referente: a / b?
- ¿cuáles dan información adicional pero que no es esencial para el referente: a / b?
- ¿a qué se refiere *que* en ambas formas de oraciones: una cosa / una persona?

Sintetizar: Refiriéndote a lo que has estudiado, completa la tabla para resumir lo que has aprendido.

- Cierto / Falso   En una cláusula relativa *que* es un pronombre.
- Cierto / Falso   Cuando el referente es una cosa se usa *que*.
- Si la información de la cláusula relativa especifica [da información esencial], **(se usan / no se usan)** comas.
- Si la información de la cláusula relativa explica [da información adicional pero no esencial], **(se usan / no se usan)** comas.
- Cierto / Falso   El uso u omisión de las comas en estas cláusulas es igual en inglés.

Actividad 3 Usando las oraciones de arriba como modelo, escribe una oración con una cláusula especificativa. Luego transfórmala en una oración con una cláusula explicativa.

1. Especificativa _____

2. Explicativa _____

Actividad 4 Compara las oraciones y completa la actividad

En la película un joven que era un viejo amigo del Che lo acompaña en el viaje.

En la película un joven, que era un viejo amigo del Che, lo acompaña en el viaje.

En la película un joven, quien era un viejo amigo del Che, lo acompaña en el viaje.

Dibuja una flecha de *que* o *quien* a su referente.
¿Se puede usar *que* para referirse a una persona: sí / no?
¿Se puede usar *quien* para referirse a una persona: sí / no?
¿En qué tipo de cláusula se puede usar *que*: especificativa / explicativa / ambas?
¿En qué tipo de cláusula se puede usar *quien*: especificativa / explicativa / ambas?
Compara las oraciones.

      El joven con quien viajó el Che era su viejo amigo.
      El joven, con quien viajó el Che, era su viejo amigo.

¿Qué clase de palabras va delante de *quien*? _____ ¿Se puede usar *que*: sí / no?

Sintetizar: Refiriéndote a lo que has estudiado, completa la tabla para resumir lo que has aprendido.

- Cierto / Falso En una cláusula relativa <u>especificativa</u> se usa *quien* para referirse a personas.
- Cierto / Falso En una cláusula relativa <u>explicativa</u> se usa *quien* o *que* para referirse a personas.
- Si una <u>preposición</u> precede (va delante de) un pronombre relativo que se refiere a una persona, se usa (*que* / *quien*); si es plural, se usa (*que* / *quienes*).

Actividad 5 Lee las oraciones y completa la información de las columnas. Sigue el ejemplo.

	Especifica Explica	Referente	Cosa o persona	Pronombre relativo
1. Entre las historias del Che hay unas que son reveladoras.	especifica	unas	cosa	que
2. Conocí a un hombre que fue compañero del Che en la facultad de medicina.	especifica	un hombre	persona	que
3. El señor, que debe de tener unos ochenta años, dice que el Che se preocupaba por todos.	explicativa	señor	persona	que
4. En la biblioteca encontré un libro, que es muy interesante, sobre la época de los cincuenta.	explicativa	un libro	cosa	que
5. El bibliotecario, quien me ayudó mucho, es un verdadero genio.	explicativa	bibliotecario	persona	quien
6. Esa tarde me presentó a la profesora que investiga las personalidades revolucionarias.	especifica	profesora	persona	que
7. Me gustaría leer el artículo que escribió acerca de las diferentes personalidades.	especifica	el artículo	cosa	que
8. No creo estar de acuerdo con la profesora, quien defiende una personalidad única.	explicativa	profesora	persona	quien
9. Pero sí estoy de acuerdo con ese autor que aboga por las diferencias culturales.	especifica	autor	persona	que

	La cláusula especifica.	El referente es una persona.	Pronombre relativo	Preposición delante del pronombre
1. Ese es el periodista a quien le entregué el libro ayer.	sí	sí	quien	sí
2. Conocí a un investigador que vivió con los revolucionarios durante diez años.				
3. ¿Recuerdas el nombre del conferencista de quien me hablaste ayer?				
4. Mi hermano me informó sobre el activista que hablará esta tarde.				
5. Nadie me pudo decir el nombre del hombre para quien el Che y Alberto trabajaron en Perú.				
6. En la conferencia creo que encontraré a una persona con quien trabajaron.				

Unidad 2: Desafíos 177

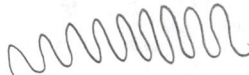

Sintetizar: Refiriéndote a lo que has estudiado, completa la tabla para resumir lo que has aprendido.

- La cláusula relativa especificativa comunica información (**esencial / no esencial**).
- La cláusula relativa explicativa comunica información (**esencial / no esencial**).
- La cláusula (**especificativa / explicativa**) se encierra entre comas.
- Si la cláusula relativa se refiere a una cosa, se usa (**que / quien**).
- Si la cláusula relativa es especificativa, se refiere a una persona y el pronombre relativo **no** va precedido de una preposición, se usa (**que / quien**).
- Si la cláusula relativa es especificativa, se refiere a una persona y el pronombre relativo **sí** va precedido de una preposición, se usa (**que / quien**).
- Si la cláusula relativa es explicativa y se refiere a una persona, se usan (**que / quien / ambos**).

Actividad 6 Subraya la opción correcta. Si ambas son correctas, subraya las dos. En el espacio en blanco escribe si la cláusula relativa es especificativa o explicativa.

1. La película es de ese productor (que / quien) llegó ayer. _____
2. La película es de ese productor, (que / quien) llegó ayer. _____
3. El actor, (que / quien) hizo el papel del Che, ya se fue. _____
4. El actor (que / quien) hizo el papel del Che ya se fue. _____
5. El director, a (que / quien) conocí anoche, es muy interesante. _____
6. El director a (que / quien) conocí anoche es muy interesante. _____

Actividad 7 Contesta las siguientes preguntas con una cláusula de relativo. Cuida la puntuación y la ortografía, e identifica el tipo de cláusula que usas. Sigue el ejemplo.

1. ¿Qué tipo de película vamos a ver: cómica o histórica?

   __Vamos a ver *Los rompehuesos* que es una película cómica.____ especificativa _____

2. ¿Quieres volver a ver *Che,* la película de ayer? _____
   _____

3. ¿Cuál de tus amigos va con nosotros: el de San Antonio o el de Houston? _____
   _____

4. ¿Invito a mi primo Luis, el de Miami? _____
   _____

5. ¿Para quién es este tipo de película: jóvenes o adultos? _____
   _____

Para recordar y repasar. Al final de la última unidad no olvides anotar dudas o cosas para repasar.

Gramática: La colocación de los adjetivos

Como ya has notado, los adjetivos en español cambian de sitio: algunos van delante del sustantivo y otros, detrás. Pero no se hace al azar sino que hay orden en dónde se colocan. En esta sección primero trabajarás con algunos adjetivos que no cambian de sitio.

Lectura

Don Pedrito Jaramillo

Se dice que cuando un hispano rico se enferma acude a ver al médico. Pero cuando está muy enfermo, acude al curandero. Por otro lado, cuando un pobre está enfermo primero va al curandero. Si este no lo cura, entonces va al médico. Que sea verdad, no lo puedo confirmar. Pero lo que sí es seguro es que los curanderos son parte de la cultura hispanoamericana y el foco de muchos estudios antropológicos. Sin duda desafían las normas médicas occidentales.

¿Quiénes son estos curanderos? En breve son personas que usan medios físicos y espirituales para curar, es decir, usan la medicina alternativa. Dependiendo de cada uno, sus funciones pueden ir desde curaciones mediante tratamientos herbolarios y masajes hasta sanaciones de males ocultos y misteriosos como el mal de ojo. Su oficio proviene de antiguas tradiciones precolombinas y sus curaciones sincretizan esos conocimientos milenarios con prácticas religiosas y medicinales occidentales. La mayor diferencia con gran parte de los médicos occidentales es que en vez de enfocarse solo en el cuerpo físico, usan lo espiritual para curar la enfermedad, ya sea mental, emocional, física o espiritual.

Don Pedrito Jaramillo es un curandero que ha tenido un gran impacto a pesar de que murió en 1907. Hijo de indios tarascos, se dice que nació en 1829 en la ciudad mexicana de Guadalajara. Las primeras noticias que se tienen de D. Pedrito son cuando llegó al rancho de Los Olmos en el sur de Texas y anunció que era curandero. Según se dice, su profesión empezó cuando se cayó de un caballo y se hirió la nariz. Se cuenta que tomó lodo de un charco, se lo frotó en la nariz y, después de tres días, sanó. D. Pedrito contaba que cuando por fin pudo dormir después de varios días sin pegar ojo por el dolor tan tremendo, oyó la voz de Dios diciéndole que ahora tenía el don de curar. Ya siendo curandero uno de los remedios que más usaba D. Pedrito era el agua, ya fuera en baños o bebida de manera ritual durante cierto número de días, generalmente tres o nueve. Algunos le atribuían poderes síquicos diciendo que podía distinguir entre los creyentes y no creyentes, y que si alguien había sufrido algo traumático lo sabía sin que se lo dijeran. Además, se habla de su sentido del humor. Por ejemplo se cuenta que una mujer estaba desesperada por las terribles migrañas que padecía, pero no quería ir a D. Pedrito por miedo a lo que dirían sus amistades. Entonces mandó a alguien en su lugar. Como es de esperar D. Pedrito se dio cuenta y, molesto, recetó que la mujer se cortara la cabeza. Cuando le dijeron a la mujer lo que le había recetado D. Pedrito, le dio **una rabieta tremenda**…y ¡jamás volvió a padecer de dolores de cabeza!

Cuando murió D. Pedrito se le levantó un altar en el rancho Los Olmos en Falfurrias, Texas. Hoy en día los creyentes siguen haciendo peregrinajes a la capilla cuyas paredes están cubiertas con testimonios, muletas, bastones y todo tipo de reliquias que han dejado los peregrinos que sienten que el espíritu de D. Pedrito los ha curado.

Después de leer

Actividad 1 — Basándote en el contenido de la lectura, contesta las preguntas.

1. ¿A cuál de las siguientes personas le interesaría más estudiar a los curanderos?
   a. Un médico
   b. Un antropólogo
   c. Un biólogo

2. ¿De cuándo datan los conocimientos de los curanderos?
   a. Antes de la llegada de Colón
   b. La época de la conquista española
   c. Aproximadamente doscientos años

3. ¿Qué se puede decir de D. Pedrito?
   a. Nació a principios del siglo XX.
   b. Inmigró a EEUU.
   c. Vivió en California.

4. ¿Cuál parece ser un número significativo para D. Pedrito?
   a. 1
   b. 3
   c. 7

5. ¿Cuál es un componente de las curaciones que más empleaba D. Pedrito?
   a. El agua
   b. El lodo
   c. El humor

6. ¿Cuál de las siguientes palabras es un sinónimo de *rabieta* en la frase "*una rabieta tremenda*" (párrafo 3)?
   a. Enojo
   b. Inspiración
   c. Hambre

7. ¿Cuál de las siguientes oraciones contiene un pronombre relativo?
   a. ¿Quiénes son estos curanderos?
   b. Son personas que usan medios físicos y espirituales para curar.
   c. Es seguro que los curanderos son parte de la cultura hispanoamericana.

8. ¿Qué tipo de cláusula es la siguiente: "*cuando le dijeron a la mujer*"?
   a. Independiente
   b. Principal
   c. Subordinada

9. ¿Qué clase de palabras es *los* en la siguiente frase: "*Hoy en día los creyentes*"?
   a. Pronombre
   b. Adverbio
   c. Artículo

10. ¿Qué se puede decir de la palabra *cayó*?
    a. Es un homófono.
    b. Es un cognado.
    c. Muestra imperfectividad.

11. ¿Cuál de las siguientes oraciones es simple?
    a. Se dice que cuando un hispano rico está enfermo va al médico.
    b. Sin duda desafían las normas médicas occidentales.
    c. Algunos le atribuían poderes síquicos diciendo que podía distinguir entre los creyentes y no creyentes.

Actividad 2 — ¿Qué piensas de los curanderos? Abajo escribe tu opinión.

_____

_____

_____

Actividad 3 Vuelve a la lectura y subraya las ideas más importantes acerca de los curanderos. Luego elige tres y escribe una pregunta para cada idea para hacérsela a dos hispanos. Por ejemplo: *Si los curanderos usan medios físicos y espirituales para curar ¿crees que practican la medicina alternativa?*

Preguntas	Respuestas
1.	Entrevistado 1:
	Entrevistado 2:
2.	Entrevistado 1:
	Entrevistado 2:
3.	Entrevistado 1:
	Entrevistado 2:

Actividad 4 Escribe un párrafo breve que resuma **las ideas de los entrevistados y las tuyas.**

_____
_____
_____
_____
_____
_____
_____
_____

Gramática: La colocación de los adjetivos determinativos

Aunque ciertos adjetivos en español cambian de lugar, otros no. En esta sección trabajarás con unos adjetivos que no varían su colocación: *los adjetivos determinativos*.

Actividad 1 En las siguientes oraciones, subraya los adjetivos. Luego en el recuadro escribe el adjetivo determinativo que piensas que corresponde. Contesta las preguntas.

1. La primera persona a quien visita un pobre es a su curandero.

2. Estas personas son el foco de muchos estudios.

3. Sus funciones sincretizan cuantiosas tradiciones.

4. Este remedio pide beber agua durante tres o nueve días.

5. En la capilla hay incontables reliquias que han dejado los peregrinos o sus familiares.

a. posesivo

b. cuantitativo

c. demostrativo

d. ordinal

¿Dónde se colocan estos adjetivos: delante o después del sustantivo? ¿En inglés? delante / después

¿Hay concordancia (*agreement*) entre el adjetivo y el sustantivo? Sí   No

¿En inglés?   Sí   No   ¿Por qué? _____

Sintetizar: Refiriéndote a lo que has estudiado, completa la tabla para resumir lo que has aprendido.

Los adjetivos determinativos (ordinal, cuantitativo, demostrativo, posesivo) van (delante / después) del sustantivo.

Actividad 2 Escribe dos oraciones. En cada oración usa dos adjetivos determinativos; no los repitas.

1. _____

2. _____

Actividad 3 Edita la siguiente selección. Hay faltas de tildes y adjetivos determinativos.

Está fue la primer vez que Martina visitó a esa curanderas. Cuando llegó vio que habia veintiún personas delante de ella y su madre le aconsejó que se fuerá. Pero su amigas que ya estaban en ese lugar le dijeron que se quedara porque era muy dificil conseguir cita y ademas estas curanderas eran muy respetables. Incluso una de ellas era doctora y había estudiado en la India y con los amerindios mesoaméricanos. La otra curandera era su abuela y se había dedicado a estudiar los musculos y tejidos, y por eso era una sobadora excelente. Incluso el gobernadór del estado era sus cliente.

Otros adjetivos que no cambian de sitio: los adjetivos inherentes

Actividad 1 — Debido a su valor curativo, con frecuencia la miel es un ingrediente de la medicina alternativa.

a) Cuando escuchas la palabra *miel*, ¿en qué piensas: algo dulce / salado / ácido / amargo?

b) ¿Piensas que hay miel que no es dulce? Sí   No

Ahora piensa en la frase *dulce miel* y marca todas las características que se aplican a *dulce*.

- o *"Dulce"* es un adjetivo.
- o *"Dulce"* es un sustantivo.
- o Si se omite *"dulce"* de la frase, no cambia el sentido del sustantivo (*"miel"*).
- o *"Dulce"* no diferencia el sustantivo de otros de su misma clase (miel).
- o *"Dulce"* diferencia el sustantivo de otros de su misma clase (miel).
- o *"Dulce"* es una característica inherente (inseparable) de la miel.
- o *"Dulce"* se coloca delante del sustantivo.
- o *"Dulce"* se coloca después del sustantivo.

Sintetizar: Refiriéndote a lo que has estudiado, completa la tabla para resumir lo que has aprendido.

- Los adjetivos inherentes comunican una característica (diferenciadora / inseparable).
- Los adjetivos inherentes normalmente se colocan (delante / después) del sustantivo, pero aunque cambiaran de lugar o se omitieran, el significado del sustantivo no cambiaría.

Actividad 2 — Lee con cuidado el ejemplo. Luego completa los otros de la misma manera.

dura piedra

1. "Dura" es una cualidad inherente de piedra porque es parte de su naturaleza.
2. Si se omite "dura" de la frase, no cambia el sentido de piedra porque "dura" no diferencia la piedra de otras piedras típicas.
3. "Dura" es un adjetivo inherente y normalmente se coloca delante del sustantivo.

brillante sol

1. _____
2. _____
3. _____

suave algodón

1. _____
2. _____
3. _____

Unidad 2: Desafíos

Actividad 3 — Construye frases nominales con los siguientes sustantivos y adjetivos, haciendo cualquier cambio necesario. Hay mezcla de adjetivos determinativos e inherentes.

1. comida / aquel ___aquella comida___
2. lobo / astuto _____
3. versiones / veintiún _____
4. flores / alguno _____
5. abuelos / su _____
6. noche / negro _____
7. mariposa / delicado _____
8. lumbre / ardiente _____

Actividad 4 — Identifica el tipo de adjetivo (demostrativo, posesivo, ordinal, cuantitativo o inherente) en cada frase nominal. Traduce la frase y decide si se coloca igual en español que en inglés. Luego, añade otro ejemplo para cada tipo de adjetivo.

frase nominal	tipo de adjetivo	traducción	¿igual: sí / no?
1. frío hielo			
2. único lobo			
3. cierto día			
4. nuestras historias			
5. tercera narración			
6.			
7.			
8.			
9.			
10.			

Actividad 5 — Subraya el adjetivo que está bien colocado.

(Algunas historias / Historias algunas) acerca de los curanderos han perdurado por (muchos años / años muchos) e incluso han llegado a formar parte de la literatura desde los (primeros tiempos / tiempos primeros) de la tradición oral. Curiosamente según las versiones que hayan pasado por (innumerables generaciones / generaciones innumerables), (varios elementos / elementos varios) se han incorporado, como el uso de (efímeros espíritus / espíritus efímeros) o de (negras urracas / urracas negras) en los rituales.

Gramática: Las cláusulas relativas y los adjetivos calificativos

A diferencia de los adjetivos determinativos que acabas de estudiar, los adjetivos calificativos (su función es señalar una cualidad concreta o abstracta del sustantivo) se pueden anteponer (*ir delante*) o posponer (*ir después*) del sustantivo que modifican. Tu entendimiento de las cláusulas relativas te puede ayudar a entender su colocación.

Actividad 1   Para repasar identifica las siguientes cláusulas como especificativa o explicativa. Explica tu elección.

a. _____ Una sobadora que es nueva ha llegado.

Explicación: _____

b. _____ Una sobadora, que es nueva, ha llegado.

Explicación: _____

¿Cuál de las dos oraciones diferencia claramente qué sobadora? (Piensa que hay muchas sobadoras): a / b? Explica. _____

Actividad 2   Ahora, fíjate en la manera en la que se convierten las oraciones complejas en oraciones simples. Luego completa la actividad.

Oración compleja con cláusula		Oración simple con adjetivo
Una sobadora que es nueva ha llegado.	→	Una **sobadora nueva** ha llegado.
Una sobadora, que es nueva, ha llegado.	→	Una **nueva sobadora** ha llegado.

A los adjetivos que corresponden a las cláusulas especificativas se les llama *especificativos* o *restrictivos;* a los que corresponden a las explicativas, *explicativos* o *no restrictivos*.

1. Con un compañero vuelvan a leer las oraciones y la correspondencia entre *especificativa* y *restrictivo* y *explicativa* y *no restrictivo*. Expliquen esa correspondencia. _____

_____

_____

2. ¿Encuentran alguna relación entre adjetivos inherentes y adjetivos explicativos? Expliquen.

_____

Actividad 3   Conecta las etiquetas con las definiciones y explicaciones correspondientes.

1. _____ cláusula especificativa

2. _____ cláusula explicativa

3. _____ adjetivo especificativo

4. _____ adjetivo explicativo

a. información necesaria

b. información no necesaria

c. se coloca entre comas

d. se antepone al sustantivo

e. se pospone al sustantivo

Unidad 2: Desafíos

Actividad 4 — Elige todas las opciones correctas para las posiciones de los adjetivos calificativos.

1. Si un adjetivo calificativo se **antepone** al sustantivo, por ejemplo "nuevo libro",
   a. es especificativo
   b. es explicativo
   c. da información esencial
   d. da información no esencial

2. Si un adjetivo calificativo se **pospone** al sustantivo, por ejemplo "lápiz rojo",
   a. es especificativo
   b. es explicativo
   c. da información esencial
   d. da información no esencial

Actividad 5 — Lee las siguientes oraciones y conéctalas con su significado.

___ 1. El curandero, que era bondadoso, ayudó a la abuela.

___ 2. El curandero que era bondadoso ayudó a la abuela.

___ 3. El bondadoso curandero ayudó a la abuela.

___ 4. El curandero bondadoso ayudó a la abuela.

a. The healer who helped the grandmother was also kind.

b. Of all the healers, the kind one helped the grandmother.

Sintetizar: Refiriéndote a lo que has estudiado, completa la tabla para resumir lo que has aprendido.

- Los adjetivos calificativos **especificativos** se (anteponen / posponen) al sustantivo y dan información (esencial / no esencial).
- Los adjetivos calificativos **explicativos** se (anteponen / posponen) al sustantivo y dan información (esencial / no esencial).

Actividad 6 — Convierte las siguientes oraciones complejas en oraciones simples. Primero identifica la cláusula relativa; luego escribe la oración simple. Sigue el ejemplo.

1. __explicativa__ Las reliquias, que son bellas, llenan la capilla. →
   _____Las bellas reliquias llenan la capilla._____

2. _____ Las reliquias que son bellas llenan la capilla. →
   _____

3. _____ El agua, que está fresca, sale de un manantial. →
   _____

4. _____ El agua que está fresca sale de un manantial. →
   _____

OJO: No todos los adjetivos calificativos se pueden anteponer o posponer. Cuando el adjetivo señala un rasgo diferenciador entre los tipos del sustantivo que describe (una camisa blanca, una novela policiaca, un país en desarrollo, etc.), se tiene que posponer.

Coloca y ajusta cada adjetivo al sustantivo que describe.

1. (roto) pierna _____   2. (azul) cielo _____   3. (favorito) flores _____

Gramática: Adjetivos que cambian de significado según su posición

Los conocimientos que has adquirido de adjetivos calificativos especificativos y explicativos te ayudarán para entender cómo en <u>ciertos</u> adjetivos su posición puede cambiar su significado.

OJO: No todos los adjetivos cambian de significado según su posición.

Actividad 1 Lee cada oración, subraya el adjetivo y elige todas las características que le corresponden. Fíjate bien en las opciones *e* y *f* y razona su correspondencia.

___ ___ ___ 1. Conozco a un curandero nuevo.

___ ___ ___ 2. Conozco a un nuevo curandero.

a. Es calificativo explicativo.

b. Es calificativo especificativo.

c. Expresa una cualidad del sustantivo que se asocia con él.

d. Expresa una cualidad que diferencia el sustantivo de otros en su grupo.

e. Precisa / Delimita el significado del sustantivo al precisarlo.

f. Resalta / Destaca una cualidad conocida del sustantivo.

Actividad 2 Lee cada oración y contesta las preguntas correspondientes.

1. Lo consultó un pobre hombre.

   a. El adjetivo es (especificativo / explicativo); expresa una cualidad del sustantivo que (se asocia con él / lo diferencia de otros en su grupo).

   b. El adjetivo (precisa el significado del sustantivo / resalta una cualidad conocida del sustantivo).

2. Lo consultó un hombre pobre.

   a. El adjetivo es (especificativo / explicativo); expresa una cualidad del sustantivo que (se asocia con él / lo diferencia de otros en su grupo).

   b. El adjetivo (precisa el significado del sustantivo / resalta una cualidad conocida del sustantivo).

3. Es una gran mujer.

   a. El adjetivo es (especificativo / explicativo); expresa una cualidad del sustantivo que (se asocia con él / lo diferencia de otros en su grupo).

   b. El adjetivo (precisa el significado del sustantivo / resalta una cualidad conocida del sustantivo).

4. Es una mujer grande.

   a. El adjetivo es (especificativo / explicativo); expresa una cualidad del sustantivo que (se asocia con él / lo diferencia de otros en su grupo).

   b. El adjetivo (precisa el significado del sustantivo / resalta una cualidad conocida del sustantivo).

Actividad 3 — Lee las siguientes oraciones, y después elige si, según el contexto, la función del adjetivo es <u>explicar</u> (la cualidad se asocia con el sustantivo) o <u>especificar</u> (la cualidad diferencia el sustantivo de otros). Subraya la colocación debida.

explicar 1. Ayer vino **una pobre mujer** / **una mujer pobre** a ofrecerme mucho dinero para que la ayudara.

_____ 2. Debido a sus múltiples estudios sobre la medicina alternativa la consideran una **gran mujer** / **una mujer grande**.

_____ 3. Me contó que tiene **cierta razón** / **razón cierta** para creer que su ayudante le ha robado unos resultados clave de la investigación por la cual la han nombrado para el premio Nobel.

_____ 4. Su **gran trabajo** / **trabajo grande** fue realizado por ella y otros investigadores sobre el uso de métodos no invasivos para curar el cáncer pulmonar.

_____ 5. Su premisa se basa en una **simple teoría** / **teoría simple** tomada de los curanderos.

_____ 6. No es una **nueva idea** / **idea nueva** sino una adaptación de **antiguos métodos** / **métodos antiguos** milenarios indígenas.

_____ 7. Actualmente es el **único estudio** / **estudio único** que incorpora lo antiguo y lo moderno.

_____ 8. Le pregunté si sus estudios toman en cuenta la falta de **puro aire** / **aire puro** en la zona donde está su laboratorio. Me miró como pensando que era un **simple hombre** / **hombre simple** por hacer una pregunta tan tonta.

Actividad 4 — Ahora escribe oraciones semejantes para los siguientes adjetivos y pídele a uno de tus compañeros que elija una de las opciones. Comenten sus respuestas.

1. puro _____

_____

2. verdadero _____

_____

3. solo _____

_____

4. próximo _____

_____

5. único _____

_____

Gramática: Los adjetivos y los pronombres posesivos

Actividad 1 — Compara las siguientes oraciones. En esencia su significado es el mismo, pero una usa un adjetivo posesivo y la otra, un adjetivo posesivo enfático.

a. mis | flores | son | bonitas

b. las mías | flores | son | bonitas

1. ¿En cuál de las dos oraciones hay un adjetivo que comunica posesión: a / b / ambas?

2. ¿En cuál de las dos oraciones hay un adjetivo posesivo que enfatiza: a / b?

3. Cierto / Falso Tanto el adjetivo posesivo como el adjetivo posesivo enfático concuerdan con el sustantivo.

Actividad 2 — Usando tu intuición completa la tabla de adjetivos posesivos.

	Adjetivo posesivo		Adjetivo posesivo enfático	
	singular	plural	singular	plural
1a persona singular	mi	mis		
2a persona singular				tuyos / tuyas
3a persona singular				
1a persona plural			nuestro / nuestra	
2a persona plural			vuestro / vuestra	
3a persona plural	su			

Actividad 3 — Cambia las oraciones para que usen un adjetivo posesivo enfático. Fíjate en la colocación.

1. Traje tu ungüento para sobar. → _Traje el ungüento tuyo para sobar._

2. Esas son mis pomadas. → _____

3. Escuché sus instrucciones. → _____

4. Dejé saber nuestra prioridad. → _____

Sintetizar: Refiriéndote a lo que has estudiado, completa la tabla para resumir lo que has aprendido.

- Los adjetivos posesivos se anteponen al sustantivo y concuerdan con (**el sustantivo / el verbo**).
- Cierto / Falso   Los adjetivos posesivos enfáticos se usan para resaltar una cualidad posesiva.
- Los adjetivos posesivos enfáticos se posponen al (**sustantivo / verbo**) y concuerdan con el sustantivo.

Actividad 4   Fíjate en la transformación del adjetivo posesivo enfático a pronombre posesivo. Sigue el ejemplo para los demás y luego contesta las preguntas.

1. Traje el ungüento tuyo para sobar. → _Traje el tuyo para sobar._____

2. Esas son las pomadas mías. → _____

3. Escuché las instrucciones suyas. → _____

4. Dejé saber la prioridad nuestra. → _____

1. ¿En cuál de las dos formas se antepone un artículo: adjetivo enfático / pronombre enfático / ambos?

2. ¿Qué ocurre cuando se le antepone un artículo definido a un adjetivo? No hay concordancia / se convierte en sustantivo o pronombre

3. No hace falta incluir el sustantivo al usar el pronombre posesivo porque (hay concordancia con el verbo / toma el lugar del sustantivo).

Sintetizar: Refiriéndote a lo que has estudiado, completa la tabla para resumir lo que has aprendido.

- Cierto / Falso   Los pronombres posesivos se anteponen o posponen al verbo y concuerdan con el sustantivo que sustituyen.
- Cierto / Falso   Si al adjetivo posesivo enfático se le elimina el sustantivo, se convierte en pronombre posesivo.

Actividad 5   **Ejercicio mecánico.** Primero transforma cada oración a una con un adjetivo posesivo enfático y luego a una con un pronombre posesivo. Sigue el ejemplo.

1. Por fin compré mi póster del cuadro de Frida.

_Por fin compré el poster mío del cuadro de Frida._____ / _Por fin compré el mío._____

2. Lo colgaré junto a tu cuadro de Rivera.

_____ / _____

3. No le va a gustar a mi novia.

_____ / _____

4. Entonces lo pongo en mi cuarto.

_____ / _____

190   *Unidad 2: Desafíos*

Recapitular, analizar y editar

1. Cierto / Falso   El sonido /k/ solo se escribe con "c" o "qu" en español.
2. Cierto / Falso   El sonido /f/ se puede escribir con "ph" en inglés y en español.
3. Cierto / Falso   El sonido /θ/ se puede escribir "th" en inglés pero no en español.
4. Cierto / Falso   Además de "ll" y "rr", las otras consonantes que se pueden doblar son "cc" y "nn".
5. Cierto / Falso   "nn" en inglés y "cc" en inglés siempre son "nn" "cc" en español.
6. *Ponerse* comunica una acción involuntaria de (corta / larga) duración; *quedarse* comunica una acción (voluntaria / involuntaria) que es consecuencia de una acción anterior.
7. *Volverse* comunica una transformación (voluntaria / involuntaria) de carácter, actitud o aspecto; *convertirse en* comunica una transformación (superficial / profunda).
8. *Hacerse* destaca más el (proceso / resultado) de un cambio; *llegar a ser* destaca más el (proceso / resultado) de un cambio.

Repasar. Pon una ✓ junto a las oraciones que usan bien el verbo de cambio.
__1. Nos convertimos tristes por la noticia.   __4. Mi hermano se hizo ingeniero.
__2. Se quedó ciego debido a la diabetes.   __5. Se puso estudiante de filosofía.
__3. Después de mucho esfuerzo llegó a ser juez. __6. Se volvió diligente y compasiva.

9. Cierto / Falso   En una cláusula relativa *que* es un pronombre.
10. Si la información de la cláusula relativa especifica (se usan / no se usan) comas; si la información de la cláusula relativa explica (se usan / no se usan) comas.
11. La cláusula relativa especificativa usa (*que* / *quien*) para referirse a personas; la cláusula relativa explicativa usa *quien* o *que* para referirse a personas.
12. Si una preposición precede (va delante de) un pronombre relativo que se refiere a una persona se usa (*que* / *quien*), y si es plural se usa (*que* / *quienes*).

Repasar. Elige todos los pronombres correctos para cada oración.
a. que   __1. Es mi hermano __ vive en Austin.   __4. La joven, __ canta lindo, ganó un premio.
b. quien   __2. Choco, __ es mi perro, no ladra.   __5. La muchacha __ lo dijo, acertó.
c. quienes   __3. Los libros son para __ los quieran. __6. La responsabilidad es de __ lo hizo.

13. Los adjetivos determinativos (ordinal, cuantitativo, demostrativo, posesivo) van (delante / después) del sustantivo.
14. Los adjetivos inherentes comunican una característica (diferenciadora / inseparable).
15. Los adjetivos calificativos **especificativos** se (anteponen / posponen) al sustantivo y dan información (esencial / no esencial).
16. Los adjetivos calificativos **explicativos** se (anteponen / posponen) al sustantivo y dan información (esencial / no esencial).
17. *Mi* es (adjetivo / pronombre) posesivo y *el mío* es (adjetivo / pronombre) posesivo.

Repasar. Conecta cada frase con su etiqueta.

a. adjetivo determinativo	__1. caballo blanco	__6. nuevo amigo	__11. veinte libros
b. adjetivo especificativo	__2. el tuyo	__7. primera casa	__12. mis zapatos
c. adjetivo explicativo	__3. esta silla	__8. vestido rojo	__13. líder justo
d. adjetivo posesivo enfático	__4. el amigo mío	__9. triste pérdida	__14. los nuestros
e. pronombre posesivo	__5. mucha frecuencia	__10. fuerte presión	__15. mesa espléndida

Analizar   En los siguientes pares de oraciones, elige la **correcta o mejor** y explica por qué es correcta o mejor.

a. Después de varios años Frida se convirtió en famosa.
b. Después de varios años Frida llegó a ser famosa.
Explicación: _____
_____

c. Al ver la situación de los trabajadores el Che se puso comunista.
d. Al ver la situación de los trabajadores el Che se hizo comunista.
Explicación: _____
_____

e. Don Pedrito creyó oír la voz de Dios; por eso se hizo curandero.
f. Don Pedrito creyó oír la voz de Dios; por eso se quedó curandero.
Explicación: _____
_____

g. Las tupidas cejas de Frida son parte de su imagen de marca.
h. Las cejas tupidas de Frida son parte de su imagen de marca.
Explicación: _____
_____

i. Cristina tiene cinco años; para su edad es una niña pequeña.
j. Cristina tiene cinco años; para su edad es una pequeña niña.
Explicación: _____
_____

k. A veces pinta cuadros con palmeras cubiertas de blanca nieve.
l. A veces pinta cuadros con palmeras cubiertas de nieve blanca.
Explicación: _____
_____

Para recordar y repasar. No olvides anotar dudas o cosas para repasar al final de la última unidad.

Editar

Actividad 1 — En el siguiente fragmento resalta y corrige todas las faltas del uso de *por/para*, *ser/estar*, tildes, el subjuntivo, ortografía y concordancia. Si tienes dudas, márcalas.

El Centro Harry Ransom, que es Museo y Biblioteca de investigación, a celebrado el retorno de uno de sus obras de arte más famosos y solicitada, "Autorretrato con un collar de espinas y un colibrí" (1940) de la pintora Mexicana, Frida Kahlo. Desde 1990 el cuadro ah sido prestado casi de continúo a más de 15 museos de los Estados Unido, Australia, Canada, francia y España. Se exhibirá ha partir del 14 de Febrero.

Actividad 2 — En cada uno de los siguientes fragmentos hay seis faltas de ortografía, puntuación, acentuación, conjugación o modo. Encuéntralas y escribe la corrección.

1. Muchos analistas han tratado de explicar el fenómeno de la extendida identificación con el Che a través del mundo pero no lo an logrado. Algunas teorías dicen que es el resultado de una búsqueda de ejemplos éticos por parte de la huventud, o de su muerte violenta cuando aun (*todavía*) era joven o incluso de que se le parecía a JesuCristo. Pero además de los numerosos dibujos, grabados y fotografías, el Che también ha sido el tema de varias canciones como *Hasta siempre comandante* que ha llegado a ser un clásico de la cancion Latinoamericana.

	error	corrección		error	corrección
a.	_____	_____	d.	_____	_____
b.	_____	_____	e.	_____	_____
c.	_____	_____	f.	_____	_____

2. Los curanderos son personas que usan medios físicos y espirituals para curar, o sea, usan la medicina alternatiba. Sus funciónes pueden ir desde curaciones mediante tratamientos herbolarios y massages hasta sanaciones de males ocultos y misteriosos como el mal de ojo. Su oficio proviene de antigüas tradiciones preColombinas y sus curaciones sincretizan esos conocimientos milenarios con prácticas religiosas y medicinales occidentales. A diferencia de gran parte de los médicos occidentales, no se enfocan solo en el cuerpo físico.

	error	corrección		error	corrección
a.	_____	_____	d.	_____	_____
b.	_____	_____	e.	_____	_____
c.	_____	_____	f.	_____	_____

Unidad 2: Desafíos

Los desafíos personales

Cada día enfrentamos desafíos personales de diferentes índoles. Entre ellos se encuentra la muerte. Aunque sea inevitable y nos llegue a todos, la muerte es un fenómeno envuelto en misterio. Desde hace milenios los eruditos y científicos han intentado entenderla, los filósofos han propuesto teorías al respecto y los artistas han buscado plasmarla en lienzos o escritos. Pero sigue siendo un incógnito. Para consolarnos, las culturas y religiones han buscado diversas maneras para reconciliarse con su inevitabilidad.

Antes de leer Mira la ilustración. ¿Qué impresión te causa?

En su colección de ensayos sobre la identidad del mexicano, *El laberinto de la soledad*, Octavio Paz dijo que ni en Nueva York ni en París ni en Londres se dice la palabra *muerte* porque arde la boca. Pero este no es el caso para los mexicanos. Según Paz, estos la temen igual que los demás pero en vez de esconderse de la muerte, la miran de frente y se burlan de ella, juegan con ella y la festejan.

¿Estás de acuerdo con su opinión? Coméntalo con tus compañeros.

Lectura

El Día de Muertos*: Un sincretismo cultural

Cuando los españoles llegaron a lo que ahora es México a principios del siglo XVI, trajeron consigo la idea medieval de que la muerte era igualitaria, es decir, que les llegaba a todos sin importar su posición social o sus posesiones terrenales. Además de la igualdad, este concepto servía para recordar que los placeres del mundo eran perecederos y que mientras uno estuviera vivo tenía que comportarse cristianamente para poder acceder al cielo y no caer en las llamas del infierno.

El concepto azteca de la muerte y la vida del más allá era diferente de lo que pensaban los españoles. Esto se aprecia en el *Códice florentino*, una compilación etnográfica de informes de amerindios del centro de México que recogió el franciscano Bernardino de Sahagún. Para empezar, el *inframundo* no era necesariamente un lugar de castigo. Tampoco era igualitaria la muerte; al contrario, el destino del alma después de la muerte dependía en parte de la manera de morir o la posición social del muerto. Según los aztecas los enfermos y ancianos iban a Mictlan, un inframundo oscuro. Al morir, primero se preparaba a estas personas con vestimentas de papel; luego se las envolvía en tela; finalmente se las incineraba junto con un perro que les serviría de guía en el camino peligroso que atravesarían para llegar al inframundo. Asimismo existía Tlalocan, un lugar de eterna primavera que era una de las residencias de Tláloc, el dios de las lluvias y el agua. Este inframundo estaba reservado para las personas que morían ahogadas, fulminadas por un rayo o víctimas de ciertas enfermedades. Estas no eran cremadas sino

* También se le llama "Día de los Muertos", "El Día de los Muertos" o "Día de los Difuntos", entre otros.

que eran enterradas rodeadas de imágenes de diferentes dioses de las montañas. Según el *Códice florentino* también había un paraíso que se reservaba para los guerreros que habían sido sacrificados o habían muerto en combate. Después de ataviarlos con mariposas y pájaros que simbolizaban sus almas valientes, se les incineraba para que sus almas siguieran al sol hacia el cielo donde beberían de las flores y serían recibidas, al atardecer, por las almas de las mujeres que habían muerto de parto. De acuerdo al pensamiento azteca, las madres que morían de parto eran valientes guerreras porque habían sacrificado su vida para tener hijos que luego serían los guerreros del imperio.

Cada año los aztecas recordaban a sus muertos con ritos que se celebraban generalmente a finales del verano. Deseando convencer a los indígenas de la validez de su creencia religiosa del infierno como un lugar de castigo pero a la vez respetando las tradiciones nativas, los españoles hicieron coincidir las celebraciones aztecas con las festividades católicas del Día de Todos los Santos y Todas las Almas. Con ello crearon el sincretismo religioso que ha dado lugar al actual Día de Muertos. Esta celebración, que no se limita a México sino que también se celebra tanto en Centroamérica como en muchas comunidades estadounidenses con población hispana, honra a los difuntos el 2 de noviembre. Su valor cultural es tan significante que en el 2003, en una ceremonia llevada a cabo en París, la UNESCO distinguió el Día de Muertos como Obra Maestra del Patrimonio Oral e Intangible de la Humanidad. La distinción se otorgó por considerarlo una de las expresiones culturales más importantes, relevantes y más antiguas de los indígenas mexicanos y del mundo entero. Es un gran honor para el patrimonio mexicano y amerindio.

Después de leer

Actividad 1 Basándote en el contenido de la lectura, contesta las preguntas.

1. ¿Qué ideas medievales trajeron consigo los españoles en el siglo XVI?
   a. No había diferencias entre los pobres y los ricos.
   b. La muerte no diferenciaba entre ricos y pobres.
   c. Los placeres del mundo desaparecían cuando uno se moría.

2. En "El concepto azteca de la muerte y la vida del más allá", *más allá* se refiere a
   a. lo que existe en el cielo
   b. lo desconocido después de morir
   c. el destino de ir al cielo o al infierno

3. ¿Cuál era una de las diferencias principales entre el concepto español del más allá y el de los aztecas?
   a. Se sufrían más castigos en el inframundo azteca.
   b. Socialmente la muerte diferenciaba a las personas.
   c. El alma de las personas determinaba si iban al infierno.

4. Según el concepto de Mictlan, ¿qué se supone de lo que pensaban los indígenas de los perros?
   a. Los despreciaban porque los incineraban junto a los muertos.
   b. Los estimaban porque acompañaban al muerto en su trayecto al inframundo.
   c. Los consideraban peligrosos y por eso los mandaban al inframundo.

5. ¿Por qué era lógico que los ahogados fueran a Tlalocan?
   a. Era uno de los hogares de Tláloc, el dios de las lluvias y el agua.
   b. Al no ser cremados tenían que ir a un sitio en las montañas.
   c. Tenían que ir a un sitio con muchas plantas.

6. Según el *Códice florentino* ¿quiénes iban al paraíso?
   a. Las personas que protegían las mariposas y los pájaros
   b. Los guerreros muertos en combate y las mujeres muertas de parto
   c. Los combatientes que los enemigos habían sacrificado e incinerado

7. ¿Por qué es importante que la UNESCO designara el Día de Muertos como Obra Maestra del Patrimonio Oral e Intangible de la Humanidad?
   a. Reconoce su importancia cultural a nivel mundial.
   b. La UNESCO es parte de la Organización de Naciones Unidas en Nueva York.
   c. Se asegura que esta tradición jamás vaya a desaparecer.

8. La primera oración del segundo párrafo es
   a. simple
   b. compuesta
   c. compleja

9. En la frase *para empezar*, "empezar" es ejemplo de un verbo
   a. personal
   b. impersonal
   c. no personal

10. Del último párrafo se puede entender que la palabra "sincretismo" se asocia con
    a. conciliar
    b. celebrar
    c. rechazar

Actividad 2 Vas a hacer un esquema (*outline*) del artículo que acabas de leer. No vas a usar oraciones completas sino simplemente apuntes. Antes de hacer tu esquema, vuelve a leer el artículo y subraya las ideas más importantes. Solo incluye estas en tu esquema. Luego, con un compañero comparen y editen sus esquemas.

Párrafo 1. _____

_____

_____

_____

_____

Párrafo 2. _____

_____

_____

_____

_____

Párrafo 3. _____

_____

_____

_____

_____

Actividad 3 — Usando **solo tu esquema,** reconstruye el artículo que leíste. No tiene que ser idéntico ni tan largo, pero sí debe incluir los puntos principales. Una vez que lo hayas escrito, vuelve a leer el original. ¿Te faltó alguna información necesaria? ¿Tuviste faltas gramaticales u ortográficas?

_____
_____
_____
_____
_____
_____
_____
_____
_____
_____
_____
_____
_____
_____
_____
_____
_____

Indica las tres faltas gramaticales u ortográficas que más cometiste y escribe cómo puedes evitarlas.

_____
_____
_____
_____

Unidad 2: Desafíos

La lengua: El estilo directo e indirecto

Cuando relatas lo que alguien dijo usas *estilo indirecto (reported speech)*, o sea, uno cuenta lo que se dijo antes. Con frecuencia se usa el futuro o el condicional en el estilo indirecto. ¿Recuerdas cómo formar estos tiempos? Primero los repasarás y luego los aplicarás en los estilos directo e indirecto.

Actividad 1 — Haz esta actividad para repasar la formación del futuro y el condicional. Primero completa las siguientes declaraciones.
a) "Estudiaremos el *Códice florentino*" está en futuro / condicional.
b) "Estudiaríamos el *Códice florentino*" está en futuro / condicional.

	hablar		ser		vivir	
	condicional	futuro	condicional	futuro	condicional	futuro
yo						
tú						
él, ella, usted						
nosotros						
ellos, ellas, Uds.						
	poder (irregular)		tener (irregular)		salir (irregular)	
	condicional	futuro	condicional	futuro	condicional	futuro
yo						
tú						
él, ella, usted						
nosotros						
ellos, ellas, Uds.						
	hacerse (irregular)		saber (irregular)		querer (irregular)	
	condicional	futuro	condicional	futuro	condicional	futuro
yo						
tú						
él, ella, usted						
nosotros						
ellos, ellas, Uds.						

Actividad 2 — Imagina que en el siglo XVI existían los blogs y los aztecas usaban el español moderno en vez del náhuatl. Lee algunos comentarios y luego tradúcelos.

Itzel: Por favor, díganme lo que piensan de las ideas que nos han traído los españoles.

Yaretzi: Los españoles <u>están</u> equivocados en cuanto a la muerte igualitaria.

Yaretzi **dijo** que los españoles están equivocados en cuanto a la muerte igualitaria.

_____

Yaretzi **dijo** que los españoles estaban equivocados en cuanto a la muerte igualitaria.

Erandi: Muchas veces <u>he dudado</u> que los españoles nos <u>convenzan</u> con su concepto del inframundo como un lugar de castigo.

Erandi **comentó** que muchas veces ha dudado que los españoles nos convenzan con su concepto del inframundo como un lugar de castigo.

_____

Erandi **comentó** que muchas veces había dudado que los españoles nos convencieran con su concepto del inframundo como un lugar de castigo.

Yareni: Me alegra que mi madre <u>haya sido</u> llevada al paraíso al morir de parto.

Yareni **explicó** que **se alegraba** de que su madre hubiera sido llevada al paraíso cuando murió de parto.

_____

Atl: Le <u>preguntaré</u> a mi abuelo lo que <u>piensa</u>.

Atl **mencionó** que le preguntará a su abuelo lo que piensa.

_____

Atl **mencionó** que le (preguntará / **preguntaría**) a su abuelo lo que piensa.

<u>Atl mentioned he <u>would ask</u> his grandfather what he thinks.</u> _____

Sintetizar: Refiriéndote a lo que has repasado, completa la tabla para resumir lo que has aprendido.

- Si lo que se reporta está en presente y todavía está vigente, se puede usar el (**presente** / pasado). PERO si lo que se reporta ya pasó, se usa el (presente / **pasado**).

- Si lo que se reporta está en presente perfecto y todavía está vigente, se puede usar el (**presente perfecto** / pluscuamperfecto). PERO si lo que se reporta ya pasó, se usa el (presente perfecto / **pluscuamperfecto**).

- Si lo que se reporta está en futuro y todavía está vigente, se puede usar el (**futuro**/ condicional). PERO si lo que se reporta ya pasó, se usa el (futuro / **condicional**).

Unidad 2: Desafíos

Actividad 3 — Fíjate en la primera oración notando los cambios al estar el estilo directo en pasado. Luego subraya la respuesta correcta en las siguientes entradas.

Yuma: No <u>quise</u> escuchar lo que dijo el sacerdote, y se lo <u>dije</u>. Díganme si <u>hice</u> lo correcto.

Yuma **contó** que no (ha querido escuchar / <u>había querido escuchar</u>) lo que dijo el sacerdote y que se lo (ha dicho / <u>había dicho</u>). Preguntó si (ha hecho / <u>había hecho</u>) lo correcto.

Quetzali: No creía que perdurara el Día de los Muertos.

Quetzali **expresó** que no creía que el Día de los Muertos (perdure / perdurara).

Tonahtiu: Mi abuelo ya había pensado en ello.

Tonahtiu dijo que su abuelo ya (ha pensado / había pensado) en ello.

Yaretzi: Si los españoles nos <u>escucharan</u>, nos <u>entenderían</u>.

Yaretzi **dijo** que si los españoles nos / los (escuchen / escucharan), nos / los (entenderán / entenderían).

Itzel: Gracias a todos por sus comentarios. Me parecieron muy interesantes. Desafortunadamente sigo sin estar segura de si las ideas de los españoles son buenas o no.

Sintetizar: Refiriéndote a lo que has estudiado, completa la tabla para resumir lo que has aprendido.

- Si lo que se reporta se ha dicho en pasado se puede usar el (presente / imperfecto / presente perfecto / pluscuamperfecto / condicional / imperfecto de subjuntivo). [Tacha las que no corresponden.]

Actividad 4 — Imagina que vives en el Caribe en la época precolombina y tu abuelo te habla sobre la muerte. Lee lo que dice y luego repórtalo usando el estilo indirecto.

1. Para nosotros, los taínos, la muerte no es un castigo.

El abuelo piensa que _____

2. Consideramos que es un episodio en la transición de una existencia a otra.

Ha dicho que _____

3. Es un evento esperado y previsto en el orden cósmico natural.

Comentó que _____

4. Me enseñaron que los muertos iban a Coaybay, un lugar inaccesible para los vivos.

Siempre contaba que _____

5. Los ancianos asociaban el murciélago y la lechuza con la muerte porque eran nocturnos.

Nunca me había dicho que _____

Actividad 5 Con un compañero escriban un diálogo acerca de las creencias aztecas del inframundo. El estudiante A hará preguntas y el B las contestará. Sigan el ejemplo.

A: ¿Era igual el concepto de la muerte para los españoles y los aztecas?

B: No, para los españoles la muerte era igualitaria, pero para los aztecas había diferencias según las personas o cómo murieron.

A: _____

B: _____

A: _____

B: _____

A: _____

B: _____

A: _____

B: _____

Actividad 6 Usando el estilo indirecto, resume el diálogo que escribieron. Haz todos los cambios necesarios. Luego intercambia y compara tu narración con tu compañero.

_____
_____
_____
_____
_____
_____
_____
_____
_____

Para recordar y repasar. Al final de la última unidad no olvides anotar dudas o cosas para repasar.

La ortografía: Más acerca de las tildes

Recordando a los antepasados: Los barriletes guatemaltecos

Los pobladores de Santiago Sacatepéquez, Guatemala, conmemoran el Día de los Difuntos elevando sus mensajes de paz hasta las nubes y brindando una nueva muestra de arte y folclor con sus barriletes gigantes. La tradición empezó cuando, cansados de las malas cosechas, enfermedades y otras desgracias que les acontecían, consultaron al guía espiritual del pueblo que pudo develar el misterio. Les dijo que unos espíritus perversos perturbaban la paz no solo de los muertos enterrados en el cementerio local, sino también de los vivos; por eso no encontraban explicación a su ruina. Les aconsejó que fabricaran barriletes y los elevaran hasta el cielo donde el sonido del choque del viento con el papel haría que los malos espíritus se alejaran. Según la leyenda, aceptaron el desafío: crearon los barriletes y a partir del día en el que los alzaron, los difuntos descansaron en paz y los campesinos vivieron tranquilos. En Sumpango, a solo ocho kilómetros de distancia, los pobladores siguen la misma tradición para asegurarse de estar libres de influencias negativas.

Aunque no existen registros de cuándo empezó esta costumbre, hay datos que señalan que en los años 40 ya se fabricaban ligeras estructuras de papel y caña de aproximadamente un metro. Hoy en día hay barriletes de hasta 15 metros de diámetro. Una de las razones por las que se ha continuado la tradición es el interés de los jóvenes que desde agosto o septiembre empiezan a trabajar en sus barriletes. Cada año eligen un tema diferente de carácter social, cultural o ecológico. Llegado el día señalado, alzan sus barriletes entre los gritos y aplausos de los asistentes.

Actividad 1 ¿Cómo se considera / se acepta la muerte en tu cultura? Abajo primero escribe tus ideas; luego compara esas ideas con las de los aztecas o guatemaltecos.

En mi cultura se considera la muerte _____

_____

_____

_____

Las semejanzas con la cultura _____ son _____

_____

_____

Las diferencias son _____

_____

_____

Actividad 2 — Usando las ideas que has apuntado, escribe un párrafo en el que comparas las dos culturas. Al terminar edita tu escrito con cuidado, en particular las tildes.

_____
_____
_____
_____
_____
_____
_____
_____
_____
_____

Actividad 3 — Fíjate en las siguientes palabras con tilde. En la raya escribe la razón por qué necesitan tilde. Luego en los espacios en blanco escribe palabras agudas con tilde.

revés   también   _____   _____

empezó   aconsejó   _____   _____

_____

Ahora fíjate en estas palabras agudas que NO llevan tilde.

               zig**zags**   ro**bots**   tic**tacs**

a. ¿Qué ocurre en estas palabras que elimina la norma anterior? [Tiene que ver con la ese y el tipo de letra que le precede.]

_____

b. Normalmente ¿cómo se forma el plural de un sustantivo que termina en consonante?

_____

Actividad 4 — Fíjate en las siguientes palabras sin tilde. En la raya escribe la razón por qué **no** necesitan tilde. Luego en los espacios en blanco escribe palabras llanas sin tilde.

pobladores   perturbaban   _____   _____

Santiago   costumbre   _____   _____

Unidad 2: Desafíos

Ahora fíjate en estas palabras llanas que **sí** llevan tilde.

bíceps   cómics   fórceps

¿Qué ocurre en estas palabras que cancela la norma anterior? (Tiene que ver con la ese y el tipo de letra que le precede.)

_____

Sintetizar: Refiriéndote a lo que has estudiado, completa la tabla para resumir lo que has aprendido.

- Si una palabra aguda termina en <u>consonante + s</u> (**lleva / no lleva**) tilde; (**sigue / no sigue**) las normas de las tildes.
- Si una palabra llana termina en <u>consonante + s</u> (**lleva / no lleva**) tilde; (**sigue / no sigue**) las normas de las tildes.

Actividad 5 Fíjate en estas palabras con tilde sobre un diptongo formado por *i, u*. ¿En cuál de las dos vocales se coloca la tilde? Luego subraya la sílaba tónica de cada una y clasifícala como aguda o esdrújula. ¿Por qué llevan una tilde? Explica en la raya.

acuífero   casuística   demiúrgico   interviú

Estas palabra llevan tilde porque _____
_____

OJO: Si la palabra necesita mantener el diptongo, solo las que no siguen las normas llevarán la tilde. Por ejemplo, *huido, cuidado* siguen las normas y por lo tanto no llevan tilde.

Actividad 6 Fíjate en los siguientes adverbios y quítales el sufijo –*mente*. Los que no llevan tilde ¿siguen las normas de pronunciación? Los que llevan tilde, ¿por qué la necesitan?

fácilmente   últimamente   dulcemente   sutilmente   cordialmente   rápidamente

Sintetizar: Refiriéndote a lo que has estudiado, completa la tabla para resumir lo que has aprendido.

- Cuando una palabra lleva tilde en un diptongo formado por <u>iu</u> o <u>ui</u>, se coloca la tilde en la (**1ª / 2ª**) vocal.
- **Cierto / Falso** Los adverbios terminados en -*mente* conservan la tilde del adjetivo del que derivan si la había.

Imagina que tienes que dar una clase sobre los tipos de tildes de esta lección. Escribe un párrafo breve en el que se los explicas a tus alumnos.

_____
_____
_____
_____
_____
_____

La lengua: Los verbos seguidos de preposición

Igual que en inglés, muchos verbos van seguidos de preposición y esta se considera parte integral del verbo. Por ejemplo: *comenzar a, dejar de, preocuparse por, ir a*.

Actividad 1 Usando tu intuición, rellena cada espacio con una preposición.

a, en, con, de, sin, para

1. No me acordé __con de__ nuestra visita a la zona de Misiones.
2. Menos mal que me llamaron para pasar __por__ mí antes de ir.
3. Y eso que yo me encargué __de__ mandar los recordatorios.
4. Pero es que cuando me concentro __a en__ escribir, me olvido __de__ todo.
5. Por eso no me gusta comprometerme __a__ pertenecer a ningún comité.
6. Pero mejor dejo __de__ quejarme y escribo lo que aconteció __de en__ la reunión.
7. Al principio me oponía __a__ la intervención, pero luego cambié __en de__ criterio.
8. Es que cuando la cirujana habló, empecé __a__ entender el dilema.

Actividad 2 Vuelve a las oraciones y abajo escribe cada frase que contenga una preposición seguida de un verbo. Sigue el ejemplo y contesta la pregunta.

para pasar _____

_____ ¿Qué tipo de verbo no personal son? _____

Sintetizar: Refiriéndote a lo que has estudiado, completa la tabla para resumir lo que has aprendido.

- La forma verbal que viene después de una preposición es el _____.

Actividad 3 Con un compañero, en la siguiente tabla completen el verbo con la preposición correspondiente. Luego escriban la traducción al inglés. Sigan el ejemplo.

acostumbrarse a	To get used to	pensar en	thinking of/in
ayudar a	Help to	alegrarse por/en	take pleasure in
cansarse de	tired of something	enfrentarse a (to face)	face something
dedicarse a	decided to do something	insistir a	
enseñar a	teach something/someone	ponerse en/con/de	
optar por/a	opt for	avergonzarse	
hartarse de	fed up/sick of something	tener ganas	

get fed up

morirse		tratar	
acompañar		despedirse	
agarrarse		enamorarse	
asustarse		encontrarse	
burlarse		fijarse	
caber		oler	
confiar		soñar	
contar		reírse	

OJO: Según el significado a veces **no hay** una preposición después de estos verbos.

Actividad 4 Compara las siguientes oraciones y solo coloca la preposición si corresponde al significado. En la raya escribe la traducción. Sigue el ejemplo.

1. No se adaptan __a__ las nuevas costumbres.   ___get used to___
   Adaptaron _____ la nueva costumbre a lo tradicional.   ___adjusted___
2. Aspiraba __a__ ser un antropólogo famoso.   ___aspire to be___
   Aspiré _____ la alfombra.   ___vacuum___
3. Acabamos __de__ leer tu artículo sobre los mbyá.   ___just read___
   Acabaron __a__ la consulta a las diez.   ___they ended___
4. Se arriesgaron __a__ ofrecer su opinión.   ___they risked___
   Arriesgó _____ la vida por el bien del pueblo.   ___(I) Risked___
5. Alejen _____ los sentimientos negativos.   ___keep bad feelings away___
   Se alejaron __de__ la mesa para hablar.   ___stepped away___
6. Fijaron _____ la fecha de la intervención.   ___chose the date___
   Se fijaron __en__ los comentarios del especialista.   ___noticed the comentaries___
7. Llegaron _____ temprano al hospital.   ___arrived early___
   Llegaron __a__ la aldea.   ___arrived to town___
8. Se encontró __con__ unos médicos que sabían del caso.   ___met up with___
   ¿Encontraste _____ la respuesta que buscabas?   ___did you find___

¿Cuál de las dos…*me alegro de que* o *me alegra que*? Algunos verbos reflexivos como *alegrarse, arrepentirse, olvidarse, preocuparse, darse cuenta* deben ir seguidos con *de*: *Me alegro de que vengan.* Pero no se usa *de* cuando no son reflexivos: *Me alegra que vengan.* ¿Cómo recordar cuál usar? Hazte las preguntas: *¿De qué …? ¿Qué …?* Si la pregunta usa *de*, necesitas usar *de* con el verbo: pero si no, no la uses: *¿De qué te olvidaste? Me olvidé de que ibas a venir. ¿Qué olvidaste? Olvidé que ibas a venir.*

La lengua: Uso u omisión de la *a* personal

Una cuestión que enfrenta cualquier inmigrante es si debe asimilarse a la nueva cultura que encuentra y olvidar sus tradiciones y valores o intentar convivir con lo nuevo y lo tradicional.

Actividad 1 — Lee la selección. Pregúntale a un conocido su opinión de las ventajas y desventajas de la asimilación y rellena la tabla.

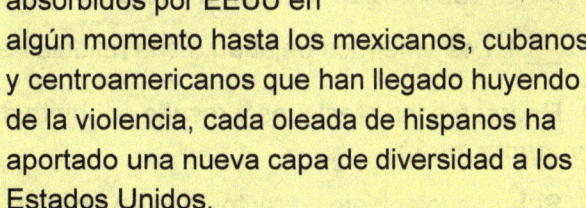

La asimilación de los hispanos

En 2007 tres científicos políticos determinaron comprobar la teoría que propone que las últimas oleadas de inmigrantes hispanos son diferentes a las oleadas de trabajadores inmigrantes europeos. Usando evidencia que tenían a mano encontraron que a diferencia de lo que se alega, la asimilación de los hispanos a la vida norteamericana no es más lenta. En cuanto a la lengua, comprobaron que desde el 2000 los hispanos de segunda generación adquieren el inglés al mismo paso o incluso más rápido que sus análogos asiáticos y europeos (los de primera generación sí van retrasados). No obstante, hay que buscar entre los hispanos de tercera generación para encontrar un grado de paridad en aceptar el inglés como lengua oficial estadounidense. También encontraron que los inmigrantes hispanos van a la par con los demás al considerar el trabajo duro la mejor manera para lograr una buena calidad de vida.

Visto en términos amplios, parece que los hispanos se están asimilando bien a EEUU y la vida americana. Pero a la vez parece que la vida americana se está asimilando a la cultura hispana. Ambos los hispanos que se convirtieron en estadounidenses debido a que fueron geopolíticamente absorbidos por EEUU en algún momento hasta los mexicanos, cubanos y centroamericanos que han llegado huyendo de la violencia, cada oleada de hispanos ha aportado una nueva capa de diversidad a los Estados Unidos.

Como es de esperar, al llegar a este país los inmigrantes enfrentan el desafío de asimilarse a la vida norteamericana o marginarse para mantener las costumbres y valores de su país de origen. Para los hijos que han llegado siendo niños o han nacido en EEUU, el país de origen de sus padres a veces es algo que apenas conocen. A pesar de ello, con frecuencia sus familiares les imponen los valores y tradiciones originarios para que "no olviden de dónde vienen y quiénes son". Aunque sean laudatorios estos esfuerzos, algunos sociólogos han visto en este proceder la simiente de la alienación. A veces por querer complacer a sus familias, los niños y jóvenes se apartan de o incluso rechazan lo *americano*, actitud que les puede dañar porque al ver que se apartan de lo norteamericano la sociedad general los puede marginar o rechazar. Esto es un poco lo que se vio entre los pachucos de los '40 y '50.

Ventajas de la asimilación	Desventajas de la asimilación

Unidad 2: Desafíos

Actividad 2 — Lee los siguientes pares de oraciones e intuitivamente decide cuál de las dos oraciones emplea correctamente la *a* personal. Ponle una ✓ y compara tus repuestas con un compañero. Finalmente, completa el resto de la actividad.

1. ___ a. Los inmigrantes encuentran a mucha discriminación si no se asimilan.

   ___ b. Los inmigrantes encuentran a mucha gente que no los entiende.

2. ___ c. Los científicos políticos buscaron a grupos de inmigrantes para su encuesta.

   ___ d. Los científicos políticos buscaron a datos que les pudieran servir.

3. ___ e. Las familias llevaban a sus enfermos a ver a D. Pedrito.

   ___ f. Los enfermos dejaban a sus reliquias en la capilla de Falfurrias.

1. Regresa a las oraciones y resalta el objeto directo (*recibe la acción del verbo y contesta la pregunta "qué"*).

2. Subraya los objetos directos que se refieren a personas.

3. ¿Forman parte de las oraciones que usan la *a* personal correctamente? Sí / No

4. ¿Los verbos son: de accion / copulativos? ¿Por qué no pueden ser copulativos?

Te habrás dado cuenta que aunque es tan pequeña, la preposición *a* es variada y a veces controversial. En esta sección te enfocarás en la *a* personal: primero repasarás algunos de sus usos; luego verás otros usos y omisiones. Fijándote en su etiqueta ¿recuerdas con quiénes se usa la *a* personal: personas / cosas / animales?

Actividad 3 — Abajo hay algunos usos de la *a* personal, pero no son todos. Conecta cada oración con el uso correspondiente.

___ 1. Al llegar al pueblo de sus padres el emigrante buscó a sus parientes.

___ 2. No encontró a nadie que los conocieran.

___ 3. Pero sí encontró a un perrito fiel que no se apartaba de su lado.

___ 4. Su dueña le regaló a Cosita, el perrito.

___ 5. Después se dirigió al consejo de ancianos para continuar su búsqueda.

___ 6. Una vez allí le dijeron a quiénes tenía que buscar para conseguir la información.

___ 7. Encontró a hombres y mujeres hablando junto a una hoguera.

___ 8. Oyó a las mujeres comentando que se parecía a su abuelo.

Se usa la *a* personal ante el objeto directo
a. si designa grupos formados por personas
b. si es el nombre propio de una persona o un animal
c. si es un pronombre indefinido (*alguien, alguno, ninguno, todos, unos,* etc.)
d. si es una persona conocida
e. si se quiere mostrar afectividad hacia un animal
f. si es el interrogativo *quién*
g. si los nombres comunes de persona son plurales y unidos por una conjunción coordinante
h. si el verbo es de percepción (*oír, ver, escuchar,* etc.) y el objeto es una persona

208 Unidad 2: Desafíos

Actividad 4 — Hay situaciones en las que **no se debe usar la *a* personal** con un objeto directo. Abajo hay unas de las más comunes. Conéctalas a la oración correspondiente.

No se usa la a personal
a. ante un objeto inanimado.
b. con los verbos *haber* y *tener**.
c. ante una persona desconocida.
d. si se quiere denigrar a una persona
e. con nombres de personas en común si carecen de artículo

_____ 1. Les entregó unas cosas que había traído.
_____ 2. Hubo muchas personas que le ayudaron.
_____ 3. Buscó cualquier persona que lo llevara al pueblo vecino.
_____ 4. Allí se topó con familiares que acababan de enterrar un desconocido.
_____ 5. Despreciaban ese hombre por golpear a una anciana.
_____ 6. Solo estimaban hombres honrados.

OJO: Si *tener* en vez de referirse a un estado característico (*Tengo un hijo parapléjico*), se refiere a un estado transitorio, se puede usar *a* (*Tengo a mi hermana al teléfono; Hoy tengo a mi hijo enfermo*).

Sintetizar: Refiriéndote a lo que has estudiado, completa la tabla para resumir lo que has aprendido.

Se usa la "a" personal ante un objeto directo que
a. nombra a una persona (**conocida / consabida / no conocida**).
b. es el nombre (**común / propio**) de animales o personas.
c. (**muestra / no muestra**) afectividad hacia un animal.
d. se refiere a un colectivo formado por (**personas / animales**).
e. es un pronombre (**definido / indefinido**).
f. son nombres comunes de persona plurales unidos por una _____ coordinante.
g. se usa con un verbo (**copulativo / de percepción**).
h. es el pronombre interrogativo _____.

No se usa la "a" personal
i. con los verbos _____ y _____
j. si el objeto directo es (**una persona / una cosa / un animal salvaje**).
k. en una cláusula subordinada subjuntiva que se refiere a una persona (**conocida o existente / desconocida o no existente**).
l. si se le quiere (**dar / quitar**) cualidades humanas a una persona.
m. si son nombres comunes de persona plurales que (**llevan / carecen**) de artículo.

OJO: Recuerda que <u>a + el</u> tiene que formar **al**; pero a + él no se contrae.

Actividad 5 — Decide si la *a* personal se necesita en las siguientes oraciones.

1. Dejó (a / ø) las reliquias en la capilla de D. Pedrito.

2. Se alegró de ver (a / ø) las mujeres que lo habían llevado hasta allí.

3. Le dio ternura ver (a / ø) los perritos esperando a sus amos que estaban dentro.

Unidad 2: Desafíos

4. ¿Tendría que aguantar (a / ø) esos incrédulos que se reían de los creyentes?

5. Esperaba (a / ø) la mujer que le había dicho que lo llevaría a conocer a unos curados.

6. Las niñas recogieron (a / ø) los animales que merodeaban por la capilla.

7. Llamaron (a / ø) jóvenes y niños para que les ayudaran.

8. Rechazaron (a / ø) personas que no querían salvar a los animalitos.

9. Enviaron (a / ø) sus hermanos a buscar un rancho que los tomaría.

10. No hubo (a / ø) joven que no quisiera ayudar.

11. Presionaron (a / ø) los mayores para que les ayudaran con dinero.

12. Llamaron (a / ø) todos para que se unieran a su propósito.

13. Visitaron (a / ø) unos ranchos donde podían dejar algunos de ellos.

14. Vieron (a / ø) muchas personas que estaban esperándolos.

15. Escucharon (a / ø) varias personas que criticaban lo que hacían.

Actividad 6 Lee un reporte de una joven que asistió a una conferencia de prensa. A) subraya los objetos directos; b) intercala la *a* personal si es necesaria. Sigue el ejemplo.

Antes de la conferencia me encontré con mi profesor que me presentó su *a* ayudante y me preguntó *a* quién más quería conocer. Miré y vi que había varios enfermos, pero no vi ninguno entre los que dejaban reliquias. Entonces mi hermano y yo decidimos buscar la persona encargada de la investigación para el libro de D. Pedrito. Nos habían dicho que estaría allí, y esperábamos que apareciera, pero solo vimos su editor. Al poco rato llegaron periodistas que tenían parientes entre los enfermos. Había demasiada gente, así que tuvieron que pedir que se fueran algunos. Mientras los encargados retiraban unas personas que no deberían estar allí, los periodistas entrevistaron aquellos que tenían algún familiar que había mejorado después de ir a Falfurrias. Fue muy interesante. Para sorpresa nuestra, el encargado del evento seleccionó mi hermano Daniel para que hablara con los periodistas y les pidiera temas para un libro nuevo. Le sugirieron Morfito, un águila que se cree que tiene poderes especiales.

> **¿Cuál de las dos... *tema* o *tópico* (o *sujeto*)?** *Tema* es más universal, pero el *Diccionario de americanismos* incluye *tópico* y señala su uso en varios países. Aunque son similares, el tema es más específico que el tópico. Por ejemplo, *la gramática* sería un tópico, y *el verbo* sería el tema. En cuanto a *sujeto,* es cognado falso cuando se usa como "The subject of my essay…". Debería ser *el tema de mi ...*

Gramática: Los participios con *ser* y *estar*

¿Qué es la moda para ti? ¿Alguna vez has pensado en el desafío que enfrentan los diseñadores para abrirse camino en un mundo tan internacional y retador, o los obstáculos que tuvieron que superar para tener éxito en una carrera en la que los varones han dominado?

Diseñadores hispanos

Entre los diseñadores que marcan tendencia se encuentra un alto número de hispanos. Inspirados por la complejidad y riqueza de su experiencia personal y profesional han creado modas que toman las pasarelas internacionales y se lucen en todos los eventos de moda más importantes del mundo. Sin duda no se puede hablar de moda sin nombrar al talentoso diseñador de origen dominicano Oscar de la Renta (1932 - 2014) cuyo nombre aparece en una gran variedad de productos desde ropa, accesorios y perfumes hasta muebles. Otro de los iconos de la moda contemporánea es la venezolana Carolina Herrera, una de las diseñadoras latinas más reconocidas a nivel mundial. Su estilo destaca por la sofisticación con la que resalta la feminidad de la mujer. Por otro lado Agatha Ruiz de la Prada es una de las diseñadoras más vanguardistas. Sus prendas traviesas y optimistas, de toque casi infantil o primitivo, la han mantenido en un alto plano diseñador por más de dos décadas.

Entre los diseñadores más recientes se encuentran los hermanos Custo y David Dalmau cuya marca, Custo Barcelona, se dio a conocer por sus camisetas estampadas. Sus colores fuertes llaman la atención de aquellos que no temen experimentar con la moda. De igual manera el diseñador colombiano Esteban Cortázar, que ya había realizado un desfile siendo todavía estudiante de la preparatoria, ha creado una moda espectacular y ha vestido a famosas como Beyoncé. Igual de sobresaliente es el argentino Víctor de Souza que cuenta entre su portafolio las estrambóticas vestimentas de Lady Gaga que plasman su versatilidad, valentía y creatividad. En contraste el sello del venezolano Nicolás Felizola es un estilo limpio, simple, minimalista, quizás debido en parte al hecho que es también fotógrafo. Sus diseños han ido más allá de la pasarela, encontrándose incluso en museos y galerías. Junto a estos jóvenes diseñadores hay que poner a Ángel Sánchez, venezolano, que se ha enfocado en vestidos de noche y de novia, y cuyas hermosas creaciones no faltan en los concursos de belleza internacionales. Y de Nueva Jersey llega Narciso Rodríguez, hijo de padres cubanos, que se ha dedicado a diseñar prendas prêt à porter. Tuvo el honor de que Michelle Obama luciera uno de los trajes de su colección cuando apareció junto a su esposo, Barack, al hacer este su primera aparición como el nuevo presidente electo.

Actividad — ¿Qué piensas de *ir a la moda* y gastarse mucho dinero para lograrlo? ¿Crees que es importante? Abajo escribe tu opinión.

_____

_____

Cuando aprendiste los tiempos perfectos usaste participios. Como forman parte del verbo, no sufren cambio porque solo el auxiliar *haber* tiene número, tiempo y modo. En esta sección verás que los participios sí cambian en construcciones pasivas y cuando funcionan como adjetivos. Pero antes merece la pena repasar su formación y los tiempos perfectos.

Los participios y los tiempos perfectos (*haber*)

Actividad 1 Traduce las siguientes oraciones al inglés. Luego completa la tabla con los verbos.

1. Mi abuela me **ha contado** historias de cuando trabajaba en los talleres de Balenciaga.
   _____

2. Muchas veces **he tenido** ganas de grabarla antes de que se pierdan sus recuerdos.
   _____

3. **Hemos sabido** que varias de mis tías también trabajaron con grandes modistos.
   _____

4. ¿**Has leído** algo sobre el mundo de la alta costura?
   _____

5. Mis amigos siempre **han dicho** que les gustaría asistir a un desfile de modas.
   _____

pronombre personal	verbo auxiliar (haber)	participio	conjugación
yo			
tú			
él, ella, usted	ha	contado	1a
nosotros			
ellas, ellos, ustedes			

Actividad 2 Usando tu intuición, escribe los siguientes verbos en el presente perfecto.

1. (hablar – yo) _____
2. (andar – yo) _____
3. (aprender – tú) _____
4. (crecer – tú) _____
5. (salir – él) _____
6. (pedir – él) _____
7. (estar – nosotros) _____
8. (ser – nosotros) _____
9. (creer – ellos) _____
10. (traer – ellos) _____

Actividad 3 — OJO: Varios participios son irregulares. Con un compañero, completen la tabla de algunos.

Infinitivo	Participio	Infinitivo	Participio
abrir		morir	
cubrir		poner	
decir		resolver	
escribir		romper	
hacer		volver	
ver		describir	

Actividad 4 — Traduce las siguientes oraciones al inglés. Luego completa la tabla con los verbos.

1. Mi abuela me **había contado** historias de cuando trabajaba en los talleres de Balenciaga.

2. Muchas veces **había tenido** ganas de grabarla antes de que se perdieran sus recuerdos.

3. **Habíamos sabido** que varias de mis tías también trabajaron con grandes modistas.

4. ¿**Habías leído** algo sobre el mundo de la alta costura?

5. Mis amigos siempre **habían dicho** que les gustaría asistir a un desfile de modas.

pronombre personal	verbo auxiliar (haber)	participio	conjugación
yo	había	tenido	2a
tú			
él, ella, usted			
nosotros			
ellas, ellos, ustedes			

OJO: Este uso de *haber* es de auxiliar como *to have* en inglés. No es igual a *haber* como verbo impersonal. Por eso en los tiempos perfectos se usa han/habían/hayan, etc., pero <u>como verbo impersonal (*there is / there are*) solo se usa **hay, había, hubo**, etc.</u>

Unidad 2: Desafíos

Actividad 5 — Convierte las siguientes oraciones en el presente al presente perfecto y pluscuamperfecto. Sigue el ejemplo.

1. Maricela abre la puerta del taller.

    a. presente perfecto: _Maricela ha abierto la puerta del taller._

    b. pluscuamperfecto: _____

2. Alguien rompe los patrones.

    a. presente perfecto: _____

    b. pluscuamperfecto: _____

3. El director escribe un pedido.

    a. presente perfecto: _____

    b. pluscuamperfecto: _____

4. Los empleados vuelven al trabajo.

    a. presente perfecto: _____

    b. pluscuamperfecto: _____

5. ¿Alguien ve mis tijeras?

    a. presente perfecto: _____

    b. pluscuamperfecto: _____

6. Todos hacen su trabajo.

    a. presente perfecto: _____

    b. pluscuamperfecto: _____

7. Ponen los trajes en el armario

    a. presente perfecto: _____

    b. pluscuamperfecto: _____

Actividad 6 — Para cada participio, escribe una oración en presente perfecto. Luego, pásaselas a un compañero para que las escriba en pluscuamperfecto.

1. resolver
    a. presente perfecto: _____

    b. pluscuamperfecto: _____

2. decir
    a. presente perfecto: _____

    b. pluscuamperfecto: _____

3º. describir
    a. presente perfecto: _____

    b. pluscuamperfecto: _____

Los participios con *ser*: *Voz activa* vs. *Voz pasiva*

Jóvenes emprendedoras con una gran conciencia

Ya sea haciendo cola en el supermercado o en un puesto que vende revistas, si echas una ojeada rápida encontrarás bastantes revistas con portadas de mujeres guapas luciendo ropa formidable y cabelleras largas. Los titulares aluden a artículos que hablan de cómo mejorar la apariencia, qué color de ropa está de moda, dónde encontrar los mismos modelitos que llevan tus artistas favoritas. Lo que no verás son alusiones a bolsas de colostomía coloridas o bombas de insulina estrafalarias. Pero la realidad es que a diario un sinnúmero de mujeres enfrentan el desafío de querer lucir bien pero no poder hacerlo por tener que llevar aparatos prostéticos que les salvan la vida pero que son francamente feos.

Mas ahora todo eso está a punto de cambiar. Cansadas de ocultar sus aparatos bajo ropa suelta, mal ajustada y nada atractiva un grupo de jóvenes emprendedoras ha formado una empresa de diseño cuya meta es ofrecer ropa atractiva a todas las mujeres y hombres que cargan a diario aparatos médicos prostéticos y quieren estar a la moda o por lo menos lucir lo mejor posible. Aunque de momento solo se limitan a trabajar con clientes que usan bolsas de colostomía, su intención es ampliar sus diseños para incluir muchos aparatos más.

La ropa que ofrecen suele ser informal, pero bajo pedido especial pueden fabricar ropa de oficina y uniformes para las grandes cadenas. Entre sus mayores logros destacan dos. El primero fue crear un uniforme escolar para tres niños de siete y diez años que hasta ahora odiaban ir al colegio por tener que llevar bolsas gruesas que se notaban bajo sus pantalones. El segundo, y quizás el mayor, un elegante traje de novio para un joven que casi había renunciado a cumplir el sueño de su prometida de celebrar una boda formal por no poder llevar un traje que luciera bien.

Actividad 1 Con un compañero piensen en algún grupo social que hasta cierto punto sufre discriminación de vestimenta, o sea, que tiene ciertas necesidades que le impiden el llevar ropa de moda. Luego diseñen un miniplán de negocios para hacer frente al desafío que presenta la ropa convencional. ¿Qué tipo de negocio sería? ¿A quién ayudaría? ¿Cómo lo financiarían? ¿Para qué edades, géneros, etc.?

_____
_____
_____
_____
_____
_____
_____

Unidad 2: Desafíos **215**

Actividad 2 Seguramente recordarás a tu maestro de inglés repitiendo, "Don't use passive voice when you write; use active voice". Es un consejo que se repite y con razón.

Abajo ponles una A a las oraciones en voz activa y una P a las de voz pasiva.

___ 1. The entrepreneurs designed clothes for a special group of people.

___ 2. The clothes were designed by the entrepreneurs.

___ 3. The designs were inspired by the colors and styles of the latest fashion shows.

___ 4. The colors and styles of the latest fashion shows inspired the designs.

___ 5. Las diseñadoras crearon un traje elegante para un novio.

___ 6. El traje elegante del novio fue creado por las diseñadoras.

Actividad 3 Fíjate en los siguientes diagramas. Luego contesta las preguntas.

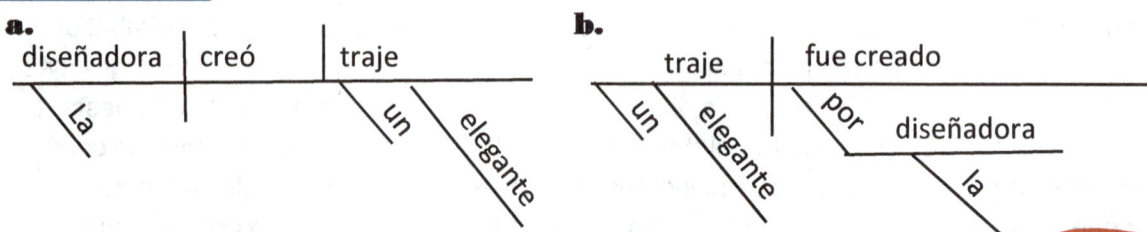

1. En la oración **a** *La diseñadora creó un traje elegante...*

¿quién o qué hace la acción: diseñadora / traje?

¿quién o qué recibe la acción: diseñadora / traje?

¿quién o qué es el agente de la acción: diseñadora / traje?

¿quién o qué es el paciente (*receptor*) de la acción: diseñadora / traje?

Si *diseñadoras* es el *sujeto y agente* de la oración, es el: sujeto agente / sujeto paciente.

2. En la oración **b** *Un traje elegante fue creado por la diseñadora...*

¿quién o qué hace la acción: diseñadora / traje?

¿quién o qué recibe la acción: diseñadora / traje?

¿quién o qué es el agente de la acción: diseñadora / traje?

¿quién o qué es el paciente (*receptor*) de la acción: diseñadora / traje?

Si *traje* es el *sujeto y paciente* de la oración, es el: sujeto agente / sujeto paciente

Sintetizar: Refiriéndote a lo que has estudiado, completa la tabla para resumir lo que has aprendido.

- Cierto / Falso Si una oración tiene un verbo de acción es una oración **transitiva**.
- Para que haya un paciente, la oración tiene que ser (**copulativa / transitiva**).
- *Paciente* equivale a (**objeto directo / objeto indirecto**).
- Si el sujeto de una oración es el agente que hace la acción, es un (**sujeto agente / sujeto paciente**), pero si el sujeto es el paciente que recibe la acción, es un (**sujeto agente / sujeto paciente**).

Actividad 4 — Lee las siguientes oraciones en voz **activa**, fijándote en la función y la etiqueta de los sustantivos que aparecen en la tabla. Complétala y el diagrama de la oración 5.

	Sujeto Agente (hace la acción)	Verbo (la acción)	Paciente (recibe la acción)
1. Las *diseñadoras* crean su ropa para que no se noten los aparatos prostéticos.			
2. Algunos *clientes* hacen pedidos especiales para ciertas ocasiones.			
3. Los *colores* vivos de la ropa ayudan a la gente a sentirse mejor.			
4. Además de lo que han hecho, ahora las *diseñadoras* van a aumentar el inventario.			
5. La *compañía* emplea **Internet para llegar a sus** clientes.			

Completa el diagrama de la oración 5 e indica el sujeto agente y el paciente.

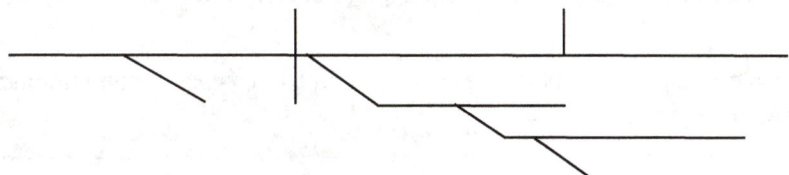

Actividad 5 — Lee las siguientes oraciones en voz **pasiva**, fijándote en la función y la etiqueta de los sustantivos que aparecen en la tabla. Complétala y el diagrama de una oración.

	Sujeto Paciente (recibe la acción)	Verbo (la acción)	Agente (hace la acción)
1. La *ropa* es creada por las diseñadoras para que no se noten los aparatos prostéticos.			
2. Los *pedidos* especiales para ciertas ocasiones son hechos por algunos clientes.			
3. La *gente* es ayudada a sentirse mejor por los colores vivos.			
4. Además de lo que hay, el *inventario* va a ser aumentado por las diseñadoras.			
5. El *internet* es empleado por la compañía para llegar a sus clientes.			

Actividad 6 — Para asegurar tu entendimiento de voz activa y voz pasiva, fíjate en las etiquetas de los siguientes ejemplos.

voz activa → **sujeto agente** — **acción** — **paciente**

Esa diseñadora **usa** mucho los colores vivos.

voz pasiva → **sujeto paciente** — **acción** — **agente**

Los colores vivos **son usados** mucho por esa diseñadora.

Sintetizar: Refiriéndote a lo que has estudiado, completa la tabla para resumir lo que has aprendido.

- En la voz activa, hay un **(sujeto agente / sujeto paciente)**.
- En la voz pasiva hay un **(sujeto agente / sujeto paciente)**.
- La voz pasiva se forma con **(ser / estar)** + un participio.
- En la voz pasiva la concordancia del verbo y el participio es con el **(sujeto agente / sujeto paciente)**.
- En la voz pasiva el agente se puede expresar con **(una frase preposicional empezada con por / un sujeto agente)**.

Actividad 7 — Rellena las etiquetas como en la actividad anterior.

voz

1. Mi tía **diseñaba** trajes de noche para los concursos de belleza internacional.

voz

2. Este diseño **fue elegido** por el comité ejecutivo de Paraguay para su representante.

voz

3. Mucha gente **va a ver** el vestido cuando sincronicen el programa.

voz

4. El concurso **será pasado** por las cadenas nacionales de muchos países.

218 Unidad 2: Desafíos

Actividad 8 — **REPASO DE LOS PARTICIPIOS** Para repasar tus conocimientos de unos usos de los participios que has visto, completa la siguiente tabla. **RECUERDA:**

Tiempos perfectos: haber + participio [Indicativo (presente perfecto, pluscuamperfecto, futuro perfecto, condicional perfecto); Subjuntivo (presente perfecto, pluscuamperfecto)]

Adjetivo de resultado: El adjetivo es consecuencia de una acción: Abro el libro → El libro *está abierto*.

	Estar + participio	Ser + participio	Haber + participio	Género y número en el participio	Tiempo perfecto / Voz pasiva / Adjetivo de resultado
1. Han diseñado muchos trajes para las modelos.			√	no	*presente perfecto*
2. Los trajes fueron lucidos en la pasarela en Buenos Aires.		√		sí	*voz pasiva*
3. Los estampados están tomados de pinturas medievales.	√			sí	*adjetivo de resultado*
4. Han creado unos trajes realmente extraordinarios.					
5. Por desgracia no todos los trajes están terminados.					
6. Pero los del pedido serán enviados esta misma tarde.					
7. Un nuevo pedido será mandado en dos semanas.					
8. El envío está programado para la primera semana de octubre.					
9. Para entonces las costureras habrán terminado los trajes.					

Sintetizar: Refiriéndote a lo que has estudiado, completa la tabla para resumir lo que has aprendido.

Cuando el participio
- forma parte de un verbo perfecto (**tiene / no tiene**) género o número.
- es parte de la voz pasiva (**tiene / no tiene**) género y número, y se usa el verbo (**estar / ser**).
- es un adjetivo que resulta de una acción, (**tiene / no tiene**) género o número, y se usa el verbo (**estar / ser**).

Actividad 9 — Escribe una oración para cada uso del participio. Intercambia y revisa tu trabajo.

1. _____

2. _____

3. _____

Unidad 2: Desafíos

Repasar — Ahora que has visto todos los tiempos verbales, es un buen momento para repasar algunos.

Actividad 1 — Fíjate en las etiquetas verbales en negrita y pon una ✓ en el recuadro de cada una que estás seguro de poder aplicar. Escribe la forma correcta del verbo en la raya.

☐ 1. Lucía _____ un traje. (diseñar / **presente indicativo**)

☐ 2. Lucía _____ un traje. (diseñar / **presente perfecto indicativo**)

☐ 3. Ayer Lucía _____ un traje. (diseñar / **pretérito indicativo**)

☐ 4. Antes Lucía _____ trajes. (diseñar / **imperfecto indicativo**)

☐ 5. Lucía ya _____ un traje. (diseñar / **pluscuamperfecto indicativo**)

☐ 6. Mañana Lucía _____ un traje. (diseñar / **futuro indicativo**)

☐ 7. Si fuera posible Lucía _____ un traje. (diseñar / **condicional**)

☐ 8. Me alegro de que Lucía _____ un traje. (diseñar / **presente subjuntivo**)

☐ 9. Me alegro de que Lucía _____ un traje. (diseñar / **presente perfecto subjuntivo**)

☐ 10. Me alegró que Lucía _____ un traje. (diseñar / **imperfecto subjuntivo**)

☐ 11. Me alegró que Lucía _____ traje. (diseñar / **pluscuamperfecto**)

Actividad 2 — Imitando la Actividad 1, escribe una oración en el presente y luego vuelve a escribirla usando los tiempos que se te dan. Pon una x en el recuadro de los verbos en los que encuentras dificultad para recordar el tiempo y forma correspondientes.

☐ 1. **presente indicativo** _____

☐ 2. **presente perfecto indicativo** _____

☐ 3. **pretérito indicativo** _____

☐ 4. **imperfecto indicativo** _____

☐ 5. **pluscuamperfecto indicativo** _____

☐ 6. **futuro indicativo** _____

☐ 7. **condicional** _____

☐ 8. **presente subjuntivo** _____

☐ 9. **presente perfecto subjuntivo** _____

☐ 10. **imperfecto subjuntivo** _____

☐ 11. **pluscuamperfecto subjuntivo** _____

Reflexionar — Abajo escribe los tres tiempos con los que más tuviste dificultad y cómo remediarlo.

Atando cabos: Las alternancias con *ser* y *estar*

Las alternancias son variaciones aceptadas en la lengua. Las siguientes alternancias te ayudarán si tienes dudas al usar *ser* o *estar*. Estas solo son algunas de las más frecuentes.

LA DOBLE CONCORDANCIA

A. ¿Cuál de las siguientes oraciones consideras correcta en cuanto a concordancia?

Un grupo de personas estaba en el autobús.

Un grupo de personas estaban en el autobús.

Cualquiera de las dos que eligieras es correcta. Ello se debe a la *doble concordancia*.

- En la primera, el verbo concuerda con el sujeto singular "grupo", el cual se considera como una entidad; "de personas" es su complemento.
- En la segunda, el hablante resalta que el grupo está compuesto de varias personas y no lo ve como una sola entidad sino como un compuesto de varios elementos.

B. Cuando los países o ciudades con nombres propios plurales funcionan como sujetos, se considera que designan realidades únicas y suelen concordar con el verbo en singular.

Estados Unidos fue reacio a aceptar algunos exiliados.

Pero si hay un artículo, este establece la concordancia.

Los Estados Unidos fueron reacios a aceptar algunos exiliados.

C. Los sustantivos numerales fraccionarios (*mitad, cuarto*), de porcentaje (*el cincuenta por ciento*) y de interpretación cuantitativa (*cantidad, mayoría, parte, resto*), entre otros, muestran la doble concordancia. *Familia* solo se usa en singular.

La mayoría (de los exiliados) estuvo en el D.F.

La mayoría (de los exiliados) estuvieron en el D.F.

D. Otro uso que causa dudas es cuando el sujeto y el atributo no son iguales en número.

El problema era las desigualdades sociales. ("problema" es el sujeto)

El problema eran las desigualdades sociales. ("desigualdades" es el sujeto)

- Algunos lingüistas consideran que el sujeto es el primer miembro y determina la concordancia.
- En cambio, otros interpretan las oraciones como *copulativas inversas*. Al invertir la oración, se antepone el atributo para focalizarlo, es decir, *el problema* es el atributo y *desigualdades* es el sujeto como en el segundo ejemplo. Para ellos, eso determina la concordancia.

OBSERVACIÓN VS. SORPRESA

En muchos países la tendencia es usar **estar** para indicar sorpresa.

Cuando una persona no ve a un niño desde hace mucho tiempo, con frecuencia se oirá:

¡Qué alto que está! Ha crecido mucho.

Pero después de un rato, el hablante probablemente ya no se sorprenderá y dirá

Qué alto que es.

Atando cabos: Los adjetivos

Es imposible cubrir todos los diferentes aspectos de los adjetivos porque son muchos. No obstante abajo se presentan más nociones que te pueden ayudar al usar los adjetivos.

Actividad 1a Fíjate en los adjetivos subrayados y marca todas las características de la lista.

_____ 1. los zapatos **café**

_____ 2. el vestido **naranja**

_____ 3. las casas **violeta**

_____ 4. un traje **rosa**

_____ 5. una falda **azul marino**

a. No hay concordancia de género.
b. No hay concordancia de número.
c. Se deriva de cosas naturales (fruta, flores, etc.).
d. El nombre del color está matizado por otro elemento; o sea se compone de dos partes.

Se empieza a escuchar el plural (ojos cafés) cuando el color no es compuesto, pero es recomendable el singular.

Sintetizar: Refiriéndote a lo que has estudiado, completa la tabla para resumir lo que has aprendido.

- Cierto / Falso   Si el adjetivo se deriva de un elemento natural, no suele haber concordancia ni de número ni de género; el elemento natural no cambia.

- Cierto / Falso   Si el nombre del color está matizado por otro elemento (claro, oscuro, etc.) ambos elementos suelen mantenerse en singular y sin género; son invariables.

Actividad 1b Piensa en algunas cosas naturales para describir los sustantivos.

Adjetivos singulares	Adjetivos compuestos
1. coche _____	1. teléfono _____
2. falda _____	2. uniformes ___*verde oliva*___
3. ojos _____	3. paredes _____
4. silla _____	4. casa _____

Actividad 2a Los participios frecuentemente forman adjetivos sin necesidad de *estar*. En la siguiente tabla escribe el participio y luego úsalo como adjetivo.

verbo	participio	adjetivo	verbo	participio	adjetivo
romper	*roto*	vestido *roto*	esperar		noticias
exponer		verdad	comer		pan
rescatar		hombres	fingir		amor
escribir		libro	prestar		carros

Actividad 2b — **OJO:** No siempre puedes usar el participio como adjetivo. Usando tu intuición, escribe el adjetivo correspondiente del participio.

está asombrado	música *asombrosa*	está agotado	viaje
está angustiado	situación	está alucinado	collar
está deprimido	libro	está alarmado	causa
está frustrado	cosa	está fascinado	pintura
está completado	trabajo	está sorprendido	sitio
está irritado	pacto	está desesperado	momento

Sintetizar: Refiriéndote a lo que has estudiado, completa la tabla para resumir lo que has aprendido.

- Los participios se forman añadiendo (-ado / -ando / -ido / -iendo) a la raíz del verbo.
- Cierto / Falso   Los participios pueden funcionar como adjetivos.
- Cierto / Falso   Los participios siempre forman adjetivos.

Actividad 3 — Usando tu intuición, en la tabla escribe adjetivos derivados de verbos y sustantivos. Usa sufijos del recuadro para formarlos. En algunos casos hay varias versiones; en otras quizás tengas que hacer ajustes. Si conoces otras formas, escríbelas también.

—able —ado —ante —dero —ente —ible —ido —iento —ivo —izo —oso —udo

verbo	adjetivo	sustantivo	adjetivo
1. apetecer	*apetecido, apetecible*	8. polvo	
2. deducir		9. calor	
3. quebrar		10. nariz	
4. crecer		11. atrevimiento	
5. contemplar		12. elegancia	
6. durar		13. sesos	
7. irritar		14. pago	

Unidad 2: Desafíos

Recapitular, analizar y editar

1. Cierto / Falso Si lo que se reporta todavía está vigente, se puede usar el presente en la cláusula subordinada.
2. Si lo que se reporta está en presente perfecto y todavía está vigente, se puede usar el (presente perfecto / pluscuamperfecto) en la cláusula subordinada, pero si ya pasó se usa el (presente perfecto / pluscuamperfecto) en la cláusula subordinada.
3. Si lo que se reporta está en futuro y todavía está vigente, se puede usar el (futuro / condicional) en la cláusula subordinada, pero si está en imperfecto se usa el (futuro / condicional) en la cláusula subordinada.
4. Cierto / Falso Si lo que se reporta se dijo en pasado, se puede usar (el imperfecto indicativo o subjuntivo / el pluscuamperfecto indicativo o subjuntivo / el condicional).

Repasar. Escribe una ✓ junto a las oraciones correctas.
__ 1. Maribel cuenta que ayer está en casa.
__ 2. Dijo que el lunes iríamos contigo.
__ 3. No creí que fuera buena idea hacerlo.
__ 4. Manda que vayamos con ellos mañana.
__ 5. Comentó que lo había hecho como le dije.
__ 6. Paco dice que ha repasado la lección.

5. Cierto / Falso   Si una palabra aguda termina en consonante + s no lleva tilde.
6. Cierto / Falso   Si una palabra llana termina en consonante + s no lleva tilde.
7. Cuando una palabra lleva tilde en un diptongo formado por iu o ui, se coloca la tilde en la (1ª / 2ª) vocal.
8. Los adverbios terminados en _____ conservan la tilde del adjetivo del que derivan, si la había.

Repasar. Escribe una ✓ junto a las palabras en las que la tilde se usa correctamente.
__ 1. ultimo   __ 2. últimamente   __ 3. forceps   __ 4. cuídenlo   __ 5. sábiamente   __ 6. argüimos

9. Se usa la a personal ante un objeto directo que nombra a una persona (conocida / consabida / no conocida). Marca dos.
10. Se usa la a personal ante un objeto directo que es el nombre (común / propio) de animales o personas.
11. Se usa la a personal ante un objeto directo que (muestra / no muestra) afectividad hacia un animal.
12. Se usa la a personal ante un objeto directo que se refiere a un colectivo formado por (personas / animales).
13. Se usa la a personal ante un objeto directo que es un pronombre (definido / indefinido).
14. Se usa la a personal ante objetos directos que son nombres comunes de persona plurales unidos por una _____ coordinante.

Repasar. Escribe una ✓ junto a las oraciones que usan la *a* personal correctamente.
___ 1. Ayer conocí a tu hermano de Tampa. ___ 4. Nos conmovió ver al perrito que cuidaba de su amo.
___ 2. Buscamos alguien que nos ayude. ___ 5. ¿Viste mi gatito Fifí?
___ 3. Solicitan a hombres y mujeres. ___ 6. Les pidió clemencia al jurado y a la jueza.

15. <u>Se usa</u> la "a" personal ante un objeto directo con un verbo (copulativo / de percepción).
16. <u>Se usa</u> la "a" personal ante un objeto directo que es el pronombre interrogativo _____.
17. <u>No se suele usar</u> la "a" personal con los verbos _____ y _____.
18. <u>No se usa</u> la "a" personal si el objeto directo es (una persona / una cosa / un animal salvaje).
19. <u>No se usa</u> la "a" personal en una cláusula subordinada subjuntiva que se refiere a una persona (conocida o existente / desconocida o no existente).
20. <u>No se usa</u> la "a" personal si se le quiere (dar / quitar) cualidades humanas a una persona.
21. <u>No se usa</u> la "a" personal si el objeto directo es nombres comunes de persona plurales que (llevan / carecen) de artículo.

Repasar. Escribe una ✓ junto a las oraciones que usan la *a* personal correctamente.
___ 1. Escucho a los pájaros que cantan. ___ 4. Invitaron cantantes de todo el mundo.
___ 2. ¿Quién viste en el cine? ___ 5. Encarcelaron un depredador de niños.
___ 3. Tiene a muchos amigos en la escuela. ___ 6. No conozco estudiantes que lo sepan.

22. Si una oración tiene un objeto directo es una oración (copulativa / transitiva).
23. Para que haya un paciente, la oración tiene que ser (copulativa / transitiva).

Repasar. Identifica cada oración como transitiva (T) o copulativa (C).
___ 1. Arturo y Santos son amigos desde niños. ___ 2. ¿Encontraste lo que te pedí que me trajeras?

24. Si el sujeto de una oración es el agente que hace la acción, es un (sujeto agente / sujeto paciente), pero si el sujeto es el paciente que recibe la acción es un (sujeto agente / sujeto paciente).
25. La voz pasiva se forma con (ser / estar) + un participio pasado.
26. En la voz activa, hay un (sujeto agente / sujeto paciente).
27. En la voz pasiva hay un (sujeto agente / sujeto paciente).
28. En la voz pasiva la concordancia del verbo y el participio es con el (sujeto agente / sujeto paciente).
29. Cierto / Falso En la voz pasiva el agente se puede expresar con *por* + *el agente*.

Repasar. Subraya el sujeto e indica si las oraciones son de voz activa (A) o voz pasiva (P).
___ 1. Los muchachos han hecho el trabajo. ___ 3. El misterio es resuelto.
___ 2. La novela fue escrita por Miguel de Cervantes. ___ 4. Paty compra sus libros aquí.

Unidad 2: Desafíos 225

30. Cuando el participio forma parte de un verbo perfecto (tiene / no tiene) género o número.

31. Cuando el participio es parte de la voz pasiva (tiene / no tiene) género y número y se usa el verbo (estar / ser).

32. Cuando el participio es un adjetivo que resulta de una acción, (tiene / no tiene) género y número, y se usa el verbo (estar / ser).

Repasar. Subraya el verbo y participio y escribe una ✓ junto a las oraciones correctas.

___ 1. Los muchachos han practicados los deportes.
___ 2. La semilla es echada en los agujeros.
___ 3. No creo que ella lo haya roto.
___ 4. Todas las puertas están abiertas.
___ 5. ¿Has vista a mi gatito?
___ 6. La carta, ¿ya está escrito?

Analizar Una de la oraciones contiene dos faltas. Subraya las faltas, explica por qué son errores e identifica la oración correcta.

1. a. Nadie quedrá ir con nosotros por qué es tarde.
   b. Nadie querrá ir con nosotros porque es tarde.

   ____ es la correcta porque

   (1) _____

   (2) _____

2. a. Había muchas personas para preparar los altares.
   b. Habían muchas personas a preparar los altares.

   ____ es la correcta porque

   (1) _____

   (2) _____

3. a. Mis hermanos ayudáron hacer el barrilete más grande.
   b. Mis hermanos ayudaron a hacer el barrilete más grande.

   ____ es la correcta porque

   (1) _____

   (2) _____

4. a. Buscaba a alguien que me dijera dónde estaba el traje que diseñaste.
   b. Buscaba alguien que me dijera dónde estaba el traje que diseñastes.

   ____ es la correcta porque

   (1) _____

   (2) _____

Editar

Actividad 1 — En el siguiente fragmento resalta y corrige todas las faltas del uso de por/para, ser/estar, tildes, ortografía, tiempo, subjuntivo y concordancia. Marca tus dudas.

Cuando le pregunte a mi abuelita acerca del Día de Muertos me dijo que en su casa nunca habían echo un altar, y que ella recordará, tan poco en casa de sus amigas. Me pareció raro por que se havía criada en México, pues no se vino a EEUU hasta que ingresara en la universidad. Le pregunté ha mi professor y me dijió que en el Norte de México, de dónde es mi abuela, no se solía celebrar el día con áltares hasta la segunda mitad del siglo XX.

Actividad 2 — En cada uno de los siguientes fragmentos hay seis faltas de ortografía, puntuación, acentuación, ortografía, conjugación o modo. Encuéntralas y escribe la corrección.

1. Cada año los aztecas recordaban a sus muertos con ritos que se celebravan generalmente a finales del verano. Deseando convencer a los indígenas de la validéz de su creencia religiosa de el infierno como un lugar de castigo, pero a la ves respetando las tradiciones nativas, los españoles hicieron coincidir las celebraciones aztecas con las festividades Católicas del Día de Todos los Santos y Todas las Almas. Con ello crearon el sincretismo religioso que a dado lugar al actual Día de los Muertos.

	error	corrección		error	corrección
a.	_____	_____	d.	_____	_____
b.	_____	_____	e.	_____	_____
c.	_____	_____	f.	_____	_____

2. Aunque no existen registros de cuando empezó esta costumbre, hay datos que señalan que en los años 40 ya se fabricaban ligeras estructuras de papel y caña de aproximádamente un metro. Hoy en día, ay barriletes de hasta 15 metros de diámetro. Una de las rasones por las que se ha continuado la tradición es el interés de los jóvenes que desde agosto o Septiembre empiezan a trabajar en sus barriletes. Cada año eligen un tema diferente de carácter social, cultural y ecológico. El día señalado alzan sus barriletes entre los aplausos de los assistentes.

	error	corrección		error	corrección
a.	_____	_____	d.	_____	_____
b.	_____	_____	e.	_____	_____
c.	_____	_____	f.	_____	_____

Unidad 2: Desafíos

¿Sabías que...?

El nuevo siglo ha traído cambios significantes a los latinoamericanos, igual que al resto del mundo, y junto con ellos llega una serie de retos. Los siguientes son solo algunos de los desafíos que enfrenta América Latina y para los cuales se debe buscar solución si desea lograr su potencial socioeconómico.

Economía. Según Lais Abramo, de CEPAL (Centro Económico para América Latina y el Caribe), América Latina continúa siendo la región más desigual del mundo, tanto en lo económico como en los derechos humanos, el desarrollo de capacidades y el género, entre otros. Abramo señala que si quieren avanzar, los países americanos deben superar la pobreza y la extrema concentración de riqueza, financiera y no financiera.

En cuanto al comercio exterior, los estudiosos debaten si se debe continuar la disminución de comercio con EEUU y la Unión Europea, y dejar que China siga expandiendo su presencia. De hecho China ya se ha consolidado como la primera o segunda fuerza comercial en varios países hispanoamericanos.

Violencia. En 2013, la Oficina de las Naciones Unidas contra la Droga y el Delito publicó un estudio en el cual señaló que de 437.000 personas que perdieron la vida a causa de homicidios dolosos en todo el mundo en el 2012, el 36 porciento tuvieron lugar en el continente americano. América Central, junto con África del Sur, tenía la tasa mayor: más de 24 víctimas por cada 100.000 habitantes. Desafortunadamente, estas condiciones no parecen haber mejorado, como tampoco el hecho que la mayoría de las víctimas es relativamente joven.

Se han hecho numerosos estudios para buscar solución a la violencia, y muchos indican que para combatir la violencia hace falta erradicar la pobreza extrema y promover la prosperidad compartida. No obstante, otros alegan que el desarrollo económico y social no siempre lleva a una reducción de violencia y criminalidad, pero que la alta criminalidad sí afecta el desarrollo socioeconómico. Estas opiniones comprueban lo complejo que es el problema.

Futuro de los jóvenes. América Latina tiene un gran recurso en la población joven: 108 millones de latinoamericanos tienen entre 15 y 24 años. Aunque hay trabajo para los jóvenes, según las estadísticas de cada 10 jóvenes con empleo, seis lo desempeñan sin garantía de Seguridad Social o estabilidad futura.

Sin duda la clave de tener calidad laboral es la educación, pero desafortunadamente, hay un alto índice de abandono escolar entre la población joven. Este fracaso escolar y el consecuente futuro nebuloso de muchos jóvenes han llevado al fenómeno social llamado *los ninis*, jóvenes que ni estudian ni trabajan, y esencialmente merman tanto su desarrollo personal como el nacional. Para frenar el abandono escolar, países como México y Chile están reformando su sistema educativo para preparar a esta población en cuanto a potenciar sus habilidades y conocimientos, y a la vez desarrollar su entendimiento y práctica de valores y responsabilidades útiles en el puesto de trabajo, como por ejemplo el orden y la puntualidad.

Infravaloración de la mujer. Un estudio de CEPAL revela que, dada la oportunidad, las mujeres tienen más probabilidad de completar sus estudios. No obstante, ideas conservadoras del rol de la mujer las limitan para conseguir sus metas. Aún peor, en unas comunidades las niñas son consideradas *mercancía* y aptas para ser vendidas como esposas infantiles.

Entre dos lenguas

Actividad 1 — Completa el crucigrama traduciendo las palabras de inglés a español. Cuida tu ortografía.

HORIZONTAL
1 savannah
4 callus
6 weeds
9 antenna
10 to annul
13 assistance
15 truth
17 pore
18 aqueduct
22 pythons
23 glossary
24 coliseum
26 patterns
29 grapheme
31 orthodoncy
32 tripthong
34 pressured
35 to connect
37 buttons
38 stressed
39 photos
40 sequestered

VERTICAL
2 to attract
3 author
5 to trust
7 epitaph
8 to question
11 assassin
12 cipher
14 throne
16 atrophy
19 scanned
20 delinquency
21 attribute
25 marathons
27 cabbage
28 planned
30 millennium
33 recess
36 others

Actividad 2 — Primero traduce los fragmentos al inglés; luego traduce eso al español y compara tu traducción con la versión original. No necesitan ser idénticas.

El Día de Muertos también ha llegado a formar parte de la ficción, desde las novelas hasta los videojuegos. El escritor británico Malcolm Lowry escenifica su novela *Bajo el volcán,* considerada una de las mejores del siglo XX, durante el Día de Muertos.

_____
_____
_____
_____
_____

Unidad 2: Desafíos 229

Quizás es en el cine donde más ha aparecido esta festividad. En 1960 el mexicano Roberto Gavaldón dirigió la película *Macario* ambientada en la época del virreinato de la Nueva España durante la víspera del Día de Muertos. La trama de *All Souls Day* transcurre totalmente durante la festividad en México.

La lengua y la literatura: Emilia Pardo Bazán "Las medias rojas"

A INVESTIGAR... Ve a internet y busca información sobre la literatura del movimiento conocido como Naturalismo. ¿Quiénes son algunos de los autores? ¿Cuáles son algunos temas? Incluye otros datos interesantes que encuentres.

_____
_____
_____
_____
_____

Antes de leer

Emilia Pardo Bazán (1851-1921), considerada por muchos la mejor novelista española del siglo XIX, es una de las escritoras más destacadas de la historia literaria española. Además de novelas y cuentos, también escribió libros de viajes, obras dramáticas, poemas, artículos periodísticos. En todos la España de su tiempo tiene una presencia constante y ponen de manifiesto la capacidad de la mujer para ocupar los mismos puestos que los varones en la sociedad pero sin renunciar a lo específicamente femenino. Aunque el siguiente cuento toma lugar a finales del siglo XIX, por desgracia plasma una situación que aún ocurre.

Lectura

Las medias rojas

Cuando la rapaza entró, cargada con el haz de leña que acababa de merodear en el monte del señor amo, el tío Clodio no levantó la cabeza, entregado a la ocupación de picar un cigarro, sirviéndose, en vez de navaja, de una uña córnea, color de ámbar oscuro, porque la había tostado el fuego de las apuradas colillas.

Ildara soltó el peso en tierra y se atusó el cabello, peinado a la moda «de las señoritas» y revuelto por los enganchones de las ramillas que se agarraban a él. Después, con la lentitud de las faenas aldeanas, preparó el fuego, lo prendió, desgarró las berzas, las echó en el pote negro, en compañía de unas patatas mal troceadas y de unas judías asaz secas, de la cosecha anterior, sin remojar. Al cabo de estas operaciones, tenía el tío Clodio liado su cigarrillo, y lo chupaba desgarbadamente, haciendo en los carrillos dos hoyos como sumideros, grises, entre el azuloso de la descuidada barba

Sin duda la leña estaba húmeda de tanto llover la semana entera, y ardía mal, soltando una humareda acre; pero el labriego no reparaba: al humo ¡bah!, estaba él bien hecho desde niño. Como Ildara se inclinase para soplar

1. ¿Cómo percibes la relación entre Ildara y el tío Clodio? ¿Cómo logra Pardo Bazán presentárnosla?

2. ¿Cómo describirías el ambiente físico del cuento?

From *Cuentos de la Tierra* by Emilia Pardo Bazan. Copyright © 1940 by Emece Editores. Reprinted by permission.

y activar la llama, observó el viejo cosa más insólita: algo de color vivo, que emergía de las remendadas y encharcadas sayas de la moza... Una pierna robusta, aprisionada en una media roja, de algodón...

—¡Ey! ¡Ildara!
—¡Señor padre!
—¿Qué novidá es esa?
—¿Cuál novidá?
—¿Ahora me gastas medias, como la hirmán del abade?

Incorporóse la muchacha, y la llama, que empezaba a alzarse, dorada, lamedora de la negra panza del pote, alumbró su cara redonda, bonita, de facciones pequeñas, de boca apetecible, de pupilas claras, golosas de vivir.

—Gasto medias, gasto medias —repitió sin amilanarse—. Y si las gasto, no se las debo a ninguén.

—Luego nacen los cuartos en el monte —insistió el tío Clodio con amenazadora sorna.

—¡No nacen!... Vendí al abade unos huevos, que no dirá menos él... Y con eso merqué las medias.

Una luz de ira cruzó por los ojos pequeños, engarzados en duros párpados, bajo cejas hirsutas, del labrador... Saltó del banco donde estaba escarrancado, y agarrando a su hija por los hombros, la zarandeó brutalmente, arrojándola contra la pared, mientras barbotaba:

—¡Engañosa! ¡engañosa! ¡Cluecas andan las gallinas que no ponen!

Ildara, apretando los dientes por no gritar de dolor, se defendía la cara con las manos. Era siempre su temor de mociña guapa y requebrada, que el padre "la mancase", como le había sucedido a la Mariola, su prima, señalada por su propia madre en la frente con el aro de la criba, que le desgarró los tejidos. Y tanto más defendía su belleza, hoy que se acercaba el momento de fundar en ella un sueño de porvenir. Cumplida la mayor edad, libre de la autoridad paterna, la esperaba el barco, en cuyas entrañas tantos de su parroquia y de las parroquias circunvecinas se habían ido hacia la suerte, hacia lo desconocido de los lejanos países donde el oro rueda por las calles y no hay sino bajarse para cogerlo. El padre no quería emigrar, cansado de una vida de labor, indiferente de la esperanza tardía: pues que se quedase él... Ella iría sin falta; ya estaba de acuerdo con el gancho, que le adelantaba los pesos para el viaje, y hasta le había dado cinco de señal, de los cuales habían salido las famosas medias... Y el tío Clodio, ladino, sagaz, adivinador o sabedor, sin dejar de tener acorralada y acosada a la moza, repetía:

—Ya te cansaste de andar descalza de pie y pierna, como las mujeres de bien, ¿eh, condenada? ¿Llevó medias alguna vez tu madre? ¿Peinóse como tú, que siempre estás dale que tienes con el cacho de espejo? Toma, para que te acuerdes...

Y con el cerrado puño hirió primero la cabeza, luego, el rostro, apartando las medrosas manecitas, de forma no alterada aún por el trabajo, con que se escudaba Ildara, trémula. El cachete más violento cayó sobre un ojo, y la rapaza vio como un cielo estrellado, miles de puntos brillantes envueltos en una radiación de intensos coloridos sobre un negro terciopeloso. Luego, el labrador aporreó la nariz, los carrillos. Fue un instante de furor, en que sin escrúpulo la hubiese matado, antes que verla marchar, dejándole a él solo, viudo, casi imposibilitado de cultivar la tierra que llevaba en arriendo, que fecundó con sudores tantos años, a la cual profesaba un cariño maquinal, absurdo. Cesó al fin de pegar; Ildara, aturdida de espanto, ya no chillaba siquiera.

Salió fuera, silenciosa, y en el regato próximo se lavó la sangre. Un diente bonito, juvenil, le quedó en la mano. Del ojo lastimado, no veía.

Como que el médico, consultado tarde y de mala gana, según es uso de labriegos, habló de un desprendimiento de la retina, cosa que no entendió la muchacha, pero que consistía... en quedarse tuerta.

Y nunca más el barco la recibió en sus concavidades para llevarla hacia nuevos horizontes de holganza y lujo. Los que allá vayan, han de ir sanos, válidos, y las mujeres, con sus ojos alumbrando y su dentadura completa...

8. ¿Cuál es la ironía de la descripción *un cielo estrellado...sobre un negro terciopeloso?*

9. ¿Qué crees que motivó la reacción del padre: preocupación o egoísmo?

10. ¿Crees que el padre habría reaccionado de la misma manera si Ildara hubiera sido muchacho?

Aplicación en la lectura

Individualmente o con un compañero completa la actividad.

1. Escribe seis adjetivos que describen a Ildara en el cuento. Antepón *ser* o *estar* a cada uno.

_____ _____ _____

_____ _____ _____

2. Subraya los verbos de los primeros dos párrafos. ¿Qué aspecto verbal predomina?

_____ porque _____

3. Subraya los verbos en los párrafos *Una luz...repetía.* ¿Cómo se enriquece el desarrollo de la narración con el cambio de aspecto verbal? _____
_____

4. Encuentra un ejemplo de las siguientes clases de palabras en el último párrafo.

verbo: _____ sustantivo: _____ adjetivo: _____

preposición: _____ conjunción: _____ artículo: _____

pronombre: _____ adverbio: _____

5. En la lectura busca seis cognados. ¿Hay cambios ortográficos?

_____ _____ _____

_____ _____ _____

6. ¿Te gustó el cuento? Con unos compañeros expliquen lo que piensan.

Escritura narrativa: Una leyenda

Desde la antigüedad las leyendas se han transmitido de generación en generación de forma oral o escrita. Con frecuencia tratan de explicar un hecho enigmático de la naturaleza o dar una lección moral. A diferencia de los mitos que tratan con dioses, las leyendas usan personajes y ambientes cotidianos, pero no por ello descartan temas sobrenaturales que a menudo se mezclan con hechos verosímiles.

Actividad 1 — Lee esta versión de una leyenda bastante conocida en México y los EEUU. Mientras la lees, contesta las preguntas.

El título
¿Apunta a que es de una leyenda?
¿Pica el interés?

La introducción debe contener las siguientes informaciones. Dibuja una flecha al sitio donde está la información.
¿Dónde ocurre?
¿Cuándo ocurre?
¿Quién o quiénes son los protagonistas?
¿Cuál es el "problema"?

El desarrollo debe contener los siguientes elementos.
- Seguir un orden cronológico (recuerda que muchas veces la leyenda es oral y hace falta para que el oyente pueda seguir la historia). Apunta los eventos en el orden en el que ocurren.

La joven hermosa que bailó con el Diablo

Se cuenta que en una ciudad fronteriza había una muchacha muy hermosa. Era tan hermosa que todos los hombres se volvían locos al verla y todas las mujeres se morían de envidia. Por desgracia ella lo sabía y era muy creída y altiva: pensaba que ningún muchacho de los alrededores merecía su consideración, y disfrutaba con ir a los bailes solo para rechazar a todos los que le pedían bailar: "¿Contigo? No me hagas reír", "¿Qué te has creído?" Pero una noche helada, estando en el baile de fin de año y luciendo de lo más bello, le llegó su merecido.

A pesar de que la madre de la joven hermosa le rogó que no fuera al baile porque presentía que algo terrible iba a ocurrir, la joven no pudo dejar pasar la oportunidad de empezar el año burlándose de los "tontos" que la adoraban y las "feas" que la envidiaban. A eso de la medianoche, justo antes de que todos celebraran la entrada del Nuevo Año, entró por la puerta un desconocido alto, moreno, fornido, abrigado con una capa negra forrada de seda roja. Todas las mujeres se quedaron boquiabiertas, incluso la joven hermosa, pues jamás habían visto a un hombre tan guapo. Los músicos dejaron de tocar; el joven miró a su alrededor y casi al instante clavó su mirada hipnótica en la joven hermosa. Se dirigió hacia ella, le tendió la mano, la tomó de la cintura y la sacó a bailar. Los músicos seguían callados, pero de lejos empezó a sonar un vals que a medida que bailaba la pareja aumentaba el compás. La joven hermosa no le quitaba la mirada al desconocido vestido de negro. Empezaron a dar vueltas y más vueltas. La capa del desconocido se iba extendiendo y flotando con más ímpetu con cada vuelta; era como si el forro fuera una llamarada. La música se aceleraba y retumbaba. La temperatura del salón subía y subía; parecía una caldera. Repentinamente la pareja empezó a alzarse y envolverse en humo. Más y más giraban, más y más humo los cubría, más y más estrepitosa se volvía la música hasta que, de repente, se oyó una risa infernal que les heló a todos la sangre, y el joven apuesto cayó muerto al suelo. A lo lejos se oyó una voz que cacareaba: "¿Qué te habías creído?"

De la hermosa joven nunca se supo nada más. Algunos dicen que al intentar levantar los restos del joven, este se convirtió en llamas. Todavía otros dicen que no lejos de allí apareció una enorme cicatriz en la tierra donde se había abierto para dejar entrar a la joven hermosa que pudo más que el mismo Diablo y ahora reina en el Infierno.

- Descripción de los personajes (subraya las descripciones)
- Verbos activos que muevan la acción y llamen la atención (subráyalos)
- Acción que va creciendo hasta llegar al momento cumbre (indica tres o cuatro momentos importantes)

- Clímax (momento cumbre) ¿Cuál es?

La conclusión debe dar el toque final a la narración. Puede ser un final cerrado (se sabe lo que ocurrió) o abierto (no queda claro lo que ocurrió). ¿Qué tipo de final tiene esta leyenda? Explica.

Las leyendas suelen tener una moraleja u ofrecer una solución a un enigma. ¿Cuál hay en esta leyenda?

El final, ¿tiene un giro inesperado? ¿Hace que sea más interesante esta versión de la leyenda?

Actividad 2 Apunta algunas ideas de esta leyenda que podrás usar cuando escribas la tuya.

_____
_____
_____

En la comunidad

Para esta actividad vas a hablar con parientes o amigos y pedirles que te relaten brevemente una leyenda con elementos sobrenaturales o enigmáticos que han escuchado o leído y que de alguna manera se asocian con el mundo hispano. Toma notas de lo que te cuenten y úsalas como base para la leyenda que vas a escribir.

Actividad 1 Sigue los pasos para completar la actividad.

1. Escribe los nombres de dos personas a quienes les vas a pedir que te relaten una leyenda.

_____

2. Toma notas de la leyenda que te cuenta cada uno.

A. Leyenda que me contó _____.

_____
_____
_____
_____
_____
_____

B. Leyenda que me contó _____.

_____
_____
_____
_____
_____
_____

Voy a usar la leyenda que me contó _____ porque _____
_____

Actividad 2 — Sigue los pasos para escribir tu leyenda.

Paso 1. Tu leyenda, ¿contiene una moraleja o intenta dar una solución a un enigma?
_____

Paso 2. ¿Dónde y cuándo toma lugar? _____

Paso 3. ¿Quiénes son los protagonistas? Descríbelos brevemente. _____
_____
_____

Paso 4. En dos o tres oraciones haz un resumen de tu leyenda. _____
_____
_____
_____

Paso 5. ¿Qué giro le darás al final para hacer tu leyenda diferente y más interesante?
_____
_____
_____

Paso 6. Ordena cronológicamente lo que ocurre en tu leyenda.

1. _____
2. _____
3. _____
4. _____
5. _____

Paso 7. Escribe el título. Debe atraer a tu lector.
_____

Paso 8. Escribe tu leyenda. Usa la hoja de revisión de la siguiente página mientras escribes.

Paso 9. Intercambia tu trabajo con un compañero. Usando la hoja de revisión, dense retroalimentación. Usa sus comentarios y tus observaciones para hacerle revisiones a tu versión. Luego, léela en voz alta para hacerle una última revisión a lo que has escrito. Finalmente, escribe tu versión final de la leyenda siguiendo las indicaciones de tu instructor.

HOJA DE RETROALIMENTACIÓN: LEYENDA

Retroalimentación **para** _____ realizada **por** _____

	Excelente	Bien	Débil	Sugerencias para mejorar
Título				
Apunta a que se trata de una leyenda				
Pica el interés				
Introducción				
Ubica la leyenda				
Incluye cuándo ocurre				
Presenta a los protagonistas				
Desarrollo				
Sigue un orden cronológico				
Incluye suficientes detalles de los personajes				
Incluye verbos que mueven la acción				
Incluye un clímax				
Conclusión				
Hay un cierre				
Contenido				
Claro				
Conciso				
Solución o moraleja				
Vocabulario				
Informal, semiformal				
Adjetivos descriptivos				
Verbos activos				
Gramática y oraciones				
Conjugación correcta				
Modo correcto				
Concordancia correcta				
Ortografía correcta				
Oraciones variadas				

Unidad 3: Responsabilidades

Apreciar	Aplicar	Contextualizar
La responsabilidad planetaria: ¿De verdad soy responsable?	Las palabras compuestas	Analizar y editar
Sacrificando los valores por consumir	Los prefijos y los guiones	*Atando cabos:* Alternancias del subjuntivo
La responsabilidad social	La formación del plural	Lectura: "Mi caballo mago" de Sabine Ulibarrí
Ecocidio	*El que, lo que, lo cual, cuyo*	Escritura: El ensayo argumentativo
También los niños arriesgan la vida por el *sueño americano*	Los usos de *se*	
Un dilema entre la ley y la humanidad: El Grupo Beta	Gerundio vs. infinitivo	
La responsabilidad individual	Las cláusulas con *si*	
Unas situaciones	El subjuntivo y la correspondencia de tiempos	
Hacer de voluntario		

¿Qué es *responsabilidad*?

Cuando una persona reflexiona, administra, orienta o valora las consecuencias de sus propias inquietudes o de las de los demás empieza a tomar responsabilidad de lo que hace. Cuando actúa conscientemente, tomando en cuenta cómo afrontar sus actos de la manera más positiva e integral, se ve obligado a cumplir con sus acciones y poner cuidado en lo que hace, es decir, se responsabiliza por sus actos.

Esto supone que va a asumir las consecuencias que los hechos y las omisiones generan en el entorno, los recursos, la vida de los demás y la suya propia. En sí se compromete moralmente o jurídicamente a responder tanto de lo suyo como de lo ajeno, ya sea algo concreto o algo abstracto. En esencia, *responsabilidad* es la virtud o la disposición habitual de asumir las consecuencias de las decisiones de uno mismo y de ser capaz de responder de ellas ante alguien.

Fíjate en las siguientes imágenes. Con uno o dos compañeros comenten cómo se relacionan al tema de responsabilidades. Luego escribe tus ideas acerca de una de las imágenes.

_____
_____
_____

240 *Unidad 3: Responsabilidades*

La responsabilidad planetaria

Aunque la responsabilidad involucre al individuo, las responsabilidades pueden abarcar la responsabilidad personal, la generacional, la comunitaria y la planetaria. Sea cual sea la acción que debamos considerar, es nuestra obligación asumir responsabilidad, tomar acción y estar dispuestos a rendir cuentas de nuestros actos, aunque pensemos que solo somos una gota en un mar de acciones.

Lectura

¿En qué piensas cuando oyes la frase *responsabilidad planetaria*? ¿Es tu responsabilidad o debe ser de los líderes? ¿Piensas que todo el mundo puede tomar responsabilidad a pesar de su edad? Lee el siguiente artículo y luego haz las actividades.

¿De verdad soy responsable?

Como seres humanos ¿cómo podemos asegurar un espacio seguro y justo para todos? ¿Cómo podemos mantener y expandir nuestras oportunidades y las capacidades para que las generaciones futuras puedan gozar de las mismas posibilidades y libertad que hoy disfrutamos? ¿Qué hace falta que hagamos para promulgar un nivel alto de sostenibilidad ambiental, económica y social?

Uno de los mayores retos que enfrentamos es la responsabilidad planetaria. Sin duda una de las metas más transcendentales y fundamentales es expandir la esfera de la responsabilidad humana para incluir a la gente, los animales y otros organismos, la flora, los ecosistemas y los recursos planetarios. Ello supone que debemos emplear una visión holística que considere también cambios en las perspectivas globales, las maneras de pensar y los paradigmas del bienestar. Entre estos se encuentra un tema que tocamos anteriormente: los problemas de territorialidad: migración, desplazamiento, globalización. También se pueden añadir la economía y los desechos creados por el hombre y la industrialización.

Es verdad que la economía, por más que se estudie y prediga, sigue siendo una fuerza caprichosa y aleatoria. Pero ¿qué tal si dirigimos nuestros esfuerzos a promulgar resultados globales que beneficien a grandes segmentos del planeta y sirvan en cualquier parte en vez de procurar iniciativas que generen ganancias momentáneas o sigan una trayectoria caprichosa, personal o local? En esencia se pretendería desarrollar un verdadero mercado global que beneficiara a todos y que llevara como estandarte la ética. De esa manera nos responsabilizaríamos de nuestros actos y responderíamos por ellos ante el mundo entero.

Actividad 1   ¿Cuáles consideras que son tus responsabilidades planetarias? Indícalas abajo.

Algunas de mis responsabilidades planetarias son _____

_____

_____

_____

Actividad 2 — Basándote en el contenido del artículo, elige la mejor respuesta.

1. ¿Cuál es una de las metas más significativas de la responsabilidad planetaria?
   a. Aumentar el alcance de responsabilidad
   b. Determinar la jerarquía de responsabilidad
   c. Solucionar la falta de responsabilidad

2. ¿A qué se refiere el artículo al hablar de *visión holística*?
   a. A la manera en la que se puede asesorar la responsabilidad de cada país
   b. A la necesidad de que se mejore la apariencia física del ambiente planetario
   c. A la consideración de las responsabilidades y soluciones a nivel mundial

3. ¿Cuál de los siguientes sería un ejemplo de problemas de territorialidad?
   a. La pobreza que obliga a que la gente busque trabajo en otros países
   b. Las disputas entre vecinos en cuanto a quién tiene derecho de estar en EEUU
   c. La inclusión o el rechazo de impartir clases en varias lenguas en la escuela primaria

4. ¿Qué piensa el autor acerca de la economía?
   a. Es la clave de la responsabilidad planetaria.
   b. Es poderosa pero variable e incierta.
   c. Es el control que impide el desarrollo.

5. ¿Cuál de los siguientes argumentos usaría el autor del artículo?
   a. Un mercado global es algo bueno siempre y cuando la ética sea primordial.
   b. Los mercados globales han producido y siguen produciendo daños planetarios.
   c. Si los esfuerzos se enfocan en los beneficios locales, se lograrán beneficios globales.

6. ¿En cuál de los siguientes medios es más probable encontrar este tipo de artículo?
   a. Una revista dedicada al cuidado del medio ambiente* en todas las regiones del mundo
   b. Un libro de texto con un capítulo dedicado a la ética personal y social de la humanidad
   c. Una sección de periódico dedicada al compromiso del ser humano con el planeta

También se escribe medioambiente.

Actividad 3 — ¿Qué piensan los demás de la responsabilidad planetaria? Vas a hacerles una pregunta acerca de la responsabilidad planetaria a 10 personas de diferentes edades y sexos. Tu pregunta debe generar solo un *sí* o *no*, por ejemplo *¿Crees que la responsabilidad de cuidar el medio ambiente impide que lo disfrutemos?*
Usando la tabla abajo, haz la pregunta y anota los datos que se te piden.

Pregunta:							
Encuestado	Edad	Sexo	Sí / No	Encuestado	Edad	Sexo	Sí / No
1.				6.			
2.				7.			
3.				8.			
4.				9.			
5.				10.			

En una o dos oraciones resume los resultados. _____

Actividad 4 — Lee la siguiente carta que un lector mandó al director de su periódico local.

Estimado Director. Me he hecho el propósito de escribir esta carta a mano, en papel, porque recuerdo que de pequeño mi abuelo me dijo que en una hoja de papel podíamos ver lo que nos rodea. Podemos ver la lluvia que regó la simiente que hizo crecer el árbol que luego fue talado para convertir su pulpa en papel. Podemos ver al leñador que taló el árbol, y con él vemos el trigo que le dio alimento y el sol que bañó el trigo para que creciera. A su manera mi abuelo me dijo que todo está interconectado, que cualquier acción que tomemos lleva un historial y tendrá consecuencias.

Creo que en nuestro mundo de hoy es imperante que tomemos conciencia de esa interconexión y de la responsabilidad que conlleva, particularmente en cuanto a nuestro planeta. Debemos darnos cuenta de todo el medio social y ecológico de los servicios y los bienes que empleamos, teniendo en mente de que por pequeños que parezcan nuestros actos, tienen repercusiones.

En el mundo de los negocios, igual que en todo, la ética debería tener prioridad. El comercio debería ser justo con todos los seres vivientes, promoviendo productos y actividades que sean beneficiosos para el bien social y planetario, y proveyendo una publicidad fidedigna. El usuario por su parte debería limitar el consumo indiscriminado de productos que atentan contra el planeta y el respeto de todos los seres, humanos o no, con quienes convivimos. Sé que muchas veces pensamos que si las medidas no son a escala nacional o internacional, lo que hagamos cada uno no tendrá consecuencias positivas. Pero nos equivocamos. Cada uno somos como la hoja de papel: un compendio de nuestro entorno. Pero lo más importante es que a la misma vez somos un ingrediente de la voz unísona que pide que todos, ya sea moral o jurídicamente, respondan por sus actos.

Escribe una respuesta a esta carta defendiendo uno de estos puntos: a) la ética debe tener prioridad en el mundo de los negocios o b) los beneficios monetarios son más importantes. Usa un tono formal.

La lengua: Las palabras compuestas

Si *compound sentence* en inglés equivale a *oración compuesta*, ¿cuál sería el equivalente de *palabra compuesta*? _____ Da un ejemplo en inglés. _____
Cuando dos o más palabras simples se unen para formar una tercera palabra, se genera una palabra compuesta. Como es de suponer, debido a la cantidad de dialectos del español a través del mundo, hay mucha variedad en las palabras compuestas según la zona donde se usen y el tono culto o informal que se les aplique.

Actividad 1 **Sopa de letras.** Usando las definiciones, busca la palabra compuesta. Escribe cada una en la raya junto a su definición; se te dan la primera y última letras.

1. T__*elarañ*_____A
   Hilos que teje una araña
2. B_____E
   Entrada de una calle
3. H_____A
   Lámina de hierro
4. P_____O
   Que tiene el pelo rojo.
5. M_____A
   Alrededor de las doce del día
6. B_____A
   Embobada; con la boca abierta
7. A_____S
   Instrumento para abrir latas
8. R_____S
   Puzzle
9. C_____S
   Aniversario de nacimiento

```
S T D R I C E D L A M B R P J
T A P U T E L A R A Ñ A A J W
S X Z M E E L M O L N M I T Y
P A F E B R A E E R S E C E P
H A T U B L M C L O X D E J P
Y O N A C A L E Ñ H B I R E Y
N U J R L U C A V O X O P M O
V É I A D E E E C E S D S A D
S A V I L L R A P P L Í O N U
R K R I P A C B Z M E A N E M
R G E M A A T D A P O C E J O
A C U D L V P A J S C R M E D
J C C L C L A R O S C U R O R
I A E O J O R R I L E P O X O
F V A T R E I B A I U Q O B S
```

10. C_____O
    Contraste de luz y sombra
11. S_____O
    Sin capacidad de oír o hablar
12. A_____E
    Combinación de dulce y agrio
13. M_____R
    Echar maldiciones
14. M_____R
    No apreciar el valor de algo
15. M_____R
    No educar bien; chiflar
16. D_____A
    Sueño ligero; apenas dormir
17. V__*aivé*_____N
    Fluctuación
18. T_____E
    Enredos poco claros

244 Unidad 3: Responsabilidades

Actividad 2 — Coloca las palabras de la actividad anterior según las clases de palabras que las componen. Se te da un ejemplo para cada tipo. Nota que a veces *i* se usa como *y* para unir.

Sustantivo + sustantivo	*coliflor*
Sustantivo + adjetivo o viceversa	*hierbabuena*
Sustantivo + verbo o viceversa	*lavaplatos*
Adjetivo + adjetivo	*altibajo*
Verbo + verbo	*hazmerreír*
Verbo + adverbio o viceversa	*siempreviva*

Actividad 3 — Siguiendo los ejemplos, completa la siguiente tabla de palabras compuestas

Palabra compuesta	Palabras que la componen	Clases de palabras que la componen	Significado
1. aguamarina	*agua+marina*	*sustantivo + adjetivo*	*piedra semipreciosa*
2. paraguas			
3. tentempié			
4. milhojas			
5. baloncesto			
6. camposanto			
7. ciempiés			
8. hispanoamericano			
9. malpensado			
10. guardameta			

Actividad 4 — Con los siguientes grupos de palabras, forma palabras compuestas.

Palabras	Palabra compuesta	Palabras	Palabra compuesta
1. parar + brisa		11. ceja + junto	*cejijuntas*
2. pasar + tiempo		12. bien + venir	
3. girar + sol		13. vino + agrio	
4. barba + lampiño		14. trabar + lenguas	
5. buena + aventura		15. baja + mar	
6. décimo + sexto	*decimosexto*	16. compra + venta	
7. guardar + espaldas		17. cabeza + baja	
8. quitar + manchas		18. pisar + papeles	
9. portar + aviones		19. uno + décimo	
10. mano + atar		20. parar + choques	

Sintetizar: Refiriéndote a lo que has estudiado, completa la tabla para resumir lo que has aprendido.

Cierto / Falso Todas las palabras compuestas se forman con dos o más palabras de la misma clase de palabras.

Actividad 5 — Escribe oraciones con el tema de la responsabilidad planetaria. Incluye por lo menos una palabra compuesta en cada una.

1. _____
2. _____
3. _____
4. _____
5. _____
6. _____

La ortografía: La formación del plural

Actividad 1 Lee los siguientes blogs y luego haz la actividad.

San Juanita. ¿Qué piensan de nuestros roles en cuanto a la responsabilidad planetaria?

Carlos. No estoy seguro de si te voy a ofender con mi opinión, pero aquí va. Ya estoy cansado de que los políticos y empresarios nos quieran hacer responsables del medio ambiente mientras que ellos no hacen nada. Por eso yo también me voy a cruzar de brazos y dejar que pase lo que pase. Total, desde hace millones de años existe el mundo y dudo que pase algo terrible mientras yo viva. Por eso voy vivir a mi manera sin pensar en los demás; lo único que me importa soy YO, YO y YO.

Marta. ¿Eres troglodita? En primer lugar eso de cruzarte de brazos porque los políticos no cumplen con su deber es ser inconsciente. Nuestro deber es seguir exigiéndoles que o toman medidas para proteger el medio ambiente o no volverán a ser elegidos. Y luego tenemos que trabajar duro para que no los vuelvan a elegir si no hacen nada.

Jesús. No te sulfures tanto, Marta. Tienes algo de razón en lo que dices de los políticos porque podemos tomar acción contra ellos en las urnas. Pero ¿qué me dices de los empresarios? La mayoría de veces no podemos hacer nada porque son ricos y poderosos. Además, si trabajamos para ellos nos exponemos a que nos despidan, y para muchos eso no es una opción porque tenemos que trabajar para ayudar a la familia o para mantenernos.

Eva. Lo primero que debemos hacer es boicotear los productos de compañías que contaminan el medio ambiente y no lo remedian. No voy al extremo de decir que hagamos huelgas porque sé que nos pueden arrestar y para algunos eso supone la deportación. Pero a nivel local podemos hacer carteles contra los productos y colgarlos en los sitios públicos, donde se permitan, claro. Luego hay que convencer a amigos y familiares que boicoteen los productos.

Jesús. Estoy de acuerdo, pero eso es efectivo con los productos que no están de moda o para los cuales hay otras opciones. Aunque esto es solo hipotético, imagina que un medio de las redes sociales como Facebook contaminara. ¿Cuántas personas crees que lo dejarían de usar? Y si menciono Facebook es porque dudo muchísimo que hiciera algo contra el medio ambiente. Al contrario.

Carlos. Yo sigo defendiendo mi opinión. ¿Por qué me voy a preocupar por algo que seguramente nunca me afectará? Pienso que tengo cosas más importantes que hacer. Y no me digan que ustedes no piensan así. Lo que pasa es que quieren quedar bien delante de los demás y se hacen los muy defensores del medio ambiente. A ver, si una compañía contaminadora les ofreciera un trabajo fenomenal, ¿le dirían que no lo quieren? Sean sinceros. No, ¿verdad?

Marta. No se puede hablar contigo.

Carlos. No se trata de eso, Marta. Lo que pasa es que no quieren reconocer la verdad. Es muy bonito aparentar ser defensor del medio ambiente frente a los demás, pero llegado el momento de la realidad, habría que ver. No nos gusta reconocerlo.

Eva. Carlos, hasta cierto punto quizás tengas razón, más que todo cuando se trate de rechazar un empleo que nos haga falta. Pero, esa es otra cuestión. Por ahora debemos considerar nuestra responsabilidad planetaria y hacer lo que podamos pensando en el futuro.

Marta. ¡¡¡@#&&%%!!!

Ahora con dos compañeros, escriban una serie de blogs acerca de la responsabilidad planetaria. Usen un registro informal (*tú*) y un formato similar al de los blogs anteriores.

Nombre: _____

_____
_____
_____
_____
_____

Nombre: _____

_____
_____
_____
_____
_____

Nombre: _____

_____
_____
_____
_____
_____

Resume lo que dijeron tus compañeros.

_____
_____
_____
_____
_____
_____

Actividad 2 — Usando tu intuición, escribe el plural de las palabras de la tabla. Entre las opciones abajo, elige la norma correspondiente a la palabra que formaste y escribe la letra de la norma en la columna N (*norma*) de la tabla. **OJO** con la ortografía y las tildes.

Singular	Plural	N	Singular	Plural	N
rol			café		
club			bikini		
definición			televidente		
actor			cuórum		
reloj			débil		
preestablecida			microchip		
papá			boicot		
buró			blog		
juez			bistec		

NORMAS (N)

a. Las palabras llanas terminadas en vocal añaden "s".

b. Las palabras agudas terminadas en *a*, *e*, *o* añaden "s".

c. Las palabras terminadas en consonante excepto *b*, *c*, *g*, *m*, *p*, *t* añaden "es".

d. Las palabras terminadas en *b*, *c*, *g*, *m*, *p*, *t* añaden "s" (excepto *álbumes* y *clubs* o *clubes*).

Actividad 3 — Fíjate en las siguientes alternancias a estas normas. Luego elige la norma correspondiente y escríbela en la tabla. **OJO**: Existen variaciones en algunos países.

1. colibrí	colibrís, colibríes	*Las palabras agudas terminadas en i / u usan las dos formas.*
2. bambú	bambús, bambúes	
3. menú	menús	
4. a	aes	
5. dosis	las dosis	
6. currículum	los currículum	

a. Las palabras llanas terminadas en <u>s</u> no suelen cambiar.

b. Las palabras monosílabas o agudas terminadas en <u>s</u> y el nombre de las vocales añaden <u>es</u>.

c. Las palabras agudas terminadas en <u>í / ú</u> usan las dos formas.

d. Los <u>préstamos</u> agudos terminados en <u>ú</u> añaden <u>s</u>.

e. Las frases en latín que forman una palabra, no suelen cambiar.

Actividad 4 — Usando tu intuición y lo que has estudiado, da el plural de las siguientes palabras.

1. esquí		6. champú		11. fax	
2. diez		7. estatus		12. jabalí	
3. lunes		8. rubí		13. iglú	
4. mitin		9. tesis		14. revés	
5. o		10. ayer		15. crisis	

OJO. Debes tener en cuenta las siguientes excepciones en el acento de intensidad: régimen / regímenes; carácter / caracteres; espécimen / especímenes.

Actividad 5 — Escribe tres oraciones en singular. Cada una debe incluir por lo menos dos sustantivos o adjetivos en singular. Luego, vuelve a escribirlas en plural. Intercambia tu trabajo con un compañero para revisarlo.

1. Singular: _____

   Plural: _____

2. Singular: _____

   Plural: _____

3. Singular: _____

   Plural: _____

Actividad 6 — Fíjate en el plural de las siguientes palabras compuestas. Luego siguiendo su ejemplo, completa la tabla.

1. bocacalle	*bocacalles*	9. tentempié	
2. quitaesmalte	*quitaesmaltes*	10. sociocultural	
3. parasol	*parasoles*	11. sobredosis	
4. caradura		12. malentendido	
5. medianoche		13. casatienda	
6. cortometraje		14. sacacorchos	
7. buenaventura		15. correcaminos	
8. arcoíris		16. Nochebuena	

Actividad 7 Fíjate en las siguientes palabras compuestas de N + N (*sustantivo + sustantivo*) con separación gráfica. Completa la tabla siguiendo su ejemplo.

1. año luz	*años luz*	7. pez espada	
2. casa cuna	*casas cuna*	8. hombre rana	
3. buque escuela	*buques escuela*	9. sofá cama	
4. camión cisterna		10. perro policía	
5. ciudad dormitorio		11. operación retorno	
6. niño prodigio		12. avestruz hembra	

Actividad 8 Ahora fíjate en las siguientes palabras compuestas de N + A (*sustantivo + adjetivo*) con separación gráfica. Completa la tabla siguiendo el ejemplo.

1. cabeza rapada	*cabezas rapadas*	4. caja fuerte	
2. plazo fijo		5. pez gordo	
3. chaqueta roja		6. palabra compuesta	

Sintetizar: Refiriéndote a lo que has estudiado, completa la tabla para resumir lo que has aprendido.

Aunque hay alternancias y excepciones en la formación del plural, <u>generalmente</u>
- Los sustantivos y adjetivos que terminan en vocal añaden (**s** / **es**).
- Las palabras compuestas sin separación gráfica (**siguen** / **no siguen**) las normas.
- Las palabras compuestas N* + N (*sustantivo + sustantivo*) con separación gráfica (**pluralizan** / **no pluralizan**) solo el primer sustantivo.
- Las palabras compuestas N + A (*sustantivo + adjetivo*) con separación gráfica (**pluralizan** / **no pluralizan**) cada elemento.

[*Se usa N para el designar *sustantivo* debido a su función de nominalización.]

Actividad 9 Subraya las palabras compuestas; luego cambia las oraciones de singular a plural.

1. El boina verde arregló el parabrisas del coche en la bocacalle.
___

2. En esa ciudad cuna hay un anuncio con un caballo de batalla.
___

3. El miércoles el fan del equipo local presentará al niño prodigio.
___

Unidad 3: Responsabilidades 251

El que, lo que, lo cual, donde, cuyo

Ya has estudiado los pronombres relativos *que* y *quien*. En esta sección te enfocarás en los pronombres relativos *el que, lo que, lo cual,* el adverbio relativo *donde* y el adjetivo relativo *cuyo*.

Sacrificar los valores por consumir

Es dudoso que exista alguien que contradiga la afirmación de que en general vivimos en una sociedad **donde** el consumir rige la vida. Durante más de medio siglo se nos ha hecho creer que cuanto más consumismo nos dicte la vida y las metas, mayor grado de bienestar gozaremos. Esto a pesar de que numerosos estudios sicológicos y sociológicos han comprobado que una vez satisfechas las necesidades básicas, el adquirir más cosas no necesariamente asegura una mejor calidad de vida.

Lo que ocurre es que la supuesta necesidad de tener más cosas nos ha sido inculcada con tanta fuerza por el mundo comercial que hemos llegado a considerar que el acceso ilimitado a lo material es la clave de la dicha personal y del progreso. Hemos vuelto la espalda a nuestros ancestros **cuyas** enseñanzas promovían la moderación. Nos hemos dejado regir por el *tener* en vez del *ser;* es decir, hemos sacrificado nuestros valores intrínsecos a la codicia. Aunque parezca brusco, nos hemos vuelto adictos al consumismo, **lo cual** requiere que cada vez consumamos mayores cantidades de cosas para intentar sentirnos satisfechos. En el trayecto hemos sacrificado nuestros valores como seres planetarios para lograr algo *mayor, más novedoso, más caro,* alimentando así a quienes indiscriminadamente inflan el costo de los precios para su propio lucro sin mirar los daños sociales o ecológicos que pueden producir, **lo cual** es muy egoísta.

Por suerte cada día hay más personas que han aceptado el reto de practicar una vida más simple. **El que** lo hagan no significa que renuncien a los adelantos económicos y tecnológicos de la modernidad, sino que han vuelto a descubrir formas de vida que además de ser más sostenibles porque reducen el consumo de recursos materiales, les proporcionan una vida más satisfactoria. Al aprender a vivir mejor con menos se han encontrado con una calidad de vida superior con más tiempo libre y menos presión. A la vez, al desvincularse de esa falsa identificación con lo material cumplen con su responsabilidad planetaria de proteger nuestros valiosos recursos naturales.

Actividad 1   Traduce las siguientes oraciones. Luego compara tu traducción con el texto arriba.

1. What happens is that the supposed need to have more things has been drilled into us.

   Lo que pase es que la supuesta es la necesidad

2. We have turned our back on our ancestors whose teachings promoted moderation.

   cuyas enseñanzas

3. We are addicted to consumerism, which requires us to consume greater quantities of things.

   Estamos adictado al consumismo, lo cual nos require consumir

Actividad 2 ¿Qué sabes o recuerdas? Para repasar los pronombres relativos elige si las siguientes afirmaciones son ciertas o falsas. Si no los recuerdas, ve a la p. 175.

Cierto / Falso 1. *Que* y *quien* son ejemplos de pronombres relativos, y como tal requieren un referente. Ej. Son los <u>muchachos</u> *que* limpiaron el parque.

Cierto / Falso 2. En las cláusulas **especificativas** solo se puede usar *que* para personas y cosas porque la información es necesaria.

Cierto / Falso 3. En las cláusulas **explicativas** solo se puede usar *que* para personas y cosas porque no es información necesaria.

Cierto / Falso 4. Cuando una preposición precede el pronombre relativo y se refiere a personas, solo se pueden usar *quien* o *quienes*.

Actividad 3 Traduce las siguientes oraciones. Después, contesta las preguntas.

1. **Lo que** ocurre es que varios grupos de personas empiezan a rechazar el consumismo, **lo cual / lo que** no es de extrañar. _____

_____

a. ¿Hay un referente en esta oración del primer *lo que* o se refiere a algo que se dijo antes? _____

¿Cómo se traduciría este uso de *lo que:* what / which? _____

b. El referente de *lo cual* o *lo que* en la segunda parte de la oración ¿es una palabra o una cláusula?

¿Cómo se traduciría este uso de *lo que* y *lo cual:* what / which? _____

Entonces cuando el relativo es *what* ¿se puede usar *lo cual*? Sí / No

2. Este es un país **donde** la necesidad de consumir es extrema. _____

_____

a. Normalmente, ¿cuál es la función de *donde*: pronombre o adverbio? _____

b. En esta oración ¿tiene *donde* un referente? Sí / No Entonces, ¿explica por qué se le llama *adverbio relativo*? _____

c. ¿Por qué no lleva tilde *donde* en esta oración? _____

3. Son muchos los anuncios **cuya** influencia nos alienta a seguir consumiendo. _____

_____

a. ¿Cuál parece ser la función de *cuya* en esta oración: pronombre o adjetivo? _____

b. En esta oración, ¿cuál es el sustantivo al que describe *cuya:* anuncios o influencia? _____

c. ¿Por qué se le llama *adjetivo relativo posesivo*? _____

4. Marca la oración que te parece correcta.

☐ **Lo que** ocurre es que en una familia algunos miembros pueden ser inmigrantes.

☐ **Lo cual** ocurre es que en una familia algunos miembros pueden ser inmigrantes.

a. En esta oración ¿es *lo que* el sujeto? Sí / No ¿Equivale a *what*? Sí / No

b. ¿*Which* puede funcionar como sujeto de una cláusula principal o independiente? Sí / No ¿Se usa correctamente *lo cual* en la segunda oración? _____

Unidad 3: Responsabilidades 253

Cierto / Falso 5. *Cual* es un pronombre relativo como *que* y *quien* y puede tomar su lugar en cualquier circunstancia.

Cierto / Falso 6. *El que, el cual* y sus variantes (*la que, los que*, etc.) pueden tomar el lugar del pronombre relativo *que* en cláusulas explicativas y especificativas.

Cierto / Falso 7. *Lo que* y *lo cual* pueden funcionar como sujeto de una oración.

Cierto / Falso 8. Al igual que los adjetivos posesivos, *cuyo* y sus variantes concuerdan con lo que se posee.

Sintetizar: Refiriéndote a lo que has estudiado, completa la tabla para resumir lo que has aprendido.

- *Que, quien(es), el que* (y sus variantes), *el cual* (y sus variantes), *lo que, lo cual* son pronombres _____; *donde* es un adverbio _____ de lugar.
- Cierto / Falso   *Variantes* significa que hay formas masculina, femenina, singular y plural de la palabra.
- Las variantes de *el que* son _____.
- Las variantes de *el cual* son _____.
- Cierto / Falso   *El que* es lo mismo que *lo que*; *el cual* significa lo mismo que *lo cual*.
- Cierto / Falso   Todos los pronombres o adverbios relativos requieren un referente en la misma oración.
- *Cuyo* es un _____ relativo posesivo y (**tiene** / **no tiene**) variantes.

Actividad 4 Subraya la opción u opciones correctas. Si hay más de una, subráyalas todas.

1. Mi tío, (que / quien / el cual) vive en Detroit, está en contra del consumismo innecesario.

2. (Lo que / Lo cual) te dije acerca de los efectos nocivos es (lo que / lo cual) pienso.

3. Tus ideas, (que / quienes / las cuales) me parecen interesantes, confirman lo que digo.

4. Marcos, (cuya / cuyo) perspectiva es negativa, no acepta que las cosas puedan cambiar.

Actividad 5 Con un compañero escriban una oración para cada pronombre, adjetivo o adverbio relativos.

1. que _____

2. quien _____

3. los que _____

4. el cual _____

5. donde _____

6. lo que _____

7. lo cual _____

8. cuyo _____

Gramática: Los usos de *se* pronominal

Así como la preposición *a* tiene muchos usos y se emplea con frecuencia en la lengua hablada y escrita, el pronombre *se* también tiene varios usos frecuentes. Algunos ya los has estudiado; los siguientes ejercicios te sirven para repasar y para aclarar dudas.

OJO: Recuerda que <u>sé</u> (con tilde) es un verbo, no un pronombre.

Actividad Recordando lo que estudiaste, intenta conectar las oraciones con el tipo de *se* que se usa.

_b_ 1. Durante la segunda mitad del siglo muchos **se** hicieron consumidores empedernidos.

_c_ 2. **Se** animaban para consumir más y más.

_a_ 3. ¿Dejar de comprar? Jamás **se** lo permitirían.

_d_ 4. A veces **se** les olvidaba que era un vicio.

a. Sustituye a *le(s)*.
b. Es reflexivo.
c. Comunica una acción recíproca.
d. Insinúa una acción no intencionada.

Se reflexivo y recíproco

Actividad 1 Mira los dibujos y contesta las preguntas.

1. ¿Cuántos participantes hay en a) *Miguel **se** quiere*? _1_
2. ¿Cuántos hay en b) *Luis y Ana **se** quieren*? _2_
3. En ambas oraciones, ¿la acción regresa al agente? _no_
4. ¿Por qué se le llama *reflexivo* al verbo de la oración a?
Hay (un / más de un) participante. [Elige una.]
5. ¿Por qué se le llama *recíproco* al verbo de la oración b?
La acción (regresa al agente / es mutua entre más de un agente). [Elige una.]

(reflexivo) a — *Miguel se quiere.*
(recíproco) b — *Luis y Ana se quieren.*

Actividad 2 Determina si hay un participante o varios en cada oración. Luego decide si la acción es reflexiva o recíproca.

	un participante	más de un participante	reflexiva / recíproca
1. A veces algún comprador se volvía vicioso.	√		
2. Otros se animaban a seguir comprando.			recíproca
3. Por suerte uno que otro se controlaba.			
4. Entre ellos se ayudaron para dejar de comprar.			

Actividad 3 — Ahora fíjate en estos dibujos. Ambos corresponden a la oración "Luis y Ana se quieren" PERO comunican ideas diferentes. Conecta el significado de cada oración con el dibujo correspondiente.

a
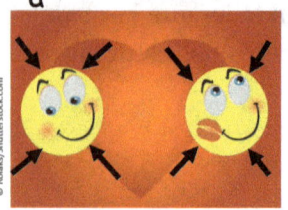
Luis y Ana se quieren.

b
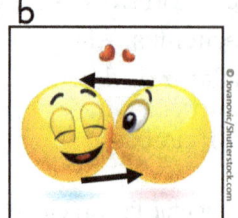
Luis y Ana se quieren.

1. _____ Luis *se quiere* a **sí mismo**, y Ana *se quiere* a **sí misma.**

2. _____ Luis y Ana *se quieren* **mutuamente**.

3. Entonces, <u>a</u> tiene valor (reflexivo / recíproco) y <u>b</u> tiene valor (reflexivo / recíproco).

> RECUERDA: Siempre debes considerar todo en contexto, no fuera de contexto.

Sintetizar: Refiriéndote a lo que has repasado, completa la tabla para resumir lo que has repasado.

- Agente individual + *SE* + verbo = **(*se reflexivo* / *se recíproco*)**.
- Agente plural + SE + verbo (acción mutua) = **(*se reflexivo* / *se recíproco*)**.

Actividad 4 — Escribe dos interpretaciones de la siguiente oración.

Se ayudaron para limitar su consumo de cosas innecesarias.

a. _____

b. _____

Actividad 5 — Traduce las siguientes oraciones. Si es necesario, usa *sí mismo* o *mutuamente* para aclarar. Después con un compañero escriban dos oraciones e intercámbienlas con otros estudiantes de la clase para que las traduzcan.

1. The consumers supported (*apoyar*) each other during their struggle to stop buying.
   _____

2. Juan devoted (*dedicarse*) himself to fight consumerism; Paquita dedicated herself to buying.
   _____

3. The dilemma was whether to stop oneself or stop each other.
   _____

4. _____

5. _____

Unidad 3: Responsabilidades

Se con valor accidental o involuntario

Actividad 1 — Primero marca las oraciones que crees que caracterizan a las personas cuando ven algo que les conmueve. Después fíjate en la parte en negrilla, subraya el verbo y dibuja una flecha a la palabra con la que concuerda.

☐ 1. **Se les hace** un nudo en la garganta.
☐ 2. **Se les ponen** los pelos de punta.
☐ 3. **Se les pone** la piel de gallina.
☐ 4. **Se les nubla** la vista.
☐ 5. **Se les doblan** las rodillas.
☐ 6. **Se les aceleran** las palpitaciones.

Actividad 2 — Fíjate en el diagrama de una de las oraciones. Luego haz un diagrama para otra más. Compara tu diagrama con el resto de la clase.

[Diagrama: nudo | se hace ; les ; en garganta]

Actividad 3 — Lee las oraciones e indica si la acción es intencional o involuntaria. Después subraya el sujeto y conéctalo al verbo con una raya. Sigue el ejemplo.

intencional / accidental (involuntaria)   1. Se nos ha olvidado el propósito.
intencional / accidental (involuntaria)   2. Él rompió su promesa de no consumir demasiado.
intencional / accidental (involuntaria)   3. A mí se me acabaron las buenas intenciones.
intencional / accidental (involuntaria)   4. Todos han perdido la oportunidad de mejorar.
intencional / accidental (involuntaria)   5. A esas mujeres se les acabaron las ganas.

Sintetizar: Refiriéndote a lo que has repasado, completa la tabla para resumir lo que has repasado.

Ordena estos términos para completar cómo se forma una acción involuntaria:
(pronombre de complemento indirecto / **se** / sujeto / verbo)
- La estructura de las oraciones con *se* que indica una acción involuntaria o accidental es
_____ + _____ + _____
+ _____

Actividad 4 — Transforma las oraciones para comunicar un acto involuntario o accidental.

1. Estaba tan absorto por el consumismo que olvidé mi responsabilidad como proveedor.

_____

2. Olvidé darle las gracias a mi esposa por ayudarme a reconocer mi adicción.

_____

Unidad 3: Responsabilidades 257

Se variante formal de *le* o *les* (sustituto de *le* o *les*)

Actividad 1 Usando tu intuición, completa las siguientes oraciones y contesta las preguntas.

1. **Le** doy el dinero de la casa a mi esposa. → _____ lo doy.
2. **Le** dejo las decisiones de lo que es necesario a mi esposo. → _____ las dejo.
3. **Les** expliqué la responsabilidad de saber consumir a mis hijos. → _____ la expliqué.
4. **Les** mandé unos libros de cómo comprar responsablemente a mis tíos. → _____ los mandé.

a. ¿Qué clase de palabra son *le* y *les*: sustantivo / artículo / pronombre?
b. ¿Cuál es la función de *le* y *les* en las oraciones: complemento directo / complemento indirecto?
c. Completa lo que sería la secuencia de los pronombres en las oraciones 1 a 4 si no usaras *se*: ___ + lo, ___ + las, ___ + la, ___ + los.
d. Si el pronombre fuera *me*, *te* o *nos* en vez de *le* o *les* (ej. *Nos lo da*), ¿haría falta usar *se*? Sí / No

Actividad 2 Completa las siguientes oraciones con el pronombre de complemento indirecto correspondiente. Puede ser *me, te, nos, les* o *se*.

1. Le reconocieron su contribución a la responsabilidad planetaria. _____ la reconocieron.
2. Me mostraron mi debilidad particular. _____ la mostraron.
3. A Juan le censuraron sus ideas irresponsables. _____ las censuraron.
4. Te ofrecerán un puesto para educar a los consumidores. _____ lo ofrecerán.
5. Nos dieron la razón. _____ la dieron.
6. El dilema causó malestar entre los amigos. _____ causó malestar. _____ lo causó.

Sintetizar: Refiriéndote a lo que has repasado, completa la tabla para resumir lo que has repasado.

- Cierto / Falso *Le* y *les* son pronombres de complemento indirecto.
- *Le* y *les* se sustituyen con *se* cuando van delante de un pronombre de complemento directo que empieza con la letra _____.

Actividad 3 Imagina que una compañera te pide que le expliques el *se* sustituto de *le* o *les*. Usando la oración *a*, escribe tu explicación del uso en la oración *b*.

(a) ¿La responsabilidad de educar a los consumidores? (b) Se la asignaron a Maribel.

_____
_____
_____
_____

Oraciones con *se pasivo* y *se impersonal*

El genocidio ambiental

Se ha dicho que debido al actual sistema económico y productivo mundial y la vida capitalista que llevamos, nos estamos encaminando hacia una catástrofe ecológica planetaria que incluso podría resultar en la extinción del ser humano. De hecho los humanos serían el causante del desastre por haber vivido de espaldas a la Naturaleza, por sentirse superior a ella en vez de haber respetado su relación intrínseca con el cosmos. Para evitarlo se nos exhorta a redescubrir nuestro vínculo con el mundo que nos rodea para no verlo como algo inerte sino como algo al que hay que proteger para que continuamente se pueda recrear, expandir y transcender. En esencia debemos comunicarnos con la Naturaleza para evitar una especie de genocidio ambiental, es decir, un *ecocidio*.

Actividad 1 — En pequeños grupos completen las siguientes tablas con medidas que debemos tomar para evitar este *ecocidio*. Luego compartan las ideas con el resto de la clase.

Medidas ambientales	
Medidas económicas	
Medidas productivas	

Actividad 2 — Elige una de las medidas, escribe un resumen de lo que se dijo y comenta si estás de acuerdo o no con ello. Al terminar edita tu trabajo.

_____
_____
_____
_____
_____

Unidad 3: Responsabilidades

Se pasivo (Oraciones pasivas reflejas)*

Actividad 1 — Antes hiciste una actividad de oraciones activas y pasivas muy parecida a la siguiente. ¿La recuerdas?

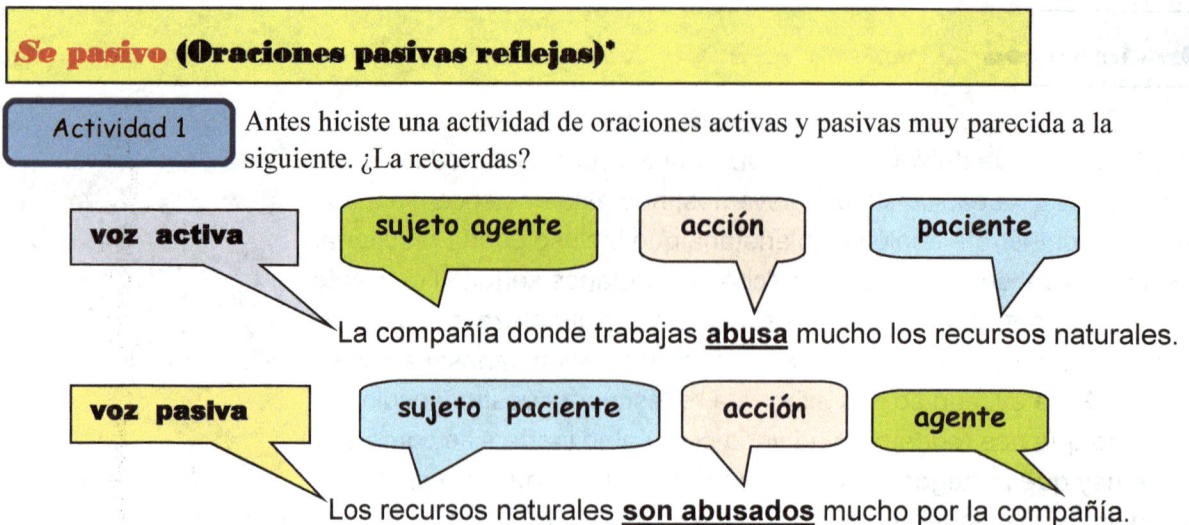

Ahora con un compañero compárenlas a la siguiente oración. Luego en la tabla indiquen los elementos de cada oración y contesten las preguntas.

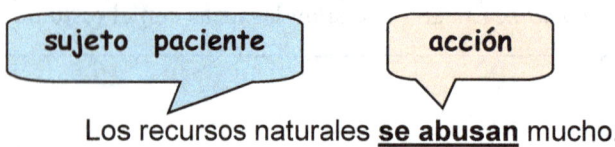

Los recursos naturales **se abusan** mucho.

	Sujeto agente	Sujeto paciente	Verbo	Agente	Paciente
1. La compañía donde trabajas **abusa** mucho los recursos naturales.					
2. Los recursos naturales **son abusados** mucho por la compañía.					
3. Los recursos naturales **se abusan** mucho.					

a. Por los componentes de la oración ¿a qué se parece más la última oración: voz activa o voz pasiva?

b. ¿Se menciona el agente: Sí / No?

c. Enfóquense en los verbos. ¿A cuál se parece más "se abusan": *abusa* / *son abusados*?

d. Si se parece más a un verbo activo, ¿creen que es una mejor opción que la voz pasiva?

e. Refiriéndote al ejemplo ¿se puede usar si se tiene que mencionar el agente? ¿Por qué?

*Aunque a estas oraciones se les llama **oraciones de pasiva refleja**, y al pronombre *se* se le llama **se pasivo**, en esta sección se usa *oraciones con se pasivo* para referirse a las oraciones pasivas reflejas.

> **¿Cuál de las dos...*donde* o *adonde*?** Se aceptan ambas *adonde* y *a donde*. Cuando se usan con un verbo que implica movimiento, tanto *donde* como *adonde* indican destino ("*Iremos donde tú quieras*" / "*Iremos adonde tú quieras*"), pero se debe evitar usar *adonde* como "lugar en" ("*Estamos en la fábrica ~~adonde~~ donde trabajas*"). Fíjate que como *adonde* lleva una preposición incorporada, no le puede preceder una preposición, pero *donde* sí la puede usar: *a, de, hacia, desde, por, para* sirven para indicar distintos lugares ("*Vamos hacia donde dijiste*" / "*Vamos por donde dijiste*").

Actividad 3 — Completa la tabla según cada oración. Sigue el ejemplo.

	Sujeto paciente	Verbo activo o pasivo	Agente	¿Hay *se*?	¿*Se* pasivo?
1. La necesidad de proteger la Naturaleza fue promocionada por los activistas.	necesidad	pasivo	activistas	no	no
2. Se promocionó la necesidad de proteger la Naturaleza.					
3. La manifestación fue organizada por esa mujer.					
4. Se organizó la manifestación.					
5. Muchas perspectivas fueron cambiadas por los esfuerzos de ella.					
6. Se cambiaron muchas perspectivas.					

Actividad 4 — Completa el diagrama de cada oración. Indica cuál es voz activa / voz pasiva / con *se* pasivo. (Recuerda que *se* es parte del verbo.)

Los activistas subrayan los problemas.   Los problemas son subrayados por los activistas.
Se subrayan los problemas.

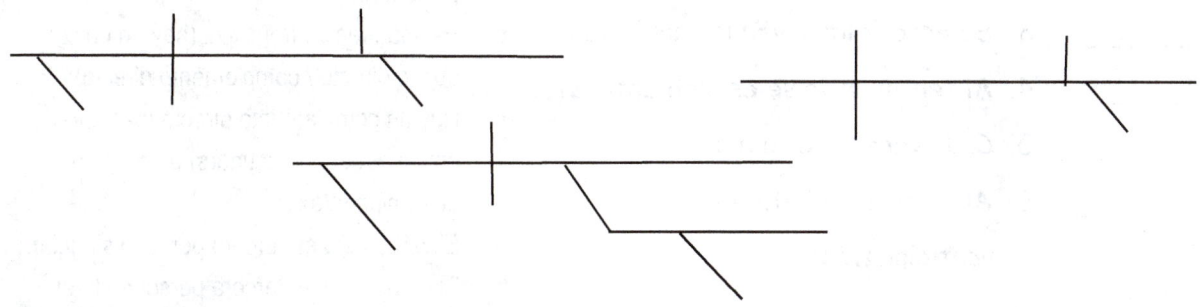

Actividad 6 — Cambia las siguientes oraciones pasivas a oraciones con *se* pasivo. Recuerda que el agente no se expresa en las oraciones con *se* pasivo.

1. El libro fue escrito por mi tío para censurar el maltrato del medio ambiente.
___

2. Su libro fue reconocido en un simposio del medio ambiente.
___

3. El documental fue filmado para crear conciencia de los problemas del medio ambiente.
___

Ahora cambia la siguiente oración a voz pasiva y luego a *se* pasivo.

La publicidad crea muchas necesidades innecesarias.
___
___

Unidad 3: Responsabilidades

Se en oraciones impersonales

En el español antiguo había oraciones activas, pasivas o con *se* pasivo; no existían las oraciones impersonales. Sin embargo, las oraciones eran ambiguas cuando se trataba de personas porque podían tener varios significados: reflexivo, recíproco y con *se* pasivo. Por ejemplo *Se cuidaban mucho los ancianos* podría significar:

- Los ancianos se cuidaban a sí mismos.
- Los ancianos se cuidaban mutuamente.
- Alguien no mencionado cuidaba a los ancianos.

Para evitar esta confusion se empezó a usar la preposición *a* para referirse a personas determinadas. Con el tiempo se inmovilizó el verbo en singular. Así nacieron las oraciones impersonales: *Se cuidaba mucho a los ancianos.*

OJO: Los verbos como *hay*, *llueve* y *hace calor* son <u>verbos impersonales</u>, pero **no** forman oraciones impersonales.

Actividad 1 Lee las siguientes <u>oraciones impersonales</u> acerca de las personas que se dedican a restaurar los bosques. Luego conéctalas con todas sus características.

_____ 1. Se prepara bien a los participantes.
_____ 2. Se trabaja mucho y muy duro.
_____ 3. Se está feliz al ver los arbolitos.
_____ 4. Al terminar ya se es ambientalista.
_____ 5. Cada verano se va a otro sitio.
_____ 6. Al final se felicita a los participantes.

a. Es una oración copulativa (*ser* o *estar*).
b. Es una oración intransitiva (no hay un paciente).
c. Es una oración transitiva (hay un paciente / objeto directo / complemento directo).
d. Hay un complemento directo (paciente / objeto directo) y es una(s) persona(s) determinada(s).
e. El verbo está en tercera persona singular.
f. El verbo está en tercera persona plural.

Actividad 2 Usando los ejemplos de la Actividad 1, indica si las siguientes declaraciones son ciertas o falsas.

Cierto	Falso	Las oraciones impersonales
√		1. Usan *se* como parte de su estructura.
		2. Pueden ser intransitivas (no hay paciente).
		3. Pueden ser transitivas con un paciente sin *a* personal.
		4. Pueden ser activas o pasivas.
		5. Pueden ser copulativas (usan *ser* o *estar*).
		6. Usan la misma estructura que las oraciones con *se* pasivo.
		7. Usan verbos reflexivos o recíprocos.

Actividad 3 Con las siguientes palabras y las que hagan falta, forma oraciones impersonales lógicas. Haz todos los ajustes necesarios, incluyendo puntuación.

1. en / prensa / reconocer / el / voluntarios / ambiental

_____

2. valorar / mucho / ambientalistas / por / trabajo / duro / hacer

_____

3. no obstante / no / obligar / nadie / a / quedarse

_____

4. ser / feliz / de / participar / y / ver / logros

_____

5. estar / seguro / de / ayudar / a / proteger / el / medio / ambiente

_____

Sintetizar: Refiriéndote a lo que has estudiado, completa la tabla para resumir lo que has aprendido.

- Ordena los términos para completar la oración: (**se** / verbo 3a persona singular)
  La estructura de las oraciones impersonales intransitivas (sin paciente) se forma con
  _____ + _____

- Ordena los términos para completar la oración: (persona determinada / **se** / verbo 3a persona singular / a)
  La estructura de las oraciones impersonales transitivas (hay paciente) se forma con
  _____ + _____ + _____ + _____

- Cierto / Falso El "supuesto sujeto" de la oración impersonal es el equivalente a *one / they / you / people /* etc. sin referirse a nadie en particular.

- Cierto / Falso Para que un animal sea el paciente en una oración transitiva impersonal, hay que personificarlo anteponiendo la *a* personal.

Actividad 4 Traduce las siguientes oraciones usando oraciones impersonales. No uses las palabras entre paréntesis.

1. (People) have worked hard to repair the damage.

_____

2. (One) respects people who dedicate their efforts to protect the environment.

_____

3. (Everybody) admired the women for their effort.

_____

Actividad 5 Compara las siguientes oraciones y marca las características de cada una. Después, determina si son oraciones impersonales o con *se* pasivo. Debajo de cada una escribe la traducción. Sigue el ejemplo.

	Verbo transitivo	Verbo intransitivo	Paciente	Paciente precedido de *a*
1. Se emplean economistas para ayudar con las campañas ambientales.	✓		✓	
2. Se emplea a economistas y sociólogos para ayudar con las campañas ambientales.				
3. Se trabaja mucho para recaudar fondos para repoblar los bosques.				
4. Se discuten muchas soluciones para hacer que la gente tome conciencia.				

a. *Se emplean economistas para ayudar* es (impersonal / con *se* pasivo) porque _____
_____

b. *Se emplea a economistas y sociólogos para ayudar* es (impersonal / con *se* pasivo) porque
_____

c. *Se trabaja mucho* es (impersonal / con *se* pasivo) porque _____
_____

d. *Se discuten muchas soluciones* es (impersonal / con *se* pasivo) porque _____
_____

Actividad 6 Elige el verbo correcto en las siguientes oraciones: algunas son *impersonales*; otras, con *se pasivo*. Debajo de cada una, explica tu respuesta.

1. (Se vio / Se vieron) varios anuncios de teléfonos muy llamativos.
_____

2. (Se escuchó / Se escucharon) a varios jóvenes hablando de lo que iban a comprar.
_____

3. (Se encuentra / Se encuentran) muchos tipos de teléfonos inteligentes en el mercado.
_____

4. No (se acepta / se aceptan) tarjetas de crédito para comprarlos.

_____

5. (Se invitó / Se invitaron) a varios compradores para que dieran su opinión de los teléfonos.

_____

6. (Se trata / Se tratan) a las personas con cortesía.

_____

Actividad 7 Lee las siguientes oraciones y corrige las que contienen faltas.

1. Se van a presentar varios métodos para salir de deudas en las tarjetas de crédito.

2. No se sabe si se va a ofrecer comentarios al final de la sesión.

3. Nunca se está seguro de las reacciones del público.

4. Se piensa muchas cosas al hablar de las deudas que se acumulan.

5. Afortunadamente se han abierto nuevas vías para salir de deudas.

6. Se han incluido a hombres y mujeres en las conversaciones sobre posibles soluciones.

7. Sin embargo se han olvidado las opiniones de los jóvenes universitarios.

Actividad 8 Para asegurar tu entendimiento de los usos de *se* que has estudiado, conecta cada tipo con la oración que le sirve de ejemplo.

1. _____ *Se variante de le*	a. No **se** comunicaron durante años, pero un día **se** vieron en una tienda y **se** saludaron amigablemente.
2. _____ *Se reflexivo*	b. El comprador quiso ser el primero en tener el teléfono pero el gerente no **se** lo permitió.
3. _____ *Se recíproco*	c. **Se** avisó a los compradores que no podrían comprar nada porque las cajas registradoras no funcionaban.
4. _____ *Se accidental*	d. No **se** llevó una silla para hacer cola porque no creía que iba a tardar mucho.
5. _____ *Se impersonal*	e. Tenía tanta prisa por llegar que **se** le perdió la billetera por el camino.
6. _____ *Se pasivo*	f. **Se** vendieron todos los teléfonos antes de las nueve de la mañana.

Actividad 9 — Indica si las siguientes oraciones son correctas o incorrectas. En la raya, escribe la letra de la razón del recuadro para apoyar tu respuesta.

a. *Se* reflexivo	c. *Se* accidental o no intencional	e. *Se* pasivo
b. *Se* recíproco	d. *Se* sustituto / variante de *le* o *les*	f. *Se* impersonal

Correcta / Incorrecta _____ 1. Se busca a los culpables de contaminar los ríos.

Correcta / Incorrecta _____ 2. Se vio a los delincuentes echando desperdicios al agua.

Correcta / Incorrecta _____ 3. Mi amigo se escondió para hacerles una foto para un volante.

Correcta / Incorrecta _____ 4. Se ofrece mil dólares por información que lleve a su arresto.

Correcta / Incorrecta _____ 5. Los muchachos se ayudaron para imprimir muchos volantes.

Correcta / Incorrecta _____ 6. Sin querer, a mi amigo se le quedó los volantes en casa.

Correcta / Incorrecta _____ 7. Por suerte antes de las diez su padre se los trajo.

Correcta / Incorrecta _____ 8. Todos los alumnos se han puesto a repartirlos.

Correcta / Incorrecta _____ 9. Se siente bien al hacer algo de provecho.

Correcta / Incorrecta _____ 10. Es de esperar que se eviten más incidentes de contaminación.

Actividad 10 — Usando el tema de la protección del medio ambiente, escribe una oración para cada tipo de uso de *se*. Intercambia tus oraciones con un compañero para revisarlas.

1. *Se* reflexivo _____

_____

2. *Se* recíproco _____

_____

3. *Se* variante de *le* _____

_____

4. *Se* no intencional _____

_____

5. *Se* pasivo _____

_____

6. *Se* impersonal _____

_____

¿Cuál de las dos...*delante* o *adelante*? Normalmente se usa *adelante* para indicar movimiento: *Siguen adelante con sus planes.* Cuando se quiere indicar situación, ambas son correctas aunque en Latinoamérica se usa más *adelante* ("*Iba adelante de mí*") mientras que en España se usa más *delante* ("*Iba delante de mí*"). Como *adelante* indica movimiento, hay tendencia a usar *para* o *hacia* con *adelante*, pero se recomienda usar *delante* en esos casos ("*Iba para / hacia delante*").

Para recordar y repasar. Al final de la unidad hay unas páginas para anotar dudas o cosas para repasar.

Recapitular, analizar y editar

1. Cierto / Falso Cuando dos o más palabras simples se unen para formar conjuntamente una tercera palabra, se genera una palabra compuesta.
2. Generalmente los sustantivos y adjetivos que terminan en vocal añaden (s / es) para formar el plural; los que terminan en tilde, consonante o y añaden (s / es).
3. Las palabras compuestas sin separación gráfica (siguen / no siguen) las normas.
4. En las palabras compuestas de dos palabras con separación gráfica y formadas por dos sustantivos (N + N) (se pluralizan / no se pluralizan) ambas palabras.
5. En las palabras compuestas de dos palabras con separación gráfica y formadas por sustantivo y adjetivo (N + A) (se pluralizan / no se pluralizan) ambas palabras.

Repasar. Pon una ✓ delante de cada palabra compuesta formada correctamente.
___ 1. ciudades dormitorios   ___ 3. pantalones campanas   ___ 5. medialunas
___ 2. buenasaventuras   ___ 4. cubrecamas   ___ 6. clases nocturnas

6. Que, quien(es), el que (y sus variantes), el cual (y sus variantes), lo que, lo cual son _____ relativos; donde es un _____ relativo; cuyo es un _____ relativo.
7. Cierto / Falso "Variantes" significa que hay diferentes formas de la palabra.
8. Las variantes de *el que* son _____.
9. Las variantes de *el cual* son _____.
10. Cierto / Falso *El que* es lo mismo que *lo que*; *el cual* significa lo mismo que *lo cual*.
11. *Se* es un (pronombre / verbo) con varias funciones.
12. La estructura: sujeto individual + *SE* + verbo = (*se* reflexivo / *se* recíproco).
13. La estructura: sujetos + *SE* + verbo (acción mutua) = (se reflexivo / se recíproco).
14. Cierto / Falso La estructura de las oraciones con *se* que indican una acción involuntaria o accidental es: *se* + pronombre de complemento indirecto + verbo + sujeto paciente.
15. Cierto / Falso *Le* y *les* son pronombres de complemento indirecto.
16. *Le* o *les* se sustituyen con *se* cuando van delante de un pronombre de complemento directo que empieza con la letra _____.
17. Cierto / Falso La estructura de las oraciones con *se* pasivo se forma con *se* + verbo + sujeto paciente.
18. En las oraciones con *se* pasivo el verbo concuerda con (el sujeto agente / el sujeto paciente) y el agente (se menciona / no se menciona).
19. La estructura de las oraciones impersonales intransitivas (sin objeto direto) se forma con *se* + verbo en _____ persona singular.

Repasar. Escribe el tipo de *se* que aparece en cada oración.
_____ 1. Se escuchan.   _____ 3. Se me cayó.   _____ 5. Se ve más.
_____ 2. Se lo di.   _____ 4. Se venden casas. _____ 6. Se prepara a todos.

Unidad 3: Responsabilidades 267

Analizar

En cada par de oraciones puede haber una que contenga **dos** errores, pero también es posible que ambas oraciones sean correctas.
- Compara cada par y subraya los dos errores en la oración que crees que está mal.
- Si ambas oraciones son correctas, escribe *Sin error* en la raya.
- Si hay errores, explica por qué son errores.

1. a. Supe que esa colyflor era un gran hallasgo.
   b. Sabía que esa coliflor era un gran hallazgo.

   _____

2. a. Los sofás de los jueces tienen unos patrones muy interesantes.
   b. Los sofases de los jueces tienen unos patrones muy interesantes.

   _____

3. a. Habían muchos rojos bancos en el parque.
   b. Había muchos bancos rojos en el parque.

   _____

4. a. Anoche llego mi primo Antonio quien vive en Miami.
   b. Anoche llegó mi primo Antonio que vive en Miami.

   _____

5. a. Ellos nos dijeron que fuéramos, lo que me parece muy bien.
   b. Ellos no dijeron que fuéramos, lo cual me parece muy bien.

   _____

6. a. Si hubiera sabido el dolor que le iba a causar, no lo habría hecho.
   b. Si hubiera sabido el dolor que les iba a causar, no lo hubiera hecho.

   _____

7. a. Tenemos cien veinte preguntas para completar en la primer lección.
   b. Tenemos ciento veinte preguntas para completar en la primera lección.

   _____

8. a. Quisimos regalarle una maceta de bambús.
   b. Queríamos regalarle una maceta de bambúes.

   _____

9. a. Se nos han olvidado el dibujo de los buques escuelas.
   b. Se nos ha olvidado el dibujo de los buques escuela.

   _____

Editar

Actividad 1 — En el siguiente fragmento resalta y corrige todas las faltas de plurales, uso de *se*, *ser/estar*, tildes, el subjuntivo y concordancia. Donde tengas dudas, márcalas.

Se dice muchas cosas de los hombres qué se quedan en casa en ves de trabajar por una compañía. Algunos dicen que están unos carasduras, pero no estoy de aquerdo. Algunos hombres prefieren estar en casa para cuidar a los hijos e hijas; entonces optan por trabajar desde casa o simplemente assumir los quehaceres domesticos que haria una esposa. Unas esposas prefieren ir a la officina en ves de estar en casa, y me parese bien.

Actividad 2 — En cada uno de los siguientes fragmentos hay seis faltas de ortografía, puntuación, acentuación, conjugación o modo. Encuéntralas y escribe la corrección.

1. Uno de los mayores retos que enfrentamos es la responsabilidad planetaria. Sin duda una de las metas más transcendentales y fundamentales es expandir la esfera de la responsabilidad humana para incluir a la gente, los animals y otros organismos. Ello supone que debemos emplear una vision holística que considere cambios en las perspectivas globales, las maneras de pensar, y los paradigmas de bien estar. Entre estos se encuentra los problemas de territorialidad, la economía y los deshechos creados por el hombre y la industrialización.

	error	corrección		error	corrección
a.	_____	_____	d.	_____	_____
b.	_____	_____	e.	_____	_____
c.	_____	_____	f.	_____	_____

2. Yo sigo defendiendo mi opinión de crusarme de brazos como los políticos y dejar que pase lo que pase. ¿Porque me voy a preocupar por algo que seguramente nunca me afectará? Pienso que tengo cosas más importantes que a ser. Y no me digan que ustedes no piensan así. Lo que pasa es que quieren quedar bien delante de los demás y se hacen los muy defensores del medio ambiente. Haber, si les ofreciera un trabajo fenomenal una contaminadora compañía, ¿le dirían que no? Sean sinceros. No, verdad?

	error	corrección		error	corrección
a.	_____	_____	d.	_____	_____
b.	_____	_____	e.	_____	_____
c.	_____	_____	f.	_____	_____

Unidad 3: Responsabilidades

La responsabilidad social

¿Hasta qué punto llegarías para volverte a encontrar con tus padres que han tenido que emigrar para buscar una vida mejor? ¿A qué te arriesgarías para mejorar la vida para ti y tus familiares? Diariamente, veintenas de niños y jóvenes enfrentan este dilema.

También los niños arriesgan la vida por el *sueño americano*

¿Arriesgarías la vida para ayudar a tu familia a salir adelante económicamente? ¿Dejarías tu casa, tus amigos, la escuela para emprender un viaje que podría quitarte la vida solo para buscar a tus padres aunque te hayan dejado hace años y apenas los conozcas? A muchos jóvenes estadounidenses les resulta difícil imaginarse enfrentando una situación tan extrema. Sin embargo, según el Departamento de Aduanas y Protección Fronteriza de EEUU, unos 50.000 menores de edad no acompañados —la mayoría centroamericanos— intentaron cruzar la frontera entre México y EEUU en el 2017. Por lo general la retórica actual sobre la inmigración de indocumentados se trata de adultos o familias que intentan cruzar la frontera; pocas veces se piensa en los niños que viajan solos y los desafíos que enfrentan al decidir irse a buscar a sus padres.

Diariamente, niños centroamericanos entre los 9 y 17 años, enfrentados con durezas económicas y la falta de sus padres, y atraídos por la buena vida estadounidense, deliberan si deben arriesgarse a ir *al Norte*. La decisión es angustiante; el viaje, peor. El documental *Which Way Home* (2009) sigue la precaria trayectoria de varios niños desde que dejan sus casas con casi nada y se meten de polizones en trenes de carga apodados *La bestia*. Antes de subirse a los trenes en Arriaga, México, se les informa de los riesgos del viaje: robo, asaltos, detención por la migra (los oficiales de inmigración estadounidenses), hambre, deshidratación, pérdidas de brazos o piernas al caerse del tren e incluso la muerte. Pero el riesgo no los detiene. Ya en camino, sufriendo la rudeza del trayecto, su dilema se convierte en seguir adelante o dejarse detener por los oficiales mexicanos para salir de su calvario. De nuevo la esperanza de volver a ver a sus padres o de ganar dinero para mandar a casa es tan grande que la mayoría sigue. Si la decisión es angustiosa, el viaje es peor.

Después de casi 2.000 kilómetros, los sobrevivientes llegan al norte de México donde enfrentan más desafíos: cómo, dónde y con quién cruzar la frontera. Anualmente centenares de indocumentados mueren intentando entrar a EEUU. Las opciones son malas: cruzar nadando el río Bravo (Río Grande en EEUU), caminar durante días por el desierto o contratar a un *coyote*, que antepone su lucro a la vida de las personas a quienes cruza. Si lo logran, al otro lado de la frontera los jóvenes tienen que dar con personas honestas que les ayuden a encontrar a sus familiares o un trabajo, pues todavía siguen los peligros de robo, hambre, muerte. Frente a la desilusión y el desamparo del trayecto y un nuevo país desconocido, muchos se arrepienten de haberse montado en *La bestia*. Pero a estas alturas no les queda más remedio que seguir adelante, pase lo que pase.

Después de leer

Actividad 1 — Basándote en la lectura, elige la mejor respuesta.

1. Generalmente, ¿en quiénes se piensa al hablar de la inmigración?
   a. Niños centroamericanos que viajan solos
   b. Familias que enfrentan dilemas
   c. Adultos que quieren ir *al Norte*

2. ¿Qué impulsa a los niños a cruzar la frontera?
   a. Les gusta el riesgo.
   b. Buscan mejor vida.
   c. Sus padres les piden que lo hagan.

3. ¿Cuáles son algunos de los peligros del camino?
   a. Mutilaciones y muerte
   b. Encarcelamiento y extradición
   c. Falta de comida y bestias

4. ¿Qué les espera al llegar al norte de México?
   a. La familia
   b. Más problemas
   c. Animales salvajes

5. Después de cruzar ¿qué les ocurre a muchos?
   a. Lamentan haber decidido irse a EEUU.
   b. Encuentran trabajo con sus familiares.
   c. Superan la desilusión del viaje.

6. En la frase "*niños centroamericanos… enfrentados con durezas*", ¿cuál es la función de *enfrentados*?
   a. Describir un sustantivo
   b. Comunicar una acción
   c. Unir dos elementos

7. ¿Cuál es la traducción de *polizones* en "*se meten de polizones en trenes*"?
   a. Policemen
   b. Engineers
   c. Stowaways

8. ¿Qué tipo de oración es "*La decisión es angustiante; el viaje, peor*"?
   a. Simple
   b. Compuesta
   c. Compleja

9. En "*centenares de indocumentados mueren*", ¿qué clase de palabras es *centenares*?
   a. Adjetivo
   b. Adverbio
   c. Sustantivo

10. ¿Qué clase de verbos son *cruzar nadando*?
    a. Personal
    b. No personal
    c. Impersonal

11. ¿En qué modo está "*pase lo que pase*"?
    a. Indicativo
    b. Imperativo
    c. Subjuntivo

Actividad 2 — Imagina que eres un joven que quiere emigrar a EEUU. Completa la actividad.
- Primero escribe unas razones para emigrar y otras para no emigrar.
- Después completa la tesis que podrías usar para escribir un ensayo persuasivo. Lo lógico es elegir la postura cuyas razones son más convincentes.

Razones que justifican el ir	Razones que aconsejan el no ir

El emigrar a EEUU (es / no es) una buena opción en mi vida porque _____

Actividad 3 — En EEUU el tema de los indocumentados que cruzan la frontera es muy debatido. Abajo escribe razones a favor y en contra de permitir la entrada.

Permitir la entrada de los indocumentados	Impedir la entrada de los indocumentados

Se debe (permitir / impedir) la entrada de los indocumentados porque _____

_____

Actividad 4 — Las deportaciones son un tema muy candente. Abajo escribe razones a favor y en contra de las deportaciones de personas indocumentadas en EEUU.

Continuar las deportaciones	Frenar las deportaciones

Se deben (continuar / frenar) las deportaciones de los indocumentados porque _____

_____

Actividad 5 — Imagina que un amigo tiene un rancho cerca de la frontera entre Canadá y EEUU y te escribe para pedirte consejo. Escribe tu respuesta.

De	RicardoL@rancheros.com
Asunto	Necesito tu consejo

Desde hace tiempo que te quiero escribir acerca de este dilema que tengo. Como sabes mi rancho está en el lado americano de la frontera entre Canadá y Estados Unidos. Es una tierra bella pero peligrosa por lo crudo del invierno.

Lo que me preocupa es que cada vez veo más y más indocumentados cruzando por el rancho. Creo que son asiáticos y europeos que buscan ingresar a EEUU para trabajar. Como bien sabes, yo también vine de indocumentado buscando mejor vida. Ahora ya soy ciudadano y sé lo mucho que le debo a este país. Por eso no sé qué hacer. Si no les ayudo probablemente morirán de frío y hambre, pero si les ayudo estoy quebrando la ley. ¿Qué me aconsejas?

De	
Asunto	

La ortografía: Los prefijos y los guiones

Un dilema entre la ley y la humanidad: Los Grupos Beta

"*Protección a migrantes*" es el lema de los Grupos Beta, una organización que es parte del Instituto Nacional de Migración de México. Este grupo, que se preocupa por el bienestar y la salud de los migrantes procedentes de México y otros países latinoamericanos, se fundó en 1990 con el propósito de salvar las vidas de los migrantes en peligro. A pesar de que lo normal es no querer ver a los demás sufrir, la existencia de los Grupos Beta ha sido polémica por proteger a los inmigrantes no documentados en vez de aprehender y deportarlos. Muchas personas, especialmente en los Estados Unidos, opinan que esta agencia gubernamental mexicana anima a los migrantes a entrar a EEUU sin seguir un proceso legal. Durante un día cualquiera, un Grupo Beta puede proveer lo siguiente a los migrantes que atraviesan México:

- Comida, agua, un sitio donde resguardarse del sol y del frío
- Transporte a un albergue para descansar o a una oficina oficial para entregarse
- Ayuda médica para los enfermos y lesionados
- Consejos sobre los peligros que enfrentarán en el trayecto, incluyendo desastres naturales
- Rescate de una situación grave
- Protección de sus derechos humanos
- Ayuda humanitaria para salvarle la vida a alguien, sea quien sea o la ayuda que necesite

Actividad 1 ¿Crees que el trabajo de los Grupos Beta es humanitario o ayuda a infringir las leyes? Primero comenta el tema con los compañeros y apunta ideas a favor y en contra. Luego, toma una posición y escribe un párrafo que refleje tu postura.

Razones para ayudar	Razones en contra

Unidad 3: Responsabilidades

Igual que en inglés, los prefijos son partículas (*morfemas*) con las que se pueden crear nuevas palabras a partir de otras ya existentes. Al leer la lista abajo vas a reconocer muchos prefijos que son iguales en español e inglés.

Actividad 2 Lee la lista de prefijos, subraya los que reconozcas y escribe una palabra en inglés con ese prefijo. Luego compara tu lista con un compañero y completa lo que te falte. Finalmente, traduce las palabras de tu lista al español. Sigue el ejemplo.

prefijo	palabra en inglés	palabra en español
a-, an-	apolitical	apolítico
ante-		
anti-		
bi-, bis-		
co-, con-		
contra-		
de-, des-		
en-		
entre-		
ex-		
extra-		
hiper-		
hipo-		
in-		
inter-		
pos(t)-		
pre-		
re-		
sub-		

Actividad 3 Conecta las normas de los prefijos y los guiones de los recuadros con los ejemplos que siguen.

a. Se pega el prefijo cuando la palabra base es solamente **una** palabra.

b. Se une el prefijo con guion cuando la palabra base empieza con **mayúscula** o es una cifra.

c. Se escribe el prefijo separado gráficamente cuando la palabra base se compone de **varias palabras** aunque empiecen con mayúscula.

___1. ante Guerra Civil   ___6. ex jefe empresarial   ___11. pro Seguridad Social
___2. anti pena de muerte   ___7. exmanejante   ___12. proamnistía
___3. antiposmodernismo   ___8. exsuegro   ___13. hipermercado
___4. antirrobo   ___9. mini-OTAN   ___14. sub-21
___5. cuasi primer ministro ___10. posventa   ___15. superbién

Actividad 4 Toma las siguientes palabras y añádeles dos prefijos diferentes para formar otras palabras. Sigue el ejemplo. Comprueba tus palabras con un diccionario en línea.

Palabra base	Prefijo	Palabra nueva	Prefijo	Palabra nueva
1. poner	ante	anteponer	pos	posponer
2. volver				
3. hacer				
4. partir				
5. forma				
6. bélico				
7. tensión				
8. nacional				
9. natal				
10. presidente				
11. ONU				
12. derechos humanos				
13. Segunda Guerra Mundial				

Actividad 5 Indica si los siguientes prefijos se han aplicado correctamente. En la raya justifica tu respuesta.

Sí / No 1. anti legislación   _____

Sí / No 2. posguerra   _____

Sí / No 3. ex primer ministro _____

Sí / No 4. pro-ADENA*   _____

Sí / No 5. minicoche   _____

Sí / No 6. hiper-mercado   _____

Asociación para la Defensa de la Naturaleza

Gramática: Cláusulas con *si*

Antes de empezar esta sección repasa las conjugaciones del imperfecto de subjuntivo (Unidad Uno) y del condicional y futuro (Unidad Dos).

Actividad 1

Recientemente se encuestó a cincuenta indocumentados de 16 a 60 años que residen en el sur de California. Veinticinco de los entrevistados eran mujeres y veinticinco eran hombres. Abajo aparecen algunas preguntas que se les hicieron y un resumen de las respuestas.

Pregunta 1. ¿Con qué frecuencia se arriesga a regresar a su país de origen para ver a la familia?

Entre los entrevistados los hombres eran más propensos a arriesgarse, y el grupo de 30 a 40 años era el que había regresado alguna vez. No obstante, ninguno de los participantes había regresado más de una vez. De las veinticinco mujeres, solo tres habían regresado, pero todas dijeron que si pudieran, lo harían. El grupo que más piensa en regresar a visitar a la familia es el grupo de 20 a 30 años, y el que menos, el grupo de 50 a 60 años. Como dijo una mujer de 59 años: "Habría ido si hubiera podido, pero no me fue posible". Sin embargo, esta misma mujer les aconseja a sus nietos que regresen si pueden porque, al haber nacido en EEUU, no corren el peligro de ser detenidos y deportados al volver a EEUU.

Pregunta 2. ¿Qué clase de música prefirió escuchar esta semana pasada: latina u otra clase?

Curiosamente las respuestas a esta pregunta no mostraron una diferencia significativa entre hombres y mujeres. Entre los jóvenes de 16 a 19 años no hubo preferencia, sino que dijeron que escucharon lo que estuviera en la radio o en la televisión. Según la edad iba avanzando, los entrevistados mostraron menos tendencia a escuchar música y cuando la escuchaban preferían la latina. En el grupo de 20 a 29 años aproximadamente la mitad prefería la música latina; en el grupo de 30 a 39 años un sesenta por ciento prefería la latina; en los grupos de 40 a 49 años un ochenta por ciento; los mayores de 50 años no escuchaban música.

Pregunta 3. ¿Le gustaría ir a clases para aprender inglés?

Como era de esperar, entre más jóvenes eran los entrevistados, más dispuestos estaban a asistir a clases de inglés. De hecho, todos los jóvenes de 16 a 19 años toman algún tipo de clase de inglés, ya sea en una escuela o por internet. Del grupo de 20 a 29 años, las mujeres estaban más dispuestas a aprender para ayudar a sus hijos con la tarea de la escuela. Entre los otros grupos el número se repartía casi por igual entre hombres y mujeres. Hay que notar que el grupo de encuestados mayores de 50 años es el que más se lamenta de no haber aprendido más inglés; quieren que sus hijos y nietos lo aprendan pero sin perder su español.

Actividad 2

Lee los siguientes grupos de oraciones que se relacionan con los resultados de la encuesta. Luego, con el resto de la clase decidan si cada oración es posible, menos posible, imposible. Escribe la cláusula con *si* y el verbo de la cláusula principal en las filas correspondientes de la siguiente tabla. Sigue el ejemplo.

posible / menos posible / imposible 1. Si pueden, van a regresar para ver a la familia.
posible / menos posible / imposible   Si pudieran, regresarían para ver a la familia.
posible / menos posible / imposible   Si hubieran podido, habrían regresado para ver a la familia.

posible / menos posible / imposible 2. Si escuchan música, prefieren la latina.
posible / menos posible / imposible   Si escucharan música, preferirían la latina.
posible / menos posible / imposible   Si hubieran escuchado música, habrían preferido la latina.

posible / menos posible / imposible 3. Si tuviera la oportunidad, aprendería inglés.
posible / menos posible / imposible   Si tengo la oportunidad, voy a aprender inglés.
posible / menos posible / imposible   Si hubiera tenido la oportunidad, habría aprendido inglés.

posible / menos posible / imposible 4. Si tengo la oportunidad, hablaré inglés.
posible / menos posible / imposible   Si hubiera tenido la oportunidad, hubiera hablado inglés.
posible / menos posible / imposible   Si tuviera la oportunidad, hablaría inglés.

posible	*Si pueden, van a regresar* Estructura: *Si* + presente de (indicativo / subjuntivo), _____ de indicativo.
menos posible	 Estructura: *Si* + (presente / imperfecto) de subjuntivo, _____.
imposible	Estructura: *Si* + pluscuamperfecto de subjuntivo, _____.

Sintetizar: Refiriéndote a lo que has estudiado, completa la tabla para resumir lo que has aprendido.

- Cierto / Falso   Las cláusulas con *si* son cláusulas subordinadas.
- La cláusula (**principal / subordinada**) empieza con *si*.

Cuando una oración comunica una condición

- **posible,** se usa el modo indicativo en la cláusula subordinada con *si*, y el modo (**indicativo / subjuntivo**) en la cláusula principal.
- **menos posible,** se usa el (**presente de subjuntivo / imperfecto de subjuntivo**) en la cláusula con *si*, y el condicional en la cláusula principal.
- **imposible,** se usa el (**imperfecto de subjuntivo / pluscuamperfecto de subjuntivo**) en la cláusula con *si*, y el condicional perfecto o el pluscuamperfecto de subjuntivo en la cláusula principal.

Actividad 3 — Pensando en la correspondencia de los verbos que acabas de analizar, subraya la mejor opción entre paréntesis. Si crees que ambas son correctas, subraya las dos.

1. Pienso que puedo ir a ayudarte si no (tengo que / tuviera que) trabajar.

2. Lo sentimos. Si (pudiéramos / hubiéramos podido), habríamos ido contigo.

3. Creo que si los demás nos (ayudaran / ayudarán), sería mejor para todos.

4. Según el director del programa si (no hay / no hubiera) voluntarios para ir al tren, algunos migrantes morirían de hambre y sed.

5. A pesar de las críticas, la situación de los migrantes (habría sido / hubiera sido) nefasta si el gobierno no hubiera tomado medidas.

6. Algunos migrantes han dicho que no habrían hecho el viaje si (han sabido / hubieran sabido) de los peligros del camino.

7. Si todos (comprenden / comprendieran) los desafíos que les esperan, no se arriesgarían a hacer el viaje.

8. Si la situación económica mundial (mejora / mejorará), tal vez no habrá tanta inmigración indocumentada.

9. Es importante que pensemos en el futuro si (queremos / quisiéramos) ayudar a la humanidad.

10. Mi profesor dijo que si estudiáramos la migración del hombre a través de los siglos, (encontraríamos / habríamos encontrado) que casi siempre ha sido de sur a norte.

Actividad 4 — En el espacio escribe la forma apropiada para el verbo entre paréntesis. Después, debajo escribe la correspondencia que justifica tu respuesta. Sigue el ejemplo.

1. Si no se _____ (buscar) un remedio para la situación económica precaria de mucha gente, será una mancha para los dirigentes de sus países.
Cláusula principal en indicativo → cláusula subordinada con si en indicativo.

2. Si _____ (poder), daríamos una solución; pero no hemos podido encontrar ninguna efectiva.
_____

3. Sin duda si _____ (haber) remedio, los dirigentes lo habrían aplicado; a nadie le gusta ver sufrir a su gente.
_____

4. Creo que si _____ (estudiar) los movimientos migratorios a través de la historia, encontraremos algunas posibilidades.
_____

Actividad 5 — Con un compañero piensen en algunos dilemas que pueden causar problemas globales. Después, usen el tema y escriban tres preguntas con *si* para hacerles a dos compañeros. Escriban las preguntas y las repuestas en la tabla.

Pregunta 1: _____

Respuesta de _____. _____

_____

Respuesta de _____. _____

_____

Pregunta 2: _____

Respuesta de _____. _____

_____

Respuesta de _____. _____

_____

Pregunta 3: _____

Respuesta de _____. _____

_____

Respuesta de _____. _____

_____

Actividad 6 Escribe un resumen de los comentarios de tus compañeros.

_____
_____
_____
_____
_____
_____
_____
_____
_____

"Gerund" vs. infinitivo / "Present participle" y gerundio

 Por suerte pocos tendremos que enfrentar responsabilidades sociales que nos pongan en apuros morales. No obstante, a veces es bueno pensar en ello con la *sangre fría* para tener algunas ideas y opiniones guardadas que nos ayuden a tomar decisiones objetivas si un día nos encontramos en semejante situación.

Actividad 1 Abajo se presentan varias situaciones difíciles. Después de leer cada una, escribe lo que crees que cada persona debería hacer e incluye tus razones.

SITUACIONES DIFÍCILES

En la Florida un niño de siete años padece una rara enfermedad y solo le quedan semanas para vivir. La madre murió hace un mes y el niño es toda la familia que le queda al padre. El médico le informa que se ha descubierto una medicina que posiblemente le salve la vida, pero todavía no la aprueba el gobierno. También le dice que en la farmacia del hospital hay varios viales de la medicina, pero el farmacéutico se rehúsa a darlas por no infringir la ley y perder su licencia. El padre le ruega al farmacéutico que le salve la vida a su hijo. ¿Qué debe hacer: darle los viales al padre y perder su licencia y empleo? ¿Aceptar que debe mirar por el bien de su propia familia y negarse, ya que además no es seguro que la medicina funcione?

___

En el Valle ha habido un desastre en una fábrica de productos químicos y un joven forma parte de los voluntarios que están evacuando a las personas que viven y trabajan en el asilo de ancianos que está al lado. Ya han empezado las explosiones dentro de la fábrica y el asilo ha empezado a arder. Debido al peligro, los camiones de rescate se tienen que alejar y no se puede sacar a nadie más del asilo. La abuelita del joven está dentro. Lo crio cuando sus padres murieron y ha sido su apoyo toda la vida. El joven la puso en el asilo porque sufre de una enfermedad que requiere que esté supervisada las 24 horas al día y no podía hacerlo en casa. Él conduce uno de los camiones. Sabe que si regresa por su abuelita, su vida y la de quienes ya están en los camiones estarán en peligro, y él es responsable de los pasajeros. Pero si deja allí a su abuelita y esta muere, jamás se lo podrá perdonar. ¿Qué debe hacer?

___

Cristina y Luis disfrutaban su luna de miel en una playa de Big Sur, California. Un día mientras Luis nadaba cerca de los acantilados, un fuerte oleaje lo arrojó contra las piedras y le rompió la columna vertebral. Luis quedó paralizado y ha estado hospitalizado por un año. Cristina ha venido todos los días a verlo después del trabajo, quedándose hasta entrada la noche. Luis le dice que la ama y que solo por ella quiere vivir y tratar de mejorarse. Es más: va a dejar que le hagan unos experimentos para recuperar algo de movimiento. A cada rato le repite a Cristina que sin ella no tendría razón alguna para vivir.

Cristina habla a diario con el médico de Luis. Es un joven con un porvenir brillante. Poco a poco ha nacido el amor entre ellos. Una noche el médico le pide a Cristina que deje a Luis y se vaya con él a Nueva York, donde le han ofrecido un puesto en un hospital muy prestigioso. ¿Qué debe hacer Cristina?

_____

_____

_____

_____

En Washington una joven soltera, adicta a las drogas, ha dado a luz a una hija adicta con fuertes impedimentos físicos y mentales. La madre ha dicho que no quiere saber nada de la criatura; solo le interesa volver a la calle para conseguir más drogas. El médico habla con los abuelos de la niña para saber si ellos se pueden hacer cargo de la bebita. Les deja saber que estará en un estado casi vegetal y que necesitará cuidados médicos cuyos gastos serán muy fuertes. De no hacerse cargo, tendrá que entregar a la niña a los servicios sociales y avisar a la policía para que encarcelen a la madre por haber puesto en peligro la vida de un niño. Los abuelos no tienen más hijos y esta niña es la única nieta. ¿Qué deben hacer?

_____

_____

_____

_____

Antonia Martínez fue sentenciada a 10 años de prisión. Sin embargo, después de un año se escapó de la cárcel, se fue a Chicago y tomó el nombre de Leticia Durán. Durante 8 años trabajó mucho y poco a poco ahorró dinero para montar un negocio propio. Siempre ha sido cortés con los clientes, paga sueldos justos a sus empleados y entrega la mayoría de sus beneficios a obras de caridad. Pero un día una vieja vecina de Antonia llega a Chicago, visita el negocio y la reconoce como la mujer a quien la policía ha estado buscando. No sabe qué hacer: denunciar a Antonia o hacerse como que no la reconoció.

_____
_____
_____
_____

Actividad 2 — Con un compañero, escriban una situación que trata un tema difícil de responsabilidad social. Para organizarla primero rellenen los espacios. Después, escriban la situación. Una vez que la hayan escrito, preséntenla a la clase para que comenten lo que harían para comportarse de manera responsable.

Participantes en el dilema: _____

_____

Situación: _____

_____

Dos opciones: _____

_____

Situación

Antes de seguir debes recordar que *gerund* en inglés no es lo mismo que *gerundio* en español. En inglés *gerund* es la forma nominal (sustantiva) del verbo (*I enjoy reading*), pero en español el infinitivo es la forma nominal del verbo (*Me gusta leer*).

VERBOS COMO SUSTANTIVOS

Actividad 3 — Usando tu intuición, elige la mejor opción para cada oración. No lo pienses mucho; elige rápidamente tu respuesta.

1. (Tomar / Tomando) una decisión puede ser muy difícil en algunas ocasiones.
2. La única preocupación del padre era (salvar / salvando) la vida de su hijo.
3. El hospital censuraría al farmacéutico por (darle / dándole) la medicina al niño.
4. En particular (ofrecer / ofreciendo) medicamentos no aprobados sin (seguir / siguiendo) las normas del gobierno les parecería deplorable.
5. Además, su familia también desaprobaría (pensar / pensando) en los pacientes en vez de (considerar / considerando) el futuro de sus hijos.
6. En ese momento el joven piensa que (salvar / salvando) a su abuelita es lo más importante y lo que debe hacer.
7. Creo que muchos no piensan que sea sensato (arriesgar / arriesgando) la vida sin (saber / sabiendo) lo que les pueda ocurrir.

Actividad 4 — Ahora traduce algunas de las mismas oraciones al inglés y contesta la pregunta.

1. Tomar una decisión puede ser muy difícil en algunas ocasiones.
   _____

2. La única preocupación del padre era salvar la vida de su hijo.
   _____

3. El hospital censuraría al farmacéutico por darle la medicina al niño.
   _____

4. Ofrecer medicamentos sin seguir las normas del gobierno les parecería deplorable.
   _____

¿Cómo funcionan *tomar, salvar, dar, seguir* en estas oraciones: adjetivo / artículo / sustantivo?

Sintetizar: Refiriéndote a lo que has estudiado, completa la tabla para resumir lo que has aprendido.

- El infinitivo es un verbo (personal / no personal / impersonal).
- La función del infinitivo es de (verbo de acción / verbo copulativo / sustantivo).
- Cierto / Falso *Gerundio* y *gerund* son cognados falsos.
- Cierto / Falso El *gerundio* y el *gerund* funcionan de la misma manera dentro de la oración.
- En inglés el (*gerund* / *infinitive*) funciona como sustantivo.

Actividad 5   Lee la oración en inglés y decide cuál es la función de las palabras subrayadas. Luego, elige la traducción correcta.

¿GERUNDIOS COMO ADJETIVOS? EN INGLÉS SÍ, PERO...

sustantivo / adjetivo   1. The need to make decisions is often <u>worrying</u>.
- ☐ a. La necesidad de tomar decisiones puede ser preocupando.
- ☐ b. La necesidad de tomar decisiones puede ser preocupante.

sustantivo / adjetivo   2. You may be forced to make <u>disturbing</u> choices.
- ☐ a. Uno se puede ver forzado a hacer elecciones desconcertando.
- ☐ b. Uno se puede ver forzado a hacer elecciones desconcertantes.

sustantivo / adjetivo   3. No matter what you choose it will be <u>challenging</u>.
- ☐ a. No importa lo que se elija, será desafiando.
- ☐ b. No importa lo que se elija, será desafiante.

sustantivo / adjetivo   4. In their minds people view them with a <u>belittling</u> attitude.
- ☐ a. En su mente la gente los ve con una actitud despreciando.
- ☐ b. En su mente la gente los ve con una actitud despreciativa.

sustantivo / adjetivo   5. What they choose is often <u>disappointing</u>.
- ☐ a. A menudo lo que escogen es decepcionando.
- ☐ b. A menudo lo que escogen es decepcionante.

Sintetizar: Refiriéndote a lo que has estudiado, completa la tabla para resumir lo que has aprendido.

- Cierto / Falso En inglés el *present participle* (la forma verbal terminada en *-ing*) puede ser un adjetivo; su equivalente en español, el gerundio (verbo impersonal terminado en *-ando* o *-iendo*), también puede ser un adjetivo.

Actividad 6   **La bestia.** ¿Recuerdas el peligro que enfrentan las personas que viajan en este tren? Lee las oraciones y elige la opción correcta.

1. El muchacho temía *getting on* (subiéndose / subirse) al tren.
2. Sabía que además de peligroso, el viaje era *tiring* (cansado / cansando).
3. Los voluntarios no pueden tolerar *seeing* (ver / viendo) tanto sufrimiento.
4. Desafortunadamente por *helping* (ayudar / ayudando), los Grupos Beta han sido criticados.
5. Aunque el agua que dan es *refreshing* (refrescando / refrescante), pronto se calienta.
6. *Risking* (Arriesgando / Arriesgar) la vida para ayudar es frecuente entre los voluntarios.

Actividad 7   Completa las oraciones con la forma correcta de la palabra en inglés. Piensa si debes mantener la misma forma del verbo.

1. En ocasiones, *having* _____ (tener) a alguien con quien hablar es todo lo que necesitan los jóvenes.

2. A pesar de ir en trenes repletos de gente, *traveling* _____(viajar) solos es la norma.

3. Después de *leaving* _____(dejar) sus hogares pasan semanas o meses antes de cruzar México.

4. Por el camino se encuentran con mucha gente buena pero también con gente *deceiving* _____ (engañar).

5. Pero la ilusión de ver a sus parientes resulta *comforting* _____ (reconfortar).

Usos equivalentes del gerundio y *present participle*

Actividad 1 — Usando tu intuición, marca las oraciones con formas verbales equivalentes en ambas lenguas. Ten en cuenta que son tiempos progresivos.

igual / diferente
1. Towards the end of 2013, three Central Americans who **were traveling** on The Beast were attacked.
A finales del 2013 tres centroamericanos que **estaban viajando** en La bestia fueron atacados.

igual / diferente
2. Like the approximately 300,000 Central Americans that cross Mexico every year, they **were seeking** a better life.
Como los aproximadamente 300.000 centroamericanos que cruzan México cada año, **estaban buscando** una vida mejor.

igual / diferente
3. But they encountered a group of thugs that **was demanding** a "toll" from the migrant passengers.
Pero toparon con un grupo de delincuentes que **estaba exigiendo** un "pago" de los pasajeros migrantes.

igual / diferente
4. Unfortunately although they **were defending** themselves, when they refused, they were thrown off the train: two died and another lost a foot.
Desgraciadamente a pesar de **estarse defendiendo**, al rehusarse fueron arrojados del tren: dos murieron y otro perdió un pie.

igual / diferente
5. A sad outcome for three men who **were** only **trying** to provide their family a better economic life.
Un final triste para tres hombres que solo **estaban tratando** de ofrecerle a su familia una vida económica mejor.

Actividad 2 — Compara las oraciones fijándote en las formas verbales en negrilla. ¿Contestan las preguntas *cómo* o *cuándo*? ¿Qué clase de palabras son: adjetivo / adverbio?

1. Ayer encontré a mi amiga Antonia **llorando**.
   Yesterday I found my friend Antonia **crying**.

2. **Sintiendo** que algo terrible pasaba, se lo pregunté.
   Sensing that something terrible was up, I asked her.

3. **Temblando** de dolor, me dijo que quizás iba a ser detenida.
   Trembling with sorrow, she told me she might be arrested.

4. Por lo visto **siendo** muy joven en Los Ángeles, había cometido un delito grave.
   It seems that **being** very young in Los Angeles, she had committed a serious crime.

Unidad 3: Responsabilidades

Sintetizar: Refiriéndote a lo que has estudiado, completa la tabla para resumir lo que has aprendido.

- El gerundio y el *present participle* se usan para formar los tiempos _____.
- Cierto / Falso Como los tiempos progresivos señalan una acción continua, además de *estar* se pueden usar otros verbos que indican progresión como *continuar, seguir, persistir*.
- El (**adjetivo / adverbio**) contesta las preguntas *cómo* o *cuándo*.
- El gerundio y *present participle* son equivalentes cuando funcionan como (**sustantivo / adjetivo / adverbio**).

Actividad 3 Completa las oraciones con el gerundio del verbo entre paréntesis.

1. Hace rato pasaron varias personas _____ (correr) hacia la playa.

2. _____ (Acercarse) a la orilla, se dieron cuenta que había un herido.

3. En ese momento vieron a unos hombres que estaban _____ (traer) una camilla.

4. Cerca de allí había una joven _____ (llorar) amargamente.

5. La gente, _____ (temer) lo peor, la intentaba consolar.

6. Pero la pobre seguía _____ (culparse) por lo ocurrido.

7. Poco a poco fueron _____ (darse) cuenta que no había nada que hacer.

8. Lo que había empezado como una luna de miel soñada estaba _____ (terminar) como tragedia.

9. _____ (levantarse) con la ayuda de los demás, la pobre muchacha caminó temerosa hacia la ambulancia donde los enfermeros atendían a su esposo.

10. Por suerte él continuaba _____ (respirar) y su corazón seguía _____ (latir) con fuerza.

11. _____ (Despedirse) de sus amigos, la joven subió a la ambulancia.

Actividad 4 Usando una experiencia propia, escribe cuatro oraciones que usan el gerundio como adverbio o parte de un verbo progresivo. Revisa tu trabajo con un compañero.

1. _____
2. _____
3. _____
4. _____

Sintetizar: Refiriéndote a lo que has estudiado, completa la tabla para resumir lo que has aprendido.

- El gerundio y *present participle* son equivalentes cuando forman parte de un verbo progresivo y cuando funcionan como (**sustantivo / adjetivo / adverbio**).

Actividad 5 Completa la tabla con un ejemplo correspondiente en cada espacio en blanco.

Usos	inglés (*-ing*)	español (*–ando, -iendo*)
como sustantivo	Sí se puede usar.	No se puede usar; se debe usar el infinitivo.
como adjetivo	Sí se puede usar.	No se puede usar; se debe usar una forma adjetival
en los tiempos progresivos	Sí se puede usar.	Sí se puede usar.
como adverbio	Sí se puede usar.	Sí se puede usar.

Actividad 6 Lee las siguientes oraciones y decide si se usa el gerundio adecuadamente. En la raya, explica por qué sí (es adverbio; es parte de un tiempo progresivo) o no (no puede ser sustantivo; no puede ser adjetivo).

correcta / incorrecta 1. El médico <u>estaba esperando</u> que llegaran los abuelos.
___

correcta / incorrecta 2. Estaba preocupado porque sería difícil <u>explicándoles</u> la situación.
___

correcta / incorrecta 3. No le agradaba <u>dándoles</u> malas noticias a los familiares.
___

correcta / incorrecta 4. <u>Presintiendo</u> su dolor, se encaminó para hablar con ellos.
___

correcta / incorrecta 5. La explicación que les dio parecía muy <u>confundiendo</u>.
___

correcta / incorrecta 6. Los abuelos sabían que emprendían una vida <u>fatigando</u>.
___

Reflexionar ¿Con cuál de los usos incorrectos anteriores tienes más interferencia del inglés? ¿Cómo lo puedes solucionar?
___
___

Pero, sino, sino que y otros equivalentes de "but"

¿Qué clase de palabras son *pero, sino* y *sino que:* conjunción / preposición / interjección? ¿Cuál es su función: describir / identificar / unir? A estas conjunciones se les llama conjunciones adversativas. ¿Por qué crees que se les llama adversativas?_____

Actividad 1 Lee las siguientes oraciones que quizás pensara la vecina cuando vio a Antonia Martínez en su negocio. Luego colócalas en la tabla según el significado de *pero* o *sino* en inglés (Tu inglés te ayudará mucho.) Finalmente contesta las preguntas.

1. Sé que debo denunciarla, **pero** no me parece justo.
2. Creo que no se llama Leticia **sino** Antonia.
3. Ahora está delgada, **pero** antes era gruesa.
4. Dicen que es una buena jefa, **pero** tengo algunas dudas.
5. No creo que sea la misma mujer de hace seis años, **sino que** ha cambiado.
6. Si alguien me lo pregunta no diré que estoy segura de que es ella, **sino que** me confundí.
7. Algunos se alegrarían de verla tras las rejas, **pero** yo no.
8. No llamaré a la policía si no estoy segura, **sino que** hablaré con ella.

but, nevertheless, however	
but rather, but on the contrary, but instead	

1. ¿Qué adverbio negativo aparece en las oraciones con *sino* y *sino que* que no aparece con *pero*? _____
2. Si le sigue una palabra o frase ¿qué se usa: *sino / sino que*? ¿Y si le sigue una cláusula? _____

¿Cuál de las dos...*alerta* o *alerto* ? Como adjetivo, cuando significa *estar vigilante*, solo existe la forma terminada en *-a* ("*El muchacho está alerta a todo*"); pero en número, se puede usar singular o plural ("*Los muchachos están alerta / alertas a la circunstancia*"). Si te resulta confuso, usa *atento* que sí concuerda ("*El muchacho está atento a todo*") o *estar en alerta* ("*El muchacho está en alerta*").

Actividad 2 En las siguientes oraciones elige la conjunción correcta. En el espacio escribe la forma correspondiente en inglés.

1. Antonia fue sentenciada a diez años, (pero / sino / sino que) _____ se escapó después de solo un año.

2. No regresó a su pueblo natal, (pero / sino / sino que) _____ se fue a otra parte del país.

3. Encontró un trabajo bueno, (pero / sino / sino que) _____ no quería pasarse la vida como empleada.

4. Ahorró todo lo que pudo. Fue poco (pero / sino / sino que) _____ lo suficiente para empezar su propio negocio.

5. Nunca soñó con hacerse rica (pero / sino / sino que) _____ con hacer algo para evitar que otros se vieran obligados a robar para alimentar a su familia.

6. Cuando la mujer de su pueblo entró a su tienda no solo temió que la reconociera, (pero / sino / sino que) _____ la delatara.

7. Sintió un cierto alivio cuando la mujer la miró, (pero / sino / sino que) _____ no pareció reconocerla.

Sintetizar: Refiriéndote a lo que has estudiado, completa la tabla para resumir lo que has aprendido.

- *Pero, sino, sino que* son _____ adversativas.
- Cierto / Falso La palabra *adversativa* denota contrariedad, oposición.
- Cuando se quiere expresar *but, nevertheless, however* se usa (**pero / sino / sino que**).
- Cuando se quiere expresar *but rather, but on the contrary / but instead* se usa (**pero / sino / sino que**).
- Se usa <u>sino</u> cuando se unen dos (**cláusulas / frases**).
- Se usa <u>sino que</u> cuando se unen dos (**cláusulas / frases**).
- En las oraciones con *sino* o *sino que* hay un (**adjetivo / adverbio**) negativo [*no, jamás, nunca*] en la cláusula que introduce el concepto adversativo negativo.

Actividad 3 **OJO**: Aunque los adverbios negativos se usan con *sino* o *sino que*, no significa que *pero* u otras conjunciones adversativas no puedan usarse con *no, jamás,* etc.

En el grupo A de oraciones, elige la conjunción en inglés que usarías. Luego, compárala con la conjunción en español del grupo B y contesta las preguntas.

A.

1. No ahorró mucho, (however / but rather / but instead) fue lo suficiente.
2. Jamás pensó que tendría su propio negocio, (however / but rather / but instead) lo logró.
3. Nunca se imaginó que la mujer le ayudaría, (however / but rather / but instead) la entregaría.
4. Antonia no se sintió traicionada (however / but rather / but instead) desilusionada.
5. En ningún momento pensó que se entregaría; (however / but rather / but instead), lo hizo.

B.

1. No ahorró mucho, **pero** fue lo suficiente.
2. Jamás pensó que tendría su propio negocio, **pero** lo logró.
3. Nunca se imaginó que la mujer la ayudaría, **sino que** la entregaría.
4. Antonia no se sintió traicionada **sino** desilusionada.
5. En ningún momento pensó que se entregaría; **sin embargo**, lo hizo.

a. ¿Aparece un adverbio negativo o frase adverbial negativa en la primera parte (propuesta) de todas las oraciones? Sí / No

b. ¿Se puede usar *however* en todas las oraciones? Sí / No

Sintetizar: Refiriéndote a lo que has estudiado, completa la tabla para resumir lo que has aprendido.

- Cierto / Falso Si hay un adverbio negativo en la primera parte (propuesta) de una oración solamente se pueden usar *sino* o *sino que*.

- Si hay un adverbio negativo en la primera parte (propuesta) de una oración y la conjunción lógica es *but rather / but instead* se usan (***sino / sino que / pero / sin embargo***) o una variante.

- Si hay un adverbio negativo en la primera parte (propuesta) de una oración y la conjunción lógica es *however*, se usan (***sino / sino que / pero / sin embargo***) o una variante.

Actividad 4 Completa las oraciones con la conjunción correspondiente.

1. La mujer no quería entregar a Antonia, _____ sentía que era su obligación.
2. Le pidió consejo a su marido, _____ no la pudo ayudar.
3. Le dijo que no pensara en la mujer que se escapó _____ en la de ahora.
4. No era una determinación fácil _____ difícil.
5. La mujer no tenía claro lo que iba a hacer, _____ estaba aún más confundida.
6. Pensó que no solo era su decisión _____ también la de Antonia.
7. En un principio Antonia no quería hablar con ella, _____ luego sí quiso.
8. Antonia no quería que la acompañara a la jefatura, _____ la dejó venir.

Otros equivalentes de "but"

Actividad 5 Ya has visto que *sin embargo* también equivale a *but*. Abajo verás otras palabras. Primero marca las oraciones que te parecen correctas. Luego en el espacio escribe *except* o *but only* como la traducción del equivalente de *but*.

☐1. Nadie quería que Antonia se entregara excepto (_____*except*_____) ella misma.

☐2. Ninguno de sus hijos quiso ir con ella salvo (_____) el más pequeño.

☐3. Al llegar el policía le dijo que todo estaba en orden menos (_____) una cosa.

☐4. No había ningún expediente de Antonia más que (_____) su encarcelamiento.

☐5. Por lo tanto, como ya habían pasado más de 119 meses, Antonia no tenía que cumplir nueve años sino (_____) una semana en la cárcel.

Sintetizar: Refiriéndote a lo que has estudiado, completa la tabla para resumir lo que has aprendido.

- Cuando *but* significa *except* sus equivalentes son _____.
- Cuando *but* significa *but only* sus equivalentes son _____.

Actividad 6 Elige una de las situaciones de la lectura de las pp. 280 y 281. Después, usándola como fuente, escribe una oración para cada una de las conjunciones. Intercambia tu trabajo con un compañero y editen las oraciones.

1. **pero** en oración afirmativa _____

2. **pero** en oración negativa _____

3. **sino** _____

4. **sino que** _____

5. **excepto** _____

6. **salvo** _____

7. **menos** _____

8. **no** + verbo + **más que** _____

9. **no** + verbo + **sino** _____

Recapitular, analizar y editar

1. En España la tendencia es usar más el (presente perfecto / pretérito) y en las Américas se usa más el (presente perfecto / pretérito).

2. Cierto / Falso Los prefijos son partículas (*morfemas*) que pueden crear nuevas palabras a partir de otras ya existentes.

Repasar. Conecta los ejemplos con la razón por la que usan el prefijo correctamente.

a. La palabra base es una sola palabra.
b. La palabra base empieza con mayúscula o es una cifra.
c. La palabra base se forma de varias palabras.

___ 1. extraoficial
___ 2. pro derechos humanos
___ 3. socioeconómico
___ 4. ante Guerra Mundial
___ 5. antiposmodernista
(OJO: Hay dos prefijos)

___ 6. posventa
___ 7. pre-2000
___ 8. exlíder
___ 9. mini-USB
___ 10. vicealmirante

3. El infinitivo es un verbo no personal que funciona como (verbo copulativo / sustantivo / adjetivo).

4. En inglés el (*gerund* / *infinitive*) funciona como sustantivo.

5. Los gerundios son verbos (personales / no personales / impersonales).

6. Los gerundios en español usan las terminaciones _____ y _____.

7. El cambio radical de los gerundios se parece al cambio de la (1a / 2a / 3a) persona plural en el pretérito de indicativo.

Repasar. Pon una ✓ junto a cada gerundio escrito correctamente.

___ 1. destruiendo   ___ 4. forzando   ___ 7. sintiendo   ___ 10. prefiriendo
___ 2. durmiendo   ___ 5. leyendo   ___ 8. dijiendo   ___ 11. moriendo
___ 3. alcanzando   ___ 6. dirijiendo   ___ 9. cuestionando   ___ 12. presionando

8. La forma progresiva de los verbos se construye con (*estar* / *ser*) y un (gerundio / infinitivo).

9. Cierto / Falso Además de *estar* + gerundio para formar los progresivos, se pueden usar otros verbos que comunican progresividad como *seguir, continuar, mantenerse*.

10. Cierto / Falso El gerundio en español equivale al *present participle* en inglés.

11. Cierto / Falso El *present participle* en inglés y el gerundio en español pueden ser adjetivos.

12. El gerundio y *present participle* son equivalentes cuando funcionan como (sustantivo / adjetivo / adverbio).

13. Cierto / Falso Las cláusulas con *si* son cláusulas subordinadas.

14. Cuando una oración comunica una condición **posible** se usa el modo indicativo en (las dos cláusulas / ninguna de las cláusulas).

   Si es **menos posible** se usa el (presente / imperfecto) de subjuntivo en la cláusula con *si* y el condicional en la cláusula principal.

   Si es **imposible** se usa el (imperfecto / pluscuamperfecto) de subjuntivo en la cláusula con *si* y el condicional perfecto o el pluscuamperfecto de subjuntivo en la cláusula principal.

Analizar — En cada par de oraciones puede haber una que contenga **dos** errores, pero también es posible que ambas oraciones sean correctas.
- Compara cada par y subraya los dos errores en la oración que crees que está mal.
- Si ambas oraciones son correctas, escribe *Sin error* en la raya.
- Si hay errores, explica por qué son errores.

1. a. Esta tarde he ido al cine a ver una película llamada *El Norte*.
   b. Esta tarde fui al cine a ver una película cuyo título es *El Norte*.

   _____

2. a. Si el ex novio de mi hermana estaba aquí, nos contaría lo que sufrió por dejar su casa.
   b. Si el exnovio de mi hermana estuviera aquí, nos contaría lo que sufrió por dejar su casa.

   _____

3. a. A Luis se le olvidaron los recortes de la manifestación pro-ONU.
   b. A Luis se le olvidó los recortes de la manifestación proONU.

   _____

4. a. Se ayuda los pasajeros que siguen buscar una vida mejor.
   b. Se ayuda a los pasajeros que siguen buscando una vida mejor.

   _____

5. a. Se lo dijo a su familia varias veces: "Intentar llegar a EEUU es mi meta".
   b. Le lo dijo a su familia varias veces: "Intentando llegar a EEUU es mi meta".

   _____

6. a. Si hubiera podido, no le hubiera ocultado la verdad.
   b. Si hubiera podido, no les habría ocultado la verdad.

   _____

7. a. Si encontraras gente buena, dale las gracias de mi parte por ayudarte.
   b. Si encontrarás gente buena, dale las gracias de mi parte por ayudándote.

   _____

8. a. Tratando de no pensar mucho en lo que se dejó atrás era angustiando.
   b. Tratar de no pensar mucho en lo que se dejó atrás era angustioso.

   _____

Editar

Actividad 1 — En el siguiente fragmento resalta y corrige todas las faltas de ortografía, *se*, tildes, concordancia, conjugación, etc. Donde tengas dudas, márcalas.

No se si fue en el periodico o en la televición donde me entere que una madre de treintaidós años había cruzado el río con su hijita de dos años. Para se proteger de las corrientes llevaba un flotador alrededor de la cintura y le avía ponido a su hijíta flotadores en los brazitos y los pies. Lo triste del caso es que ambas nacieran en EEUU pero en una redada la migra las arrestó y no le creyeron a la madre que tenía actas de nasimiento en su casa. Por suerte pudieron crusar bien y ya se aclaró el mal entendido.

Actividad 2 — En cada uno de los siguientes fragmentos hay seis faltas de ortografía, puntuación, acentuación, a personal, conjugación o modo. Encuéntralas y escribe la corrección.

1. Arriesgarías la vida para ayudar tu familia a salir adelante económicamente? ¿Dejarías tu casa, tus amigos, la escuela para emprender un viaje que podría quitarte la vida solo para buscar a tus padres aunque te hallan dejado hace años y apenas los conozcas? A muchos jóvenes Estadounidenses les resulta difícil imaginarse tener que enfrentar una situación tan extremo. Sin embargo, según estudios en 2017 unos 50.000 menores de edad no acompañados tomaron la decisión de ir en busca de sus padres a pesar de sabiendo lo que les esperaba.

	error	corrección		error	corrección
a.	_____	_____	d.	_____	_____
b.	_____	_____	e.	_____	_____
c.	_____	_____	f.	_____	_____

2. Curiosamente las respuestas a está pregunta no mostraron una diferencia significativa entre hombres y mujeres. Entre los jovenes de 16 a 19 años no hubo preferencia alguna; dijieron que escucharon lo que estubiera en la radio o en la televisión. Según la edad iba avanzando, los entrevistados mostraron menos tendencia a escuchando música y cuando la escuchaban, preferían la latina. En el grupo de 20 a 29 años aproximadamente la mitad prefería la música latina; en el grupo de 30 a 39 años un sesenta por ciento prefería la latina.

	error	corrección		error	corrección
a.	_____	_____	d.	_____	_____
b.	_____	_____	e.	_____	_____
c.	_____	_____	f.	_____	_____

La responsabilidad individual

La responsabilidad individual o personal supone que uno acepta las normas que la sociedad establece para el comportamiento individual y se esfuerza por vivir según esas normas. Pero hay quienes alegan que hoy en día la sociedad debilita el concepto al aceptar excusas en vez de obligar al individuo a que acepte resposabilidad por sus actos.

Actividad 1 ¿Estás de acuerdo con que la responsabilidad personal ha sido debilitada al dejar que el individuo justifique sus faltas? ¿Te consideras una persona responsable o buscas justificaciones para tus defectos?

Lee los siguientes pretextos que alguien puede usar para evadir su responsabilidad personal. Debajo de cada uno escribe una respuesta que refute lo dicho. Sigue el ejemplo.

1. No tuve otra alternativa; no me quedó más remedio.

   Si eliges no buscar un remedio, de todas formas has elegido una alternativa.

2. No puedo controlar mis reacciones.

   _____

3. Es que nadie me quiere dar trabajo.

   _____

4. No vi los problemas económicos que me esperaban.

   _____

5. Nadie me entiende; no puedo comunicarme con ellos.

   _____

6. No sabía que era mi responsabilidad.

   _____

7. Es que me falta tiempo.

   _____

8. Nadie me quiso ayudar.

   _____

9. Lo hecho, hecho está; no se puede cambiar el pasado.

   _____

Actividad 2 — **ALGUNAS SITUACIONES.** Antes leíste algunas situaciones difíciles en las que alguien tenía que responsabilizarse por sus acciones. Lee las siguientes situaciones y decide qué harías de encontrarte en ellas.

Dentro de pronto te vas a graduar y tu mejor amigo te dice que se ha abierto un puesto de trabajo con el que ha soñado desde que empezó sus estudios. Ya ha hecho la primera ronda de entrevistas y parece que le van a ofrecer el puesto. Está feliz pues además de ser su sueño, ahora podrá ayudar a su familia económicamente. En cambio tú no has encontrado trabajo y sabes que pronto tendrás que empezar a pagar los préstamos que sacaste para tus estudios. Además tus padres te están presionando porque siempre han pensado que tú serías quien sacaría a la familia adelante. Cuando le cuentas a tu novia del trabajo, te dice que el director es el cuñado de su madrina y está segura de que si le pide que te lo dé, en seguida lo hará. ¿Qué debes hacer: saber que le has quitado a tu amigo el trabajo no por mérito sino por enchufe, o dejar que tu amigo se quede el puesto y quedarte con la conciencia tranquila?

_____
_____
_____
_____

Trabajas en una universidad de Nueva Jersey y formas parte del comité que selecciona a los estudiantes que pueden ingresar. Como has estado enfermo no has podido leer cuidadosamente todas las solicitudes: es más, solo leíste unas cuatro o cinco. Es el día en que se formula la lista final y el presidente y los decanos están presentes en la reunión. Como miembro del comité firmas una hoja atestiguando que has leído todas las solicitudes con cuidado y con completa imparcialidad. Además, confirmas que de haber habido un conflicto por conocer a una de las personas que han solicitado plaza, lo habrías avisado.
Ya casi se ha completado la lista y solo queda una plaza. Hay que decidir entre dos personas igual de capacitadas. Se decide que todos vuelvan a leer estas dos solicitudes. Lo empiezas a hacer y de repente te das cuenta que una de ellas es de tu prima Margarita. ¿Qué debes hacer: reconocer delante del presidente, los decanos y los demás del comité que has mentido, o quedarte callado sabiendo que cuando venga tu prima quizás se sepa todo?

_____
_____
_____
_____

Eres el director de una empresa multinacional con sede en Houston. Un exempleado sádico ha entrado a tu casa y les tiene prisioneros a ti y a tu hijo de diecisiete años. Está a punto de ahorcar a tu hijo; este solo apoya los pies en una silla. El exempleado manda que tú le quites la silla. Si no lo haces, hará estallar una serie de bombas en una fábrica de tu empresa en la cual trabajan más de quinientos empleados. ¿Qué debes hacer: matar a tu hijo o dejar morir a centenares de personas muchas de las cuales son el único sustento de su familia?

_____
_____
_____
_____
_____

Actividad 3   Con un compañero representen una situación/conversación que obliga a tomar una responsabilidad individual. Invéntense la situación y contesten las preguntas. El participante A debe ser alguien a quien le preocupa el tema: un periodista, etc.

1. La situación es _____

_____

_____

2. El participante A es _____

   El participante B es _____

A: ¿Por qué lo hizo?

B: _____ :

A: ¿Tenía otras opciones?

B: _____ :

A: ¿Lo podría haber evitado?

B: _____

A: ¿Acepta responsabilidad por su decisión? ¿Cómo se siente?

B: _____

_____

Unidad 3: Responsabilidades

Gramática: La correspondencia temporal del subjuntivo

Actividad 1 **SER VOLUNTARIO.** Sin duda el ser voluntario es una responsabilidad personal y también social. Lee los siguientes blogs de unos voluntarios.

● Soy voluntario y egoísta, aunque parezca que ambas cosas se contradicen. ¿Cómo puede uno dar de su tiempo y decir que es interesado a la misma vez? Muy fácil. Si decidí ser voluntario fue porque no estaba contento conmigo mismo: era como si toda mi vida girara en torno a mí. Soy un profesionista bastante exitoso, no guapo pero si bien parecido, coche último modelo deportivo, agradable con todos, etcétera. ¿Novia, esposa, familia? No. Desde muy joven decidí que esa vida no era para mí. Pero como dije antes, sentía que algo me faltaba. Entonces un día oí un anuncio en la radio que pedía voluntarios bilingües para trabajar con inmigrantes hispanos que no hablan ni leen inglés y necesitan ayuda legal. Como soy abogado, ofrecí mis servicios. De eso ya hace casi cuatro años y pienso seguir haciéndolo por muchos años más porque siento que mi autoestima ha mejorado. Pero como pueden ver, no lo hago por la ayuda que presto a los hispanos sino porque egoístamente me beneficio síquicamente. O dicho más simplemente, al hacerlo me siento más contento conmigo mismo.

● Desde pequeña me inculcaron que debería hacer por los demás lo que quisiera que hicieran por mí. Por eso soy voluntaria en una residencia de ancianos. Soy huérfana de padres y mis hermanos viven en otro continente; por lo tanto estoy muy sola. De joven no se me hubiera ocurrido hacer una labor de voluntariado, pero ahora que empiezo a notar los años, la verdad es que tengo miedo de lo que será de mí en mi vejez sin familia. Además tanto mi padre como mi madre sufrieron de demencia. Por eso soy voluntaria. Quiero hacer por los demás lo que espero que hagan por mí cuando sea vieja y esté enferma.

● Me encantan los niños y me encanta hacer payasadas. ¿Y qué mejor lugar para estar con niños y hacerlos reír que un hospital? Durante veinticinco años fui maestro de kínder y me gustaba mucho. Pero debido a recortes del gobierno estatal, la escuela se cerró y opté por tomar el paquete de jubilación que me ofrecían. Dejé de ser maestro un viernes y para el siguiente miércoles ya era voluntario en el hospital infantil de la ciudad, haciendo reír tanto a niños como a enfermeras como a padres. Es verdad que siento satisfacción con lo que hago, pero no creo que sea ni la mitad de la alegría que les ofrezco a quienes realmente lo necesitan por estar viviendo unos momentos difíciles. Creo que soy voluntario por lo que puedo ofrecer, no por lo que pueda recibir.

● Todas las mañanas participo en un programa que lleva de comer a aquellos que no pueden salir de casa. A veces voy con sueño y con un poco de mal humor por tener que levantarme tan temprano, pero voy. Nada más empiezo a entregar las comidas, todo se me pasa: es una verdadera alegría ver a mis "amigos", que me reciben con cariño y agradecimiento. Soy estudiante universitaria sin mucho dinero, así que me apunté a este programa porque me sentía muy mal cuando pasaba por sitios que recaudaban fondos para programas de ayuda y apenas podía dar unas cuantas monedas. Así que hago lo que puedo.

- Vivo en la calle, literalmente en la calle, entre los sin hogar, drogadictos, prostitutas, vagos, borrachos. Ahora son mis vecinos, pero antes era uno de ellos. Tuve la suerte y tenacidad de limpiarme de mis vicios antes de que estos me mataran, y por eso ahora me dedico completamente a traer un poco de consuelo a estos desamparados. Me han asaltado, casi me han matado, estos hombres y mujeres de la calle, pero sigo porque la verdad es que la mayoría de veces no saben lo que hacen. Creo que el poco alivio que les puedo traer a su mísera existencia puede servirles de algo. La sociedad me rechazó cuando quise reincorporarme después de dejar mis vicios, así que no tuve más remedio que volver a la calle. Pero por lo menos esta vez estoy libre de vicios y dispuesto a hacerle frente a la suerte que me ha tocado. ¿Voluntariado? Si quieren pueden llamarle así. Yo más bien veo lo que hago como algo impuesto hasta que alguno de estos pobres desgraciados o una enfermedad o el hambre me mate.

Actividad 2 Poca gente diría que hacer una labor de voluntariado tiene aspectos negativos. Sin embargo, uno siempre debe buscar los dos lados de una cuestión. Con la clase comenta razones a favor y en contra de ser voluntario. Apúntalas abajo.

Razones a favor de ser voluntario	Razones en contra de ser voluntario

Actividad 3 Abajo escribe un párrafo a favor o en contra de ser voluntario. Toma la posición que tiene mejores razones en la tabla.

_____
_____
_____
_____
_____
_____
_____
_____

Unidad 3: Responsabilidades

Repaso del uso del subjuntivo

Partiendo del concepto del subjuntivo como algo hipotético/virtual, en las siguientes secciones trabajarás con el subjuntivo, incluyendo algunas *flexibilidades* y *alternancias*. Para comprender bien lo que analizarás, primero haz las siguientes actividades. Si hay algo que no entiendes, revisa el tema en el libro o en internet.

Actividad 1 — En las siguientes oraciones, subraya la cláusula subordinada y di si el evento (lo que ocurre) es virtual/hipotético o seguro/firme. Sigue el ejemplo.

<u>hipotético</u>	seguro	1. Es importante <u>que todos ayuden</u>.
hipotético	seguro	2. No es verdad que los voluntarios no influyan en las vidas de los demás.
hipotético	seguro	3. Busco un ambientalista que nos ayude.
hipotético	seguro	4. Necesitamos que haya más voluntarios.
hipotético	seguro	5. Hacemos nuestro trabajo para que otros tengan una vida mejor.
hipotético	seguro	6. Pero no lo podremos hacer sin que se entreguen por completo a nuestra labor de voluntariado.
hipotético	seguro	7. Es posible que la mesa directiva de la ciudad esté de acuerdo con nuestro proyecto.
hipotético	seguro	8. Ordeno que lo hagan enseguida.

Actividad 2 — Ahora lee el siguiente párrafo y elige el verbo subordinado correspondiente. Luego, rellena los espacios entre paréntesis con la razón del uso del subjuntivo.

Algunos de mis amigos no creen que (__) [es / sea] efectivo recaudar fondos aunque desean que (__) [hay / haya] una diferencia en la vida de cualquier persona que los (__) [reciba / recibe] como ayuda. En cuanto a mí, lo hago para que (__) [tengan / tienen] una vida mejor. Y a pesar de que a veces tampoco estoy seguro de que (__) [pueda / puede] mejorar su situación, estoy convencido que sin que alguien les (__) [ayuda / ayude], no tendrán futuro. Es posible que a veces me (__) [preocupa / preocupe] su actitud, pero no dejaré de ayudarles.

> **La cláusula principal, la conjunción o el pronombre**
> a. duda, niega, expresa probabilidad, cuestiona informaciones
> b. comunica deseos, emoción, necesidades o una reacción
> c. pide o exige directamente
> d. valora o pasa juicio
> e. se refiere a lo desconocido o no existente
> f. pone una condición
> g. expresa un propósito

Sintetizar: Refiriéndote a lo que has repasado, completa la tabla para resumir lo que has aprendido.

- Cierto / Falso Salvo pocas excepciones el subjuntivo se usa en la cláusula subordinada.
- Cierto / Falso Se usa el subjuntivo porque las oraciones expresan acciones hipotéticas.
- Cierto / Falso Solo se usa el subjuntivo cuando se niega, se exige o se reacciona.

Gramática: La correspondencia temporal del subjuntivo

Hay una tendencia general a especificar unas reglas únicas para determinar la secuencia o concordancia temporal en las oraciones que requieren el subjuntivo. Aunque el subjuntivo tiene menos variación temporal porque solo hay cuatro formas (presente, presente perfecto, imperfecto, pluscuamperfecto), hace falta subrayar que las normas secuenciales **no se pueden aplicar de manera estricta**: por eso encontrarás numerosas variaciones temporales en las cláusulas subjuntivas. Los siguientes ejercicios te pueden ayudar a entender qué tiempo debes usar. Primero te ajustarás a las normas rígidas que has estudiado. Después vas a pasar a aplicar la lógica para entender la relación entre el verbo principal y el verbo subjuntivo como una correspondencia entre la situación de la cláusula principal y la subordinada.

Actividad 1 Lee las oraciones fijándote en la relación entre el contexto en el que se desarrollan los verbos principal y subordinado. Encima del verbo subrayado, escribe su tiempo.

1. La semana entrante mis amigos y yo empezaremos a ayudar en el albergue para animales abandonados. Lo **haremos** *(futuro)* a fin de que estos animalitos **tengan** *(presente)* una vida mejor.

2. Mi sobrino Pepe ayuda en el albergue. **Es** fenomenal que lo **haga**.

3. Pero es poco responsable. Por eso me **sorprende** que **sea** tan dedicado.

4. Siempre **va** los viernes sin que nadie le **obligue** a ir.

Cambia las oraciones anteriores al pasado. Escribe el verbo apropiado en el espacio en blanco.

1. La semana pasada mis amigos y yo empezamos a ayudar en el albergue para animales abandonados. Lo hicimos a fin de que estos animalitos _____ una vida mejor.

2. Mi sobrino Pepe nos ayudó. Fue fenomenal que lo _____ .

3. Como siempre fue poco responsable, me sorprendió que de pronto _____ tan dedicado.

4. Además me enteré que iba los viernes sin que nadie le _____ a ir.

Actividad 2 Completa la tabla usando los verbos de las oraciones de arriba para analizar la *concordancia temporal (secuencia de tiempos)*. Sigue el ejemplo.

Cláusula principal	Cláusula subordinada
Presente o futuro indicativo *haremos*	Presente de subjuntivo *tengan*
Pretérito o imperfecto indicativo	Imperfecto de subjuntivo

En resumen, según las normas que has estudiado de la concordancia temporal...
- Presente o futuro de indicativo + _____ subjuntivo
- Pasado de indicativo + _____ subjuntivo

PERO ¡OJO! No es una norma rígida.

Unidad 3: Responsabilidades 301

Actividad 3   A fin de repasar la conjugaciones del subjuntivo, sigue la secuencia anterior para completar las oraciones con la forma apropiada del verbo entre paréntesis.

1. No queremos que _____ (seguir) habiendo malentendidos.

   (**OJO:** El verbo es una forma progresiva de *hay*.)

2. Encontraremos una solución que _____ (reparar) las equivocaciones anteriores.

3. Lo que está claro es que no dejaremos de protestar hasta que _____ (dejar) de haber tanta insensibilidad hacia los desamparados.

4. Me sorprendió que nadie _____ (entender) lo grave que es que el público los menosprecie y marginalice.

5. Por eso tuvimos que tomar acción antes de que alguien _____ (impedir) la marcha que estábamos planeando para remarcar su situación precaria.

6. Primero mandé publicar un anuncio con las razones por las que protestamos a fin de que todos _____ (comprender) la situación.

7. Luego publiqué una serie de anuncios acerca de la marcha en el periódico local sin que el director nos _____ (cobrar) nada porque apoya nuestra lucha.

Actividad 4   Ahora usa las partículas para completar las siguientes oraciones en presente y pasado. Haz todos los cambios necesarios, incluyendo añadir palabras. Sigue el ejemplo.

1. [Yo] no (conocer) / nadie / (negarse) a / prestar / ayuda / los necesitados.

   ___*Yo no conozco a nadie que se niegue a prestar ayuda a los necesitados.*___

   ___*Yo no conocía a nadie que se negara a prestar ayuda a los necesitados.*___

2. Luisa no (creer) / [tú] entender / necesidades / en / nuestro / comunidad

   _____

   _____

3. [nosotros] (ir) / con tal de que / tu / amigos / servir / cena / comedor

   _____

   _____

4. Mi / hermanas / no (asistir a) / el concierto / para que / Carola / (acudir) a / asilo

   _____

   _____

5. [Yo] (buscar) / cualquier / oraganización / cuyo / propósitos / (ser) / caritativo

   _____

   _____

La *flexibilidad* y la correspondencia del subjuntivo

Es posible que al ir haciendo las actividades anteriores hayas tenido dudas. Por ejemplo, quizás pensaras: ¿Por qué no puedo decir "Lo hice para que entiendas el material"? De hecho, sí puedes.

Recuerda que al inicio de las secciones previas se insistió en que la relación entre el verbo principal y el subordinado es una tendencia, no una regla porque no hay una norma que abarque y regule el tiempo del subjuntivo en todas las situaciones en las que lo usamos. Por eso, casi intuitivamente aplicamos la *flexibilidad* del subjuntivo. Esto significa que en vez de ajustarnos a tres tiempos verbales —*presente, pasado, futuro*— aplicamos la noción que *tiempo verbal* es en esencia cómo percibimos lo que ocurre en un momento dado o una situación.

Las siguientes actividades te presentan solo algunos ejemplos útiles para que vayas entendiendo de manera lógica cómo esta *flexibilidad* es el resultado de una correspondencia entre el verbo principal y el verbo subjuntivo.

Actividad 1   Lee la siguiente conversación. Luego, en las oraciones que usan el subjuntivo, subraya el verbo de la cláusula principal y el verbo subjuntivo.

LETICIA: ¡Es increíble que haya dicho eso!

FITO: ¿Qué te ocurre?

LETICIA: Tu hermano. Dijo que limpie todas las jaulas de los perros ahora mismo.

FITO: Pero debe de haber algún motivo para que te lo dijera.

LETICIA: Le pedí que me lo explicara, pero simplemente se dio la vuelta y se fue. Llevaba un paquete.

FITO: Vamos, Lety. No creo que lo pidiera sin motivo alguno.

LETICIA: Pues así fue. Y, lo peor, no he hecho nada que merezca que me lo dijera.

FITO: Algo habrás hecho.

LETICIA: ¡Qué! ¡Lo defiendes! Vaya montón de machistas…

FITO: Calma, Lety. Primero es importante que sepamos por qué insistió que limpies las jaulas. Vamos para allá. (*Caminan hacia el recinto donde están las jaulas.*)

TODOS: ¡Feliz cumpleaños, Lety!

FITO: No quería que se pasara el día sin que te felicitáramos ahora que cumples veintiún años. Por eso te mandó mi hermano que vinieras a "limpiar las jaulas". Vamos—¡a soplar las velas antes de que causen un incendio! (*Todos se ríen.*)

Actividad 2   Rellena la tabla con ejemplos de la correspondencia del subjuntivo.

presente + presente	presente + pasado	pasado + pasado	pasado + presente
			dijo + limpie

Unidad 3: Responsabilidades

Actividad 3 — Para entender bien la correspondencia de la relación entre el verbo principal y el verbo subjuntivo, conviene repasar lo que cada tiempo comunica. Lee las siguientes oraciones y luego conecta cada una con el concepto correspondiente. Pero **OJO** luego verás por qué tienes que ver cada verbo en su situación para aplicar la correspondencia.

conceptos

___1. **Es** fenomenal que lo **haga**

___2. **Será** fenomenal que lo **haga**.

___3. **Es** fenomenal que lo **haya hecho**.

___4. **Es** fenomenal que lo **hiciera**.

___5. **Era/Fue** fenomenal que lo **hiciera**.

___6. **Sería** fenomenal que lo **hiciera**.

___7. **Sería** fenomenal que lo **hubiera hecho**.

Luego verás otras posibilidades.

a. El presente del subjuntivo → una acción que ocurre a la misma vez o en el futuro.

b. El imperfecto del subjuntivo → una acción que ocurrió antes o a la misma vez.

c. El presente perfecto del subjuntivo → acciones acabadas en relación con el verbo de la cláusula principal.

d. El pluscuamperfecto del subjuntivo → acción que ocurrió antes que otra en el pasado o que podría haber ocurrido.

Actividad 4 — Completa las siguientes oraciones según el verbo principal y la indicación de si el subjuntivo debe comunicar algo que: es **simultáneo** (ocurre a la misma vez), es **posterior** (ocurre en un tiempo futuro) o es **anterior** (ha acabado, ocurre antes que algo más, podría haber ocurrido). Sigue el ejemplo.

1. [posterior] Es posible que el número de analfabetos _____ (reducirse).

2. [simultánea] Les daban clases para que __*aprendieran*_____ (aprender) a leer.

3. [posterior] El director dijo que no habrá más clases hasta que le _____ (avisar).

4. [simultánea] Pero luego permitió las clases con tal de que se les _____ (lograr) mejorar la vida a los estudiantes.

5. [anterior] Ahora varios miembros de la mesa directiva dudan que _____ _____ (tomarse) una buena decisión.

6. [posterior] Varios ciudadanos exigen que _____(hacerse) un estudio.

7. [podría haber ocurrido] Es posible que _____ (ser) mejor esperar un poco.

En resumen, Si la acción del subjuntivo en relación al verbo principal es
posterior (ocurre en un tiempo futuro) se usa el _____.
simultáneo (ocurre a la misma vez) se usa el _____ o _____.
anterior (ocurre antes que otra acción) se usa el _____.
anterior (ya acabó) se usa el _____.
anterior (podría haber ocurrido) se usa el _____.

Más sobre la correspondencia: Contexto e intención comunicativa

Unas de las cosas más importantes para tener en cuenta es el <u>contexto o situación</u> desde la que se comunica el hablante y <u>qué es lo que quiere decir</u>. Es algo que se hace intuitivamente, pero en esta sección verás algunas situaciones que te ayudarán a entenderlo mejor.

Actividad 1 — Antes leíste los comentarios de varias personas que son voluntarios. ¿Recuerdas al hombre que tuvo que volver a vivir en la calle porque nadie lo quiso ayudar cuando se rehabilitó? Abajo está parte de lo que dijo.

> Vivo en la calle, literalmente en la calle, entre los sin hogar, drogadictos, prostitutas, vagos, borrachos. Ahora son mis vecinos, pero antes era uno de ellos. Tuve la suerte y tenacidad de limpiarme de mis vicios antes de que estos me mataran, y por eso ahora me dedico completamente a traer un poco de consuelo a estos desamparados.

En una entrevista que le hizo una revista, habló un poco más de su vida y sus experiencias. Léela.

> Trato de ayudarlos porque creo entenderlos. (1) Ser drogadicto no significa que <u>carezcas</u> de principios morales. (2) Cuando consumía, me molestaba que la gente <u>me despreciara</u>. (3) Quizás mi vida sería diferente si <u>hubiera desahogado</u> mis frustraciones juveniles de otra manera, como mi hermano que se hizo geek. Pero no fue así. Lo cierto es que terminé en la calle. (4) Me fastidia que tantos <u>hayamos caído</u> en las drogas y (5) que tan pocos nos <u>salvemos</u>. Pero lo logré y (6) ahora quiero que mis vecinos <u>sepan</u> que no todo está perdido. (7) Antes no soportaba que la gente me <u>mirara</u> con lástima; (8) quizás el día de mañana no toleraré que me <u>etiqueten</u> de voluntario ejemplar. Ayudo porque otra vez estoy en la calle, porque la sociedad todavía me rechaza. (9) Ayer le dije a un compañero que no <u>pierda</u> la esperanza, pero, la verdad, a veces es difícil.

Actividad 2 — Vas a analizar cada una de las partes numeradas arriba para establecer el contexto de la cláusula principal (*presente, pasado, futuro*) y el de la subordinada (*anterior, simultáneo, posterior*). Sigue el ejemplo usando los verbos correspondientes.

	Contexto de la cláusula principal			Contexto de la cláusula subordinada		
	pasado	presente	futuro	anterior	simultáneo	posterior
1		significa			carezcas	

Actividad 3 — Primero vuelve a leer el comentario que hizo otro voluntario. Luego sigue las instrucciones para completar oraciones que usen el subjuntivo de manera lógica.

> Me encantan los niños y me encanta hacer payasadas. ¿Y qué mejor lugar para estar con niños y hacerlos reír que un hospital? Durante veinticinco años fui maestro de kínder y me gustaba mucho. Pero debido a recortes del gobierno estatal, la escuela se cerró y opté por tomar el paquete de jubilación que me ofrecían. Dejé de ser maestro un viernes y para el siguiente miércoles ya era voluntario en el hospital infantil de la ciudad, haciendo reír tanto a niños como a enfermeras como a padres. Es verdad que siento satisfacción con lo que hago, pero no creo que sea ni la mitad de la alegría que les ofrezco a quienes realmente lo necesitan por estar viviendo unos momentos difíciles. Creo que soy voluntario por lo que puedo ofrecer, no por lo que pueda recibir.

Según en la información de la lectura, escribe tres oraciones que usen el subjuntivo. Asegúrate de que el contexto de la cláusula principal esté en presente o futuro, y que el contexto correspondiente de la cláusula subjuntiva subordinada sea anterior, simultáneo o posterior. Sigue el ejemplo y asegúrate que la correspondencia temporal de la cláusulas sea lógica.

1. presente o futuro + anterior: *Es una lástima que el gobierno cerrara la escuela.*

2. presente o futuro + simultáneo: _____

3. presente o futuro + posterior: _____

Haz lo mismo pero esta vez el contexto de la cláusula principal será pasado y el contexto de la cláusula subordinada será anterior, simultáneo o posterior. La correspondencia de las cláusulas debe ser lógica.

1. pasado + anterior: _____

2. pasado + simultáneo: _____

3. pasado + posterior: _____

Abajo explícale a un compañero lo que es *correspondencia temporal*. En tu explicación usa los términos *cláusula principal, cláusula subordinada, correspondencia lógica*. Luego pídele que la lea y comente.

_____
_____
_____
_____

Más sobre la correspondencia: Verbos sin flexibilidad

Como has visto, es importante el contexto desde el que se comunica el hablante y cómo quiere contextualizar la cláusula subordinada. Pero ciertos verbos no permiten la flexibilidad de la correspondencia porque la lógica no lo permite. En esta sección aprenderás por qué.

QUERER y verbos semejantes

Fíjate en los ejemplos y responde las preguntas.

> Quiero que hagas tu trabajo.
> Quería que hicieras tu trabajo.

a. El contexto desde el que se comunica el hablante en ese momento, ¿lo percibe como su actualidad? sí / no
b. Entonces, ¿es lógico que estas oraciones sean correctas? sí / no

> *Quiero que hayas hecho tu trabajo
> *Quería que hubieras hecho tu trabajo.

(**OJO:** El asterisco * delante de la oración indica que contiene un error.)

a. Ahora piensa, ¿puedes querer algo que ya se produjo? sí / no
b. Si los tiempos perfectos son para acciones acabadas o que ocurrieron antes que otra, ¿es lógico que la correspondencia en estas oraciones sea incorrecta?

PERO fíjate en la siguiente oración.

> Son las doce. Quiero que hayas hecho tu trabajo antes de las dos.

Con un compañero analicen y comenten por qué esta oración sí es correcta.

En las oraciones que comunican **mandato, deseo, recomendación** la lógica requiere que el verbo subjuntivo corresponda al mismo tiempo o un futuro del hablante porque (se puede / no se puede) influir en algo que ya se produjo.

Actividad 1 Rellena los espacios en blanco con una correspondencia lógica. Puede haber varias.

1. Queremos que tu primo _____ (seguir) yendo a pasear a los perros.
2. El encargado sugirió que _____ (ir-él) todos los lunes y viernes.
3. Mandó que le _____ (enviar-tú) un mensaje para decírselo.
4. Espero que mi primo _____ (poder) acudir esta tarde.

Actividad 2 Elige si la correspondencia en las siguientes oraciones es correcta o incorrecta.

C   I   1. Quieren que creáramos una nueva campaña para productos orgánicos.
C   I   2. Sugirieron que elaboraras un plan de negocios.
C   I   3. Esperan que busquemos organizaciones que nos apoyen.
C   I   4. Les pedí que hubieran sido ellos los responsables de buscar donantes.
C   I   5. Pero exigieron que seamos nosotros los que hablemos con los posibles donadores.

Unidad 3: Responsabilidades

CONJUNCIONES DE PROPÓSITO

Fíjate en los ejemplos y responde las preguntas.

> Voy a contactar a los donadores para que contribuyan.
> Contacté a los donadores para que contribuyeran.

a. El contexto desde el que se comunica el hablante en ese momento, ¿lo percibe como su actualidad? sí / no
b. Entonces, ¿es lógico que estas oraciones sean correctas? sí / no

> *Voy a contactar a los donadores para que contribuyeran.
> *Contacté a los donadores para que nos hubieran contribuido.

(**OJO**: El asterisco * delante de la oración indica que hay error.)

a. ¿Puedes tener como propósito algo que ya se produjo? sí / no
b. Si los tiempos perfectos son para acciones acabadas o que ocurrieron antes que otra, ¿es lógico que la correspondencia en estas oraciones sea incorrecta?

En las oraciones con **conjunciones de propósito** la lógica requiere que el verbo subjuntivo corresponda al mismo tiempo o un futuro del hablante porque (se puede / no se puede) tener como propósito algo que ya se produjo.

Actividad 1 En las siguientes oraciones elige si el hablante comunica que el evento del verbo subjuntivo ocurre al mismo tiempo en el que habla o va a ocurrir en un futuro.

mismo tiempo   futuro   1. Haremos lo que pides para que los demás <u>sigan</u> nuestro ejemplo.
mismo tiempo   futuro   2. Antes no lo hicimos a fin de que <u>buscaras</u> más voluntarios.
mismo tiempo   futuro   3. Mas pensamos hacerlo para que todos <u>ayuden</u> de alguna manera.
mismo tiempo   futuro   4. Pero con Carlos: es para que se <u>fastidie</u> por no haber traído comida.

Actividad 2 Completa el siguiente diálogo. Es posible usar diferentes tiempos del subjuntivo; asegúrate de que puedes explicar la forma del subjuntivo que has elegido.

MARIANA. Oye, Malu. ¿Por qué hiciste eso?

MALU. No es *por qué* sino *para qué*. *Por qué* es motivo; *para qué* es propósito.

MARIANA. Bueno, señorita sabelotodo. ¿Para qué lo has hecho?

MALU. La verdad, lo hice para que me _____ (dejar) de molestar.

MARIANA. ¿Qué? Siempre lo que he hecho es para que _____ (lograr) tu meta de ser veterinaria. Jamás he hecho nada para molestarte.

MALU. ¿Y cuando era pequeña?

MARIANA. Lo mismo. Todo era con el fin de que _____ (poder) lograr tus sueños.

MALU. ¿Ser un hada madrina y tener mil perros...?

MARIANA. (*sonriendo*) De hecho eras un poco tontita. Pero, sí, en ese momento era para que _____ (ser) feliz...con tus mil perros y dos gatos, ¿recuerdas?

MALU. Bueno, es que siempre me han gustado más los perros que los gatos...

Más sobre la correspondencia temporal: Ojalá, tal vez, quizás, como si

Ya has visto cómo el contexto no permite la flexibilidad en ciertos verbos. Pero ¿qué ocurre cuando **no hay** verbo o existen otros casos? Si no hay verbo, el contexto que quiere comunicar el hablante es lo que determina el tiempo que se usa. En otros casos, por ejemplo la conjunción **como si**, solo hay una forma.

Actividad 1 A **OJALÁ** siempre le sigue el subjuntivo, pero como no es verbo, el usar el presente o imperfecto depende de lo que el hablante quiere comunicar: un deseo realizable (*hope*) o un deseo casi imposible (*wish*). Conecta cada oración con su traducción.

___1. Ojalá que pronto terminemos con el hambre.
___2. Ojalá que pronto termináramos con el hambre.

a. I wish we could end hunger soon.
b. I hope we can end hunger soon.

Ahora, explica la diferencia entre las siguientes oraciones.

Ojalá (que) pueda hacerlo.   *Ojalá (que) pudiera hacerlo.*

_____
_____

Actividad 2 **TAL VEZ** y **QUIZÁS** ofrecen otro reto: les puede seguir el indicativo o subjuntivo. Pero si usas la lógica, te será fácil determinar el modo y tiempo que debes emplear.

Conecta cada oración con su traducción. Recuerda asociar el indicativo con *seguro, que se da como un hecho* y el subjuntivo con *hipotético, una intención*.

___1. Tal vez / Quizás podemos ayudar.
___2. Tal vez / Quizás podamos ayudar.
___3. Tal vez / Quizás podremos ayudar.
___4. Tal vez / Quizás pudiéramos ayudar.

a. Perhaps we can help.
b. Perhaps we may be able to help.
c. Perhaps we will be able to help.
d. Perhaps we could help.

Ahora explica la lógica que has usado para hacer esas conexiones. Luego, compara tu explicación con la de tus compañeros. Usa términos como *seguro, se da como un hecho, hipotético, intención, virtual* en tu explicación.

_____
_____
_____

Actividad 3 Compara las siguientes oraciones con **COMO SI**. ¿Hay diferencias temporales en el subjuntivo que va después de esta conjunción? Sí / No

Lo hacemos como si fuera muy urgente.   Lo hicimos como si fuera muy urgente.

OJO: En los ejemplos solo has visto tiempos simples, pero la misma lógica se usa al aplicar los tiempos perfectos, progresivos, etc.

Atando cabos: Alternancias modales

La palabra "alternancia" significa variación. En esta sección vas a ver algunas situaciones que admiten tanto el indicativo como el subjuntivo, o sea, que hay **alternancia** en el modo. Por ejemplo, se puede decir

    Dondequiera que va… (concreto)   Wherever he goes…. (concrete)
    Dondequiera que vaya (hipotético)…. Wherever he may go…. (hypothetical)

Alternancia según el significado del verbo

ESCRIBIR, INSISTIR, DECIR, TEMER

Actividad 1   Lee el siguiente párrafo, y luego en los espacios en blanco, escribe si el verbo declara o pide // afirma o lamenta. Sigue el ejemplo.

escribir, insistir, decir pueden…	*temer*, sentir pueden…
declarar (comunica información) + evento seguro en modo ___*indicativo*___	afirmar (comunica información) + evento seguro en modo ___*indicativo*___
pedir (comunica voluntad) + evento virtual en modo ___*subjuntivo*___	lamentar (comunica emoción) + evento virtual en modo ___*subjuntivo*___

Mi madre me dijo (_pedir_) que fuera al albergue de los desamparados, pero yo le dije (_____) que hoy tengo mucha tarea y no puedo ir. No obstante insistió (_____) que fuera, pero yo reiteré (_____) que necesito estudiar porque debo pensar en mis calificaciones. Por eso te escribí (_____) ese texto pidiéndote que le mandaras un recado al director del albergue diciéndole (_____) que me perdonen por no ir porque estoy enfermo. Pero temo (_____) que no servirá de nada porque sienten (_____) que es mi obligación ir cada semana. De verdad que siento (_____) que tuvieras que mentir por mí. Lo peor es que temo (_____) que todo haya sido en balde porque mi mamá me hará que vaya, "enfermo" o no.

Sintetizar: Refiriéndote a lo que has estudiado, completa la tabla para resumir lo que has aprendido.

- Cierto / Falso Si el significado del verbo de la cláusula principal comunica información (declara), se usa el indicativo en la cláusula subordinada.
- Cierto / Falso Si el significado del verbo de la cláusula principal comunica voluntad (pide) o emoción, se usa el subjuntivo en la cláusula subordinada.

Actividad 2 — Lee las siguientes oraciones. Subraya el verbo de la cláusula subordinada y luego elige si el verbo declara, pide o comunica emoción.

declara   pide   comunica emoción   1. Siento que es mejor hacer lo que manda.
declara   pide   comunica emoción   2. Temo que haya escasez de alimentación.
declara   pide   comunica emoción   3. Insisto que no ha traído la comida que vamos a dar.
declara   pide   comunica emoción   4. Escribe que todos hagan lo que dijeron.
declara   pide   comunica emoción   5. Dice que la situación va mejorando.

Alternancia en la estructura emotiva o informativa de la oración

MOLESTAR / ENTRISTECER

Actividad 1 — Conecta cada oración con lo que comunica. Analiza si el sentido emotivo es mayor que el informativo (subjuntivo) o si es al contrario (indicativo).

A. *molestar, entristecer* subrayan emoción + modo *subjuntivo*

B. *molestar, entristecer* subrayan información + modo *indicativo*

___ 1. ¿Le molesta que no sea voluntario?
___ 2. Me molesta que no eres voluntario.
___ 3. Le entristece que no ayudes.
___ 4. Le entristece que nunca ayudas.

Actividad 2 — Lee las siguientes oraciones. Subraya el verbo del la cláusula subordinada y luego elige si lo que has subrayado expresa emoción o información

emoción   información   1. Me alegro de que te hayas apuntado como voluntario.
emoción   información   2. Nos consterna que se ha olvidado traer la ropa.
emoción   información   3. No soporta que nieguen la situación apremiante.
emoción   información   4. Detestan que todo sigue igual y sin esperanzas de cambio.
emoción   información   5. Les preocupa que no haya habido progreso en las reuniones.

Sintetizar: Refiriéndote a lo que has estudiado, completa la tabla para resumir lo que has aprendido.

- En las oraciones que expresan emoción, cuando el sentido emotivo es mayor que el informativo se usa el (indicativo / subjuntivo) en la cláusula subordinada, **pero si** el sentido informativo es mayor que el emotivo, se usa el (indicativo / subjuntivo) en la cláusula subordinada.

Alternancia según si se comunica algo nuevo o compartido / conocido

OJO: Los siguientes usos del subjuntivo parecen contradecir lo que has aprendido.

ADMITIR y otros verbos que expresan entendimiento, justificación

Actividad 1 — Analiza cada oración basándote en lo que explica el recuadro. Luego conecta cada una con su recuadro y haz el resto de la actividad.

A. ***admitir, comprender*** confirman información conocida/compartida + modo *subjuntivo*	B. ***admitir, comprender*** comunican información nueva + modo *indicativo*

OJO: Recuerda que este uso del subjuntivo parece contradecir lo que has aprendido.

___ 1. Admito que <u>es</u> un proyecto nuevo.   ___ 3. Comprendo que <u>tengas</u> razón.

___ 2. Admito que <u>sea</u> un proyecto nuevo.   ___ 4. Comprendo que <u>tienes</u> razón.

información conocida	información nueva	1. Aceptamos que sea una buena solución.
información conocida	información nueva	2. Consiento que es lo que hace falta.
información conocida	información nueva	3. Reconoce que podría haber hecho más.
información conocida	información nueva	4. Entienden que debamos hacerlo.
información conocida	información nueva	5. Confirmo que es lo que dijo.

AUNQUE

OJO: También estos usos del subjuntivo parecen contradecir lo que has aprendido.

Actividad 1 — Lee las siguientes situaciones. Luego, completa el recuadro y conecta el uso del indicativo o subjuntivo con cada situación.

___ 1. Hablas por teléfono con un amigo. Le dices que irás a recaudar fondos aunque no tienes tiempo.

___ 2. Hablas por teléfono con un amigo. Le dices que irás a recaudar fondos aunque no tengas tiempo.

___ 3. Hablas por teléfono con un amigo. No sabes qué vas a hacer mañana. Le dices que irás a recaudar fondos aunque no tengas tiempo.

a. información compartida + modo _____*subjuntivo*_____
b. información nueva + modo _____*indicativo*_____
c. algo <u>no seguro</u> + modo _____*subjuntivo*_____

Actividad 2 — Conecta cada oración con lo que comunica. Fíjate si es información conocida (compartida), información nueva o algo no seguro.

información conocida	información nueva	no seguro	1. No lo sé, pero iré aunque trabaje.
información conocida	información nueva	no seguro	2. Todos irán aunque no quieran.
información conocida	información nueva	no seguro	3. Aunque lo sabe, no lo admitirá.
información conocida	información nueva	no seguro	4. Lo haremos aunque sea difícil.

Sintetizar: Refiriéndote a lo que has estudiado, completa la tabla para resumir lo que has aprendido.

Con *aunque* y verbos que expresan comprensión o justificación (*admitir, comprender*, etc.) y comunican información nueva, se usa el (indicativo / subjuntivo) en la cláusula subordinada.

312 **Unidad 3: Responsabilidades**

Sintetizar: Refiriéndote a lo que has estudiado, completa la tabla para resumir lo que has aprendido.

- **Ojalá** + presente de subjuntivo equivale a (**hope** / wish); **ojalá** + imperfecto del subjuntivo equivale a (hope / **wish**).
- Con **tal vez** y **quizás** se puede usar el indicativo o el subjuntivo. Cuando se quiere comunicar una realidad, se usa el (**indicativo** / subjuntivo); cuando se quiere comunicar algo hipotético, se usa el (indicativo / **subjuntivo**).
- La conjunción *como si* siempre va seguida del (presente / **imperfecto**) del subjuntivo.

Actividad 4 Vicky le piensa escribir unos textos a varios amigos pidiéndoles que sean voluntarios en diferentes organizaciones. Pensando en la correspondencia temporal, *como si*, *ojalá*, *tal vez* y *quizás*, subraya el verbo correspondiente. Si ambos se pueden usar, subraya los dos. Luego, para cada texto escribe una respuesta breve.

Hola, amiga. Ojalá me (puedas / **pudieras**) ayudar. Quiero que (**vengas** / vinieras) con nosotros al albergue para bañar los perros y sacarlos a caminar. Con tu experiencia en la oficina del veterinario, no hay nadie que (**sea** / fuera) tan capaz como tú. Dime si puedes.

_____
_____
_____

Cris. Sé que a veces has dudado que nuestros esfuerzos (**ayuden** / hayan ayudado) a proteger a los niños. La verdad, antes yo también dudaba que lo (hagan / **hicieran**). Pero mi experiencia con CASA me ha mostrado todo lo contrario. Aunque es preferible que (**haya** / hubiera) empezado hace años, quiero darte las gracias por animarme a participar.

_____
_____
_____

Paco, Tal vez me (**equivoqué** / **equivocara**). Pensaba que el director quería que nos (entreguemos / **entregáramos**) de lleno a ser voluntarios. Pero hace un momento me enteré que solo pide que hagamos nuestro trabajo como si (es / **fuera**) lo más importante.

_____
_____
_____

Unidad 3: Responsabilidades

Recapitular, analizar y editar

1. Pero, sino, sino que son _____ adversativas.

2. Cierto / Falso   La palabra *adversativa* denota contrariedad, oposición.

3. Cuando se quiere expresar *but, nevertheless, however* se usa (**pero** / **sino** / **sino que**).

4. Cuando se quiere expresar *but rather, but on the contrary* o *but instead* se usa (**pero** / **sino** / **sino que**).

5. Se usa *sino* cuando se unen dos (**cláusulas** / **frases**); se usa *sino que* cuando se unen dos (**cláusulas** / **frases**).

6. En las oraciones con *sino* o *sino que* hay un (**adjetivo** / **adverbio**) negativo en la cláusula que introduce el concepto adversativo.

Repasar. Escribe una ✓ junto a las oraciones que usan *pero, sino que* o *sino* debidamente.

__ 1. Iría pero no puedo. __ 3. No es mejor pero peor. __ 5. No es mentira sino verdad.
__ 2. No va sino que viene. __ 4. No lo dice sino lo hace. __ 6. Trabaja lento pero seguro.

7. Cierto / Falso   La noción de presente indicativo + presente subjuntivo / pasado indicativo + pasado de subjuntivo siempre se puede aplicar.

8. Cierto / Falso   Para entender de manera lógica el tiempo del subjuntivo en la cláusula subordinada hay que tomar en cuenta el contexto de la oración y lo que el hablante quiere comunicar.

9. Cierto / Falso   La *flexibilidad* en el subjuntivo alude a que no hay un patrón riguroso para determinar el tiempo del subjuntivo en la cláusula subordinada.

10. Cierto / Falso   Por razones lógicas, no siempre se puede aplicar la flexibilidad.

Repasar. Escribe una ✓ junto a las oraciones que aplican bien la correspondencia del subjuntivo.

__ 1. Quiere que fueras. __ 4. Es mejor que lo hicieras. __ 7. No hubo nada que sirviera.
__ 2. Lo hizo para que vayas. __ 5. Lo haré cuando pueda. __ 8. Dudo que hayan ido.
__ 3. Permitieron que vuelva. __ 6. Es posible que lo dijera. __ 9. Hazlo a fin de que fueras.

11. Cierto / Falso   *Alternancias del subjuntivo* se refiere a situaciones en las que se puede usar el indicativo o el subjuntivo.

12. Ojalá + presente de subjuntivo equivale a (I hope / I wish); ojalá + imperfecto de subjuntivo equivale a (I hope / I wish).

13. Cierto / Falso   *Iremos aunque llueva* puede comunicar información conocida o que no se sabe si llueve o lloverá.

14. Cierto / Falso   A *como si* le puede seguir el presente o el imperfecto del subjuntivo; depende del verbo de la cláusula principal.

Repasar. Escribe una ✓ junto a las oraciones que aplican bien el subjuntivo o indicativo.

__ 1. Sé que no es posible, pero ojalá pudieras venir. __ 4. Lo hace como si es posible.
__ 2. Nadie lo sabe, pero lo haré aunque me molesta. __ 5. Siento (Lamento) que es lo mejor.
__ 3. Tal vez escuchen lo que les vamos a decir. __ 6. Quizás compraré ese vestido.

Analizar

Actividad 1

En cada par de oraciones puede haber una que contenga **dos** errores, pero también es posible que ambas oraciones sean correctas.
- Compara cada par y subraya los dos errores en la oración que crees que está mal.
- Si ambas oraciones son correctas, escribe *Sin error* en la raya.
- Si hay errores, explica por qué son errores.

1. a. Dudamos que el muchacho hablara con su profesor del problema, pero sí lo hizo.
   b. Dudamos que el muchacho hablará con su profesor del problema, sino que sí lo hizo.

El error 1 es porque _____

El error 2 es porque _____

2. a. No me asombra que hubieran decidido hacerlo, sino que lo mantuvieran en secreto.
   b. No me asombra que huvieran decidido hacerlo, pero que lo mantuvieran en secreto.

El error 1 es porque _____

El error 2 es porque _____

3. a. El problema no se solucionará hasta que lo ha dicho, si no lo hará.
   b. El problema no se solucionará hasta que lo haya dicho, pero no lo hará.

El error 1 es porque _____

El error 2 es porque _____

4. a. Jamás se extrañó de que lo hubiera apoyado, sino de que lo hubiera entorpecido.
   b. Jamás se extrañó de que lo haya apoyado, excepto de que lo hubiera entorpecido.

El error 1 es porque _____

El error 2 es porque _____

5. a. Es triste que los médicos no fueran sido capazes de ayudarlo, pero no pudieron.
   b. Es triste que los médicos no hubieran sido capaces de ayudarlo, pero no pudieron.

El error 1 es porque _____

El error 2 es porque _____

6. a. Me alegró que estuviera con nosotros esta mañana.
   b. Me alegro de que esté con nosotros esta mañana.

El error 1 es porque _____

El error 2 es porque _____

Unidad 3: Responsabilidades

7. a. Me temo que nadie pueda decirnos realmente qué fue lo que pasó.
   b. Me temo que a nadie puede decirnos realmente qué fue lo que pasó.

El error 1 es porque _____

El error 2 es porque _____

8. a. Mandamos que traían más voluntarios y voluntarias para ayudarnos.
   b. Mandamos que trajeran a más voluntarios y voluntarias para ayudarnos.

El error 1 es porque _____

El error 2 es porque _____

9. a. No te pedí que compraras un vestido cerezo pero uno naranja.
   b. No te pedí que compraras un vestido cereza sino uno naranja.

El error 1 es porque _____

El error 2 es porque _____

10. a. Dice que vienes mañana.
    b. Dice que vengas mañana.

El error 1 es porque _____

El error 2 es porque _____

11. a. Quería que compre los trajes cafés oscuros.
    b. Quería que comprara los trajes café oscuro.

El error 1 es porque _____

El error 2 es porque _____

12. a. Iremos aunque llueva mucho.
    b. Iremos aunque llueve mucho.

El error 1 es porque _____

El error 2 es porque _____

| **Actividad 2** | Escribe todas las posibles varaciones que se pueden hacer con estas partículas. |

Me alegra / (tú) venir. Me alegraba / (tú) venir.

_____

_____

_____

Editar

Actividad 1 — En el siguiente fragmento resalta y corrige todas las faltas de ortografía, *se*, tildes, concordancia, conjugación, conjunciones, etc. Donde tengas dudas, márcalas.

Cuándo te vi pensé que no eras tu sino que tu hermana, Laura. No fue hasta que te acercaste que me diera cuenta quién eras, excepto que no podía recordar tu nombre. Me dio tanta vergüenza que antes de que me dijiste nada, balbuceé un montón de tonterías. De verdad que quiero pedirte perdón. Té prometo que no volvera occurrir, salvo si vuelvo a tener un lapso de memoria. Lo eh pensado y quiero que invitarte a comer por darte la en hora buena por tu nuevo libro. Ojalá puedes venir.

Actividad 2 — En cada uno de los siguientes fragmentos hay seis faltas de ortografía, puntuación, acentuación, *a* personal, conjugación, etc. Encuéntralas y escribe la corrección.

1. Eres el director de una empresa multinacional. Un ex empleado sádico a entrado a tu casa y les tiene a tí y a tu hijo de diecisiete años prisioneros. Esta a punto de ahorcar a tu hijo; este solo apoya los pies en una silla. El exempleado te manda que tú le quites la silla. Si no lo haces, hará estallar una serie de bombas en una fábrica de tu empresa en la cuál trabajan más de quinientos empleados. ¿Qué debes hacer: matar a tu hijo o dejar morir centenares de personas, muchas de las cuales son el único sustento de la familia?

	error	corrección		error	corrección
a.	_____	_____	d.	_____	_____
b.	_____	_____	e.	_____	_____
c.	_____	_____	f.	_____	_____

2. Desde pequeña me inculcaron que debería a ser por los demás lo que quisiera que hicieran por mí. Por eso soy voluntaria en una residencia de ancianos. Soy huerfana y mis hermanos viven en otro continente; estoy muy solo. De joven no se me hubiera ocurrido hacer una labor de voluntariado, pero ahora que empieso a notar los años, la verdad es que tengo miedo de lo que será de mi en mi vejez sin familia. Mis padres sufrieron demencia. Por eso soy voluntaria. Quiero hacer por los demás lo que espero que hacen por mí cuando sea vieja y esté enferma.

	error	corrección		error	corrección
a.	_____	_____	d.	_____	_____
b.	_____	_____	e.	_____	_____
c.	_____	_____	f.	_____	_____

¿Sabías que...?

Los enigmas siempre han intrigado al hombre, y las Américas tienen muchos por investigar. Abajo verás unos pocos, pero una búsqueda en línea te proporcionará cantidades.

LA CUEVA DE LOS TAYOS (ECUADOR). En las faldas de la Cordillera del Cóndor se sitúa la entrada vertical al mundo subterráneo de la legendaria y misteriosa Cueva de los Tayos. El descenso, de 63 metros, termina en un verdadero laberinto envuelto en la más absoluta oscuridad. El nombre de la cueva se debe a unas aves ciegas que habitan allí. Curiosamente estos mismos pájaros se encuentran en otras cavernas sudamericanas. La pregunta es: Si estas aves son ciegas, ¿cómo se han diseminado a otras cuevas? ¿Será posible que todas estas cavernas estén conectadas? ¿De verdad será hueca la Tierra como dicen algunos?

Pero allí no termina el misterio. En 1969, el espeleólogo Juan Moricz declaró haber encontrado en las profundidades de la Cueva de los Tayos, miles de hojas metálicas grabadas con lo que parece ser la historia de una civilización extinta, la cual había construido esos túneles para vivir en las profundidades de la Tierra. Las láminas, llamadaa la Biblioteca Metálica, constan de un sinnúmero de libros con páginas grabadas por un lado con símbolos, diseños geométricos e inscripciones.

LAS LÍNEAS DE NAZCA (PERÚ). En una zona donde casi no llueve, y a unos 450 kilómetros al sur de Lima cerca del océano Pacífico, se encuentran estos antiguos geoglifos trazados por la cultura nazca. Compuestos por cientos de figuras, abarcan desde simples líneas (aunque algunas miden varios kilómetros de largo) hasta complejas figuras zoomorfas y geométricas.

Aunque los geoglifos se pueden ver parcialmente desde las colinas cercanas, los primeros en distinguirlas fueron pilotos militares y civiles peruanos. Ello ha llevado al misterio de Nazca: su propósito. En 1968 el escritor suizo Erich von Däniken propuso que era un complejo para el aterrizaje de naves espaciales, pero los científicos pronto refutaron su teoría. En su lugar algunos propusieron que posiblemente los nazcas solo querían que su obra se viera desde el cielo por ser las alturas el lugar donde moran los dioses, idea compartida por muchas civilizaciones a lo largo de la historia. Otros han propuesto que los dibujos servían como un paisaje ritual cuyo fin era invocar el agua, puesto que es muy escasa en esa zona. Todavía otros dicen que eran sistemas de riego. Sea cual sea la razón, Nazca sigue siendo enigmática, y por ello aparece en libros, dibujos animados, videojuegos e, incluso, una película de Indiana Jones.

LOS OLMECAS (MESOAMÉRICA). Más de 1.500 años antes de que los mayas florecieran en Centroamérica y más de 25 siglos antes del gran imperio azteca, el misterioso pueblo olmeca estaba desarrollando la primera gran cultura mesoamericana. Sus conocimientos formidablemente avanzados en numerosos campos han dejado perplejos a muchos investigadores. Debido a esto, ha surgido la teoría de que tenían una conexión con otro mundo.

A los olmecas se les atribuye: conocer la rueda, ser la fuente del juego de pelota y una escritura jeroglífica, y controlar la mayor parte del sur de lo que ahora es México. Sin embargo, se conoce poco de su origen. Los rasgos de las enormes cabezas olmecas esculpidas parecen señalar un origen africano, pero otros artefactos representan figuras con semblantes europeos o asiáticos. ¿Cómo es posible que los olmecas incluyan casi todos los tipos raciales en el mundo? Desde un punto de vista difusionista, su civilización puede haber sido un centro cosmopolita donde las culturas mundiales se mezclaban. Esto presupone que tendría que haber existido un fuerte enlace transoceánico a través del Atlántico y Pacífico. Pero, si se piensa en la época: ¿qué medios de transporte usarían? ¿Es posible que estuvieran conectados con otro mundo o dimensión que les proporcionó sus conocimientos?

Tu lado creativo

En las unidades anteriores, esta actividad ha aparecido en las páginas iniciales. No obstante, en esta unidad se ha reservado para una de las últimas. ¿Por qué? Para que, ya casi al final del curso, pienses en ti como estudiante de herencia. Usando el medio que quieras, en el recuadro explica cuál es la relación que ahora tienes con tu herencia. Comparte tu trabajo con tus compañeros.

Entre dos lenguas

Actividad Como cierre a esta sección, completa el crucigrama para repasar términos que has usado durante el curso.

Repaso

VERTICAL
1. modo que indica algo
3. oración que expresa sorpresa o emoción
4. introduce elementos nominales
7. toma el lugar de un sustantivo
8. oración que manda
9. oración con dos cláusulas independientes
10. oración con una cláusula principal y una subordinada
12. oración que comunica información
13. indica si el sustantivo es conocido o general
14. acción que toma lugar
18. acción que va a tomar lugar
19. oración que pregunta

HORIZONTAL
2. comunica acción o estado
5. une dos elementos iguales
6. oración de una cláusula independiente
7. acción que tomó lugar
11. identifica personas o cosas
15. describe un verbo, adjetivo u otro adverbio
16. emoción súbita
17. describe un sustantivo o pronombre
20. modo que indica algo hipotético

320 *Unidad 3: Responsabilidades*

La lengua y la literatura

Sabine Ulibarrí (1919-2003), poeta, escritor, profesor universitario y crítico, nació en Tierra Amarilla, Nuevo México. Veterano decorado de la Segunda Guerra Mundial, al regresar continuó sus estudios recibiendo su doctorado en literatura hispana en UCLA. Fue catedrático en la Universidad de Nuevo México hasta que se jubiló en 1982. Ulibarrí destaca por su don narrativo y creativo cargado de lirismo, y la inclusión de detalles del Nuevo México rural. Muchos lo consideran junto con Rudolfo Anaya uno de los grandes pensadores de la literatura hispana en Estados Unidos. Con maestría subraya la lucha entre los valores tradicionales y el concepto de destino manifiesto de la política estadounidense, y cómo este "destino" ha ido erosionado más de 500 años de tradición agrícola y espiritual del norte nuevomexicano.

"Mi caballo mago", en el que se aprecia la maestría de Ulibarrí de la prosa poética, relata la consagración del protagonista adolescente al superar los dilemas que enfrenta por dominar el caballo mítico.

MI CABALLO MAGO

Era blanco. Blanco como el olvido. Era libre. Libre como la alegría. Era la ilusión, la libertad y la emoción. Poblaba y dominaba las serranías y las llanuras de las cercanías. Era un caballo blanco que llenó mi juventud de fantasía y poesía.

Alrededor de las fogatas del campo y en las resolanas del pueblo los vaqueros de esas tierras hablaban de él con entusiasmo y admiración. Y la mirada se volvía turbia y borrosa de ensueño. La animada charla se apagaba. Todos atentos a la visión evocada. Mito del reino animal. Poema del mundo viril.

Blanco y arcano. Paseaba su harén por el bosque de verano en regocijo imperial. El invierno decretaba el llano y la ladera para sus hembras. Veraneaba como rey de oriente en su jardín silvestre. Invernaba como guerrero ilustre que celebra la victoria ganada.

Era leyenda. Eran sin fin las historias que se contaban del caballo brujo. Unas verdad, otras invención. Tantas trampas, tantas redes, tantas expediciones. Todas venidas a menos. El caballo siempre se escapaba, siempre se burlaba, siempre se alzaba por encima del dominio de los hombres. ¡Cuánto valedor no juró ponerle su jáquima y su marca para confesar después que el brujo había sido más hombre que él!

Yo tenía quince años. Y sin haberlo visto nunca el brujo me llenaba ya la imaginación y la esperanza. Escuchaba embobado a mi padre y a sus vaqueros hablar del caballo fantasma que al atraparlo se volvía espuma y aire y nada. Participaba de la obsesión de todos, ambición de lotería, de algún día ponerle yo mi lazo, de hacerlo mío, y lucirlo los domingos por la tarde cuando las muchachas salen a paseo por la calle.

Pleno el verano. Los bosques verdes, frescos y alegres. Las reses lentas, gordas y luminosas en la sombra y en el sol de agosto. Dormitaba yo en un caballo brioso, lánguido y sutil en el sopor del atardecer. Era hora ya de acercarse a la majada, al buen pan y al rancho del rodeo [...] De pronto el

Preguntas al margen:
- ¿Qué te sugiere el título "Mi caballo mago"?
- ¿Cómo lo considera el pueblo? ¿Por qué es "poema del mundo viril"?
- ¿Por qué dice el narrador que "era leyenda"?
- ¿Por qué crees que el narrador incluye que tiene quince años?

From *Tierra Amarilla: Stories of New Mexico/Cuentos de Nuevo México* by Sabine Ulibarrí. Copyright © 1973 University of New Mexico Press, 1973

bosque se calla. El silencio enmudece. La tarde se detiene. La brisa deja de respirar, pero tiembla. El sol se excita. El planeta, la vida y el tiempo se han detenido de una manera inexplicable. Por un instante no sé lo que pasa.

Luego mis ojos aciertan. ¡Allí está! ¡El caballo mago! Al extremo del abra, en un promontorio, rodeado de verde. Hecho estatua, hecho estampa. Línea y forma y mancha blanca en fondo verde. Orgullo, fama y arte en carne animal. Cuadro de belleza encendida y libertad varonil. Ideal invicto y limpio de la eterna ilusión humana. Hoy palpito todo aún al recordarlo [...]

El momento es eterno. La eternidad momentánea. Ya no está, pero siempre estará. [,...]

Aquella noche bajo las estrellas no dormí. Soñé. Cuánto soñé despierto y cuánto soñé dormido yo no sé. Sólo sé que un caballo blanco pobló mis sueños y los llenó de resonancia y de luz y de violencia.

Pasó el verano y entró el invierno. El verde pasto dió lugar a la blanca nieve. Las manadas bajaron de las sierras a los valles y cañadas. Y en el pueblo se comentaba que el brujo andaba por este o aquel rincón. Yo indagaba por todas partes su paradero. Cada día se me hacía más ideal, más imagen, más misterio.

Domingo. Apenas rayaba el sol de la sierra nevada [...] Iba en busca de la blanca luz que galopaba en mis sueños.

Al salir del pueblo al campo libre desaparecen los caminos. No hay rastro humano o animal. Silencio blanco, hondo y rutilante [...] Sería medio día. No sé. El tiempo había perdido su rigor. Di con él. En una ladera contaminada de sol. Nos vimos al mismo tiempo. Juntos nos hicimos piedra. Inmóvil, absorto y jadeante contemplé su belleza, su arrogancia, su nobleza. Esculpido en mármol, se dejó admirar [...] El caballo que en verano se coloca entre la amenaza y la manada, oscilando a distancia de diestra a siniestra, ahora se lanza a la nieve [...]Su fuga es lenta para conservar sus fuerzas.

Sigo. Despacio. Palpitante. Pensando en su inteligencia. Admirando su valentía. Apreciando su cortesía. La tarde se alarga. Mi caballo cebado a sus anchas [...]

¡Solos! El y yo. La agitación interna reboza a los labios. Le hablo. Me escucha y calla.

El abre el camino y yo sigo por la vereda que me deja. Detrás de nosotros una larga y honda zanja blanca que cruza la llanura. El caballo que ha comido grano y buen pasto sigue fuerte. A él, mal nutrido, se le han agotado las fuerzas. Pero sigue porque es él y porque no sabe ceder.

Encuentro negro y manchas negras por el cuerpo. La nieve y el sudor han revelado la piel negra bajo el pelo. Mecheros violentos de vapor rompen el aire. Espumarajos blancos sobre la blanca nieve. Sudor, espuma y vapor. Ansia.

Me sentí verdugo. Pero ya no había retorno. La distancia entre nosotros se acortaba implacablemente. Dios y la naturaleza indiferentes.

Me siento seguro. Desato el cabestro. Abro el lazo. Las riendas tirantes. Cada nervio, cada músculo alerta y el alma en la boca. Espuelas tensas en ijares temblorosos. Arranca el caballo. Remolineo el cabestro y lanzo el lazo obediente.

¿Que siente el narrador al ver al Mago?

¿Por qué crees que el narrador está obsesionado con el Mago?

Describe el escenario.

¿Qué ocurre entre el narrador y el Mago?

¿Por qué crees que incluye el narrador la observación que el Mago estaba mal nutrido?

Sigue con cuidado la lucha entre el narrador y el Mago. ¿Cómo termina?	Vértigo de furia y rabia. Remolinos de luz y abanicos de transparente nieve. Cabestro que silba y quema en la teja de la silla. Guantes violentos que humean. Ojos ardientes en sus pozos. Boca seca. Frente caliente. Y el mundo se sacude y se estremece. Y se acaba la larga zanja blanca en un ancho charco blanco.

Sosiego jadeante y denso. El caballo mago es mío.

Temblorosos ambos, nos miramos de hito en hito por un largo rato. Inteligente y realista, deja de forcejar y hasta toma un paso hacia mí. Yo le hablo. Hablándole me acerco. Primero recula. Luego me espera. Hasta que los dos caballos se saludan a la manera suya. Y por fin llego a alisarle la crin. Le digo muchas cosas, y parece que me entiende. |
| ¿Cómo se siente el narrador? | Por delante y por las huellas de antes lo dirigí hacia el pueblo. Triunfante. Exaltado. Una risa infantil me brotaba. Yo, varonil, la dominaba. Quería cantar y pronto me olvidaba. Quería gritar pero callaba. Era un manojo de alegría. Era el orgullo del hombre adolescente. Me sentí conquistador.

El Mago ensayaba la libertad una y otra vez, arrancándome de mis meditaciones abruptamente. Por unos instantes se armaba la lucha otra vez. Luego seguíamos. |
| ¿Por qué siente dolor en vez de orgullo el narrador al atravesar el pueblo? | Fue necesario pasar por el pueblo. No había remedio. Sol poniente. Calles de hielo y gente en los portales. El Mago lleno de terror y pánico por la primera vez. Huía y mi caballo herrado lo detenía. Se resbalaba y caía de costalazo. Yo lloré por él. La indignidad. La humillación. La alteza venida a menos. Le rogaba que no forcejara, que se dejara llevar. ¡Cómo me dolió que lo vieran así los otros! |
| ¿Por qué le habla el narrador al Mago? | Por fin llegamos a la casa. "¿Qué hacer contigo, Mago? Si te meto en el establo o en el corral, de seguro te haces daño. Además sería un insulto. No eres esclavo. No eres criado. Ni siquiera eres animal." Decidí soltarlo en el potrero. |
| ¿Anticipa algo el que se incluya que ningún animal se hubiera escapado del potrero? | Allí podría el Mago irse acostumbrando poco a poco a mi amistad y compañía. De ese potrero no se había escapado nunca un animal.

Mi padre me vió llegar y me esperó sin hablar. En la cara le jugaba una sonrisa y en los ojos le bailaba una chispa. Me vió quitarle el cabestro al Mago y los dos lo vimos alejarse, pensativos. Me estrechó la mano un poco más fuerte que de ordinario y me dijo: "Esos son hombres." Nada más. Ni hacía |
| ¿Por qué le dice el padre que "Esos son hombres"? | falta. Nos entendíamos mi padre y yo muy bien. Yo hacía el papel de muy hombre pero aquella risa infantil y aquel grito que me andaban por dentro por poco estropean la impresión que yo quería dar.

Aquella noche casi no dormí y cuando dormí no supe que dormía. Pues el soñar es igual, cuando se sueña de veras, dormido o despierto. Al amanecer yo ya estaba de pie. Tenía que ir a ver al Mago. En cuanto aclaró salí al frío a buscarlo. |
| ¿Qué ha ocurrido? | El potrero era grande. Tenía un bosque y una cañada. No se veía el Mago en ninguna parte pero yo me sentía seguro [...] No está. El Mago se ha escapado. Recorro cada rincón donde pudiera haberse agazapado. Sigo la huella. Veo que durante toda la noche el Mago anduvo sin cesar buscando, olfateando, una salida. No la encontró. La inventó. |

Seguí la huella que se dirigía directamente a la cerca. Y vi como el rastro no se detenía sino continuaba del otro lado. El alambre era de púa. Y había pelos blancos en el alambre. Había sangre en las púas. Había manchas rojas en la nieve y gotitas rojas en las huellas del otro lado de la cerca.

Allí me detuve. No fui más allá. Sol rayante en la cara. Ojos nublados y llenos de luz. Lágrimas infantiles en mejillas varoniles. Grito hecho nudo en la garganta. Sollozos despaciosos y silenciosos.

¿Por que eran infantiles sus lágrimas?

Allí me quedé y me olvidé de mí y del mundo y del tiempo. No sé cómo estuvo, pero mi tristeza era gusto. Lloraba de alegría. Estaba celebrando, por mucho que me dolía, la fuga y la libertad del Mago, la trascendencia de ese espíritu indomable. Ahora seguiría siendo el ideal, la ilusión y la emoción. El Mago era un absoluto. A mí me había enriquecido la vida para siempre [...]

¿Por qué dice "mi tristeza era gusto"?

Abajo escribe razones para justificar y reprochar la decisión del muchacho de dejar ir al Mago. Luego, toma una postura y escribe un párrafo que exprese tu opinión. Debes aludir al punto contrario.

Razones que justifican	Razones que reprochan

_____
_____
_____
_____
_____
_____
_____
_____
_____

Escritura: El ensayo de opinión

El ensayo persuasivo utiliza la lógica y la razón para demostrar que una idea u opinión es más válida que otra. Intenta persuadir al lector a adoptar un cierto punto de vista o acción. El argumento siempre debe estar bien organizado, emplear un razonamiento cuidadosamente razonado y ofrecer una evidencia sólida por medio de datos, razones lógicas y ejemplos convincentes y una conclusión que procede de la tesis y la evidencia, además de citar opiniones de los expertos cuando sea posible.
No se pretende probar una verdad como absoluta, sino convencer al lector de la validez del argumento.

Actividad 1 — Lee el siguiente ensayo sobre la eutanasia y luego completa los ejercicios. **Este no es un ensayo modelo**; por lo tanto, tiene puntos fuertes y débiles que vas a encontrar y analizar para luego usarlos al escribir tus propios ensayos.

LA LEGALIDAD DE LA EUTANASIA

Después de mucha controversia ayer el Parlamento de La Haya aprobó la legalización de la eutanasia, convirtiendo así a Holanda en la primera nación del mundo que legaliza esta práctica médica. El debate que precedió la aprobación de la ley hizo eco de los mismos que están tomando lugar en otros países donde se debate si una persona tiene derecho a provocar la muerte a un enfermo incurable para evitarle mayores sufrimientos físicos y psíquicos. Ahora solo cabe esperar que otros países sigan este paso importante holandés para proteger la dignidad del individuo.

La polémica sobre la eutanasia lleva mucho tiempo en Europa donde la opinión pública está dividida en función de sus convicciones religiosas. La sociedad española recuerda un caso reciente que activó un vivo debate a nivel nacional. Ramón Sampedro, que pasó 29 años de su vida sin capacidad alguna de movimiento de cuello para abajo, fue la primera persona que reclamó por vía judicial su muerte. Desafortunadamente los jueces, sin duda influidos por la postura de la Iglesia, negaron su petición. Pero varias personas cercanas a él le ayudaron a quitarse la vida porque entendían su angustia y sus razones de querer acabar con su vida.

La ley aprobada en el Parlamento legaliza la eutanasia en el caso de enfermos terminales y con una serie de importantes cautelas: que el paciente esté sufriendo dolores insoportables e incesantes; que sea solicitada de forma consciente por el enfermo; que el permiso se obtenga con la opinión de un segundo facultativo y que se realice de la manera clínicamente más apropiada. El Vaticano ha criticado duramente la iniciativa. Considera que "viola la dignidad de la persona humana y que es contraria a las leyes de la conciencia de cada uno". Pero las normas que regularán esta práctica no son de cumplimiento obligado, ni por parte del médico ni por el enfermo. Son un derecho, pero no una obligación. Su legalidad no está contrapuesta a la libertad moral.

Holanda ha abierto una vía legal. En España la eutanasia está tipificada en el artículo 143 del Código Penal de 1995 con penas de prisión de entre nueve meses a seis años. Este es un buen momento para que la sociedad española reflexione sobre una cuestión que atañe a la dignidad del ser humano, que debe tener la posibilidad de poner fin a la vida cuando esta se haya convertido en un suplicio sin esperanza.

¿Cuál es tu primera impresión de los siguientes componentes de este ensayo? Junto a cada componente, escribe lo que piensas. Más adelante volverás a estos puntos.

TÍTULO: _____

_____

TESIS: _____

_____

PUNTOS A FAVOR: _____

_____

PUNTOS EN CONTRA: _____

_____

ORGANIZACIÓN: _____

_____

CONCLUSIÓN: _____

_____

VOCABULARIO: _____

_____

GRAMÁTICA: _____

_____

> **Actividad 2a**

> La **tesis** de un ensayo es una declaración que explícitamente identifica el propósito o introduce las ideas principales del ensayo.
> - Le deja saber al lector cuál es la actitud del escritor acerca del tema/asunto,
> - Presenta directamente la pregunta que se responderá y
> - Hace una afirmación que otros pueden refutar.
>
> Recuerda que la tesis se puede editar/revisar mientras se escribe el ensayo, pues a veces es al escribir cuando uno da con las palabras exactas para expresarla.

Vuelve al ensayo e identifica la tesis. Escríbela. Luego, contesta las preguntas.

TESIS _____

1. ¿Cuál es el tema? _____

2. ¿Cuál es la opinión del escritor? _____

_____

4. La opinión, ¿se limita a ser una observación o invita a la discusión? Explica. _____
_____

5. La tesis, ¿se puede refutar? Explica. _____
_____

Actividad 2b Vuelve a la tesis y tus respuestas. Con un compañero escriban una tesis mejor. Después comenten las tesis con el resto de la clase y lleguen a una tesis excelente.

TESIS MEJORADA: _____
_____

TESIS EXCELENTE: _____
_____

TRES COSAS PARA RECORDAR AL ESCRIBIR MI TESIS: _____
_____

PARA PENSAR AL ESCRIBIR...

Fíjate en estos dibujos. Si un ensayo tiene una introducción muy larga, será un cabezón; si la conclusión es muy larga será un patón. Tu ensayo debe estar bien proporcionado. La cabeza introduce, el cuerpo desarrolla y los pies sostienen.

Actividad 3 **La introducción.** Vuelve a la introducción del ensayo y subraya los puntos que apoyan la tesis y deben formar la base del argumento del ensayo. Luego, escríbelos abajo: Usa apuntes, no oraciones completas. No tienes que usar todas las rayas.

- _____
- _____
- _____
- _____
- _____

Ahora, completa estas actividades con un compañero.

1. Subraya los conectores de la introducción. ¿Son suficientes para que fluya? Explica.
_____

2. Identifica algo efectivo en la introducción.
_____

3. Identifica algo que se puede mejorar en la introducción.
_____

Actividad 4   **El cuerpo del ensayo.** Haz las actividades para cada párrafo de desarrollo.

Completa un esquema del **primer párrafo de desarrollo** (*body paragraph*) y contesta las preguntas.

Oración temática (afirmación). _____

¿Está implícita esta idea en la tesis? Explica. _____

¿Aparece esta idea en la introducción? Explica. _____

Apunta la evidencia del párrafo que apoya la oración temática; no uses oraciones completas:

_____

_____

¿Es eficaz la evidencia? Explica. _____

_____

Identifica un punto contrario que se presenta y luego se invalida. _____

_____

Identifica algo que se puede mejorar en el párrafo. _____

Palabras de transición _____

Completa un esquema del **segundo párrafo de desarrollo** (*body paragraph*) y contesta las preguntas.

Oración temática (afirmación). _____

¿Está implícita esta idea en la tesis? Explica. _____

¿Aparece esta idea en la introducción? Explica. _____

Apunta la evidencia del párrafo que apoya la oración temática; no uses oraciones completas:

_____

_____

¿Es eficaz la evidencia? Explica. _____

_____

Identifica un punto contrario que se presenta y luego se invalida. _____

_____

Identifica algo que se puede mejorar en el párrafo. _____

Palabras de transición _____

TRES COSAS PARA RECORDAR AL ESCRIBIR MIS PÁRRAFOS DE DESARROLLO: _____
_____
_____

Actividad 5 **La conclusión** del ensayo debe comunicar un sentido completo, de cierre. Debe reiterar la postura y los puntos principales del argumento; no obstante, no simplemente debe resumir el ensayo. Debes evitar frases como "en conclusión", "para concluir", "en resumen", "en resumidas cuentas" que son apropiadas en una presentación oral pero no en un ensayo escrito. Puedes ofrecer un resumen del tema pero no incluir un tema nuevo aun si terminas incluyendo tus comentarios dentro de un contexto más amplio.

Vuelve al ensayo y completa lo que se te pide.

Idea que retorna al tema general: _____

Idea que da cierre al ensayo: _____

1. Algo efectivo en la conclusión: _____

2. Algo que se puede mejorar: _____

DOS COSAS PARA RECORDAR AL ESCRIBIR MI CONCLUSIÓN: _____
_____
_____

Actividad 6 **El título.** Lee el título del ensayo; luego contesta las preguntas.

1. ¿Tiene alguna relación con la tesis? _____

2. ¿Qué palabras contiene que aluden directamente al tema del ensayo? _____
_____

3. ¿Apunta claramente a lo que va a defender el ensayo o es general, vago? Explica _____
_____

4. Con un compañero, escriban un título más preciso.
_____

5. Compartan su título con el resto de la clase, y entre todos lleguen a un acuerdo sobre un título excelente.

TÍTULO EXCELENTE: _____

Unidad 3: Responsabilidades

En la comunidad

Para esta actividad vas a escribir sobre un tema pertinente a la comunidad hispana que sea conflictivo (la inmigración, la acción afirmativa, la identidad, el rol de la mujer, etc.). Luego habla con parientes o amigos acera del conflicto y busca información en internet para establecer el tema que vas a tratar en tu ensayo. Recuerda: tu tema debe ser <u>específico</u>, por ejemplo: Las desventajas de la acción afirmativa.

Actividad 1 Sigue los pasos para completar la actividad.

Paso 1. Preescritura

1. ¿Cuál es el tema general sobre el que vas a escribir? _____

2. ¿Cuál es el tema específico de tu ensayo? _____

3. ¿Qué sabes del tema? Apunta por lo menos cuatro cosas. _____
_____
_____

4. ¿Qué pregunta contestarás en tu ensayo? _____
_____

5. ¿Cuál es tu postura? _____

6. ¿Qué evidencia apoya tu posición? Escribe por lo menos cinco cosas. _____
_____
_____

7. ¿Qué evidencia puede contradecir (*refutar*) tu posición? _____
_____

Paso 2. Esquema preliminar

Escribe tu tesis. Debe incluir el tema y tu postura, y aludir a lo que refutará tu ensayo.
_____
_____

De los puntos de apoyo que apuntaste en la Preescritura, elige los dos más significativos para apoyar tu tesis. Como van a ser la base de tu argumento, es muy importante que cada uno ofrezca una razón diferente. No deben engendrar la explicación de un mismo punto.

1er punto a desarrollar: _____

2º punto a desarrollar: _____

Paso 3. El esquema Salvo si se pide lo contrario, usa apuntes en vez de oraciones.

Introducción

Declaración general del tema _____

Ideas para la oración de introducción_____

_____

Tesis provisional _____

1ᵉʳ Párrafo de desarrollo

Oración temática _____

Evidencia _____

Explicación de la evidencia _____

_____

Punto contrario _____

Evidencia para invalidarlo _____

_____

Posible transición al siguiente párrafo _____

2º Párrafo de desarrollo

Oración temática _____

Evidencia _____

Explicación de la evidencia _____

_____

Punto contrario _____

Evidencia para invalidarlo _____

_____

Posible transición al siguiente párrafo _____

Conclusión.

Ideas que retoman la tesis_____

Ideas que dan cierre al ensayo_____

Enlazar tus ideas. Vuelve al esquema y junto a las diferentes ideas que has escrito, coloca palabras de enlace que pueden ayudar a que fluya bien tu ensayo.

Paso 4. Primera revisión Intercambia tu esquema con un compañero y completa la siguiente rúbrica usando su esquema. Debajo apunta algunas cosas que viste en el esquema de tu compañero que te pueden ayudar y otras que debes evitar. Después, haz lo mismo con otro compañero.

	Excelente	Muy bien	Bien	Regular	Insuficiente
Tesis					
Ideas					
Organización					
Palabras de enlace					

_____

_____

	Excelente	Muy bien	Bien	Regular	Insuficiente
Tesis					
Ideas					
Organización					
Palabras de enlace					

_____

_____

Paso 5. Vocabulario Antes de pasar a escribir tu borrador, completa la siguiente tabla con palabras y frases que enriquecerán tu ensayo.

Palabras de transición	Verbos activos	Sustantivos precisos	Adjetivos precisos

Paso 6. El borrador Fíjate en los siguientes ejemplos anotados para los distintos párrafos de un ensayo persuasivo. Lee y comenta cada ejemplo con la clase antes de escribir cada parte de tu borrador.

LA INTRODUCCIÓN. Lee el siguiente párrafo de introducción para un ensayo que habla del uso de los animales en la investigación científica. Los apuntes indican los diferentes componentes.

- Oración que introduce el tema general.
- Primer punto que se va a desarrollar.
- Segundo punto que se va a desarrollar.
- Punto que se va a refutar.
- Tesis: incluye
  a. Tema
  b. Opinión del autor

Aunque se piensa que el uso de animales indefensos para la investigación científica es algo relativamente nuevo, la verdad es que es una práctica antigua que ya suscitaba controversia en el siglo XVII. Hoy en día, millones de animales mueren cada año en laboratorios, algunos de los cuales se ufanan de ser "humanitarios". Cabe preguntarse qué autoridad tiene la raza humana sobre el resto de los animales para obligarlos a sufrir y agonizar en busca de remedios que rara vez los beneficiará. A aquellos que alegan que esas muertes son un mal menor si se consideran los beneficios para la humanidad, si se estudia a fondo esta cuestión, se verá que no hay argumento que justifique nuestra falta de compasión hacia unos seres que comparten este mundo con nosotros.

Mi introducción. Escribe tu introducción y señala los elementos como en el ejemplo de arriba.

_____
_____
_____
_____
_____
_____
_____
_____
_____
_____
_____

PÁRRAFO DE DESARROLLO. El siguiente es un párrafo de desarrollo para un ensayo que habla de las ventajas del bilingüismo. Los apuntes indican los diferentes componentes.

- Oración temática que introduce el párrafo y afirma la tesis.
- Evidencia que apoya la afirmación.
- Explicación de la afirmación.
- Punto que se refuta.
- Transición.
- Alusión a estudios científicos para dar mayor fiabilidad al ensayo.

En cuanto el efecto del bilingüismo en la inteligencia del niño, un estudio realizado por K. M. Foster y C. M. Reeves con sesenta y siete estudiantes del sexto año escolar a quienes siguieron durante dos años, dio como resultado que los estudiantes que recibieron instrucción en una segunda lengua puntuaron más alto en tareas que medían diferentes destrezas, entre ellas la capacidad de juzgar. Esta es la destreza más alta según la Taxonomía de Bloom, una escala usada universalmente pedagógicamente. El estudio dividió a los estudiantes en cuatro grupos: 25 estudiantes no recibieron instrucción alguna en una segunda lengua; otros la recibieron durante seis meses; otros durante quince meses; y otros durante veinticuatro meses. En contra de lo que predijeron quienes rechazan la educación bilingüe, los estudiantes que recibieron más instrucción en una segunda lengua fueron quienes recibieron las mejores puntuaciones. Otros estudios realizados con otros grupos y en diferentes épocas han dado resultados semejantes. Pero la excelencia intelectual no es la única ventaja.

Desarrollo. Escribe tus párrafos de desarrollo y señala los elementos como en el ejemplo de arriba.

_____
_____
_____
_____
_____
_____
_____
_____
_____

_____
_____
_____
_____
_____
_____
_____
_____

PÁRRAFO DE CONCLUSIÓN. El siguiente es un párrafo de conclusión para un ensayo que habla de las desventajas de usar robots. Los apuntes indican los diferentes componentes.

[Frase que prepara la conclusión.] [Reiterar la posición.] [Reiterar los puntos principales.] [Cierre.]

Como se ha visto, a pesar de lo seductor que aparenta ser el crear robots que sirvan al hombre, la verdad es que si permitimos que estas máquinas reemplacen al hombre en todos los campos, se generará desempleo con resultados nefastos de depresión, pobreza y crimen. Además, se perderá el calor humano tan necesario en campos como el servicio al cliente y los hospitales. Finalmente, se producirá la amenaza de que estos robots eventualmente superen la inteligencia humana y esclavicen a la humanidad. Así que para aquellos que abogan por adelantar la inteligencia mecánica, el mensaje es obvio: olviden esas falsas utopías y miren de cara la amenaza a la que nos exponen.

Conclusión. Escribe tu conclusión y señala los elementos como en el ejemplo de arriba.

_____
_____
_____
_____
_____
_____
_____
_____

HOJA DE RETROALIMENTACIÓN—ENSAYO PERSUASIVO _____

Retroalimentación **para** _____ realizada **por** _____

COMENTARIOS positivos y negativos

INTRODUCCIÓN	Presenta el argumento, toma una posición, deja entrever lo que se va a presentar y presenta puntos de vista contrarios.	
CONTENIDO: IDEAS Y DESARROLLO DEL ARGUMENTO	Presenta dos o tres afirmaciones sólidas apoyadas con evidencia muy clara y fuerte.	
ORGANIZACIÓN	Presenta ideas muy bien ordenadas y una conclusión que claramente retoma el argumento y sintetiza las afirmaciones y la evidencia.	
DESARROLLO DE LAS ORACIONES, USO DE CONECTORES Y VOCABULARIO	Ofrece oraciones simples, complejas y compuestas; vocabulario sofisticado; verbos activos; uso excelente de los conectores para dar fluidez al escrito.	
GRAMÁTICA Y CONVENCIONES DE LA LENGUA	Uso excelente de gramática y convenciones de la lengua (puntuación, ortografía).	

Ensayo Toma tu borrador y los comentarios que te dio tu compañero y prepara tu ensayo final. Sigue las instrucciones que te dé tu instructor.

HOJA DE AUTORETROALIMENTACIÓN—ENSAYO PERSUASIVO

EVALUACIÓN DE LO positivo y negativo

INTRODUCCIÓN	Presenta el argumento, toma una posición, deja entrever lo que se va a presentar y presenta puntos de vista contrarios.	
CONTENIDO: IDEAS Y DESARROLLO DEL ARGUMENTO	Presenta dos o tres afirmaciones sólidas apoyadas con evidencia muy clara y fuerte.	
ORGANIZACIÓN	Presenta ideas muy bien ordenadas y una conclusión que claramente retoma el argumento y sintetiza las afirmaciones y la evidencia.	
DESARROLLO DE LAS ORACIONES, USO DE CONECTORES Y VOCABULARIO	Ofrece oraciones simples, complejas y compuestas; vocabulario sofisticado; verbos activos; uso excelente de los conectores para dar fluidez al escrito.	
GRAMÁTICA Y CONVENCIONES DE LA LENGUA	Uso excelente de gramática y convenciones de la lengua (puntuación, ortografía).	

Unidad 3: Responsabilidades 337

Para recordar y repasar

Usa esta sección para anotar dudas que tengas mientras vas estudiando. Luego vuelve a este sitio para repasar lo que apuntaste y saber si ya lo has entendido o necesitas más repaso.

página	Cosas que necesito recordar y repasar

página	Cosas que necesito recordar y repasar

Index

a personal 207-210
acentuación *see also tilde*
  acento prosódico 23
  clasificación de las palabras 23-24
adjetivos
  calificativos 185
  compuestos 220
  con *ser* y *estar* 211
  cuyo 252-254
  de color 222
  determinativos 182
  inherentes 183
  posesivos 188
alternancias
  modales 311-313
  ser y *estar* 221
aspecto verbal 87

castas, pinturas de 73
clases de oraciones 8-9
clases de palabra 6-7
cláusulas 48-50
  adjetivales 111, 116
  adverbiales 118-120
  finales 107, 112, 116
  nominales 107, 112, 116
  relativas 116, 185-187
como si 310
conjunciones
  coordinantes 103
  subordinantes 105
  de tiempo 118
¿Cuál de las dos...? 40, 44, 59, 88, 145, 171, 206, 210, 260, 266, 288,

diagramas 14-19
dialectos del español 147

escritura
  expositiva 134-137
  narrativa 234-237
  de opinión, persuasiva 324-334
estar *see "ser"*
estilo directo e indirecto 198-199

frases 45-47
función de las palabras 14

gerundio
  adverbio 285
  con *estar* 285
  vs. infinitivo 283
guiones 273-275

homófonos
  c, s, z 79
  g, j, h, x 100

impersonal y reflejo *see pronombres*
indicativo 51 *see also modo*
  cláusulas adverbiales 118
  condicional 198
  futuro 198
  imperfecto 86
  presente, usos de 67-68
    cambio ortográfico 60
    cambio radical 56
    irregulares 57
    reflexivos 59
    regulares 54
  pretérito
    cambio ortográfico 83
    cambio radical 83
    diferencia de significado 90
    irregulares 84
    reflexivos 82
    regulares 81
  tiempos perfectos 121, 212

modo 22 *see also indicativo, subjuntivo*

números 43-44

ojalá 310
oraciones
  clases 8-9
  cláusula 45-47
  estructura 10-12
ortografía
  b/ v y ll / y, transcripción fonética 149
  ch / ph / th → *c, qu / f / t* 168
  g, j, h, x, transcripción fonética 100-102
  s, c, z, transcripción fonética 79-80
  nos enclítico 122
  plurales, formación de 247

palabras compuestas 244-246, 230-251
participios 209-210, 219
pasiva refleja *see pronombres*
pero, sino, sino que 288-291
plurales *see ortografía*
por y *para* 151-152
predicado 10-12 *see also función*
prefijos 273-275
pronombres
  el que, lo que, lo cual, donde 252-254
  posesivos 189
  relativos *que* 111, 176-179
  se, usos de 255-258, 265
    se impersonal 262-264

    se pasivo 260-261
puntuación 28
Recapitular, analizar editar 31, 69, 91, 124, 160, 191, 224. 267. 292, 315
registro 41-42
Recordar y repasar 337
resumir 4
  condensación de ideas 52

¿Sabías que...? 127, 228, 318
se pronominal *see pronombres*
ser, estar y los atributos 155-158
  alternancias 221
  con adjetivos 158
si, cláusulas con 270-272
subjuntivo
  alternancias 304-306
  correspondencia de tiempos 117,
  imperfecto 113-114
  presente 105-106
  cláusulas adjetivales 111, 116
  cláusulas adverbiales 118-120
  cláusulas finales 107, 112, 116
  cláusulas nominales 107, 112, 116
  repaso 303
  tiempos perfectos 121
sujeto 10-12 *see also función*

tiempo
  expresiones de 76
  verbal 21
tilde 25-27, 235
  adverbio 204
  agudas y llanas con tilde 25, 204
  tilde diacrítica 27
  hiato 26
transcripción fonética *see ortografía*
Tu lado creativo 37, 143, 319

verbos
  clasificación 53
  de cambio 171-175
  personales, impersonales, no personales 20
  seguidos de preposición 205
  voz activa/pasiva 215-218